21世纪高等院校金融学教材新系

商业银行经营管理学

Business and Management of Commercial Bank

（第三版）

马 亚 主编

（中央财经大学）

东北财经大学出版社
Dongbei University of Finance & Economics Press

·大 连·

图书在版编目（CIP）数据

商业银行经营管理学 / 马亚主编. —3版. —大连：东北财经大学出版社，2017.6（2020.8重印）
（21世纪高等院校金融学教材新系）
ISBN 978-7-5654-2754-1

Ⅰ.商…　Ⅱ.马…　Ⅲ.商业银行-经营管理-高等学校-教材
Ⅳ.F830.33

中国版本图书馆CIP数据核字（2017）第094330号

东北财经大学出版社出版
（大连市黑石礁尖山街217号　邮政编码　116025）
网　　址：http://www.dufep.cn
读者信箱：dufep@dufe.edu.cn
大连东泰彩印技术开发有限公司印刷　东北财经大学出版社发行

幅面尺寸：170mm×240mm　字数：436千字　印张：20.75　插页：1
2017年6月第3版　2020年8月第11次印刷

责任编辑：田玉海　责任校对：边　际
封面设计：姜　宇　版式设计：钟福建

定价：42.00元

教学支持　售后服务　联系电话：（0411）84710309

如有印装质量问题，请联系营销部：（0411）84710711

第三版前言

作为最古老的金融机构，商业银行已经历了几百年的发展历史，从最早经营货币兑换的简单组织发展到今天可以综合经营金融业务的复杂组织，虽发生了许多变化，但在金融体系中始终拥有重要的地位。尤其在中国，商业银行体系的作用更为突出，并且直接影响和制约着中国经济与金融的变革与成长。研究商业银行、了解商业银行，从而参与商业银行的业务运营与管理已成为信用经济时代不可或缺的内容。那么，商业银行究竟有何特殊性？商业银行是如何开展业务的？其业务的运营与其他金融机构有何不同？在业务运营的基础上，商业银行怎样开展管理活动？如何实现商业银行经营管理的有效性？等等。这些疑问以及由之产生的兴趣成为我们努力探讨这一领域的基础。同时，作为金融专业的教师，作者在讲授"商业银行经营管理学"课程的过程中，总希望为学生构建一个清晰的逻辑框架，并在此框架内提供准确的理论阐释和原理介绍，最重要的是可以促使学生发散性思维和激发其深入学习的兴趣。这些愿望以及教学中的现实感受成为我们努力探讨这一领域的动力。

在对有关商业银行经营管理各类教材和文献的搜索与学习的过程中，我们发现它们集中在几个主要的角度：一是着力分析商业银行具体业务的经营，非常详细地列出了商业银行经营的各类业务，每种业务的类型、特点以及操作过程和作用分析。二是重点介绍商业银行管理活动。一般从商业银行内外管理两个角度展开，既谈到商业银行内部管理的各种活动，也从监管者角度大量分析对商业银行的管理活动的监管。三是就每一类业务谈其经营和管理。一般主要集中在负债的经营与管理、贷款的经营与管理、证券投资的经营与管理以及表外业务的经营与管理。这些角度都有其出发点和针对的方向，而且在内容的分析与说明中体现出作者的思考与偏好。这些资源成为我们成书很好的养分，经过多次讨论，在总结归纳的基础上，我们认为：首先，经营与管理很难分家，两者的结合是必然和必要的；其次，商业银行经营管理需要在商业银行发展的框架中进行，没有对商业银行历史与发展的充分认识是很难深入了解其经营管理的；最后，基于商业银行的风险与过往的危机，应强调风险理念在其经营管理中的地位，同时应注重评价与反思。

基于上述理由，我们将本书的逻辑设计如下：在回顾商业银行及商业银行经营管理的基本构成与历史演进的基础上，展开对商业银行负债业务、资产业务和表外业务等各类业务的介绍，在业务学习的基础上依次分析业务营销、资本管理、资产负债管理、风险管理、内部控制和绩效评价。概括起来本书可分为三大部分：

第一，商业银行经营管理的基础知识和背景分析。这一部分包括第1章和第2章。第1章是商业银行概述，主要说明商业银行的产生与发展、特殊性与作用、基本构成，重点分析了商业银行业务发展的变化以及商业银行在金融体系中与金融市场的关系。第2章是商业银行经营管理构成与外部环境分析，主要回顾商业银行经营管理理论的演进与发展中的新特点，说明商业银行经营管理的原则与主要内容，重点分析了商业银行经营管理的外部环境，提示环境的影响与商业银行的应对措施。这两章中的理念即商业银行的特殊性和商业银行经营管理的“三性”原则将贯穿全书的内容。

第二，商业银行主要业务与经营活动的介绍。这一部分包括第3至6章。第3章是商业银行负债业务，因为负债形成了商业银行的资金来源，所以将其安排在前面，主要说明被动负债和主动负债的构成、特点和作用。第4章是商业银行的资产业务，主要说明商业银行现金资产、信贷资产和证券投资三大类，并在此基础上提及资产证券化问题。第5章是商业银行的表外业务管理，从传统的表外业务和创新的表外业务两个角度展开。第6章是商业银行的营销管理，在前三章业务介绍的基础上，从市场营销的角度对业务运营再次说明，强调商业银行营销的构成与具体的策略。

第三，商业银行的主要管理活动。这一部分包括第7至11章。第7章是商业银行的资本管理，首先说明资本管理是所有经营管理活动的基础，是商业银行安全性的保障，在资本管理中特别提出多角度的观察与经济资本的管理。第8章是商业银行的资产负债管理，将资产负债管理与商业银行的业务运作联系起来，强调对称原则与各种管理方法的运用。第9章是商业银行的风险管理，在说明风险管理框架的基础上，以全面风险管理、风险的综合管理的理念，重点分析商业银行的信用风险管理、市场风险管理、流动性风险管理以及操作风险管理。第10章是商业银行的内部控制，从商业银行的内部监督机制入手，将内部控制的范围涵盖商业银行的全部业务，并坚持以风险管理为导向的内部控制。第11章是商业银行经营管理绩效评价，通过构建评价体系、评价指标和提供评价方法要求商业银行对经营管理进行及时的总结与反思，以期获得改进和完善的空间。

在上述内容展开说明的同时，我们亦关注中国商业银行经营管理的发展与问题，在相关的内容中都有一些相应的说明与分析。为了保证本书的可读性和学习效果，我们设计了专栏与综合训练：专栏的内容取材于现实，希望带给读者思考和进一步研究的兴趣；综合训练则是便于学习后的检查与知识的巩固。

本书编写分工如下：第1、2、7章、第9章前4节由马亚编写；第3、4、5章由马丽娟编写；第8、10章由孟艳编写；第9章第5节由宋维编写；第6章由肖晓编写；第11章由郭程程、王慧慧编写。研究生李博、郭志涛校对初稿。全书由马亚负责修改和总纂。

衷心感谢东北财经大学出版社的大力支持，衷心感谢田玉海副编审在成书过程中的信任与大力支持！

由于笔者知识和能力的局限，本书的错误、纰漏之处在所难免，恳请读者批评指正。

马　亚

2017年夏于中央财经大学

目　录

第1章

商业银行概述

★ 导读

商业银行是金融体系中最古老的金融机构，伴随金融市场的发展和金融创新的推进，商业银行面临的竞争压力也日益增大。那么，为何商业银行能够在激烈的竞争中得以生存？其特殊的功能究竟有何特别之处？能否被替代？如何准确把握其运作规律？怎样可以使商业银行持续发展？这些问题的解读是进一步学习与理解商业银行经营管理的基础，也是真正体会商业银行经营管理特点与重点的保证。本章将从上述视角出发，通过对商业银行在金融体系中的定位、性质与功能以及业务简介给出商业银行的基本面貌和发展脉络。

★ 关键概念

商业银行　货币经营业　互联网金融　信用中介　支付中介　总分行制　单一制　控股公司制　职能分工型　全能型

商业银行从最早的货币兑换业、货币保管业、货币经营业到现代银行业，商业银行始终在金融体系中占有重要的地位，发挥着其有别于其他金融机构的作用。商业银行是经营货币信用商品和提供金融服务的特殊的企业组织。通过商业银行资产负债业务和表外业务的运作，作为信用中介、支付中介，商业银行能够促进资源配置的优化和经济效益的提升；作为信用创造和风险管理者，商业银行积极参与货币调控和力图实现风险与收益的匹配。从古至今，伴随经济环境、社会制度和金融服务需求的变化，商业银行不断扩充与更新自己的业务内容，调整与改革自己的经营管理方式，以其独特的功能和创新的精神，充分显示了其在金融体系中的不可或缺。

§1.1 金融体系中的商业银行

商业银行是金融体系中最重要的金融中介，它与金融市场既有区别又相互联系，共同参与着金融体系的运转。传统意义上的商业银行专门指吸收存款并发放贷款的直接参与存款货币创造的金融机构。随着金融体系的发展和商业银行业务的扩展，**现代商业银行泛指经营货币信用商品和提供金融服务的、特殊的现代金融企业组织。**可见，商业银行的业务空间和作用范围更为宽泛了。

1.1.1 商业银行的产生与发展

1.商业银行的产生

早期银行业的产生与国际贸易的发展有密切的联系。14世纪至15世纪的欧洲，由于优越的地理环境和社会生产力的发展，各国与各地区之间商业往来日渐密切，尤其是地中海沿岸，意大利的威尼斯、热那亚等地是当时的贸易中心，商贾往来、交易频繁。然而，由于不同国家、地区所使用的货币在名称、成色上存在很大的差异，十分不利于交易，从而产生专门进行货币鉴定和兑换的需求，货币兑换业由此而生。随着异地交易和国际贸易的进一步发展，来自各地的商人为避免长途携带而产生的麻烦和可能的风险，开始将自己的货币交存在货币兑换商那里，后来又发展为委托货币兑换商办理支付和汇兑。**货币兑换商从事货币的兑换、保管、收付、结算、汇兑等业务时就已呈现银行萌芽的最初形态，成为早期的货币经营业。**随着货币经营业务的扩大，货币经营业者集中了大量的货币资金，他们发现大部分的货币余额相当稳定时，便开始将闲置的资金贷放给资金需求者，以取得高额利息收入。在利益驱动下，货币经营商从过去被动地为客户保管货币转变为主动吸收客户存款，并以支付存款利息来吸引客户存款，当货币经营者经营存贷业务时，就意味着货币经营业转化成为银行业。

追溯历史，银行业最早的发源地是意大利。早在1272年，意大利的佛罗伦萨就已出现一个巴尔迪银行，1310年又出现佩鲁齐银行。比较具有现代意义的银行是1580年设立的威尼斯银行。16世纪末17世纪初，银行由意大利普及到欧洲其他国家，如1609年成立的荷兰阿姆斯特丹银行、1619年成立的德国汉堡银行等。这种早期的银行已具备银行的本质特征，但其存放业务都还存在很大的局限，比如放款带有明显的高利贷性质。现代商业银行的形成与社会化大生产和工业革命的兴起紧密相关。生产方式和社会制度的改变产生对货币资本的大量需求，从而也产生对现代商业银行经营模式的需求，即合理的贷款利率和主要对工商企业提供流动性贷款。其形成的途径大体有两条：一是从旧式的高利贷银行和机构转变而来；二是直接组建股份制的商业银行。1694年，英国在政府的帮助下建立了第一家股份制商业银行——英格兰银行，成立之初就宣布以较低的利率向工商企业提供贷款。从此，现代商业银行体系开始在世界范围内普及，英格兰银行也因此成为现代商业银行的鼻祖。

中国的银行业产生较晚。关于银行业的记载较早的是南北朝时期的典当业。到了唐代出现类似汇票的“飞钱”，是我国最早的汇兑业务。明末，一些较大的经营银钱兑换业的钱铺发展为银庄。银庄除了兑换银钱外还办理存款、汇兑，从事贷放，已有些现代银行的特征，但最终限于当时的社会条件而逐渐衰落。清末也曾出现过票号这一信用机构，但都没能够实现向真正的现代银行的转型。1845年，英国在中国开设的丽如银行是中国的第一家现代商业银行。1897年，中国自办的中国通商银行的成立标志着中国现代银行业的开始。

2.商业银行的发展

作为最古老的金融机构，商业银行在经济、金融的发展变化中不断调整自己的业务类型和组织管理活动，在顺应市场需求的同时也自我创新。从主要提供存贷业务到扩展表外业务、提供各种金融服务；从业务简单的股份制企业到复合型控股公司；从单一垂直的组织架构到跨国型的网络架构，商业银行的发展应该最能体现经济金融体系的深化与变迁。

（1）商业银行发展的原因

第一，为了规避政府管制，商业银行在业务和组织架构方面进行了多种创新。20世纪30年代大经济危机之后，各国政府加强干预，对经济的发展影响非常大，金融机构的业务内容与组织架构都受到了很多方面的限制，商业银行也不例外。但是从20世纪70年代中期开始，世界经济环境发生了变化：发达国家经历了战后严重的经济危机，经济发展的停滞与高通货膨胀并存；通货膨胀成为一种世界现象，并造成了金融体系的不稳定；以美元为中心的国际货币体系崩溃，实行了浮动汇率制；金融业竞争激烈，金融机构的经营风险大大增加。在上述情况下，当管制太强或随着经济的发展其合理性逐渐下降时，政府管制措施就开始与发展的形势不相适应。在这种形势下，金融机构纷纷采取一系列规避管制的创新措施，例如，1961年花旗银行为规避美国Q条例对存款利率的限制，所开创的大额可转让定期存单业务；又如，为规避不准跨州设立分支机构所开创的银行控股公司制等。这些创新顺应了经济金融发展的内在要求，也改变了商业银行的原来面貌。

第二，金融业竞争的日益加剧，迫使商业银行必须开辟新的业务领域。20世纪80年代以来，随着金融全球化的推进和金融自由化的发展，银行之间、银行与非银行金融机构之间、银行与金融市场之间的竞争更加激烈，为了在竞争中取胜以及在逐利动机的驱动下，商业银行必然要设法进行一些独特的经营活动，以吸引、留住客户，同时以此方法来淡化其他机构与自己竞争所产生的影响。商业银行表外业务的大拓展可以为此佐证。

第三，现代信息技术的发展和网络的普及，为银行业带来一场革命。现代科学技术尤其是信息、电子技术的普及和应用极大促进了银行业电子化、网络化的发展。金融服务电子化将现代先进的电子科学技术（电子计算机和通讯设备）广泛应用于存款、提款、转账、汇兑、查账、金融买卖交易和咨询等金融服务领域，把银行与客户、银行与银行、客户与客户联结成一个电子传输网络，代替了过去的手工操作。金融业务电子化降低了经营成本，节省了人力资源，提高了处理业务的效率，扩大了业务经营范围，为向客户提供多层次、全方位金融服务创造了物质条件，而且银行经营成本的降低，对于企业和客户也都是有利的。

（2）商业银行发展的特点

第一，商业银行与非银行机构不断融合，形成大型复合型的金融机构。自20世纪80年代以来，金融机构的分业经营模式逐渐被打破，各种金融机构的业务不断交叉，各种金融机构原有的差异日趋缩小，形成由原来的分业经营转向综合性、多元化经营的趋势。当然，也有些国家一直就实行全能型银行业务经营的制度，如德国、瑞士的银行因被允许经营存贷业务、证券业务和其他金融机构业务，被称作全能银行。

第二，商业银行的发展更趋向国际化。银行国际化是指银行业在国外设立分支机构或成立跨国银行，从事国际银行业务及开拓境外金融业务。银行国际化是第二次世界大战后在西方各国普遍发展的，这是因为第二次世界大战后，国际贸易逐年增长，随着以美国为代表的跨国公司的快速发展，为国际贸易和海外跨国公司提供服务的银行海外分支机构也不断扩展。银行国际化的发展加强了各国金融市场之间的密切联系，促进了国际资金流动，也使国际金融竞争更加激烈和国际性金融风险有增无减。

第三，风险管理成为商业银行业务管理的重心。为了更好地应对所面临的各种风险、保证资本充足率与银行实际的风险状况相匹配，商业银行除考虑信用风险、市场风险外，还需关注操作风险、法律风险等，实施全面风险管理成为商业银行经营管理的重要内容。与之匹配，商业银行在风险管理方面的技术手段和方法也不断推陈出新。

第四，商业银行更加强调创新是其生命力。由于金融业竞争的激化，商业银行出于生存的压力，更加注重创新。不仅在业务或产品的设计与开发上，而且在组织模式、经营方法以及管理理念和手段等诸多方面都有创新。金融创新为商业银行提供了更大的业务范围和更高的经营绩效，使商业银行竞争力获得提升，商业银行将其视为生存之道已成为业内的共识。

第五，应用互联网技术和大数据处理技术是商业银行持续发展的保证。金融科技和互惠金融是21世纪金融发展的重要方向，商业银行必须顺应这一潮流才能在激烈的竞争中占有一席之地。

1.1.2 商业银行与金融市场

商业银行与金融市场很容易联想到两种融资方式，即间接融资和直接融资，也很容易联想到两种金融制度安排，即银行主导的日德模式和市场主导的英美模式。作为金融体系的重要构成者，两者似乎各有立场、难分高下。那么，商业银行与金融市场之间究竟是对立还是相容，两者的关系应该如何正确看待呢？

1.商业银行与金融市场之间的争议

对于商业银行与金融市场之间的争议，源于20世纪70年代以来金融市场的发展极为强劲而商业银行的发展却相对疲软。有两个事实证明着这种倾斜的发展，一是银行融资显然弱于资本市场融资；二是资本市场几乎在所有国家包括银行主导型国家的迅速成长。于是，商业银行与金融市场的优劣比较开始成为热点。争议中持“银行观”的一方不断论证商业银行存在的意义与特殊作用；而持“市场观”的一方则从事实到理论都试图说明金融市场对资源配置的意义与市场的有效性。双方各有论据，却始终无法说服对方。这里将主要的观点进行简要复述，以期从中得到对商业银行和金融市场较为客观、宽容的认识。

（1）在风险管理方面的争议

市场观认为，金融市场允许个人依据自己的风险承受能力调整自己的资产组合，可以对冲各种特定的风险，并能够进行风险互换。比如有发达的金融市场的美国，可以提供大量风险不同的金融工具，通过不同工具的组合，为投资者提供了大量分散风险的机会。而在金融市场不发达的、银行主导下的国家，比如德国，金融工具种类和数量较少，没有多少可供分散风险的机会，却存在大量无法对冲的银行存款。

银行观认为，商业银行可以提供金融市场无法提供的风险分散功能。比如投资者可能担心短期流动性不足而不愿意接受较高投资收益的长期投资，商业银行却可以化解这一难题。商业银行可以将大量具有短期不确定的流动性需求的投资者集中起来，聚短成长，依据大数法则来提供流动性，同时进行长期投资，并使分散的存款人分享长期投资的收益，而金融市场是不具备此种能力的。

（2）在信息处理方面的争议

市场观认为，金融市场在信息处理方面具有商业银行无法比拟的优势，这主要体现在以下两方面：一是信息的公开与专业分析方面。金融市场对信息的透明、准确、及时具有严格的要求，在市场上有大量的专业人士密切地关注信息与分析，为市场和公众提供专业的意见与建议。二是利率、股市行情、买卖交易等方面，金融市场的价格波动、供求对比，显示出市场的资源配置功能和定价功能，这是商业银行无法实现的。

银行观认为，商业银行也具有独特的信息优势。在银行主导的金融体系下，商业银行与企业的长期合作中拥有大量相关企业的信息，对企业的决策，银行可以通过是否给予贷款来表示自己的支持，对企业的影响力也十分巨大。同时，依据银行对企业信息的积累，银行在解决信息不对称导致的逆向选择和道德风险问题上也具有一定的优势。

（3）在公司治理和企业监管方面的争议

市场观认为，金融市场的用脚投票和用手投票，一方面可以使得资源集中在有能力的管理团队和行业，使之得以有效利用；另一方面也能够通过价格波动惩戒经营不善的管理者和错误的决策，防止资源浪费。同时股票市场刺激很多人来研究、关注企业的管理行为，对企业而言有很好的外部监管作用。

银行观认为，商业银行对融资企业具有一定的控制权，如德国、日本这种银行和企业关系密切的国家，商业银行不仅提供融资，而且控制公司的监事会，十分有利于企业与商业银行之间建立长期稳定的联系，减少监督成本。

（4）在促进经济成长和技术进步方面的争议

市场观认为，金融市场比商业银行能发挥出更大的刺激经济成长的作用。比如股票市场可以促进创业资本的投资，从而促进技术进步，实现对新兴产业的支持，而这种高科技含量的产业发展对经济成长具有巨大的推动作用。相比之下，商业银行因顾虑风险，投资往往具有惯性、偏向保守，与市场所发挥的作用相距甚远。

银行观认为，即便在英美这样市场组织较好的国家，金融市场也没发挥出其所设想的筛选、监视和约束的功能，其在定价和接管机制方面的失误也引发了很多问题。

可以看出，商业银行与金融市场都是各有利弊、各有作用的。不同制度的安排更多的是一种历史的、特定环境的自然选择，并不能说孰优孰劣。从金融体系整体而言，金融市场是各种经济主体进行金融交易的总和，其中商业银行作为重要的参与者，既提供各种金融工具以便交易，又参与金融工具的买卖实现利益。两者实际上是融合的、相互依存的。

2.商业银行与金融市场相辅相成、共同成长

（1）商业银行是金融市场的主体之一

商业银行作为金融市场的主体，主要体现在三个方面：一是商业银行通过货币市场、资本市场进行融资。商业银行通过参与同业拆借市场、回购交易市场、票据市场、大额可转让定期存单市场进行短期融资，通过发行金融债券和发行股票进行资本筹集。同时商业银行的融资活动也改变金融市场的资金需求，影响市场价格的变化。二是商业银行在货币市场、资本市场进行投资。商业银行通过参与国债市场、金融债券市场、票据市场进行投资，可以获得证券收益，更重要的是获得流动性和安全性的保证。当然商业银行的投资活动必然对金融市场的资金供给产生影响，从而也会带来市场价格方面的波动。三是商业银行通过开展投资银行业务等表外业务，参与金融市场交易活动的组织与协调。一方面，商业银行通过开展表外业

务，提供咨询、信息处理等帮助金融市场交易顺利实现；另一方面，商业银行通过资产组合与金融创新产品的开发，成为金融市场中衍生品市场的重要参与者。

（2）金融市场为商业银行提供更为广阔的风险分散空间和收入空间

金融市场为商业银行提供更为广阔的风险分散空间的突出表现是资产证券化的发展。资产证券化是金融市场的拓展，在此过程中，传统的商业银行实现了从融资中介向服务中介的转型。证券化是使金融关系可交易的过程，它将封闭的金融合约关系开放化，使之成为可以交易的工具，使关系中的融资主体更具灵活性。在证券化的过程中，资金以发行资产证券的方式通过资本市场从广大投资者手中筹集起来，又通过商业银行的贷款分配到资金需求者手中去。商业银行进行资产证券化活动具有的好处包括：一是通过出售信贷资产，将信贷风险转移出去，从而降低了商业银行的信贷风险；二是通过出售资产，降低资产总额，使资本充足，资本比率得到提高；三是通过出售资产，盘活其存量资产，加快信贷资金的周转速度，并通过提供相关管理服务，收取服务费，开辟新的收益渠道。

（3）金融创新使商业银行与金融市场更为相融

20世纪70年代以来，金融创新层出不穷。金融期货与期权、资产证券化、高收益债券、杠杆并购等新的金融工具、金融交易方式在推进金融交易量不断增长的过程中，金融市场的作用不断放大，传统银行业渐趋衰落，而面向金融市场、服务金融市场的新型商业银行不断发展。

金融创新使商业银行业务更加丰富，功能更为广泛，与金融市场的关系更加紧密。首先，金融创新促进商业银行业务多元化。商业银行不再局限于传统的资金融通，表外业务的扩展使商业银行可以介入新的领域，满足更多的市场需求。其次，金融创新增加了商业银行的风险管理能力。在传统的银行业务中，管理风险的方法主要是风险跨期平滑。在金融创新的促进下，资金以各种形式的金融产品从商业银行进入金融市场，而各种创新工具将各个金融市场紧密联系在一起。一方面，商业银行可以最大限度地在市场上获取交易信息、选择合适的交易伙伴，利用创新工具进行规避风险；另一方面，商业银行成为各类金融信息和风险的集散地，向不同风险和服务偏好的客户提供不同的金融工具，这样，商业银行开始在金融市场上充当资产交易和风险管理代理人的角色。

金融创新使商业银行与金融市场不断融合，形成一种动态的交互关系。金融创新使得商业银行的一些传统业务转向金融市场。比如商业票据和货币市场共同基金的出现，使传统银行业的活期存款业务受到威胁；垃圾债券和中期票据市场的兴起使原来以银行融资的企业有了新的融资渠道；而资产证券化和融资证券化之后，直接融资与间接融资的界限变得模糊不清，商业银行与金融市场越来越紧密地联系在一起。创新虽然使得金融交易活动越来越市场化，但并不排斥商业银行的发展。商业银行依据金融市场的需要创造新的金融工具，而新的金融工具又成为新市场的基础，并增加现有市场的交易量、降低交易成本，又促使商业银行创造新的金融工具。在这种动态互补的关系中，商业银行擅长提供为客户量身定做的个性化服务，而金融市场提供的标准化、成熟的金融工具更适合面向众多客户的批量交易。两者各有所长，而它们之间的融合将促进双方的共同成长。

需要强调的是，金融工具不断创新的过程是商业银行与金融市场交互成长的过程。随着金融工具如期货、期权、互换和资产证券化的成熟，金融市场更加完备，这使得创造个性化的金融工具成为可能，为了对个性化的新金融工具的风险进行套期保值，商业银行与客户在这些市场进行交易，从而使得这些金融市场的交易量扩大，交易量的扩大降低了交易的边际成本，使商业银行能够进一步运用更多的新工具和交易战略。可以说，商业银行通过创造作为新市场基础的新工具，促进了金融市场的发展，而金融市场降低了构造新的金融工具的成本，为商业银行的金融创新提供了基础性条件。从某一具体的金融工具而言，商业银行与金融市场似乎存在对立、竞争或替代的关系，但从金融发展的动态过程而言，两者却是一种互补的关系。商业银行除了向客户出售现有的金融工具外，还承担着创造和测试新的金融工具的功能，而随着金融市场的发展，商业银行也必将在其交互的动态关系中发挥出更具意义的作用，两者的融合与共进是必然的。

1.1.3 商业银行与互联网金融

1.互联网金融的模式与优势

互联网金融[①]从服务的形式而言，可以分为三种模式：一是传统金融服务的互联网延伸，即广义的互联网金融，包括网上银行、电子银行以及手机银行等；二是金融的互联网居间服务，典型的应用模式有第三方支付平台、P2P信贷、众筹网络等；三是互联网金融服务，即网络形式的金融平台，包括网络小额贷款公司、互联网基金、保险销售平台等，这一模式也多为电商向金融行业的渗透。可见，商业银行与互联网金融有重叠与竞争关系。

相比商业银行，互联网金融的优势体现在以下几个方面：一是基于大数据的信用评价体系。与传统银行基于用户资产、抵押品等数据建立起来的信用评级体系相比，基于消费行为大数据建立起来的或二者结合建立起来的互联网金融信用评级体系更灵活、更全面，也更合理。二是交易成本大幅度降低。互联网金融模式下，资金供求双方完全依赖于互联网和移动通信网络进行联系和沟通，并可以实现一方对多方同时交易，交易成本大大下降。三是信息不对称得以改善。互联网金融模式下，信息较易获取且成本低廉，同时基于大数据建立的信用评级体系以及其信用信息公开的机制，使得企业的违约成本提高，因此信息不对称的问题得以改善。四是人性化的用户体验。互联网技术的发展使网络支付及移动支付功能不断完善，这在极大程度上满足了人们的支付需求，真正做到了随时、随地完成支付，同时，用户可以使用第三方支付终端实现诸如缴费、转账、代购等功能，这对于传统银行而言，不仅使其支付中介的功能边缘化，更使其中间业务很大程度上被替代。此外，

① 李博，董亮．互联网金融的模式与发展［J］．中国金融，2013（10）．

通过互联网平台进行融资，不仅申请操作流程便捷，而且审批效率大大提高，最快的当天就可以获得贷款，这对于大多数以筹集短期小额生产周转资金为主的中小企业而言，是极大的福音。

2.互联网金融带给商业银行的挑战

（1）分流客户群体，改变业务结构。从理论角度看，除了高资本、高技术支持的业务或法定执业资质限制的业务，其他商业银行业务都有可能被互联网金融侵占。互联网金融的介入将在很大程度上分流银行的客户群，从而改变其现有的业务结构。

（2）改变商业银行收入来源及现有盈利模式。一方面，网络借贷将影响商业银行的利差收入。随着网络借贷的兴起和规模的扩大，低利率和高效率的网络借贷融资模式很可能受到更多企业的追捧，而这也将倒逼银行使其存贷利差不断缩小，进而收入来源受到影响。另一方面，互联网金融也正逐步抢占银行中间业务市场，这主要是从个人消费者的角度而言的，人们可以通过第三方支付客户端完成的项目越来越多，手机缴费、水电费、银行转账、信用卡还款，甚至可以预约挂号，随着第三方支付服务内容的不断增加，客户的消费惯性及对网络支付的依赖性都将对银行的部分中间业务造成一定冲击。

（3）改变银行经营服务模式。在互联网时代，居民的消费方式、支付渠道以及金融需求都将发生根本性的变化，商业银行的经营服务模式以及价值实现方式将会因此而颠覆。互联网金融模式凭借平台和信息的优势，针对市场和用户日益变化的需求，能很快地进行有针对性的创新。传统商业银行若想保住其垄断的霸主地位，必须适时适当地转变经营服务模式和理念，从产品中心、账户中心向客户中心、市场中心转变。

（4）影响商业银行定价机制，加速商业银行利率市场化。互联网金融从本质上讲还是一种直接融资模式，但这种直接融资相较传统的直接融资而言还具有信息量大、成本低、效率高等特点，因而在这种开放的融资渠道下进行的是近乎完全市场化的交易，所得到的交易价格也是市场化条件下的价格，这对于推动利率市场化、加强金融机构对金融交易产品定价能力等都有着重大的意义。

3.商业银行不能排斥互联网金融，应接受挑战加强合作

互联网金融是一种新兴的商业模式与盈利方式，其产生和发展促使商业银行在互联网时代下重新思考自身未来的定位与转型思路，促进银行业产品和服务创新。在互联网金融带来的挑战下，商业银行转型过程中的创新能力、服务水平及资源整合能力都将获得提升。

一方面，银行的创新能力和服务水平需要跟上互联网金融创新发展的步伐。商业银行并不像互联网金融“船小好调头”，后者在面对市场多变的需求时能及时敏锐地捕捉到市场的变化，并以最快的速度做出调整，同时，由于互联网金融尚处于监管的灰色地带，很多业务创新可以巧妙地避开监管，而银行要想继续保持其垄断的主导地位，面对这样的形式，银行是否具有发展的战略眼光、合理的角色定位、

高适应性的业务、产品创新能力，都将成为银行未来发展走向的重要影响因素。此外，在向“以客户为中心”的经营战略转变过程中，银行还要不断提升自身的服务水平，注重客户多元化、个性化的需求。金融行业说到底是服务行业，过去银行一家独大的局面如今面临动摇，新时期下银行的服务水平和能力未来很可能成为制约其发展的又一重要因素。

另一方面，商业银行不仅要适应互联网金融等新兴事物的创新发展思路，更应考虑在未来如何与互联网金融良好地合作。此二者在某种程度上并不是完全竞争的关系，还可以相互融合。换句话说，银行在转型发展中，应该思考如何有效利用自身和互联网的优势，巧妙地进行资源整合，将互联网作为技术手段整合到自身的业务框架之下，使其金融服务更完善、更全面、更人性化，更能适应市场的变化和外部因素（如科技）的冲击。

§1.2 商业银行的特点与功能

商业银行的产生与发展以及在金融体系中的重要作用，都与它的特点与功能密切相关。

1.2.1 商业银行的特点

商业银行是经营货币信用商品和提供金融服务的特殊的企业组织，是特殊的金融机构。

1.商业银行是特殊的企业

（1）商业银行首先是企业。商业银行符合一般企业的特点：一是追求利润最大化，如同一般企业，商业银行业务的开展以利润最大化为目标，其所实现的市场占有率、业务的创新、新技术的使用以及吸引人才的激励机制等都是为了获取更强的竞争力、更多的利润；二是企业化管理，企业化管理即在追求利润的过程中必须坚持独立核算以及责、权、利的匹配。同时，企业化管理强调企业自身在市场竞争中的市场选择，开展什么业务、对谁开展、如何规避风险和保证资产的安全与收益等都是由企业自己依据市场供求决定，不受政府干预。

（2）商业银行又是特殊的企业。其特殊性表现在：一是经营对象的特殊。与一般企业经营普通商品不同，商业银行经营的是货币和各种金融工具，由于其是以负债为主要的资金来源，因此公信力是其正常运营的关键。二是经营关系的特殊。与一般企业与客户的商品买卖关系不同，商业银行的经营关系是一种以借贷为核心的信用关系。这种关系在经营活动中不是表现为等价交换，而是表现为以还本付息为条件的借贷关系。三是经营风险的特殊。基于商业银行经营对象与经营关系的特殊性，商业银行的经营风险也表现出与一般企业的经营风险的不同。一般企业的经营风险多表现为滞销和商品积压，而商业银行的风险多体现为信用风险和市场风险。与一般企业经营风险影响范围窄不同，商业银行的风险一旦形成，因其受众广泛，所以影响范围较大，严重时还会引发金融危机、经济危机，甚至社会危机。

2. 商业银行是特殊的金融机构

与一般金融机构不同，商业银行的特殊表现为其以较少的自有资本，通过吸收存款作为资金来源来进行放贷并以利差收入为利润。这种特殊性也决定了其所具有的两个特点。

（1）商业银行具有内在的脆弱性。商业银行内在的脆弱性取决于其资本的高杠杆率以及由此产生的以负债为重要资金来源的特点。其脆弱性主要表现为：一是挤兑的出现。在经营的过程中，商业银行不需要投入很多的自有资本即可进行经营，资本的财务杠杆率很高，因此要保持正常、持续的经营，很大程度上依赖商业银行的公信力。而一旦存款人对商业银行的清偿力产生怀疑，就会出现挤兑。商业银行一方面自有资本太少；另一方面以负债为资金来源，资产运用也很难迅速收回，所以面对挤兑商业银行往往无法应对，从而导致破产。二是不良资产的产生。商业银行的资产运用只有成本较低、质量较高，才能保证良好的回报。但商业银行在资产业务的开展中信用风险无时不在，一旦出现较高的不良资产率，就会直接影响商业银行的声誉，从而也会加大挤兑的可能性。由于不良资产与挤兑的产生无法取决于商业银行的主观愿望，因此商业银行的内在脆弱性也就很难消除。

（2）商业银行具有较强的风险传染性。商业银行在一国的金融体系中具有重要的地位，作为投融资的中介，承担资源配置的重要功能。商业银行的平稳运行对于一国金融运行而言尤为关键。因为商业银行业务的相似性以及所面对的经营对象的普遍性，商业银行对于公众来说往往被视为一体，因此，假如一国某家银行出现信用危机，会直接影响公众对其他商业银行的判断，从而导致风险的迅速传染。而商业银行的特殊性及内在脆弱性，会使即便正常运营的银行面对强大的挤兑也无法应对。一旦挤兑成为普遍现象，银行危机就难以避免，而银行体系出现混乱又会引发金融危机乃至社会危机，后果非常严重。

商业银行的上述特点勾勒出商业银行运营中存在天生的桎梏，能否有效避免或者出现问题能否妥善处理是商业银行在激烈的市场竞争中拥有一席之地的关键。

1.2.2　商业银行的职能与作用

1. 充当信用中介，实现对全社会的资源配置

信用中介是商业银行最基本、最能反映其经营活动特征的职能，是指商业银行通过负债业务把社会上的各种闲散货币资金集中起来，再通过资产业务投向需要资金的各部门。在此过程中，充当资金闲置者和资金短缺者之间的中介人，实现资金融通。通过信用中介职能，商业银行将社会闲置资金积少成多、续短成长，并使其充分发挥作用，实现全社会储蓄对投资的转化，而这种转化决定着资源配置和经济效益。

2. 充当支付中介，对经济稳定和增长发挥着重要的作用

支付是金融交易完成的方式，商业银行通过存款在其账户上的转移、代理支付和兑现等，成为经济运行过程中支付链条的中心，履行支付中介职能。这大大减少

了现金的使用，节约了社会流通费用，尤其是电子支付系统和银行卡的使用，进一步加速了结算和货币资金周转的效率，对经济稳定和增长具有重要的意义。

3. 承担信用创造，在宏观经济调控中扮演重要角色

商业银行在信用中介职能和支付中介职能的基础上，又形成了信用创造职能。从中央银行的货币发行，到商业银行等机构通过借贷活动创造存款货币，商业银行承担着货币供给的重要任务，在实现信用创造的同时也能够直接影响货币供给的增减，成为宏观经济调控中不可或缺的力量。

4. 转移与管理风险，实现金融、经济的安全运行

商业银行在承担着可分割的、低风险的短期负债的同时也投资不可分割的、高风险的长期资产。因此，通过各种组合或业务创新，运用专业技术与管理方法进行分散、转移、控制与降低风险已成为商业银行的重要内容。随着金融、经济发展的日益深化，各种风险的成因更为复杂、相互间的传染性也日益加强，商业银行对转移与管理风险的重视度与能力也不断提高，这无疑有利于金融、经济的安全运行。

5. 降低交易成本、提供各种服务便利，满足各种金融服务需求

降低交易成本即减少资金盈缺双方的搜寻成本和讨价还价的过程；提供金融便利功能是指商业银行为各融资部门提供专业性的辅助与支持性服务。商业银行利用规模经济和信息优势降低交易的单位成本，使更多的融资者或投资者获得服务便利，同时各类业务的开展与创新满足了经济发展的各种金融服务需要，在促进经济持续、协调发展方面起到了积极的作用。

当然，商业银行的业务运作可能存在的负面作用亦不可忽视。首先，其发挥信用中介的积极作用是建立在市场化条件的基础上，倘若其对资金运用缺乏有效的市场选择，不仅会使自身出现不良资产，而且还会导致社会资源配置失当。其次，因其自有资本低、负债经营，业务的开展遵循信用原则，在实现转移与管理风险的同时其自身也存在较大的风险，风险一旦成为现实，往往会对金融体系和经济社会造成极大的损害。

1.2.3 商业银行的类型

商业银行所具有的久远的历史、众多的功能使其在类型上呈现出多样化的表现形式。按着不同的依据，商业银行有不同的分类。

1. 依据商业银行的组织形式划分

依据商业银行的组织形式，商业银行可分为总分行制、单一银行制、控股公司制、连锁银行制等数种。这些类型在不同的国家因各国政治经济制度不同而有不同的选择，而不同的类型也各有利弊。

（1）总分行制商业银行。**总分行制是银行在大城市设立总行，在国内外各地普遍设立分支行并形成庞大银行网络的制度。**采取总分行制度的优点是：经营规模大，分工细，资金调度灵活，能够分散风险，具有较强的竞争力。其缺点是经营管理可能不灵活、效率不高。目前，世界各国的商业银行普遍采用这种制度。

（2）单一制商业银行。单一制也叫单元制，是不设任何分支机构的银行制度。推行单一银行制度的理由是地方性强，经营自主灵活，便于鼓励竞争，限制银行垄断。但由于只是单体银行，就整体实力在经济发展和同业竞争中常会处于不利的地位。从前为防止垄断，美国银行法律规定只允许采用单一制模式。但随着经济的发展，20世纪70年代以来，禁止开设分支机构的限制逐渐有所放松。目前，美国越来越多的州放弃了这个限制，但还有一些州继续实行。从总体讲，美国的单一银行制度正在逐步解体，大多数州在规定一些限制条款后，允许银行设立分支机构。

（3）控股公司制。控股公司制是指由一家控股公司持有一家或多家银行的股份，或者是控股公司下设多个子公司的组织形式。控股公司控制下的各银行具有互补性，使整体经营实力增强。控股公司制是美国银行业规避管制的一种创新，通过控股公司这种安排可以解决银行业务发展中的两个问题：一是规避跨州设立分支机构的法律限制；二是通过设立子公司来实现业务多元化。控股公司成为1999年《现代金融服务法案》颁布以前绕过《格拉斯-斯蒂格尔法》（该法限制混业经营）的重要银行组织形式，有利于实现银行的综合经营。近些年来，美国银行的兼并大都采用这一形式，如美国花旗银行是花旗集团的全资附属机构，花旗集团以控股公司的形式出现。

（4）连锁银行制。连锁银行制是指由某一个人或某一个集团购买若干家独立银行的多数股票，从而控制这些银行的组织形式。连锁银行制与控股公司制一样，都是为弥补单一银行制度的不足、规避对设立分支行的限制而实行的。与控股公司制的不同是：没有股权公司的形式存在，即不必成立持股公司。同时，连锁银行制下的大银行对其他银行的控制不如控股公司制下的大银行控制力强，因为单个银行的资金实力一般要小于一个股份公司的资金实力。

2.依据商业银行的业务运营范围来划分

依据商业银行的业务运营范围，商业银行可分为职能分工型商业银行和全能型商业银行。职能分工型又称为分业经营模式，是指在金融机构体系中，各个金融机构从事的业务具有明确的分工，各自经营专门的金融业务。在这种模式下，商业银行主要经营银行业务，特别是短期工商信贷业务。与其他金融机构相比，只有商业银行能够吸收使用支票的活期存款。全能型模式又称混业经营模式，在这种模式下的商业银行可以经营一切银行业务，包括各种期限的存贷款业务，还能经营证券业务、保险业务、信托业务等。

职能分工型商业银行专营银行业务（存贷为主），有利于资金安全，减少混业带来的连带影响，但业务面窄、不利竞争；而全能型商业银行业务领域广阔，通过为客户提供全面和多样化的业务，可以对客户进行深入了解，减少贷款风险，同时银行通过各项业务的盈亏调剂，有利于分散风险，保证经营稳定。但各业务间的风险传染性也较大。两种类型各有利弊。商业银行采用何种模式，是由一国金融体制所决定的。近10年来，随着金融业竞争日趋激烈，商业银行在狭窄的业务范围内利润率不断降低，越来越难以抗衡其他金融机构的挑战，为此，其经营不断趋向全能化和综合化；同时，许多国家金融管理当局也逐步放宽了对商业银行业务分工的限制，在一定的程度上促进了这种全能化和综合化的趋势。

除上述两大类型以外，商业银行还可以有多种划分方式，见表1-1。只不过，这些不同的依据并不是没有交叉点，应该说，一种商业银行往往具有多种分类属性。比如传统银行可以是批发银行、城市银行、储蓄银行、有形银行等。

表1-1　　商业银行类型概要

划分的依据		主要种类
银行资本	所有者构成	国有独资、国有控股、私营
产品类型	提供产品的创新性	传统银行、具有银行性质的新型金融机构如货币市场基金（影子银行）
买方类型	买方的规模	批发银行、零售银行
	买方的地域差异	城市银行、农村银行
	买方的需求差异	储蓄银行、私人银行
销售渠道	销售载体	有形银行、电子银行
	销售的纯粹性	直销银行、兼营银行
未来发展趋势	支付功能强化型银行、信息技术型银行、顾客细分型银行、协作型银行	
地理范围	跨国商业银行、全国性商业银行、区域商业银行、社区商业银行	

其中，影子银行虽然是非银行机构，但是又确实在发挥着事实上的银行功能。它们为次级贷款者和市场盈余资金搭建桥梁，成为次级贷款者融资的主要中间媒介。影子银行通过在金融市场发行各种复杂的金融衍生产品，大规模地扩张其负债和资产业务。所有影子银行相互作用，便形成了彼此之间具有信用和派生关系的影子银行系统。影子银行系统（the shadow banking system）的概念由美国太平洋投资管理公司执行董事麦卡利首次提出并被广泛采用，又称为平行银行系统（the parallel banking system），它包括投资银行、对冲基金、货币市场基金、债券保险公司、结构性投资工具等非银行金融机构。

1.2.4　商业银行的内部组织结构

商业银行的组织结构分外部组织结构和内部组织结构。外部组织结构是指商业银行的分支机构的组成形式。一般可分为总分行制、单一制、控股公司制、连锁银行制等数种。前面已说明这些类型在不同的国家因各国政治经济制度不同而有不同的选择，而不同的类型也各有利弊。商业银行的内部组织结构指由所有者、董事会和高级执行人员即高级经理三者组成的一种企业内部管理和组织结构。内部组织结构的安排是基于协调股东和其他利益相关者的关系建立的，它涉及激励与约束等多方面的内容。其核心是在所有权和经营权分离的条件下，由于所有者和经营者的利益不一致而产生的委托-代理关系。

商业银行内部组织结构一般可分为三个系统，即决策系统、执行系统、监督系统。其特点是：产权清晰，权责明确，权力机构、执行机构和监督机构相互分离与相互制衡。

1.决策系统

商业银行的决策系统主要由股东大会和董事会组成。股东大会是股份制商业银行的最高权力机构。股本招募中购买银行发行的优先股的投资者成为银行的优先股东，购买银行发行的普通股的投资者成为银行的普通股东。

股东大会的主要内容和权限包括：选举和更换董事、监事并决定有关的报酬事项；审议批准银行各项经营管理方针和对各种重大议案进行表决；修改公司章程等。董事会是由股东大会选举产生的决策机构。董事会代表股东大会执行股东大会的决议，对股东大会负责。

2.执行系统

商业银行的执行系统由总经理（行长）和副总经理（副行长）及其领导的各业务部门组成。总经理（行长）是商业银行的最高行政负责人，主要职权是执行董事会的决议，组织领导银行的业务经营活动。在总经理（行长）的领导下，商业银行还要设置若干个业务、职能部门及部门经理。

3.监督系统

商业银行的监督系统由监事会和稽核部门组成。监事会由股东大会选举产生，代表股东大会对商业银行的业务经营和内部管理进行监督。商业银行的稽核部门是董事会或管理层领导下的一个部门，其职责是维护银行资产的完整和资金的有效营运，对银行的管理与经营服务质量进行独立的评估。

综上，商业银行内部组织结构如图 1–1 所示。

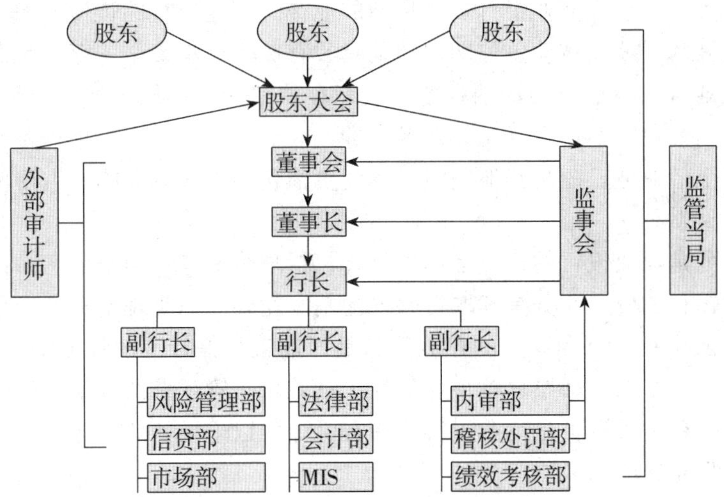

图 1–1　商业银行内部组织结构

注：MIS（management information system），即管理信息系统，是公司在多年银行综合业务系统和管理系统开发的基础上，采用当前信息系统开发的最新技术，结合银行管理目前现状和发展需要，建立的一套以客户为中心的商业银行金融信息服务系统。银行管理者可以通过MIS查阅银行从整体到各分支机构的重要信息。

§1.3 商业银行的业务简介

1.3.1 商业银行的业务概述

商业银行的业务大体包括负债业务、资产业务、表外业务。这里仅给出简要介绍，见表1-2，具体业务内涵与运作本书后续章节会详尽说明。

表1-2 商业银行业务类型概要

业务划分的依据	业务类型	
银行业务是否在资产负债表内	表内业务	资产业务：现金资产、信贷资产、证券资产 负债业务：存款业务、借款业务 银行资本
	表外业务	中间业务 创新的表外业务
银行业务领域	商业银行业务	商业银行业务 消费者银行业务
	投资银行业务	资本市场业务 资产管理业务

1.负债业务

负债业务是指形成商业银行资金来源的业务。商业银行的负债业务主要有三种形式：一是被动负债。被动负债即被动地吸收存款来筹集资金。存款是商业银行最主要的负债业务，一般分为活期存款、定期存款和储蓄存款三类。二是主动负债。主动负债是商业银行通过发行比如金融债券、大额可转让定期存单等各种金融工具主动吸收资金的业务。三是其他负债。其他负债包括借入款和临时占用两类。

2.资产业务

资产业务是商业银行的资金运用项目，包括现金资产、信贷资产、证券投资等业务。商业银行的资产业务是其取得收入的基本途径。一是现金资产，主要包括库存现金、存放中央银行和同业的存款等，是商业银行保持流动性的最重要的资产。二是信贷资产，主要包括票据贴现和贷款。贷款风险管理是商业银行经营管理的重中之重。三是证券投资，是商业银行购买有价证券以求增值的业务。

3.表外业务

表外业务包括传统的表外业务和创新的表外业务，也被称为商业银行的服务业务。一是传统的表外业务又称中间业务，是在资产负债信用业务发展的基础上产生的，这类业务中银行只接受客户的各种委托，提供结算、汇兑等各种服务。传统的中间业务主要是结算业务、承兑业务、保管业务等，以后又发展了代理业务、信托业务和租赁业务、信用卡业务、理财业务、信息咨询业务等。二是创新的表外业务。进入20世纪80年代以来，金融机构间的竞争日趋激烈，商业银行吸收存款的业务开始不易开展，影响了商业银行的收益，于是，商业银行为竞争资金来源，填补资金缺口，开展了一系列资产负债表以外的金融创新业务，既满足客户对服务的要求，又使其本身获得收益。金融创新业务主要包括：各种担保业务、银行的承诺业务和创新金融工具的交易。金融工具的创新为金融与经济的发展带来了利弊影响，一方面使世界范围内金融业的活力和运转效率得到空前提高，成为新的金融效益增长点，并使银行的经营管理技术迈向了新的高度；而另一方面在交易中如运用不当或稍有不慎，就会成为片面追求盈利而进行的投机性操作，有可能造成巨额损失，进而导致银行的破产和倒闭，甚至导致局部性或全球性的金融危机的爆发。因此，商业银行应科学地运用衍生金融工具，充分发挥其增加盈利收益的作用，同时严格管理涉及的风险。

4.银行资本

商业银行资产负债表内，在负债一方还列有银行资本项目。银行资本可划分为核心资本和附属资本两类。核心资本在资本总额中所占的比重直接影响银行的经营风险。银行资本不仅为银行发展提供资金，而且是银行可以自由支配的并能够承担未来的不确定损失的缓冲器。同时，资本的充实程度与持续性有利于增加公众对银行财务能力的信心。这些功能对于保证银行持续经营具有重要意义。

除上述传统的银行业务划分，还有一种对商业银行业务划分的方法，是当前美国商业银行在实践中对业务领域所进行的划分方法。其内容包括：商业银行业务、消费者银行业务、资本市场业务和资产管理业务，前两个我们通常称之为商业银行业务，后两个我们通常称之为投资银行业务。商业银行业务包括现金管理、吸收存款、发放小额贷款或不动产贷款、国际贸易融资、租赁等，是传统的商业银行业务；消费者银行业务包括与消费者相关的一些资产负债业务，如信用卡、借记卡等卡类产品、房屋按揭、汽车等耐用消费品贷款、学生助学贷款等；资本市场业务包括银团贷款、资产证券化、杠杆融资、有价证券承销与代理业务、企业并购、财务顾问、管理咨询等，这部分业务是在金融业务创新、金融管制做出适应性调整环境下发展起来的，并为银行带来了丰厚的利润；资产管理业务包括个人信托、证券经纪、共同基金、保险、公司信托、机构服务等。西方商业银行的这类业务成长迅速，而且创造的利润几乎占到全部利润的一半左右，从其对利润的贡献反映出这部分业务地位的重要性。

1.3.2　商业银行业务面临的需求变化

作为服务产业，商业银行开展业务最根本的原因在于能否得到需求方的满意。这就涉及需求方的满足程度。所谓需求方的满足程度，是指银行业服务的各经济主体的各种需求能否在现实的银行服务中得到实现。这里的满足包含两层意思：一是服务类型与需求的契合度；二是对服务的成本与效率的满意度。银行业的服务对象包括住户、非金融机构企业、政府机构、金融机构和国外部门，随着经济发展的深化，客户各自对银行服务需求的多样化和复杂化的程度也不断提高，如图1-2所示。

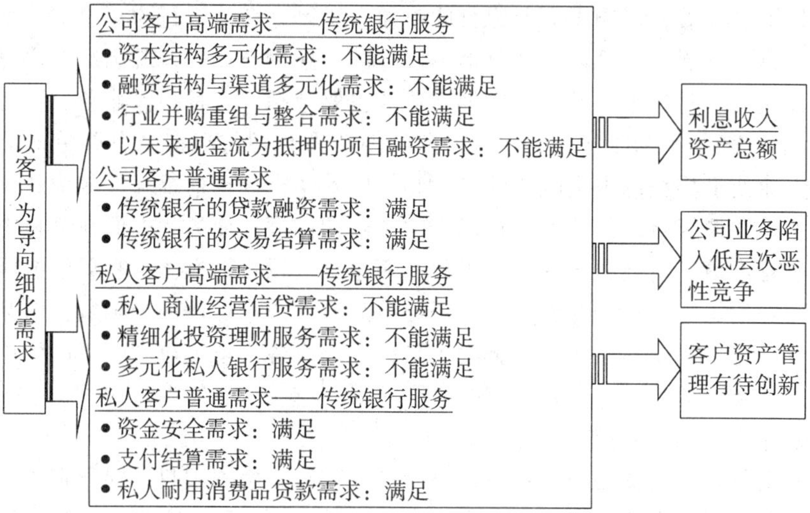

图1-2　银行消费者多元化需求与传统银行服务的冲突

就住户而言，随着其资产额度的增加、知识层次的提高以及对现实经济参与的强化，其对银行业提供的服务的质量要求不断提高，比如会要求专门的理财服务、具有与收益匹配的风险投资以及更多更丰富的信息咨询等等，同时也会对银行服务的便利程度和舒适程度提出更高的要求。就企业而言，企业本身的规模大小、所属行业性质与阶段的不同以及国际化程度不同都会对银行服务产生不同的需求，尤其在融资成本和支付结算效率上的要求较高。就政府而言，政府对银行的需求多体现为政策性贷款等方面，这就需要银行业的政策性业务与商业性业务的彻底分离。就国外金融部门而言，一方面，它们会依靠外资金融机构对其需要的金融服务的满足；另一方面，它们也应成为内资机构国际化发展的纽带。可见，这几类经济主体各有各的构成、各有各的经济行为特点，必须切实满足这些不同经济主体的不同要求，因此"一站式"服务与类型多样的专业性服务都成为商业银行开展业务的目标。

1.3.3　商业银行业务调整与发展的历史视角

从银行业发展的历史线索来看，国外银行业业务调整与发展大体经历了三个阶段：

1.17世纪至19世纪的基于早期银行业的简单业务的调整与发展

17、18世纪正是资本主义制度确立时期，这一时期商品经济经过较大的发展，历时近两个世纪的欧洲文艺复兴和长达一个多世纪的技术革新推动了社会生产力的巨大进步，货币与信用经济得以普及，同时股份制企业大批建立。在这样的社会经济背景下，早期银行业单一分业的业务结构无法满足经济发展的各种需要，为求得生存与发展，银行业也开始实行股份制的组织形式，并相应调整业务结构。它们不仅把存贷汇作为主要业务来经营，而且通过商业票据办理承兑、贴现、抵押放款等方式把商业信用转化为银行信用，使业务规模与范围大大扩展。这一时期业务的调整形成了现代商业银行业务的基本框架，在促进经济发展的同时也带动了银行业的积极成长。

2.20世纪50年代以前战争与经济萧条引致的商业银行业务的转变

20世纪初的14年间，经济金融在资本主义国家都得到了飞快的发展，商业银行也稳步向前，在业务结构上国际化特征开始显现。但好景不长，接下来的两次世界大战与1929年到1933年间的经济大危机使商业银行的经营与功能遭到极大的破坏，导致商业银行的业务规模与种类大大减少，银行业务严重扭曲。

3.20世纪50年代以来银行业务的调整与创新

二战结束后，各国致力于恢复本国经济，加强国际合作，重建国际金融体系以促进世界经济贸易的发展，整个世界经济进入起飞阶段。尤其自1986年英国"金融大爆炸"开始，到1999年美国《金融服务现代化法案》的颁布，金融自由化风潮席卷全球，金融混业成为主流的背景下，经济发展对金融服务的需求日益多样化，加上竞争和盈利动机的激励，银行业出现大量的兼并重组，又得益于电子技术的广泛运用和金融管制的松动，使得银行业务呈现出较强的活跃性。银行业务不断创新，有四个突出的转变：一是表外业务种类繁多，在总体业务中的比重上升，成为业务发展的新的增长点；二是零售银行业务越来越受重视，尤其是个人理财业务（包括私人银行业务）的发展形势迅猛；三是银行资产业务的期限结构、风险结构在资产证券化的带动下更趋合理；四是信息化的业务比重不断提高并有扩张的趋势。

4.21世纪初2007年次贷危机以来银行业务的反思与调整

上一阶段商业银行业务创新的浪潮使得银行混业经营趋势强化、商业银行与非银行金融机构、金融市场之间的联系更为紧密，既一定程度上拓展了银行盈利的空间，也一定程度上积累了各种风险尤其是系统性风险的可能。2007年次贷危机爆发后，各国开始反思商业银行业务经营与管理上存在的缺陷与漏洞，也由此展开了适应各国发展条件的银行业务调整，比如美国银行业对综合经营进行审视，对银行的证券自营业务进行限制。与之并行，进入21世纪商业银行业务调整的推力还有信息技术以及由之带来的新金融形态即互联网金融。在这样的背景下，商业银行业务调整遵循适度原则，即在有效的风险管理下适度创新。其主要体现为：对传统商业银行业务一定程度的回归，同时着力开展以电子信息技术为载体的新业务模式和管理方法。

1.3.4　商业银行业务发展方向

1.强调业务创新和多元化

商业银行的业务创新大体分为三类：一是为规避金融管制，巩固并开发资金来源，实现最优的资金运用的业务创新，比如大额可转让定期存单、货币市场共同基金、可转让支付命令等；二是为实现银行有效的风险管理获得收益与风险的匹配的业务创新，比如资产证券化、金融期货与期权、利率互换等；三是为实现可持续收入和多选择的利润来源渠道而展开的业务范围和品种的创新，如网络银行业务、电子货币等。这些创新品种之多不胜枚举，透过现象看本质，业务创新能反映出银行对自身资源的整合能力，包括组织管理、人力资源和资本结构的安排。业务创新实现了银行业务由传统的存贷向多元化转变；收入渠道从主要依赖表内业务转向倚重表外业务，同时强化了客户中心的服务理念，为银行的生存与发展拓展了空间。

2. 业务电子化

银行前台的交易系统和后台的清算支付系统的电子化程度对于银行成本的控制具有较强的影响力，而电子银行服务、网络银行以及互联网金融模式的的迅速发展已成为银行新的竞争热点。在银行业务中电子化程度的高低取决于银行对信息技术的关注与应用，特别是取决于基于先进技术的客户与行业数据采集、匹配、处理与分析能力的高低，不取决于是否创造这些技术而在于能否迅速获得并有效应用这些技术。实践也证明了凡是在银行业务组织和设计中最先使用并充分应用电子信息技术的银行，其发展都很迅速，实力也不断强大。

3. 以客户为中心的理念发展业务

过去银行采用的以产品为中心的经营理念，银行先设计好产品再向客户推销，在现今银行面临的买方市场条件下显然是不适用的。通过强调客户中心理念，银行在业务调整中，会真正以客户所需为产品设计的基础，金融服务更趋人性化，开发的是针对个人投资者的特色产品，也使银行提供的此类产品具有高附加值的倾向。从这样的角度来设计业务当然会获得客户的信任与满意，对银行而言既能稳固市场又能获得较高收益，无疑会强化其竞争力。

4. 强调银行监管对银行业务调整的重要意义

许多国家银行业务的变革都与其监管法律、法规的冲突有关。银行监管的限制往往成为银行在竞争重压下不得不规避和突破的束缚，监管的放松对于银行业务的灵活性、多样性至关重要，同时监管的简化也决定了银行业务在控制交易成本和信息成本方面的空间。

§1.4 中国商业银行发展简述

新中国成立以来至今，中国银行业的历史发展有几个关键年份。一是1948年12月中国人民银行的建立标志着中国银行体系的诞生；二是1984年1月中国工商银行正式成立，四大国有专业银行基本形成，中国的中央银行-国有银行两阶层式银行体系正式确立；三是1986年我国第一家股份制银行交通银行成立，代表中国银行业银行类型开始存在不同；四是1995年《中华人民共和国商业银行法》（以下简称《商业银行法》）的颁布及专业银行称谓的取消，中国银行业的商业化进程加快；五是2006年三家国有独资商业银行上市成功以及2006年12月11日兑现加入

WTO的银行业开放承诺，银行业面向外资全面放开。这些关键年份是中国银行业发展的四个阶段的标志，其梯次推进既表明中国银行业改革的渐进式思想又体现出商业银行从无到有、从数量累积到结构优化的演化过程。

1.4.1　1948年至1984年1月：商业银行无从谈起

从1948年到1979年是中国人民银行的“大一统”时期，人民银行因兼营中央银行与一般性银行的双重业务，同时又隶属财政，导致银行产业无从谈起。而中国人民银行的完全垄断与国家的经济封闭也导致银行业竞争力无从谈起。这一状况在1979年以后有所改观。1979年2月，国务院批准恢复组建中国农业银行，作为从事农业金融业务的专业银行。1979年3月，专营外汇业务的中国银行从中国人民银行中分离出来，完全独立经营。同年8月，中国人民建设银行也从财政部分设出来，专门从事固定资产贷款和中长期投资业务，后更名为“中国建设银行”。这些专业银行各有明确的分工，打破了人民银行独家包揽的格局。1983年9月，国务院决定中国人民银行单一行使中央银行职责，同时设立中国工商银行，经营原中国人民银行办理的工商信贷和储蓄等经营性业务。四家专业银行在国家政策分工所限定的地域和行业范围内开展活动。它们迅速扩张开设网点，虽然因承担大量国家政策的任务而企业化运营和市场竞争为零，竞争力无从谈起，但毕竟在机构设置和市场占有等方面为以后的银行商业化发展提供了一些基本条件。

1.4.2　1984年至1997年：商业银行体系的初步形成

这一时期银行业以国有商业银行为主体，其他银行并存的局面初步形成，国有专业银行开始向商业银行转变。

首先，在明确专业化银行身份之后，国家对银行机构施行了一系列以扩大经营自主权为主的企业化改革措施，重点包括：转变银行信贷资金管理体制和财务管理体制。1985年银行信贷资金管理体制由实行“差额包干”改为“实存实贷”；财务体制也由“统收统支”改为各银行单独核算、利润留成，逐步实行独立核算、自主经营、自负盈亏。1989年实行了“限额管理，以存定贷”的方针，资产负债管理体制开始逐步建立。国有银行开始由机关式管理方式向企业化管理方式过渡。围绕企业化经营方向，建立了各种岗位责任制、目标经营制和单项承包制，同时推行劳动人事制度改革，试行中层干部聘任制、任期目标责任制等。打破专业银行的垄断格局和业务范围限制。

其次，相继成立10余家股份制商业银行，各银行之间也出现了业务交叉、相互竞争的局面，为专业银行的企业化转变创造了外部条件。1986年以交通银行成立为标志的股份制银行出现。当时的政策背景也是希望在银行业增加国有独资银行的竞争对手，用新型银行带动国有银行的改革。其后先后成立了中信实业银行、深圳发展银行、广东发展银行等10家股份制银行，逐渐改变了国有银行占据100%的市场结构的格局，银行求变的内在动力、外在压力不断增强。

再次，成立政策性银行为专业银行的企业化创造条件。政策性银行成立的目标是为了分离国有银行原来承担的政策性业务，为其商业化运营减负。

最后，以1995年《商业银行法》的颁布为标志，从法律上确定了商业银行的性质、定位以及行业运作的范围边界。应该说有法可依是银行企业化运营的制度基础之一。同时，1995年也开始了对城市信用社的改革，1995年7月，第一家地方性的股份制商业银行——深圳城市商业银行正式成立，并实施了分三批组建城市商业银行的规划。此外，1996年国务院颁布了关于农村金融体制改革的决定，1996年底全国农村信用社基本完成了与农业银行的脱钩，开始进行合作金融的改革。

这一系列举措为中国银行业奠定了银行机构的数量基础，表现为机构扩张、业务扩张、网点人员扩张的数量累积，同时银行间的同质性不断提高，表现为各家银行的组织结构、资本结构、业务结构趋同。但这一时期银行业竞争也稍显端倪，1985年国有专业银行分工限制被打破，银行业竞争开始呈现，特别是规模扩张成为竞争的主流，银行业大中规模的银行初具形态。这与1985年以来经济体制由计划经济转为有计划的商品经济有关，到1992年社会主义市场经济的初步设计为银行的企业化和产业化经营提供了经济环境，使银行业整体的市场观、竞争观初步树立，表现为银行业开始关注并展开市场占有率的竞争、网点人员数量的竞争。当然，这一时期数量扩张下的各种问题也逐渐显现：高比例的不良贷款问题、银行资产运用的软约束、银行业风险的加剧。

1.4.3 1998年至2003年：银行业市场化改革的推进

这一时期银行业拉开了改革的大幕，商业银行尤其是四家国有独资商业银行的改革不断推进，改革的方向是建立现代企业制度的银行市场主体，这基本符合商业银行主体的市场化要求。值得一提的是，受到1997年亚洲金融危机的警示，中国政府和中国金融界开始重视金融风险问题。1997年亚洲金融危机之后，国有企业大面积陷入经营困境，致使国有商业银行不良资产剧增，银行脆弱的资产质量甚至影响到国家经济和金融体系的安全。1997年11月，为正确估量经济、金融形势，深化金融改革和整顿金融秩序，国家召开了第一次全国金融工作会议，此后实施的主要改革措施包括：成立金融工作委员会，对全国性金融机构组织关系实行垂直领导，改革四家银行干部任免制度，试图解决地方政府干预银行业务问题。补充资本金，剥离不良资产，提高国有独资商业银行的抵御风险能力。中央政府于1998年发行2 700亿元特别国债补充四家国有独资商业银行资本金，1999年成立四家资产管理公司，剥离国有商业银行不良资产1.4亿元左右。全面推行资产质量五级分类制度以取代原来的“一逾二呆”贷款分类法，同时要求商业银行按照审慎会计原则提取贷款损失准备金。国务院向四大银行派驻监事会，强化监督制约机制，这说明国家已经意识到国有商业银行在治理结构方面存在问题，并开始着手改进。

上述改革措施充实了国有商业银行的资本实力，改善了财务状况，也一定程度上减轻了四家银行的历史包袱。随着宏观经济保持稳步增长势头，四家银行在2000年第四季度出现了不良贷款总额和比例“双降”的良好局面。但是，由于计划经济的烙印太深，历史包袱积重难返，管理体制和经营机制等深层次问题没有得到根本解决，有效的资本金补充、风险管理和内部控制机制没有形成，随着信贷规模的不断扩大，风险资产相应增加，资本充足率进一步下降，不良资产再次反弹。按贷款质量五级分类统计，2002年底四大银行的不良贷款总额21 350亿元，不良贷款率25.12%。伴随着资产规模的高速扩张，四家银行面对的是盈利水平的低下，2003年平均总资产回报率（ROA）为-0.2%，而国际前100家银行平均水平为1%；平均股本回报率（ROE）为-0.5%，而国际前100家银行平均为12%~14%。

由于1998—2000年间中国经济面临的萧条环境，以及国有银行所承担对国有企业的融资责任等原因，这期间不良贷款又新增1万多亿元，使得资产管理公司剥离不良贷款所创造的银行发展机遇被吞噬一空。单独依靠银行自身的经营来化解不良资产、充实资本金几乎没有可能。按照审慎会计原则计算，四家银行2003年底的资本充足率均为负数，外界因此有中国的国有商业银行早已“技术上破产”的论断。严重的不良贷款问题加强了管理当局推动国有银行治理结构改革的决心，改革的深化势所难免。

1.4.4　2003年至2010年：商业银行股份制改革的上市阶段

2001年加入WTO后，银行业承诺的开放进程为银行业带来改革的外在压力，这种压力所形成的外在推动力和冲击使银行业感受到竞争的激烈和提升竞争力的必要性与迫切性。同时竞争压力还来自于中国国内金融体系改革与发展所带来的新情况，一是同业之间的业务竞争加剧，各家银行都实行规模扩张，银行的同质化使同一市场、同一客户的竞争不断升级；二是混业经营开始松动，非银行金融机构比如保险公司、财务公司等开始抢夺银行业务与客户；三是资本市场的发展，虽然在中国没有形成对银行足够的冲击，但其可预见的发展速度毕竟具有潜在的威胁。应该说，进入21世纪的中国银行业开始感受到前所未有的竞争压力，而随着国门的开放以及对国际银行业发展的深入了解，中国银行业也开始认识到“脱媒”“并购”等现象后的国际银行竞争压力，开始考虑自己的出路。

2002年2月，党中央、国务院召开第二次全国金融工作会议，提出要按照“产权清晰、权责明确、政企分开、管理科学”的现代金融企业制度要求，把国有商业银行改造成治理结构完善、运行机制健全、经营目标明确、财务状况良好、具有较强国际竞争力的现代金融企业。其后，国务院成立了国有独资商业银行综合改革专题工作小组，部署人民银行牵头研究国有商业银行改革问题。改革目标已经提出，但在改革的资源选择上却存有争议。一种选择是延续第二轮改革的思路，即中央财政利用财政发债的方式对国有商业银行进行财务重组。但是自1998年实施积极财政政策以来，我国连续几年出现较大财政赤字，国债发行的余地已经很小，财政部门也明确表示国家财力不足以支持国有商业银行的改革。此外在法律程序上，国债发行须获人大批准，在当时的情况下发债的方案不易获得通过。2003年5月19日，中国人民银行向国务院提出了动用外汇储备向 国有商业银行注资的新思路，其背景是我国已积累了较为充裕的外汇储备。这些外汇储备投资于国有商业银行股权，可在中国人民银行资产负债表的“其他投资”中应用，国家最终选择了运用外汇储备注资的方案。

2003年9月，中央和国务院原则通过了《中国人民银行关于加快国有独资商业银行股份制改革的汇报》，决定选择中国银行、中国建设银行作为试点银行，用450亿美元国家外汇储备和黄金储备补充资本金，进一步加快国有独资商业银行股份制改革进程。国家根据产权明晰的原则，于2003年12月16日依《公司法》设立了中央汇金公司，由其运用国家外汇储备向试点银行注资，并作为国有资本出资人代表。汇金公司的成立是国有商业银行业改革的一个重大创新，国有商业银行长期存在的产权主体虚位局面由此得到根本性改变。此后，中国银行、建设银行等试点银行的改革工作按照改革总体方案，根据“一行一策”的原则稳步开展。

第一步是财务重组，主要包括核销资产损失、处置不良资产、再注资等三个环节。中行、建行将所有者权益、准备金和2003年利润全部转入不良资产拨备，用于核销资产损失，之后将不良资产以市场评估价格剥离给资产管理公司。在工行的 财务重组中，财政部创新性地以工行未来的收益冲销工行过去的损失，设立了“特别共管账户”。在核销资产损失、处置不良资产的基础上，2003年12月30日国务院通过中央汇金公司向中行、建行分别注入225亿美元的资本金；2005年4月，中央汇金公司再向中国工商银行注资150亿美元。通过财务重组，三行财务状况得到显著改善，主要财务指标已接近国际大型商业银行的水平。

第二步是在财务重组的基础上实施股份制改造，建立现代公司治理框架。中行、建行、工行相继于2004年8月26日、9月21日和2005年10月28日由国有独资改组为股份有限公司。汇金公司分别向三行派出专职董事，代表行使国有资本出资人职能。

第三步是引进战略投资者。国务院在制订改革总体方案时，将“引进国内外战略投资者，改变单一的股权结构，实现投资主体多元化”作为股份制改革的重要一环。三行分别引入了美国银行、苏格兰皇家银行、高盛投资团等战略投资者。

第四步也即改革总体方案的最后一步是境内外公开发行上市。从2005年10月起，三行相继启动首次公开发行工作，均取得了巨大成功，在融资规模、认购倍数、发行价格等方面屡创纪录。2007年9月，中、建、工三行全部完成A股和B（H）股两地上市。

同时，农业银行的股份制改革也在推进。针对农业银行政策性业务多、不良贷款比率高以及历史遗留的管理体制，农业银行改革遵循“面向‘三农’、整体改制、商业运作、择机上市”的改革方针，在全面外部审计、清产核资的基础上，稳步推进不良资产处置、国家注资等财务重组和设立股份公司工作。改制后的农业银行建立健全了公司治理结构，着力推进内部改革，切实转换经营机制，进一步强化为“三农”服务的市场定位，不断提升服务水准和效益。经过三年多的努力，中国农业银行于2010年7月15日和16日正式在上海和香港两地上市，至此，中国四大国有商业银行全部实现上市，中国金融改革开始了新的一页。表1–3总结了中国商业银行业构成情况。

表1–3　　**中国商业银行业构成情况（截至2016年6月）**

类型	名称	数量	是否上市	地理范围
大型商业银行①	工商银行	5家	上市	全国
	建设银行		上市	全国
	中国银行		上市	全国
	农业银行		上市	全国
	交通银行		上市	全国
股份制银行	渤海银行	12家	未上市	区域
	招商银行		上市	全国
	中信银行		上市	全国
	民生银行		上市	全国
	华夏银行		上市	全国
	深圳发展银行（后合并重组为平安银行）		上市	全国
	广东发展银行		未上市	全国
	浦东发展银行		上市	全国
	兴业银行		上市	全国
	光大银行		上市	全国
	恒丰银行		未上市	区域
	浙商银行		未上市	区域
城市商业银行	北京银行、上海银行等	132家	有的上市	地区性
农村商业银行、合作银行、村镇银行	北京农村商业银行等	数千家	未上市	地区性

资料来源：中国银行业监督管理委员会网站。

① 中国邮政储蓄银行从规模而言也可以划为大型商业银行，目前中国银行业监督管理委员会将其单列。

1.4.5 2010年至今：商业银行改革的深化

四大国商业银行顺利上市后，这场以产权改革为特征、以建立现代商业银行制度为目的的新一轮改革已基本实现了改革的初衷，改革已经取得了阶段性的成功。2010年以来，中国商业银行伴随国内外经济金融环境的变化，一方面积极推进已上市银行的更广泛的业务创新和更深入的经营管理改革；另一方面城市商业银行的崛起成为这一阶段的新特点。这一阶段银行业外部环境较为严峻、变化大，一是次贷危机后国际经济运行尚未完全恢复常态，金融监管趋于严格；二是国内经济转型，经济增长放缓的同时利率、汇率市场化改革不断推进；三是互联网金融爆发式成长。这些变化使得商业银行经营压力增大，竞争加剧。在这样的背景下，国内商业银行开始更多地考虑业务转型和管理创新。在业务上积极介入直接金融，比如从传统的存贷业务延伸到新兴理财业务和投资银行业务；在管理上更加强调风险意识、主动核销不良资产加大拨备力度，以满足次贷危机后更为严格的监管要求。当然，其间也产生了一些新的问题，比如非标资产[①]的迅速扩张带来风险积累、线上业务拓展的竞争压力等。可以预见，在日趋变化的信息时代与经济转型时期，中国商业银行仍将面临巨大的压力与挑战。

专栏1-1

后危机时代中国商业银行的五大变革趋势

从历史角度看，每次金融危机的爆发都会对当时的经济和金融业发展的大格局产生深远的冲击和影响。笔者认为，在后危机时代，我国的银行业将会出现五大变革趋势，笔者将分别提出应对措施。

一、效益上从高速增长向次高速增长转变

在后危机时代，中国银行业在效益上将从高速增长向次高速增长转变。2012—2016年，预计我国银行业整体利润同比增长率将维持在10%~15%。针对这种变化形势，必须做好以下工作：首先，要妥善处理各种矛盾，在增速较快的时期，矛盾很容易掩盖，而增速一旦下降，各种矛盾就会显现出来，因此，必须处理好总行各部门之间、总行与分支机构之间以及各分支机构之间的人财物关系；其次，要提高管理水平，包括客户管理、成本管理、定价管理、资本管理和风险管理等，通过精耕细作来提高效益；再次，要努力提高非利息收入，通过各种创新手段大力发展各项中间业务，提高非利息收入在银行总收入中的比重；最后，要加强企业文化建设，提倡奉献、敬业、艰苦、团结、互助等精神。

二、业务上从规模导向向价值导向转变

后危机时代，我国银行业的经营环境发生了很大的变化。在监管上，商业银行面临越来越严的资本充足、动态拨备等约束；在客户上，中小企业发展迅速，居民

---

① 按银监会2013年8号文的定义，非标资产是非标准化债权资产是指未在银行间市场及证券交易所市场交易的债权性资产，包括但不限于信贷资产、信托贷款、委托债权、承兑汇票、信用证、应收账款、各类受（收）益权、带回购条款的股权性融资等。

财富迅速积累，社会金融需求日益扩张和多样化；在市场上，利率市场化改革加速推进、金融与技术两大脱媒现象进一步明显、同业竞争激烈。因此，为应对经营环境的变化，我国商业银行必须改变原有的粗放型增长方式，从规模导向向价值导向转变，走低资本消耗、高收益的发展新路，通过内生资本的增长，实现可持续发展。可以预见，在未来较长一段时期内，价值导向将成为我国银行业的发展方向，这是国内商业银行在多种因素推动下的一种必然选择。

三、渠道上从以物理网点为主向电子化多元渠道转变

金融危机之后，电子银行的重要性更是不言而喻。首先，金融危机后，银行业盈利压力巨大，而发展电子银行业务能够有效地降低成本，取得低成本竞争优势。其次，电子银行可以自动屏蔽掉一批低价值的客户，从而具有自动筛选客户的功能，因此，发展电子银行业务能够提高银行高价值客户占比，提高商业银行的盈利能力。再次，电子银行可以有效减轻网点的工作压力，能使银行部分员工从繁重的日常工作中解放出来，有精力、有时间为个人富裕客户、重点优质客户提供个性化、差别化的增值服务，为银行大力推进零售业务和中间业务发展提供了可能。最后，电子银行打破了传统服务渠道的时空限制，可以为客户提供更多个性化和人性化的金融服务，能够更好地满足客户需要，实现双赢。因此，可以预见，未来我国商业银行在渠道上必定会从以物理网点为主向电子化多元渠道转变。

四、地域上从依靠国内市场向依靠国内、国际市场转变

应该积极着手从以下几方面加大工作力度：第一，要实现意识的国际化，银行管理层要充分认识到国际化经营的重要性；第二，要在全球范围内开设相应的分支机构，实现机构的国际化；第三，积极借鉴国际先进银行的管理经验，建立具有更大灵活性和规范性的管理体制，实现管理的国际化；第四，我国大多数商业银行的业务系统只基于人民币业务，这在很大程度上制约了业务国际化的需求，因此，要实现交易和管理信息系统国内外的一体化；第五，还要以客户为中心，提高自身国际业务的创新能力，为客户提供更多更好的国际化产品，实现产品的国际化；第六，商业银行国际化离不开人才的国际化，因此，一方面，商业银行海外分支机构可以在当地聘用各类专业技术人才，另一方面，在国内也应重点引进和培养具备多语种、业务熟练、熟悉国外金融环境和制度、了解外国客户心理和异域文化的专业人才。

五、管理上从粗放型向精益型转变

与国外先进银行相比，我国商业银行的管理能力还存在着很大的提升空间，主要表现在以下三个方面：其一，长期以来，我国商业银行的收入主要依赖存贷款利差，这逐渐形成了商业银行过分追求业务规模的经营模式，使得资本补充的压力巨大。其二，近年来，我国商业银行的管理能力虽然有很大提升，但是粗放型特征依然比较明显，比如，创新能力不够，导致同业恶性竞争问题突出；客户分级服务不够深入和完善，导致无效客户占比过高，高价值客户开发不足；成本核算体系不完善，管理手段滞后，未能实现全过程成本管理；尚未建立科学的IT项目开发管理

机制、许多业务系统不兼容不对接等。其三，管理粗放的直接后果表现为经营效能不足，虽然近年来我国商业银行的人均效能逐年提高，但是与国外先进银行相比，仍然存在巨大差距。因此，中国商业银行应在管理效率上做文章，借鉴国际先进银行的经验，深化结构调整，提升精细化管理能力，这样才能突破目前的各种瓶颈，从被动转向主动，实现更好更快的发展目标。

资料来源 韦倩. 后危机时代中国商业银行的五大变革趋势［N］. 金融时报，2011-11-21，本书进行了缩减改编.

★ 本章小结

1. 商业银行是金融体系中最古老的金融机构，其产生与国际贸易关系密切。银行业的发源地是意大利，经历了货币兑换业、货币保管业、货币经营业演变为现代银行形式。现代商业银行是指经营货币信用商品和提供金融服务的特殊的现代金融企业组织。

2. 商业银行的发展源于规避管制、竞争压力和信息技术的推动。其发展的特点可概括为与非银行机构不断融合，形成大型复合型的金融机构、商业银行的国际化趋势、风险管理成为其业务管理的重心以及强调创新是其生命力。商业银行与金融市场是金融体系重要的构成要素，虽然它们在风险管理、信息处理、公司治理和企业监管以及促进技术进步和经济成长方面各有利弊，但相互之间又是融合与依存的。

3. 商业银行是特殊的企业，其特殊性表现为经营对象的特殊、经营关系的特殊以及经营风险的特殊。商业银行又是特殊的金融机构，具有内在脆弱性和较强的风险传染性。商业银行的职能有：充当信用中介；充当支付中介；承担信用创造；转移与管理风险；降低交易成本、提供各种服务便利。

4. 依据外部组织形式不同，商业银行主要有总分行制、单一银行制、持股公司制、连锁银行制等类型。依据业务运营范围不同，商业银行可分为职能分工型和全能型。商业银行内部组织结构一般可分为三个系统，即决策系统、执行系统、监督系统。

5. 商业银行的业务包括负债业务、资产业务和表外业务。其中，资产业务包括现金资产、信贷资产和证券投资；负债业务主要包括被动负债（存款）和主动负债（借款）；表外业务包括中间业务和创新的表外业务。商业银行业务发展的主要趋势是：强调业务创新和多元化；业务电子化；以客户中心理念发展业务；强调银行监管对银行业务调整的重要意义。

★ 综合训练

1.1 单项选择题

1. 银行业最早的发源地是（　　）。

A. 英国　　B. 美国　　C. 意大利　　D. 瑞士

2.依据商业银行的业务运营范围，商业银行可分为职能分工型商业银行和（　　）。

A.全能型商业银行　　B.单一型商业银行

C.总分行型商业银行　　D.连锁制商业银行

3.以下不是商业银行股东大会的权限的是（　　）。

A.选举和更换董事、监事并决定有关的报酬事项

B.审核银行业的监管制度

C.审议批准银行各项经营管理方针和对各种重大议案进行表决

D.修改公司章程等

4.以1995年（　　）的颁布为标志，从法律上确定了商业银行的性质、定位以及行业运作的范围边界。

A.《中国人民银行关于加快国有独资商业银行股份制改革的汇报》

B.《中华人民共和国经济法》

C.《中华人民共和国公司法》

D.《中华人民共和国商业银行法》

5.2003年9月，中央和国务院原则通过了（　　），决定选择中国银行、中国建设银行作为试点银行，用450亿美元国家外汇储备和黄金储备补充资本金，进一步加快国有独资商业银行股份制改革进程。

A.《中华人民共和国商业银行法》

B.《中华人民共和国公司法》

C.《中国人民银行关于加快国有独资商业银行股份制改革的汇报》

D.《中华人民共和国经济法》

1.2　多项选择题

1.商业银行发展的原因有（　　）。

A.为了规避政府管制　　B.政府的要求

C.竞争的压力　　D.国有化进程的推进

E.现代信息技术的发展和网络的普及

2.依据商业银行的组织形式，商业银行可以划分为（　　）。

A.总分行制商业银行　　B.单一制商业银行

C.控股公司制　　D.连锁银行制

E.统一银行制

3.中间业务包括（　　）。

A.结算业务、承兑业务　　B.保管业务

C.租赁业务、信用卡业务　　D.信托业务

E.代理业务

4.资产业务是商业银行的资金运用项目，包括（　　）。

A.现金资产　　B.信贷资产　　C.证券投资

D. 咨询业务　　　　　　E. 代理业务

5. 银行资本可划分为核心资本和附属资本两类，核心资本包括（　　）。

A. 普通股　　　　　　B. 不可收回的优先股　　　C. 资本盈余

D. 留存收益　　　　　E. 可转换的资本债券

1.3 思考题

1. 如何理解商业银行的特殊性？

2. 商业银行的职能有哪些？

3. 依据商业银行的业务运营范围如何对商业银行的类型进行划分？怎么理解这个划分？

4. 互联网金融与商业银行是对立的吗？你如何理解互联网金融对商业银行的挑战？

5. 结合当前的经济金融形势，谈谈你对我国商业银行业务发展方向的看法。

6. 梳理我国商业银行发展的历史线索，分析商业银行股份制改革如何进一步深化。

★ 本章参考文献

[1] 米什金，爱金斯. 金融市场与金融机构［M］. 第五部分，金融机构业，第15、16、17、18章，王青松，等，译. 北京：北京大学出版社，2013.

[2] 艾伦，盖尔. 比较金融系统［M］. 第2、3章，王晋斌，等，译. 北京：中国人民大学出版社，2002.

[3] 史密斯，英戈沃尔特. 全球银行学［M］. 黄为忻，等，译. 上海：上海译文出版社，2005.

[4] 黄达. 金融学［M］. 北京：中国人民大学出版社，2013.

[5] 李仁杰，王国刚. 中国商业银行发展研究［M］. 北京：社会科学文献出版社，2006.

[6] 李健. 国有商业银行改革：宏观视角分析［M］. 北京：经济科学出版社，2004.

[7] KOSTER M H. International Competitiveness in Financial Services [J]. Journal of Financial Services Reserch, 2004 (4).

第2章

商业银行经营管理构成与环境分析

★ 导读

本章对商业银行经营管理进行抽离个性的概貌介绍，从商业银行经营管理的内涵出发，在说明其目标和原则的基础上，就商业银行经营管理理论的发展演变进行简要的梳理，指出商业银行经营管理必须涵盖的主要内容，为商业银行经营管理搭建一个最基本的构成框架。此外，还特别考察商业银行经营管理的外部环境，提出影响商业银行经营管理的重要因素，在静态地剖析商业银行经营管理构成的同时，以动态的环境变化提出商业银行经营管理的及时反思、适时调整、有效变革的必要性与重要性。

★ 关键概念

安全性　流动性　盈利性　客户关系管理　环境分析

商业银行经营管理的美好愿望是，力求“安全性、流动性、盈利性”三性的协调统一，希望能够兼顾利益相关者的不同利益需要，最终实现商业银行稳健、持续的发展。但是，现实中的商业银行总是面临这样那样的冲突，比如三性的矛盾对立，比如对利益相关者顾此失彼，比如各种各样的风险带来的不确定性等等。因此，经营管理就成为一门艺术，既强调内涵又注意形式，既注重技巧又要求变通。不同地域、不同经济社会背景的商业银行在其经营管理上虽各有不同，但万变不离其宗，总有可遵循的原则、可注意的角度以及可使用的方法和手段。

商业银行的生存、发展与其经营管理直接相关。稳健、有效的经营管理不仅能为商业银行的日常运作提供保障，而且能够积极促进业务开发、市场拓展以及风险管控。商业银行的经营管理既有企业经营管理的一般性，也有商业银行的特殊性。其特殊性是由商业银行的性质、职能决定的，通过具体的经营管理目标、原则、方法等方面体现出来。

§2.1　商业银行经营管理的目标与原则

2.1.1　商业银行经营管理内涵

企业运营包括经营和管理这两个主要环节，经营是指企业进行市场活动的行为，管理是指企业理顺工作流程、发现问题的行为。经营是对外的，追求从企业外部获取资源和建立影响；管理是对内的，强调对内部资源的整合和秩序的建立。经营追求的是效益，要开源，要利润；管理追求的是效率，要节流，要控制成本。经营是扩张性的，需要积极进取；管理是收敛性的，需要谨慎稳妥、评估和控制风险。对企业而言，经营中的科学决策过程便是管理的渗透，而管理中又需要依据企业的经营目标和原则。因此，经营管理应该是相互渗透的，人们也经常把经营管理放在一起讲，把经营和管理严格区分开来是误区。

一般而言，经营管理是指在企业内，为使生产、销售和劳动力、财务等各种业务和资源，能按经营目的顺利地执行、有效地调整而进行的一系列管理、运营之活动。企业的经营管理是指对企业整个生产经营活动进行决策、计划、组织、控制、协调，并对企业成员进行激励，以实现其任务和目标的一系列工作的总称。作为特殊企业的商业银行，其经营管理大体也是上述内容。具体来看，理解商业银行经营管理包括以下方面：

1.商业银行经营管理的基础是商业银行业务

商业银行经营是商业银行在组织资产负债业务和表外业务过程中的预测、筹划、谋略、决策、开拓创新活动。商业银行管理是指商业银行在业务的经营过程中为实现企业目标而进行的计划、组织、控制、协调活动。因此，商业银行经营管理的基础和对象是商业银行业务，所有影响业务开展与创新的因素都是商业银行经营管理需要关注的内容，也是其进行经营管理的条件。概括影响商业银行业务的因素，既有企业本身的定位、目标和员工素质，也有企业外部的市场环境、顾客需求、经济背景与社会环境等。这些因素互相影响、关系复杂，决定着每家银行各种业务的特点与变化，能否准确把握与利用将关系着商业银行经营管理的顺畅。

2.商业银行的经营管理需要关注商业银行的特殊性

与一般企业不同，商业银行所具有的特殊性也反映在其经营管理的内容上。首先，商业银行运营的对象是货币资金，其所提供的金融产品与金融服务都与货币、资本有关，因此商业银行的经营管理需要特别关注货币、资本的供求情况，了解其流量与存量的变动，掌握现代信用经济中货币资本的特性，分析与预测货币流动与资本流动，从而为其经营管理的谋划与调整奠定基础。其次，商业银行所具有的内在脆弱性和风险易传染性也是商业银行经营管理需要特别重视的。因为高杠杆运营和业务风险多样化，商业银行在经营管理中需要强调资本管理和风险管理。强调资本管理，通过有效地组织资本来源和进行积极的资本配置，为商业银行高杠杆运营提供安全的保障；强调风险管理，通过有效的风险识别，采用科学的防范措施和加强风险预警，以商业银行最佳的风险收益匹配，获得稳健持续的发展。最后，商业银行的社会影响力也是商业银行经营管理需要顾忌的。商业银行的顾客是面向社会的、分散的，其对经济秩序与社会秩序的冲击力都很大，商业银行的经营管理不能仅仅考虑企业自身的需求，还需注意其社会的影响。

3.商业银行经营管理应特别重视其人员素质

商业银行是经济社会的信用中介和支付中介，其组织效率与便利程度关系着经济运行的正常进展。因为商业银行提供的产品与服务都有较强的专业性和技术性，其员工素质的高低会直接影响其经营管理能力。因此，激励与学习是商业银行经营管理的重要内容，提供学习机会和激励机制，促使员工不断追求知识水平和操作水平的提高，将会决定商业银行在激烈竞争中的胜出。

2.1.2　商业银行经营管理目标

商业银行经营管理目标是商业银行一定时期内经营管理应达到的水平和标准。在具体的目标设计中，商业银行经营管理目标可以从不同的角度划分。按时间划分，可以划分为根本目标（无限期目标或永久目标）、长期目标（5~10年）、中期目标（1~5年）、短期目标（1年以内）和临时目标（突发性原因）；按空间划分，可以划分为总体目标、部门目标、地区目标、基层目标和小组目标。其中，按空间划分的角度实际上是总体目标逐渐分解并具体化的过程。比如总体目标是指商业银行最高管理机构设置，决定着商业银行的经营方向、经营规模和经营管理水平，商业银行的一切工作必须服从这一目标。部门目标是由商业银行的各业务主管部门制定的专业性目标，应有比较鲜明的技术标准和技术指导性。地区目标是总体目标在本地区的分解落实，并结合本地区特点，相对具体。基层目标是商业银行独立核算的分支机构为完成上级下达的任务而设置的目标。小组目标则是基层目标的进一步分解，应具有可操作性。

从理论上而言，依据商业银行性质，商业银行的经营管理目标应为在保障商业银行安全性的前提下，将盈利扩大到最高限度并对社会做出应有的贡献。在现实中，商业银行的经营管理目标最常见的表述是利润最大化。但是，利润最大化目标存在较为突出的局限性：一是利润的计量可能导致利润额的失真。因为利润是财务指标，在财务处理中，利润等于收入减去成本，而收入可能包括无法收回的应收收入，成本可能没有计入应提取的贷款损失准备金。二是利润所反映的是银行已过去的财务年度的成果，缺乏对商业银行发展机会与未来趋势的判断。三是利润最大化容易忽略对风险的关注，因为金融企业的收益与风险成正比，收益越大风险越高，一味追求利润最大化显然不符合金融企业对安全性的要求。基于上述缺陷，加之近些年商业银行所面临的经营环境的复杂化和风险的加大，商业银行在确立自己的经营管理目标时非常关注企业稳健运行和持续发展。大多数银行选择股东价值最大化来替代利润最大化，股东价值最大化虽然与利润紧密相联，但由于其主要取决于商业银行未来的盈利能力，受商业银行实际承担的风险以及社会公众评价的影响。因此，相比利润最大化，股东价值最大化能够更好地体现商业银行发展的客观性和前瞻性。同时股东价值的可观察性以及股东对商业银行决策的影响，都成为选择股东价值最大化目标的理由。

当然，在实际的运营中，对股东价值最大化的理解需要注意一定的条件。依据企业管理的利益兼顾理论，企业能否持续、健康地发展取决于企业能否兼顾相关利益人的利益。对商业银行而言，其相关利益人包括股东、经理、员工、客户、监管者以及竞争对手。如果仅考虑股东价值最大化，忽略甚至以牺牲其他相关利益人的利益为代价，那么商业银行的发展只能是短期的或不具稳定性的。因此，商业银行经营管理目标更为恰当的表述是在尽可能兼顾商业银行相关利益人利益的条件下追求股东价值最大化。

2.1.3　商业银行经营管理原则

对于商业银行的经营管理原则确切的表述应是：安全性、流动性和盈利性，简称“三性”原则。

1. 安全性原则

安全性原则是指商业银行在经营中要避免经营风险，保证资金的安全。安全性是银行资产正常运营的必要保障，它要求商业银行在经营活动中尽可能防范和降低各种风险。对于商业银行而言，安全性原则十分重要。因为商业银行是高负债经营的企业，其自有资本比率低，抵御资产重大损失的能力较弱，同时当发生财务困难时其承受危机的时间短，能力也弱。依据安全性原则，商业银行在经营管理中需要明确的是：

（1）注重资产质量，合理发展资产业务规模，注意调整业务结构。首先，加强贷前调查和业务风险预警。对于有问题的贷款和高风险的投资需要审慎处理和严格管控，通过有效的客户关系管理和科学的评级，尽量规避有问题的贷款，通过信息分析和数据处理积极分散或转移投资风险，以保障资产的安全运营。其次，合理发展业务规模。商业银行具有内在的扩张要求，规模经济的收益与“太大不能倒闭”的规律往往促使其在业务发展方面脱离其经营管理能力，而业务的扩张如果没有充分的能力匹配，往往成为隐患。最后，注意调整业务结构。既要注意资产负债业务种类与期限上的结构匹配，又要注意同类业务中不同客户的结构安排，同时还应注意通过保持一定的现金资产和持有一定比例的优质证券资产来提高商业银行的抗风险能力。

（2）强化资本实力。商业银行是高风险的企业，抵御与防范风险需要保持清偿力。商业银行清偿力的根本保障是自有资本。自有资本的高低既是社会评价一个银行实力的主要依据，也是银行信誉的基础。因此，强化资本实力是实现银行安全的重要内容。

2.流动性原则

强调流动性是由银行这种特殊金融企业的性质所决定的，**流动性是指商业银行能够随时满足客户提取存款及应对客户获得贷款要求的能力。**流动性能力是商业银行所具备的一种不损失价值情况下的变现能力，一种能应付各种责任的资金可调用能力。流动性能力实际上能够反映商业银行经营状况的好坏，也能体现商业银行管理能力的高低。这种能力具体体现为商业银行的资产流动性和负债流动性。

（1）资产流动性是指商业银行所持有的资产能随时得以偿付或者在不贬值的条件下确能变现。从资产方面看，库存现金、在中央银行的超额准备金存款、在其他银行的活期存款是流动性最高的资产，这三项资产都可以随时用于清偿支付，所以商业银行必须保持一定比例的此类资产。此外，短期债券的期限短、易变现，又有一定的收益，尤其是信用高的国库券可随时在货币市场变现，商业银行一般把他们作为仅次于现金资产的二线准备，对保持银行支付能力而言十分重要。

（2）负债流动性是指商业银行能够较易以市场成本随时获得所需的资金。为获得流动性，商业银行越来越注重通过保持足够的资金来源来应付提款和支付的需要。从负债方面看，一般而言，直接向中央银行借款、向中央银行贴现、发行可转让存单、向其他银行借款以及利用回购协议等，成本相对较低、不会使银行因增加流动性而减少贷款和投资，是银行获得资金的较好选择。

3.盈利性原则

盈利性原则是指追求盈利最大化，这是商业银行的经营目的。在商业银行各项收入与支出中，对银行利润影响的因素主要有三方面：一是资产收益和资产损失。其中，资产收益水平取决于资产规模、盈利资产比率以及资产收益率等，资产损失主要是由资产经营过程中各种风险和防范风险的能力所决定。收益与风险往往成正比，因此对收益的判断务必需要考虑风险影响。二是经营成本。经营成本包括利息成本和非利息成本，为保证收益，商业银行需要严格控制成本，加强管理。三是其他营业收支。商业银行只有追求盈利，才能有效地充实资本、强化激励，获得持续发展。但若一味强调盈利而忽略风险和长期发展，商业银行的利润也只能是暂时的。

商业银行经营管理的三个原则既是相互统一的，又有一定的矛盾。其中，流动性与安全性是相辅相成的，流动性强、安全性高，而盈利性与流动性、安全性存在冲突，高盈利性往往伴随高风险性。由于三个原则之间的矛盾，使商业银行在经营中必须统筹考虑三者关系，综合权衡利弊，不能偏废其一。一般应在保持安全性、流动性的前提下，实现盈利的最大化。需要指出的是，为实现“三性”原则，商业银行在具体的经营管理中需要围绕它们建立健全指标体系，加强日常的监测与相应的信息分析，从量化结果的变化中及时发现问题、积极应对，促使“三性”原则落到实处。

§2.2 商业银行经营管理的演变与发展

2.2.1 商业银行经营管理理论的演变

从最初的资产管理、负债管理到资产负债管理以及目前的一些新发展，商业银行的经营管理伴随经济金融环境的变化、商业银行自身的发展与人们对商业银行认识的深化，不断调整和充实。可以说，商业银行经营管理理论的演进既反映了商业银行经营管理理念的更新，也体现出商业银行经营管理方法与手段上的扩展与创新。

1.资产管理理论

资产管理是商业银行的传统管理办法。资产管理的重点是流动性的管理。资产管理主要经历了三个不同的发展阶段：一是商业性贷款理论，即以真实票据为根据主要发放短期和商业性贷款；二是可转换理论，即商业银行的资产运用范围从贷款扩大到可以投资于具有一定流动性和盈利性的有价证券上；三是预期收入理论，银行不仅能对短期商业性需要发放贷款，投资于有价证券，而且只要借款人具有可靠的预期收入用于归还贷款，银行就可以对其发放贷款。资产管理理论的演进不仅说明了商业银行在资产业务种类方面的拓展，也反映出商业银行在经营管理上的变化，商业银行在关注流动性的同时也更加注重市场占有与收益的获得。

2.负债管理理论

在资产管理已经发展成熟的同时，商业银行开始关注负债管理。20世纪60年代，西方金融管制盛行，各种利率限制束缚了商业银行开展资产业务的手脚，加之金融市场上货币市场共同基金等金融创新工具的出现，商业银行面临巨大的生存压力。在这样的经营环境下，商业银行开始采取一种新的管理方式，即通过负债业务创新，主动吸引客户资金，扩大资金来源，并根据资产业务的需要调整或组织负债，让负债去适应和支持资产业务。负债管理的实施变银行的被动负债为主动负债，增强了银行的主动性、能动性，扩大了银行的业务规模和范围，但在一定程度上也加大了商业银行的融资成本和经营风险。

3.资产负债管理理论

资产负债管理理论即将资产和负债综合考虑，统一安排，才能实现盈利性、流动性和安全性的统一。资产负债管理遵循资产负债的对称原则，主要强调规模对称、结构对称，要求资产负债业务在时间、种类、数量上的匹配。该理论所提出的敏感性分析、缺口管理以及比例管理等都反映出对资产负债匹配的核心思想。虽然，20世纪80年代以来商业银行的表外业务大大扩展，资产负债业务不再是商业银行利润的绝对来源，但是作为商业银行运营基础，其重要性并未减弱。因此，资产负债管理至今仍是商业银行经营管理中的重要内容。

4.全面风险管理理论

在现代商业银行的业务运营中，由于风险的加大和危害的加重，全面风险管理日显重要。商业银行经营中面临许多风险，有效地防范、控制和管理风险是银行经营管理中的核心。商业银行风险管理的主要包括三方面内容：风险识别、风险衡量、风险控制。其中风险识别是商业银行风险管理的基础，风险识别准确与否，直接关系到能否有效地防范和控制风险损失。风险衡量是风险管理的第二阶段，主要是估算风险损失发生的概率，预测风险损失程度及相关损失的大小。最后是风险控制。商业银行用以防范和控制风险的方法很多。传统的风险管理集中在信用风险上，但随着市场发展以及金融创新的深入，商业银行的业务重点从信贷扩展到表外，风险种类也从信用风险扩展到各类风险，加之风险之间的相互传染，使商业银行的风险管理更加注重综合性的全面风险管理，并通过多种新兴的风险管理方法和技术手段对风险进行全面的预警、防范与控制。

5.其他理论

除上述主要的理论发展外，商业银行的经营管理还出现许多观点和方法，其中有代表性的是资产负债外管理理论、顾客全方位满意管理理论、价值管理理论和利益兼顾理论。

（1）资产负债外管理理论提倡从正统的银行资产、负债业务以外去寻找新的经营领域，开辟新的盈利源泉。

（2）顾客全方位满意管理理论是在全面质量管理的基础上发展起来的。它强调企业全体与顾客满意的管理概念。顾客的绝对满意是这一理论的主要关心点和立足点。

（3）价值管理理论是将企业价值管理理论融入商业银行经营管理中的一种创造。改变过去的效益管理，将股东价值最大化作为商业银行的经营管理目标，并以此为指导，涵盖商业银行的战略规划、资本配置、资金运营、绩效评估诸多方面，形成贯穿商业银行各个层面的创造价值的管理体系。价值管理有利于减少银行决策的短期行为，有利于银行长期价值的创造。

（4）利益兼顾理论。利益兼顾理论强调商业银行的经营管理应注意全面考虑商业银行相关的利益人，即：既要考虑股东的利益，也要顾及经理层、员工、顾客、监管者以及竞争对手的利益。商业银行要想获得持续、稳健的发展，不应该只关心某一方的利益，而是要取得各方利益的均衡点，获取长远的发展。利益兼顾理论的提出有利于商业银行经营管理的持续性和稳定性，它实际是商业银行“三性”原则兼顾的一种反映。

综上所述，商业银行数百年的发展过程中，其经营管理的广度与深度都不断增加，这是商业银行适应经济社会发展变化，适应顾客需求变化的结果，也是商业银行历久弥新的原因。

2.2.2 商业银行经营管理的主要内容

商业银行经营管理理论为商业银行的实际操作提供了依据与发展方向，也激发着商业银行不断创新管理方法与手段。不同类型的商业银行在具体的经营管理中会有一些不同的特点，但从经营管理的主要内容而言，都是围绕业务运营，涵盖资本管理、资产负债管理、风险管理、营销管理、内部控制以及绩效评价几大方面：一是商业银行的资本管理，即如何低成本高效率地获得资本和进行有效的资本配置，通过组织资本管理为商业银行发展业务提供支持和保障，并且得到公众与监管者的认可。二是商业银行的业务运营管理，包括商业银行的资产负债管理和表外业务管理，通过业务种类的匹配与创新，获得三性的统一。三是商业银行的风险管理，将商业银行所面临的各种风险进行识别、衡量与控制，通过应用各种先进的风险管理方法，建立有效的风险预警与防范，尽可能将风险分散、转移与控制，实现规避风险、减少风险的作用。四是商业银行的营销管理，即针对不同的业务特点和顾客特点，通过实施有效的营销策略与营销手段，积极推动已有业务的市场扩展并努力推广新业务，发现新的市场机会，为商业银行争取更多的客户、更大的市场。五是商业银行的内控管理。为保证上述管理的有效进行，商业银行必须坚持高效的内控管理，通过建立严格、科学的内控体系，保障各项管理顺利实施与实现。六是商业银行的绩效管理。通过绩效管理检验商业银行经营管理的效果，找出问题与不足，为经营管理效率的提升提供支持。

商业银行经营管理的诸多内容中，业务运营管理是基础，资本管理是保障，风险管理是核心，营销管理和内部控制是支持，绩效管理则是判断与自省。这些内容相互联系，交织在一起，共同实现着商业银行的日常运作与持续发展。不同国家、不同时代、不同发展阶段的银行可能在具体的经营管理中有不同的方法与重点，但需要明确的是，对于上述各方绝不能厚此薄彼，更不能相互孤立。

2.2.3 商业银行经营管理的新思路：客户关系管理

哈佛管理经典丛书之一《企业成长的新策略》中指出：“如果强调促进企业成长必须意味着把焦点放在顾客身上，但是，取得利润的增长需要把重点放在恰当的客户关系上。”客户关系管理（customer relationship management，CRM），是现代管理科学与先进信息技术结合的产物，是企业重新树立“以客户为中心”的发展战略，从而在此基础上开展的包括判断、选择、争取、发展和保持客户所实施的全部商业过程；是企业以客户关系为重点，通过再造企业组织体系和优化业务流程，展开系统的客户研究，提高客户满意度和忠诚度，提高运营效率和收益的工作实践；也是企业为最终实现电子化、自动化运营目标，所创造和使用的技术、软硬件系统及集成的管理方法、解决方案的总和。

1.客户关系管理的提出

客户关系管理成为商业银行经营管理的新思路是由商业银行所处的主、客观条件决定的。从客观条件而言：一是激烈的市场竞争促使商业银行更加重视客户资源。激烈的市场竞争要求拥有庞大客户群体的商业银行，必须树立“以客户为中心”的经营管理理念，与客户建立并维持良好的关系，以实现满意的客户忠诚度，从而保持有效的市场占有以应对竞争。二是先进的信息技术支持使得客户关系管理的实现成为可能。网络和数据库等技术被日益广泛地应用于商业银行的信息系统构建和辅助管理上，包括从传统的办公事务自动化（OA）发展到决策支持（DS）、商业智能（BI）等等。这些技术对于商业银行积极管理客户资源、有效分析客户需求和业务满意度都提供了实际操作的可能。从主观条件而言，商业银行自身培育核心竞争力的要求迫切需要以全面管理客户关系为主线，集成各种面向客户的信息开展业务活动。而这就需要商业银行必须更新经营管理思路，以业务的自动化为依据，形成与客户全面接触、全程服务的统一平台，更好地培育有别他行的竞争优势和核心能力。

商业银行的客户关系管理落实在具体经营管理中需要注意四个方面：一是通过选择客户（客户组合管理）影响银行的价值。二是通过增强与客户的关系影响银行的价值形成。三是通过不同的客户关系结构影响银行的价值创造。四是通过风险分担与利润分享来影响价值在银行与客户之间的分割。CRM的核心是客户价值管理，它将客户价值分为既成价值、潜在价值和模型价值，通过一对一营销原则，满足不同价值客户的个性化需求，提高客户忠诚度和保有率，实现客户价值持续贡献，从而全面提升企业盈利能力。具体内容包括企业的客户可通过电话、传真、网络等访问企业，进行业务往来；任何与客户打交道的员工都能全面了解客户关系、根据客户需求进行交易、了解如何对客户进行纵向和横向销售、记录自己获得的客户信息；能够对市场活动进行规划、评估，对整个活动进行360度的透视；能够对各种销售活动进行追踪；系统用户可不受地域限制，随时访问企业的业务处理系统，获得客户信息；拥有对市场活动、销售活动的分析能力；能够从不同角度提供成本、利润、生产率、风险率等信息，并对客户、产品、职能部门、地理区域等进行多维分析。

2.客户关系管理的目标与作用

客户关系管理的目标主要表现为三个方面：一是提高效率。通过采用信息技术，可以提高业务处理流程的自动化程度，实现企业范围内的信息共享，提高企业员工的工作能力，并有效减少培训需求，使企业内部能够更高效地运转。二是拓展市场。通过新的业务模式（电话、网络）扩大企业经营活动范围，及时把握新的市场机会，占领更多的市场份额。三是保留客户。客户可以自己选择喜欢的方式，同企业进行交流，方便地获取信息并得到更好的服务。客户的满意度得到提高，可帮助企业保留更多的老客户，并更好地吸引新客户。客户关系管理的目标是由其所能发挥的作用来实现的，具体分析其作用有以下几点：

（1）客户关系管理体现了新态企业管理的指导思想和理念。商业银行在CRM理念指导下，能够创新并建设以客户为中心的商业模式，通过整合企业内外资源、集成并应用CRM管理系统，确保企业利润增长和客户满意的实现。

（2）客户关系管理通过改善与客户的关系，可以提高企业营销、销售、服务等与客户密切相关业务的效率和效益。企业建立和应用客户关系管理系统，对企业管理模式与运营机制进行及时创新，在动态运营中就可以及时识别发生于企业产品、服务与客户间的交互关系，使营销、销售、客户服务以及决策等诸多业务领域形成彼此协调、互为支持的联动体系。

（3）通过客户关系管理，银行可以实现以客户需求为导向的业务与服务调整。客户关系管理可以快速地反映客户需求的变化，并在一定程度上通过客户信息预测未来一定时期客户的需求，从而使银行在产品定位和市场决策上能适应这种需求的变化，为客户提供最需要的业务和服务。现代金融业的竞争和发展已开始突破传统业务的框架，进入一个“以客户为中心”的变革时代，注重收集客户信息，并进行充分的数据挖掘、分析和创新服务，设计出高附加值、个性化的金融产品，为客户提供完善的金融服务，从而达到引导客户消费和吸引客户的目的，不断巩固银行在市场竞争中的优势地位。

（4）客户关系管理是企业管理中信息技术、软硬件系统集成的管理方法和应用解决方案的总和。它既能运用一系列信息技术、方法和手段帮助企业组织管理客户资源，又能运用信息技术对企业涉及销售、营销、客户服务等业务流程实施自动化处理。

专栏2-1

商业银行客户关系管理的实际应用案例

近几年来，客户关系管理（CRM）被一些大型银行和新型银行列入工作日程安排中。这是因为在20世纪90年代初，发达国家的商业银行就已大致实现了业务处理的规范化、办公事务的自动化和决策支持的智能化，并在发展网上银行方面先行一步。以美国花旗银行为例，花旗银行由于获准进入中国台湾的时间较晚，因此在台湾金融同业中并没有经营网点的优势，截至1999年，花旗银行在全台湾只有10家分支机构。如果仅靠经营网点吸引办理业务的客户，花旗银行台湾分行将不可能达到营业网点的成本界限。花旗银行台湾分行在考虑自身发展时便结合其推行的CRM战略，分析认为网点在现代金融行业竞争中的地位已大大下降，一方面，客户渴望得到随时、随地、随身的金融服务；另一方面，对银行提供金融服务的多种渠道相比较，认为建立电话中心比较适合当前客户的应用需求，也是相对低廉的方式。根据银行客户的情况和市场环境以及网络的发展，花旗银行台湾分行决定先行建设呼叫中心，为客户提供电话银行服务，来弥补自身网点较少的缺陷。花旗银行台湾分行建成的呼叫中心里约有280位专业电话理财员，每月为超过120万人次的客户提供服务。顾客只要打一个电话就能办理银行信息的查询、确认等业务，理财、转账和基金、外汇买卖等工作则由电话理财员来办理。花旗采取了各种方式提高呼叫中心的服务，首先，呼叫中心的每位理财人员都经过严格的银行业务培训和谈话技巧的训练，其次，在呼叫中心内部实现客户知识的积累和共享的相对方便和快捷，再次，如果有问题，呼叫中心监听服务电话的主管会随时就需要改进的电话提出建议，从而使呼叫中心无论在规模、响应速度、服务质量、运营效率还是成本方面都达到一个相当高的水平。为了保证呼叫中心能持续保持高水准的服务并不断改善运营质量，花旗银行台湾分行制定了一系列的指标来衡量和评价呼叫中心的运营情况，这些指标包括接听电话的平均时间、电话未接通比率和占线率、电话平均等待时间、自动语音系统处理问题的比率和反应、服务人员回答的正确程度以及客户满意度等。根据这些可衡量的指标进行调查和分析，并对照指标采取改善措施。此外，他们不仅把呼叫中心视做服务的主要渠道，更要求中心与营销等业务结合，同时能为银行管理者决策提供参考意见。花旗银行台湾分行的呼叫中心因此曾被评选为亚洲最有创意和经营效率的呼叫中心。

另一个更为典型的案例是美国的Capital One财务公司。Capital One 1994年从Signet公司中分离出时只是一家很小的金融公司，但现在它已位居美国十大信用卡发行商之列，拥有1 670万个客户和174亿美元的总存款余额。应当说，是CRM系统为Capital One的成功奠定了坚实的基础。Capital One的客户不论是通过其经营网点还是通过电话中心来办理业务，处理客户事宜的都不仅仅是公司业务人员和电话中心的工作人员，还有其功能极其强大的CRM系统。从一个客户的信息被载入的那一刻开始，运行着CRM的庞大的计算机系统就开始工作，这些计算机中装载着七分之一美国家庭的各种资料及数以百万的公司客户的数据。通过这个庞大的数据库，CRM系统能够辨认出客户的相关信息，比如预测来电话的原因，然后CRM系统会为接电话的工作人员提供一些客户的相关资料及有关问题的回答方法，它可以根据情况选择最优选项，也会提供一些选项供工作人员选择。当这次业务办理完毕后，客户所带来的信息又被CRM系统分析处理后存储起来，作为今后CRM系统客户智能的资料。所有这一切，都是CRM系统在极少的人工干预下自动完成的。Capital One公司的CRM系统所做的另外一项更为重要的工作是利用所获得的大量客户信息，对公司的新产品——各种新类型的信用卡进行智能化的分析和测试。换句话说，CRM系统帮助Capital One用科学的方法设计信用卡。它所带来的成果是惊人的，仅2000年Capital One公司关于新产品、新广告策略，新兴市场和新兴商业模式等的测试就达28 000次，这使公司得以在正确的时间、以正确的价格、向正确的客户销售正确的产品。Capital One公司总共提供6 000种的信用卡，每一种的期限、条件和利率都各有差别，这正是Capital One实施CRM系统后改进设计和提供产品的结果。

3.客户关系管理的实施

如何切实地实施客户关系管理，应该关注如下五个方面：

（1）高层领导的支持。其主要作用体现在三个方面：一是为客户关系管理设定明确的目标，即通过客户关系管理所要实现的经营管理的要求。二是提供各种支持。作为积极的推动者，提供为达到设定目标所需的时间、财力和其他资源。三是确保银行上下认识到这样一个工程对企业的重要性。在出现问题时，激励员工解决这个问题而不是打退堂鼓。

（2）专注于经营管理流程。客户关系管理应该把注意力放在流程上，而不是过分关注于技术。技术只是促进因素，本身不是解决方案。因此，如何实现业务发展，改进现有的营销、销售和服务策略才是重点。

（3）技术的灵活运用。在那些已有的成功的客户关系管理中，技术的选择总是与要改善的特定问题紧密相关。选择的标准应该是，根据业务流程中存在的问题来选择合适的技术，而不是调整流程来适应技术要求。

（4）组织良好的管理团队。实施客户关系管理需要具有业务流程重组的能力、对系统进行客户化和集成化的能力、强大的IT技术能力以及改变管理方式的技能。这对于帮助客户适应和接受新的业务流程是很重要的。

（5）注重组织再造与业务流程重构（reengineering）。商业银行通过组织再造，整合内部资源，建立功能完整、交流通畅、运行高效的职能机构；以客户需求的挖掘和满足为中心，实现基于客户交互的业务流程的重构，统一客户联系渠道，针对客户需求及时创新金融产品和服务。

需要注意的是，商业银行实施客户关系管理，应当以管理信息系统和商业智能、决策支持系统的建设为突破口。商业银行实施客户关系管理，应当以数据仓库、内部网络及客户、业务信息系统的建设为基础工作，带动客户合作管理子系统的建设。总之，客户关系管理的出现与应用，既是商业银行电子化趋势的必然结果，也是商业银行作为服务性企业的内在要求。不能将其简单地归入市场销售或业务开发，而应将其作为新的经营管理思路纳入到商业银行经营管理的方方面面，充分发挥信息技术带来的对批量数据分析、管理的积极作用，兼顾客户的个性化需求与市场的普遍性需求，将经营管理的规划、实施与评价形成具有持续性的有机体系，严格遵循经营管理原则，有效实现经营管理目标。

2.2.4 中国商业银行经营管理的历史与发展

新中国成立以来，中国商业银行的经营管理经历了几个主要的历史时期：

1.1978年以前

中国人民银行既是国家金融管理机关，又是办理金融业务的国家银行。对银行的资产负债管理，实行了集中统一的综合信贷计划管理体制，实行“存贷分离、统存统贷”的管理办法，形成了中国人民银行统揽一切金融业务的“大一统”格局。

2.1979年至1983年

党的十一届三中全会以后，1980年改统存统贷为信贷差额包干制度，实行了统一计划、分级管理、存贷挂钩、差额包干的信贷资金管理办法。

3.1984年至1993年

中国农业银行等专业银行从中央银行分设出来，开始实行各自的职能，中国人民银行专门行使中央银行职能。1985年，在信贷差额包干的基础上实行实贷实存的资金管理办法，基本内容是统一计划、划分资金、实贷实存、相互融通。1989年在“实贷实存”的基础上进行了补充和完善，实行的是贷款增量的规模控制。实贷实存的管理体制的实施，加强了人民银行的宏观调控，同时也推动了专业银行的改革进程。

4.1994年至1997年

1994年建立了以中央银行为核心，商业性金融与政策性金融相分离，国有商业银行为主体、其他商业银行和政策性银行并存的银行体制。与此相适应，实行了“总量控制、比例管理、分类指导、市场融通”的银行信贷资金管理方法，中国人民银行制定了新的资金管理办法，即商业银行资产负债比例管理办法，初步形成了关于资产负债管理的框架文件，各大商业银行都初步尝试实行。我国银行的资产负债管理工作走向了一个新的发展阶段。

5.1998年至今

从1998年1月1日起，中国人民银行取消了对国有商业银行贷款限额的控制，在推行资产负债比例管理和风险管理的基础上，对国有商业银行贷款增加量的管理方面，取消指令性计划，改为指导性计划，实行“计划指导、自求平衡、比例管理、间接调控”新的管理体制。自此，中国商业银行开始迈入了没有限额控制的严格意义上的资产负债比例管理的新时期。

2006年以来，随着中国银行业全面对外开放以及中国银行、中国建设银行、中国工商银行和中国农业银行的上市，中国商业银行的市场化程度不断提高。各家商业银行在经营管理模式上不断探索，力求找到更加适合自身发展的、在确保安全性和流动性基础上增加盈利的更加符合现代经营理念的管理方式，资产负债表外管理、全面风险管理、客户关系管理都已被许多商业银行了解并逐渐开始运用到自己日常的经营管理中。时至今日，大型银行上市已走过十多年的历史，期间，城市商业银行如雨后春笋蓬勃发展，截至2016年底，132家城市商业银行形成中小银行业竞争格局，此外，农村商业银行、农村合作银行以及村镇银行也在各自领域发挥作用。

当前，中国金融改革与发展已从过去十年的健康化、规范化阶段进入市场化、国际化转轨阶段。预计“十三五”时期，金融体系的结构性调整、宏观政策的方向性调整以及全方位的金融开放格局，必将对中国银行业的发展改革产生深远影响，中国商业银行的经营管理也将在此趋势下更强化市场化、创新性以及国际化的先进理念和方法。

专栏2-2

大型商业银行改革十年励精图治

经过十年多的改革发展，五家大型商业银行规模稳步壮大，经营质效全面提升，风险抵御能力不断增强。根据《银行家》杂志2015年7月公布的数据，中国五家大型银行有四家跻身全球十大银行之列，其中三家名列全球前五。大型银行上市十年之所以取得举世瞩目的成绩，得益于国家政策的支持，得益于中国经济的高速增长，得益于银行业改革开放所激发的经营活力，也与大型银行自身的探索与努力紧密相关。总体来看，大型银行的改革与发展主要有以下几点经验：

第一，注重顶层设计，通过渐进方式推进改革。过去十年，大型银行的改革总体上与国家金融业改革目标、思路和政策相配套，循序渐进，梯次推进。“十一五”期间，大型银行改革的主要任务是全面完成股份制改造和成功上市，总体思路是“财务重组，股份制改造，公开发行上市”。“十二五”期间，大型银行改革的目标是，完善现代企业制度、提升创新发展能力和风险管理水平、增强国际竞争力。

第二，以服务实体经济为本，发挥市场主体作用。大型银行在改革发展的过程中，始终坚持金融服务实体经济这一基本出发点，与实体经济相互依存、共生共荣。从传统存贷款服务看，2014年末，大型银行各项存款余额达56万亿元，是2005年末的3倍，各项贷款余额达41万亿元，是2005年末的3.5倍。特别是在国际金融危机后，在资本市场受到较大冲击的背景下，2009年大型银行新增贷款5.3万亿元，贡献了当年新增贷款的51%，为中国经济的恢复发挥了重要作用。大型银行在普惠金融、民生消费、绿色信贷、化解过剩产能等新领域也发挥着主导作用。以普惠金融为例，截至2015年末，大型银行对小微企业的贷款余额已超过6万亿元，约占全国的25.6%。大型银行具备投行、基金、保险、租赁、信托等多元化平台，在50多个海外经济体设有约1 200家分支机构，约占中国银行业“走出去”机构数的90%，是我国银行业综合化、国际化发展的国家名片。

第三，搭建现代公司治理机制，健全风险内控体系。在一系列监管规定的指导下，大型银行构建了全面风险管理体系，形成了符合《巴塞尔协议Ⅲ》要求的风险识别、计量、监测和控制体系，强化资产扩张的资本约束，扭转了以规模和速度为主导的发展模式和激励机制，促进资本、收益、风险的相互匹配和动态平衡。按照“流程银行”理念，大型银行还开展了组织架构和业务流程重组，强化了“业务一线、职能部门、外审机构”内控三道防线建设，构建了风险内控预警和业务连续性管理体系，培育了合规文化和可持续发展价值理念。为防范“大而不倒”问题，四家大型银行还按要求制订了恢复和处置计划，落实了附加资本要求，保持稳健发展。

第四，合理定位，逐步探索差异化发展道路。股改前，大型银行经历了国家统管、差异化分工的“专业银行”阶段（1984—1994年）和自主经营、全面竞争的“独资商业银行”阶段（1995—2003年）。随着股改上市的推进，大型银行开始进入差异化竞争的“国家控股上市银行”阶段，更多地从市场和自身特色出发，及时更新发展定位，实施新的发展规划。

第四，以开放促改革，提升国际竞争能力与合作水平。大型银行在股改过程中，借助跨国金融机构派驻董事、提供技术援助、开展业务合作和培训交流，将国际银行业的最佳业务与管理实践带到中国，有效改善了大型银行的公司治理机制，拓宽了业务发展空间，提高了金融服务质量和管理精细化水平，使得大型银行能够在较短的时间内与一些国际大行站在同一起跑线上。在与跨国金融机构合作过程中，大型银行培育了一批具有国际视野的管理人才和专业人才，提升了中国金融企业的国际竞争能力与合作水平。

资料来源：张兴荣．大型商业银行：上市十年发展之路［J］．中国银行业，2016（3）．

§2.3　商业银行经营管理的环境分析

外部环境对商业银行经营管理的影响是多方面的，这里选择Le Pest & Co分析方法进行分析。Le Pest & Co分析方法将推动银行业变革的外部作用力归为法律（legal）、道德（ethical）、政治（political）、经济（economic）、社会（social）、技术（technological）和竞争环境（competitive）七大方面，是一种很实用的归类方法，为环境分析提供了很好的切入点。表2-1描述了其中每一分类所包含的主要影响要素。

表2-1　影响商业银行运营的外部环境的要素分析

法律（legal）	垄断法、银行业监管架构、消费者保护规则、业务相关规定
道德（ethical）	社会责任与义务、企业文化
政治（political）	政府的稳定、政企关系、政府对竞争的态度
经济（economic）	发展水平、产业结构、国际化
社会（social）	人口结构、家庭结构、顾客需求
技术（technological）	技术进步、技术革新的速度、新技术的采用率、技术开发
竞争（competitive）	竞争对手、市场扩张、产业周期

资料来源：克劳馥，等．金融服务业管理［M］．王琴，译．上海：上海财经大学出版社，2004.

这些要素与商业银行的运营有着密切的关系，对商业银行的经营管理有着不同的影响。通过进一步的提炼分析，可以明确几个问题：一是通过对环境要素状态与变化的把握，加深对商业银行自身的了解，使银行清楚在环境中的定位；二是为银行提供发展的机会与风险的识别；三是环境的复杂与多变时刻提醒商业银行在经营管理上注重应变能力。

2.3.1　法律环境对商业银行经营管理的影响

法律环境对商业银行经营管理的影响主要有三个方面，其中，银行业监管构架是有关银行行为规范的法规，对银行资本、组织结构、业务发展等都会产生影响。消费者保护法是从顾客权利维护角度说明银行持久性发展的基础，而与银行业务相关的配套法律如信用立法等是从银行业务的支持角度来发挥作用的。

1. 银行业监管法规的影响

银行监管法规集中在银行资本要求、业务范围、组织构架和准入退出方面的规定，监管法规对监管程度的强化与放松体现出管理者对银行经营管理的矛盾心理。一方面严格限制表明管理者对银行安全的重视与对风险的谨慎；另一方面放松又表明管理者对银行利润与竞争的关注。

（1）从监管法规对监管程度的放松而言，以美国、欧盟最突出的两例法规调整为例，放松管制为欧美银行经营创造了更大的市场空间和机会，改变了银行业的组织结构、业务结构，为欧美银行竞争力提升提供了重要的制度基础。首先，1993年1月付诸实施的《欧盟第二号银行调和指令》为欧盟银行业的发展开辟了国际空间。该法律引入了单一的欧洲银行特许经营的概念，即任何银行在任何欧洲国家的授权下，都可以自由地在其他任何欧洲国家开展业务活动，不需要获得任何其他的授权，并且在资本基础、银行股东构成、银行在非银行业中的参与程度、会计制度和内控机制等方面与欧盟成员国达成一致。其次，美国1999年颁布了《GLB金融服务现代化法案》，该法律规定：允许银行、证券和保险业务在一个公司机构下进行运作；允许金融控股公司从事美国联储认定属于对金融业务具有补充作用的非金融业务等。该法律的颁布成为美国银行业迈向混业经营的标志。

应该说，欧美立法的调整与本国银行业在全球的竞争策略的调整有关。银行业将国际竞争、赢得全球市场作为经营目标，使得立法机构以增强本国银行业经营效率和国际竞争力的立法理念成为主流。

（2）从监管法规对监管程度的强化而言，以新《巴塞尔协议》为代表。该协议的限制性虽然在一定程度上对银行资产的扩张业务的拓展起到较大的约束作用，但实际上从银行长远发展和稳健经营来看，是一种真正的支持。

那么，银行监管法规的设置究竟如何能在满足管理者对银行业整体安全与稳定的要求的同时又能促进银行的发展呢？

首先，从银行监管法规的制定上应具有前瞻性，即注意银行业发展的趋势，在法规管理上给予其成长的空间。法律不能朝令夕改，但也不能成为银行发展的障碍，这就需要制定者在确定条款的时候仔细研究银行业发展的动态，预先在法律上留下可操作的空间。其次，明确银行监管法规在银行业运营中的定位，即强调银行业的运营秩序和共同遵守的规则，搭建有效竞争的同一平台。最后，在法规内容上注意强调规定银行不能做什么，而不具体规定银行能做什么，以解除银行运营的限制，鼓励创新。

2. 消费者保护规则的作用

消费者保护规则对商业银行的作用较为间接。从顾客角度的权益保护可能会在短期内对银行业务成本或高收益的风险性投资产生一定程度的负面影响，但从长期来看，让顾客满意绝对有利于银行信誉的获得，这一点的重要性对商业银行是不言而喻的。

以英国的《银行从业守则》为例，银行消费者保护规则一般体现在以下几个方面：对于所有的客户业务，要做到公平合理；用通俗的语言向客户提供相关的产品和服务信息，客户出现任何疑问，都要提供帮助；帮助客户选择满足其需要的产品或服务；帮助客户理解金融概念的含义，如抵押贷款、其他贷款、储蓄或投资、各类银行卡；帮助客户理解业务的运行过程；拥有安全的、有保证的投融资机制；快速修正错误、处理客户抱怨；系统性地积极地处理金融困境和贷款拖欠问题；保证所有产品和服务遵守相关法规制度。可见，消费者保护规则实际是银行实现客户满意的基础和保证，银行消费者在银行最终获得的权益保护会提高客户对银行的忠诚度和信任度，不同银行在进行消费者权益保护方面的优劣，也是银行间经营管理能力差异的具体体现。

3.健全完善的相关法律制度对商业银行经营管理的支持

健全完善的法律制度能够为经济主体确立明晰的行为规范，起到引导促进和警戒惩罚的作用，以避免银行业发展中的风险和混乱。国际先进银行业在这方面都提供了有力的例证。比如美国银行业接近60%的贷款用于个人消费，而且这些信贷资产不良率很低，这与美国有一系列配套的法律法规密切相关。诸如《统一商法典》《公平催收法》《公平信用报告法》《社区再投资法》等，这些法律对于保护借贷双方的权益，解决双方的纠纷都有明确而详尽的阐述，对于美国消费信贷的发展起到较大的促进作用。而德国也有一套细致和严格的法律法规，《银行法》《投资法》《投资公司法》《证券交易法》《股份公司法》等，为银行业的业务运作和管理提供了有效依据。可以说，一套相互补充协调一致的法律体系为银行业的竞争与发展提供了基本的规则、有效的监督和公平的环境，是每一个国家在产业发展和企业成长中发挥积极作用的重要和正确的途径。

2.3.2　道德环境对商业银行经营管理的影响

1.道德环境对商业银行的主要影响

道德环境关注的是“是与非”的区别，以及相应承担的责任与义务。卡罗尔（Carroll，1990）提出的11条道德准则，在银行的经营活动中有值得借鉴的地方，比如习俗道德即一个人应在社会规范允许的范围内活动；黄金法则即你要想别人怎样对待你，你就应当怎样对待别人；乐观原则即好心情是事情做好的保证；组织伦理即忠于组织；职业道德法则即重视职业道德。可以看出，从企业角度看，银行对道德规则的使用，将有利于激发银行员工对银行的归属感和为之奋斗的自觉性；有利于银行在开展业务时关注其利益相关者的利益共赢；有利于形成银行发展的文化观、大局观和整体观。从产业角度看，银行业对道德准则的认同有利于银行业业内的协调与自律。

道德环境对银行的影响主要在两大方面：一是通过杜绝非道德行为，消除竞争的缺陷，比如银行间可能出现的恶性竞争。这就需要银行的发展注意延展性，银行要具有合理的战略方向、出色的领导水平和团队精神。二是将正确的价值观和行为模式融入银行每天的活动中，比如确定银行行动方向、征询对价值和标准的反对意见、建立员工意见的汇集机制和反馈渠道。当然种种影响建立在一些条件的成立上，比如领导层对道德准则的重视与推行、银行薪酬体制对道德行为的支持、银行内部的互相信任等。

道德环境与组织文化息息相关。形成符合银行业道德准则和道德行为要求，具有自己组织特色的企业文化，会减少银行业内与银行内部的摩擦，是银行提高效率的重要方面。

2.道德环境对商业银行企业文化的塑造

企业文化是企业在长期的经营实践中形成的并被企业员工普遍认同和遵从的思想观念、价值标准、思维方式和工作作风的总和，是物质文化、制度文化和精神文化的复合体。其中，精神文化作为观念文化，是企业的价值观、企业目标、经营哲学等无形的文化部分，是企业文化的核心内容。作为精神层和物质层的中介的制度层，是具有本企业特色的各种规章制度、道德规范和员工行为准则的总和；精神层直接影响制度层，并通过制度层影响物质层。物质文化层面是企业文化的物质的外在表现，是指企业的环境、条件、设施、形象要素的总和。那么，如何实现先进的企业文化塑造呢？

（1）清晰地把握企业文化的特质。首先是价值性，即企业文化的基础是强调共同价值观和行为准则。对企业价值的正确认识是一种无形的力量，让企业内的每一个员工具有贡献之和归属之的内在动力。其次是渐进性，企业文化的创立和发展是一个积累过程，是经过多年的培育逐渐形成的，为此企业应注意避免短期行为和不顾细节。再次是潜移默化性，企业文化一旦形成，便会在日常的经营活动中通过各种形式渗透到员工的思想中，促使员工朝着同一目标前进。最后是延续性，优秀的企业文化一旦产生，应成为品牌，绵延发展，并在实践中不断丰富。

（2）银行业塑造企业文化的两大原则。一是坚持共性与个性相统一的原则。一方面，银行业的企业文化要反映出银行业的行业本质，因此其共性表现为对信用文化、风险文化和服务文化三者的有机结合。另一方面，银行业又要坚持每一家银行自身的独特个性和特色。二是要坚持继承与创新相统一的原则。不同的商业银行，必然会形成各自不同的历史传统，并逐步积累成企业文化。然而，随着时间的推移，商业银行的外部环境、内部条件、经营战略等情况会发生新变化，因而，不同时期的企业文化的目标指向也必然会随之发生变化。因此，商业银行构建企业文化时，应坚持做到继承与创新相统一，在继承的基础上发扬创新。

（3）银行业塑造企业文化的核心内容：以人为本。谋求发展是企业文化的根基，而只有优秀的人才能使企业取得更大的发展，同时也只有不断发展的企业才能留住优秀的人。事实上，企业文化是一种重视人、以人为中心的企业管理方式，建立先进的企业文化，就是要把管理的重心放在人这个基础之上，坚持把“以人为本”的思路贯穿在文化建设的全过程，尊重人、理解人、关心人、爱护人，最大限度地调动员工的积极性。只有这样，企业文化对银行竞争力的作用才能切实地发挥出来。“以人为本”主要体现在三个方面：

第一，重视员工的满意度和激励。满意的员工会把满意的心情带到工作中去，从而实现满意的绩效。美国席尔士公司曾做过一项调查并发现：员工满意度提高5%，会连带提升1.3%的顾客满意度，同时也因此提高0.5%的企业绩效；此外，有效的薪酬激励机制有利于员工的满意度和归属感的实现。以先进的美国银行业为例，其薪酬构成一般分为基本工资、年度奖金和长期激励收入。对于中高层人才而言其长期激励收入已占全部收入的主要部分，郑先炳对美国第一银行员工收入结构做了统计分析，见表2-2。

表2-2　**美国第一银行员工收入结构**　单位：%

层次分类	基本工资占比	年度奖金占比	股票激励占比	福利
总裁	11.11	22.22	66.67	基本工资的21%
执行副总裁	22.22	22.22	55.56	
高级副总裁	35.71	25.40	38.8	
副总裁	67.57	13.51	18.92	
经理	83.33	8.3	8.3	
柜员	98.04	1.96	0	

第二，重视员工的职业生涯设计和规划。企业要为员工的前途着想，才能体现企业“以人为本”的指导思想。在银行有三种职业前途可选择：管理型、专业型和操作型。而每一种职业，还应有不同的等级。当每一个员工跨入银行的大门时，他都会被告知：他可能会有什么样的职业前途，而通过他的努力，在若干年后，他又会达到什么样的职位，这样，才能让每一位员工都能有一个奋斗的目标，激发其努力实现企业价值和人生价值。

第三，重视教育培训。切不可只关注管理层次，对每一层次都强调之于企业的重要性，并真正重视对不同层次的人才进行针对性的培训。可分层进行：对于领导层，要着重对政策、形势分析、管理艺术、国际同业先进的经营理念等方面进行培训，帮助其掌握主流趋势；对于客户经理层，要着重资讯汇集、营销学、投资理财、金融政策、法规的掌握以及银行新业务、新产品的了解、认识等等；对普通员工层，着重进行服务技巧和岗位培训，并鼓励学习现代金融工具和电子商务的应用、银行风险管理的基本要求等。

2.3.3　政治环境对商业银行经营管理的影响

政治环境对银行经营管理的影响主要体现在三条路径上：一是政府在银行管理中的地位，具体表现为政府对竞争的态度以及政府对银行风险的关注，这对于银行经营管理的影响是直接的。二是政府与企业的关系。因为作为银行重要服务对象的企业，其市场化程度与运营状态对银行的安全性、流动性、盈利性都会产生不可忽视的影响。三是政局的稳定为银行自身发展和国际竞争所带来的正面影响。

1.政府在银行管理中的两难境地

一难是政府很难识别或把握银行业竞争的有效性程度。这就为政府选择实施支持或限制性的产业政策安排造成困难，同时政策建议决策过程的时滞，也可能形成一定程度的政策有效性的抵冲。另一难是政府对银行业竞争的态度与其对银行业风险的关注紧密相联。支持竞争的政府在银行风险管理上尊重市场的优胜劣汰，往往具有放松监管的倾向，因此常被指责为银行风险的加剧力量；而监管严格的政府又往往会束缚银行发展与创新的手脚，银行准入与业务的限制在客观上会对银行的有效竞争产生一定的抑制作用。这两方面的为难在美国银行业的管理中有突出的体现。美国银行业管理者担心垄断而限制银行跨州设立分支机构，即1927年的“麦克雷顿法”，担心银行风险的传染而在大危机后禁止银行与证券的混业经营，即1933年的“格拉斯-斯蒂格尔法”。虽然这些管理在当时的金融经济背景下有过一定的积极作用，但随着时间的推移，在后来的国际竞争中一定程度上制约了美国银行业竞争力的提升，1970年在国际银行业市场上日、法份额加起来才相当于美国的份额，而在1989年德国的份额相当于美国的1.5倍，日本份额比美、英、德三国总和还多。这些管理的取消过程中美国银行业管理当局背负了沉重的指责。

2.企业的国有性质或政企不分的负面影响较多

政企不分最可能导致企业选择一组无效益均衡。对此，从学者青木昌彦的博弈分析可见，国有企业有赖于政府的出面救助，会选择策略（偷懒、出面救助）成为一种均衡，而导致低的总收益（$\Gamma-\beta$）形成软约束均衡，见表2-3。

表2-3 **国有企业和政府的博弈矩阵**

国有企业 \ 政府	撒手不管	出面救助
付出努力	γ，π	——
偷懒	0，0	Γ，$-\beta$

该矩阵中，行代表国企的决策，列代表国家的决策。每个空格的第一个数代表国企无法证实的私人净收益，第二个数代表可证实的收益，被政府完全征税征走。假定$\Gamma>\gamma$，并且$(\gamma+\pi)>(\Gamma+\beta)>0$。

软约束均衡又会导致债务对企业经营者的约束机制弱化，从而导致银行对企业或公司的债务约束弱化，会直接对银行的安全与盈利产生负面影响。

3.政局的稳定与否关系银行战略的安排与参与国际竞争的认可程度

这主要表现在国家的政治风险问题。一是一个政局动荡的国家，其国内外投资与贸易的发展存在巨大的不确定性，显然是不利于银行业务规模的扩展与盈利水平的提高；二是银行自身也同样遭受负面影响，表现为银行无法正常地融资与投资，缺乏创新空间以及很难实施长期持续的发展战略；三是银行在国际竞争中的信用级别会大打折扣。

2.3.4　经济、金融环境对商业银行经营管理的影响

银行的运营内生在经济体系内，经济环境对银行的影响是巨大而深远的。首先，经济的市场化程度直接决定银行的市场化；其次，经济的国际化程度直接决定银行参与国际竞争的能力；最后，经济结构的变化对银行业务结构调整与可持续发展都具有制约作用。

1.经济市场化程度的影响

一是从银行自身而言，经济、金融的市场化决定了银行的市场主体地位。经济、金融的市场化程度高，银行的市场性才可以保证，只有银行具有市场地位，才可以实施真正意义的经营管理。二是从银行服务的对象而言，银行服务的对象主要是住户与非金融企业。这两类经济主体的市场化程度高，会通过多元化的市场需求对银行产生创新的拉动作用，同时也能够通过其对银行的市场选择产生积极的监督作用。此外，他们自身的市场行为质量也直接影响银行资产与负债的业务质量，决定银行三性的实现。

2.经济、金融的国际化程度的影响

首先，经济、金融的国际化发展为银行带来更为广阔的市场，这意味着银行利润来源的渠道的拓宽。其次，经济、金融的国际化发展为银行带来更为雄厚的资金来源。以跨国公司的发展为主，众多跨国公司的利润、折旧、经营的周转资金为银行业资金来源扩展了空间。同时，金融市场的国际化为银行在筹资的数量与便利性上提供了条件。最后，经济、金融的国际化会促使银行自身开放程度的提高，有利于其在银行国际竞争中的积极参与，为银行获得国际认可提供了可能。

3.经济结构变化的影响

经济结构变化对银行的影响总体表现在银行对变化的反应与行动上。换句话说，如果银行对经济结构的变化能够做出准确的判断并依此进行积极的调整，那么变化就成为银行领先的机会。

首先，对产业结构变化的识别。早期的经济学家克拉克在费希尔三次产业划分的基础上，对40多个国家不同时期的三次产业的劳动投入和总产出资料进行整理与分类，得出产业结构变动的一般规律，即以农业为主向制造业转变、继而向商业和服务业转变。20世纪60、70年代，钱纳里等人利用1950年到1963年间54个国家的横截面和时间序列资料，提出了标准产业结构的概念，即随着收入的增加，一、二产业份额下降，而第三产业份额上升。这种产业结构变化的一般规律对于银行调整其业务结构尤其是资产结构方面有重要的意义。

其次，消费需求结构变化的识别。消费需求结构的变化主要表现为三个方面：一是基本消费主要向居住、交通、通信等领域扩展；二是日用品类消费的更新换

代；三是文化教育及知识产品的消费比重明显增加。消费需求结构的变化与收入结构的变化关系密切，不同收入层次的消费需求的整体变化以及同层次收入水平的消费需求的个体变化所导致的多元化和个性化发展对银行服务的数量与质量都提出了更高层次的要求，也为银行业的类型结构的丰富和差异化运营提供了积极的条件，这种需求拉动与收益的扩张紧密相关，是银行取得竞争优势的重要来源。

2.3.5 社会环境对商业银行经营管理的影响

社会环境所包括的人口结构、家庭结构、顾客需求和态度等要素会影响银行的顾客基础、产品结构、销售渠道等多方面，银行对社会环境的适应能力和服务能力决定了银行可能创新的空间。

首先，人口结构的变化（工业化程度较高的国家）主要表现为出生率的降低和人类寿命的延长。这一变化趋势的结果对银行而言影响两个方面：一是银行所提供的服务类型和产品创新的适应人群的调整，比如对老年人群的产品开发；二是银行在人力资源的积累方面注意团队的稳定性发展和薪酬制度的调整。

其次，家庭结构的变化主要表现为家庭规模的小型化、单亲家庭比例的提高以及晚婚和晚育趋势。这必将导致银行服务对象结构的变化，针对性家庭理财与个人理财在银行业务中的比重应具有上升趋势且不乏市场空间，见表2-4。

表2-4　　家庭生命周期与对银行的需求

阶段	特征	财务状况	对银行的需求
年轻阶段	单身	没有财务负担，喜欢消遣	低成本支票、自动贷款、信用卡等
满巢阶段	最小的孩子在6岁以下	购置房产、流动资产低	抵押、信用卡、周转性信贷限额、票据统一贷款等
	孩子已成人仍在父母家居住	财务状况良好	改善住房贷款、资产信贷限额、定期存款单、货币市场存款账户、个人退休金账户、其他投资账户等
空巢阶段	夫妻年老退休,子女不在身边	收入大幅下降	展期个人退休金账户、定期存款月收入支票、财产策划等

最后，顾客的需求和态度的变化表现为随着人们受教育的程度普遍提高，顾客对银行的素质要求和期望值也不断提高。这导致银行服务市场正逐步转化为买方市场，银行必须在顾客需求的调研上大下工夫，以更加个性化的创新产品、更为人性化的优质服务和更具竞争力的价格才能留住顾客，获得市场。因此，关注社会环境的变化对银行现有市场的稳固和潜在市场的开发极具价值。

2.3.6 技术环境对商业银行经营管理的影响

技术环境的变化对银行的影响是难以估量的，在过去的20年间，技术进步对银行的组织性质、组织结构、产品和服务的设计方式以及面向顾客的服务渠道都发生着不同程度的作用。技术进步常常被引证为银行业变革中的即使不是最重要的也是主要的推动者之一。

1.技术环境对银行的组织结构、组织效率和管理水平产生影响

首先技术进步推动了官僚制机构的扁平化，缩减了组织的管理层次，改变了对工作技能和工作方法的要求，而网络化沟通方式对银行治理和信息的传输与及时处理带来了效率的提升。此外，通过采用先进的技术条件，在某种程度上削减了行政工作和常规性工作的数量，简化了工作程序。比如自动化技术的采用，使得传统的后台工作站能够在中央系统和服务中心的集中控制下开展工作，大大提高了管理效率，也有利于形成顾客导向型组织。同时通过采用先进的模拟技术，为银行提供一种更为可靠安全的预警系统，使银行风险管理能力得到有益的提升。

2.对银行业务经营方式和服务渠道的影响

首先，技术进步对银行的转账和支付业务产生了巨大影响，电子技术大大提高了异地之间的金融交易活动的速度并降低了交易成本，同时信用卡或借记卡等电子支付手段的使用也为银行业务的开展提供了更为便利的手段；其次，技术进步也改变了银行的服务渠道。随着银行服务的终端设备出现在超市、火车站等便利场所，以及网络银行、PC银行的出现，银行的顾客界面发生了根本性的改变。

3.对银行市场分析能力的影响

比如综合数据库系统为银行组织提供了一种进行市场分析的支持型工具，可以用来进行顾客信息分析，从而使银行能够更加准确地预测顾客需求并识别市场机会。英国学者戈达德、莫纽利克斯等在《欧洲银行业：效率、技术与增长》中分析到，银行专注于在四个领域引入新技术以实现上述影响，见表2-5。

表2-5　　**银行引入技术的领域**

银行引入技术的领域	具体内容
面向顾客的技术	ATM、EFT-POS、电话银行、客户服务中心、网上银行、电子商务和电子卡业务、CRM①
业务管理技术②	数据入库、数据提炼、信贷和风险管理系统
核心加工技术	支票加工、报表发行、利息和收费系统
支持和综合技术	总分类账、人力资源系统、融资体系、技术支持体系

①CRM指客户关系管理系统，旨在提供给银行关于客户终身价值的信息，并且创造通过需要、行为、购买嗜好以及其他特征来分割显示的和可能的客户的能力。

②增加组织和银行内部的信息流以便提升管理上的决策制定。

2.3.7 竞争环境对商业银行经营管理的影响

准确把握当前的竞争环境、预测未来主要的竞争力量，对于银行的战略安排至关重要。过去30年间，日趋激烈的竞争环境成为银行业的首要特征，而且其势头依然强劲，商业银行面对的市场竞争力量主要源于以下几个方面：提供类似服务的现有竞争力量，如各种商业银行、保险公司、储贷协会等；特定业务参与者，谁能提供更适合特定业务范围的产品类型，谁就在该特定领域内更具竞争力；深入银行服务领域的非金融性组织；国外的竞争力量。竞争力量的抗衡影响整体银行业的长期资金回报能力和潜在的利润。随着现有竞争者不断扩大其市场份额，随着新进入者逐步开展业务，银行业的竞争将越来越为激烈。这样的竞争环境将逐步削减边际利润，导致银行不得不寻找新的利润点，并不断寻求降低成本的方法。

具体分析竞争环境可以借鉴波特的五股力量模型。该模型指出有五股竞争力量，即新进入者的冲击、替代品的威胁、顾客的讨价还价能力、供应商讨价还价的能力以及现有竞争对手的影响，将对行业的竞争态势和竞争格局产生影响。

1.新进入者的冲击

这主要分析其他组织进入该产业的难易程度，具体取决于进入壁垒的高低。进入壁垒包括规模经济、产品差异化、资本量、转移成本（顾客转换供应商的成本和便利程度）、分支渠道、政府政策法规以及经验与能力。新进入者为市场注入了新能量，带来了不同的市场操作技能，会导致在位者丢失部分市场份额。传统的银行组织必须关注这些新进入者，并及时针对新进入者的战略进行自身的调整。比如20世纪90年代以来，非银行金融组织如基金和非金融组织如超级市场将银行服务视为极富竞争力的业务，逐步渗入这一领域。他们利用其品牌优势，充分挖掘其大规模顾客的价值，对银行业形成极大的冲击。

2.替代品的威胁

在银行领域，许多产品与服务从本质上讲是满足了顾客的同一需求，因而存在较大的替代品的威胁。顾客很容易转向那些提供更高利率或更低手续费的银行，这样就使银行在竞争中受到较大的定价限制，价格竞争非常激烈。

3.顾客讨价还价的能力

满足顾客需求并保有顾客是银行特别关注的问题，顾客在交易过程中的地位提高了，要求银行提供更好的服务和更低的价格，这样会影响银行的成本和盈利空间。但银行必须承认和接受这一点，在提高服务质量上大下工夫，以诚意和互赢来适应这一发展趋势。

4.供应商讨价还价的能力

这是对应顾客而言。银行的供应链比较复杂，但银行同样存在负债管理和员工的招聘与技术的引进。这些内容提醒银行注重成本管理，优化业务流程，注重提高运营效率。

5.现有竞争对手的影响

这主要分析现有竞争对手的情况，并且判断其竞争力的变化趋势，是不断增强还是逐渐减弱。对一家银行而言，竞争对手首先是一个层次分析，比如先是同规模的银行、再不断扩大可能的对手范围。其次具体分析与竞争对手之间尤其是标杆银行的产品差异、组织结构、人员素质、发展潜力等。竞争对手的强弱与竞争的激烈程度对产业的盈利水平具有重大影响。

可见，对竞争环境充分准确的认识，并富有灵活积极的应对，是商业银行不断完善和改进经营管理，并在竞争中立足的决定性条件。

商业银行外部环境多角度和复杂性对商业银行经营管理提出了更为灵活、更加柔性的要求，商业银行能否适应和利用上述环境的变化并及时在其经营管理上予以调整与创新，是其在国际竞争和业内竞争中能否稳健、持续发展的重要方面。

★ 本章小结

1.商业银行经营是商业银行在组织资产负债业务和表外业务过程中的预测、筹划、谋略、决策、开拓创新活动。商业银行管理是指商业银行在业务的经营过程中为实现企业目标而进行的计划、组织、控制、协调活动。商业银行经营管理的基础和对象是商业银行业务，商业银行经营管理反映商业银行的特殊性、强调人员素质。

2.商业银行经营管理目标是商业银行一定时期内经营管理应达到的水平和标准。商业银行经营管理目标更为恰当的表述是在尽可能兼顾商业银行相关利益人利益的条件下追求股东价值最大化。

3.商业银行经营管理须遵循安全性、流动性和盈利性的“三性”原则。安全性原则是指商业银行在经营中要避免经营风险，保证资金的安全。流动性原则是指商业银行能够随时满足客户提取存款及应对客户获得贷款要求的能力。盈利性原则是指追求盈利最大化。三个原则既是相互统一的，又有一定的矛盾。商业银行在经营管理中必须统筹考虑三者关系，综合权衡利弊，不能偏废其一。一般应在保持安全性、流动性的前提下，实现盈利的最大化。

4.从最初的资产管理、负债管理、资产负债管理到全面风险管理以及目前的一些新发展，商业银行的经营管理伴随经济金融环境的变化、商业银行自身的发展与人们对商业银行认识的深化，不断调整和充实。资产管理的重点是流动性的管理。资产管理主要经历了商业性贷款理论、可转换理论和预期收入理论三个不同的发展阶段。负债管理通过负债业务创新，扩大资金来源，并根据资产业务的需要调整或组织负债。资产负债管理理论即将资产和负债综合考虑，统一安排。全面风险管理是针对商业银行经营管理中面临的各种风险，进行有效的防范、控制和管理。商业银行的经营管理还出现许多观点和方法，其中有代表性的是资产负债外管理理论、顾客全方位满意管理理论、价值管理理论和利益兼顾理论。

5.商业银行的经营管理的诸多内容中，业务运营管理是基础，资本管理是保障，风险管理是核心，营销管理和内控管理是支持，绩效管理则是判断与自省。这些内容相互联系，交织在一起，共同实现着商业银行的日常运作与持续发展。商业银行在经营管理中应特别关注客户关系管理。

6. 影响商业银行经营管理的外部因素可通过法律、道德、政治、经济、社会、技术和竞争环境等七大方面进行考察。在分析的过程中需要注意三方面的内容：一是通过对环境要素状态与变化的把握，加深对商业银行自身的了解，使银行清楚自己在环境中的定位。二是为银行提供发展的机会与风险的识别。三是环境的复杂与多变时刻提醒商业银行在经营管理上注重应变能力。

★ 综合训练

2.1 单项选择题

1. 商业银行清偿力的根本保障是（　　）。

A. 向中央银行借债　　B. 向同业借债

C. 自有资本　　D. 发行债券

2. 银行业塑造企业文化的核心内容是（　　）。

A. 增强银行流动性　　B. 增强银行竞争力

C. 以人为本　　D. 金钱至上

3. 银行的（　　）能力具体体现为商业银行的资产流动性和负债流动性。

A. 流动性　　B. 盈利性　　C. 以人为本　　D. 经营性

4. 商业银行经营管理目标是（　　）。

A. 银行流动性高　　B. 企业利润最大化

C. 银行安全性好　　D. 股东价值最大化

5. 依据安全性原则，商业银行经营管理最应注意的是（　　）。

A. 增加资产的盈利性　　B. 增加经营成本

C. 降低资产的流动性　　D. 提高资本实力

2.2 多项选择题

1. 商业银行经营管理的原则是指（　　）。

A. 安全性原则　　B. 流动性原则　　C. 盈利性原则

D. 经营性　　E. 风险性

2. 资产管理主要经历了三个不同的发展阶段，这三个阶段分别是（　　）。

A. 资产管理理论　　B. 商业性贷款理论　　C. 可转换理论

D. 预期收入理论　　E. 负债管理理论

3. 全面风险管理理论中商业银行风险管理的主要包括（　　）三方面内容。

A. 风险识别　　B. 安全性　　C. 风险衡量

D. 流动性　　E. 风险控制

4. 客户关系管理的目标主要表现为（　　）。

A. 提高效率　　B. 提高流动性　　C. 风险控制

D.拓展市场　　　　E.保留客户

5.商业银行经营管理理论的具体内容包括（　　）。

A.资产管理理论　　B.负债管理理论　　C.资产负债管理理论

D.全面风险管理理论　　E.其他理论

2.3　思考题

1.简述商业银行经营管理的主要内容。

2.简述商业银行客户关系管理的目标、作用与实施。

3.联系实际，分析外部环境的变化对商业银行经营管理的影响。

4.简述商业银行经营管理理论的演变。

5.论述商业银行经营管理的原则与相互关系。

6.简述中国商业银行经营管理的发展阶段并分析现阶段应关注的重点。

★ 本章参考文献

[1] HUGHES J E , MACDNLD S B .International Banking: Text and Cases.Pearson Education.2003.

[2] 史密斯，沃尔特. 全球银行学 [M]. 黄为忻，译. 上海：上海译文出版社，2005.

[3] 迪万纳. 金融服务大变革：重塑价值体系 [M]. 覃东海，郑英，译. 北京：中国金融出版社，2005.

[4] 黄达. 金融学 [M]. 北京：中国人民大学出版社，2013.

[5] 李仁杰，王国刚. 中国商业银行发展研究 [M]. 北京：社会科学文献出版社，2006.

第3章

商业银行的负债业务

★ 导读

商业银行的负债业务形成商业银行的资金来源。作为负债经营的企业，商业银行负债业务的稳定性和充足性是其开展资产业务的保障，也是银行信誉的体现。一直以来，存款都是商业银行的主要负债业务。商业银行负债业务的运营与创新既体现出其对外部市场环境和金融体系变化的适应性，也反映出商业银行内在的高杠杆性在安全与风险之间的选择。那么，商业银行的负债业务究竟有哪些具体的类别？其各自的作用怎样？如何理解各种负债业务的风险？如何进行有效的负债业务管理？针对上述问题，本章将一一进行分析说明。

★ 关键概念

存款负债　主动负债　活期存款　定期存款　储蓄存款　NOW账户　超级NOW账户　大额可转让定期存单　自动转账服务账户　货币市场存款账户　股票指数存款账户　挤兑　存款保险制度　同业拆借　证券回购

20世纪60年代以来，在应对非银行金融机构和金融市场的业务挑战以及满足自身扩展资产业务的要求下，商业银行的非存款负债业务迅速发展起来。负债业务是商业银行筹措资金、形成资金来源的业务，是商业银行开展资产业务和其他业务的基础和资金保证，也是决定银行盈利状况的重要因素。商业银行的负债包括银行吸收的存款及其他借入的非资本性资金，如各种银行存款、同业拆借、发行金融债券等。不同类型的负债有各自的特点和运作方式，给商业银行带来不同性质的资金来源，发挥着不同的作用。

§3.1 商业银行负债业务概述

3.1.1 商业银行负债的特点与作用

商业银行的负债有广义与狭义之分。狭义负债是指银行吸收的存款及其他借入的非资本性资金，如各种银行存款、同业拆借、发行金融债券等。广义负债是指在狭义负债的基础上，加上银行的债务性资本，如资本票据等银行的二级资本。通常使用的银行负债概念是指前面所述的狭义负债。

1.商业银行负债业务的特点

商业银行负债业务体现为商业银行在经营活动中所产生的、尚未偿还的经济义务。正确理解商业银行的负债业务需注意：一是这些经济义务可以用货币确定，即数量必须能够用货币来计量；二是这些经济义务一定是现实存在且尚未了结的，那些虽已发生但已了结，或将来可能发生但尚未形成现实存在的经济义务不属于银行负债；需要用银行的资产或通过提供劳务进行偿还；三是这些经济义务必须在偿付后才能消失。

2.商业银行负债业务的作用

商业银行负债是商业银行经营的基础和前提，其作用主要体现在以下三个方面：

（1）银行负债是银行开展业务经营的先决条件。没有吸收的各种存款，银行就不可能进行各种信贷和投资活动，不可能办理各种转账结算、支付活动，不可能签发各种信用流通工具，银行也就不可能通过信贷活动创造出派生存款来。总之，没有吸收的各种存款，银行的各种职能就难以得到充分的发挥，同时，存款的规模和结构也制约着银行各种业务的开展。

（2）银行负债是决定银行盈利状况的重要因素。在银行盈利中，有相当部分来自于银行发放贷款后所赚取的存贷利差，只有依靠吸收大量的存款，银行才能够在自有资本的基础上进行数倍扩张的资产业务。因此，银行吸收存款规模的大小在一定程度上决定了银行的盈利水平。

（3）银行负债提供了银行与社会各界往来的重要渠道。银行诸项职能的最终作用是资金的广泛筹集和有效运用，这需要存在一个使银行与社会各界保持密切联系的平台。银行为吸收各项存款所形成的各类账户提供了这个重要平台：一方面，商业银行在吸收存款获得广泛资金来源的同时，掌握了生产经营企业的资金流向及经营活动情况，掌握了机关事业单位、社会团体和居民的货币收支情况；另一方面，商业银行据此了解市场需要，为社会各界提供多种金融服务，合理调剂资金，有效配置资源。

3.1.2 商业银行负债的种类

商业银行的负债依据不同的标准有以下几种分类：

1.依据商业银行负债的业务性质可分为存款负债和其他负债

存款负债是指商业银行所吸收的各种活期存款、定期存款和储蓄存款，占银行资金来源的70%～80%，为银行提供了绝大部分资金来源，是实现银行各职能的最主要资金基础。

其他负债是指商业银行的各种借入资金，如以发行金融债券的方式向社会公众的借款、以同业拆借形式向同业的借款、以再贴现或再贷款方式向中央银行的借款以及在国际货币市场上的借款等。

2.依据商业银行对负债的掌控能力可分为被动负债与主动负债

被动负债是指银行吸收的各种存款，包括活期存款、定期存款、储蓄存款。在这些业务中，银行对吸收资金时间的长短、数量的多少难以控制，只能以债务人的身份被动地接受存款人存入的资金。

主动负债是指银行发行金融债券、同业拆借、回购协议、向中央银行借款和转贴现业务。在这些业务中，银行能够以债务人的身份，主动地调控吸收资金的时间和数量，并决定以哪种方式作为借入资金的方式来满足银行自身的流动性需要。比如，银行是采取短期借款方式还是长期借款方式？如果采取长期借款方式，银行是发行国际金融债券还是普通金融债券？如果采取短期借款方式，银行是采取同业拆借、回购协议、向中央银行借款，还是转贴现？此外，由于借款的利率可随行就市，银行还可以根据变动的成本状况来决定借与不借。因此，相对存款负债来讲，银行的其他负债属于主动性负债。

3.依据商业银行负债的偿还期限长短可分为短期负债、中期负债和长期负债

短期负债是指商业银行负债的偿还期限在1年以下的债务；中期负债是指商业银行负债的偿还期限在1年以上（包括1年）、10年以下（包括10年）的债务；长期负债是指商业银行负债的偿还期限在10年以上的债务。

§3.2 商业银行的存款业务

3.2.1 存款的种类

商业银行的存款包括多种类型，这里以传统存款和创新存款作为对存款进行划

分的依据。

1.传统的存款类型

（1）活期存款

活期存款（demand deposits），也称支票账户或交易账户，是指存款客户可随时存取或支付使用的存款。对存入的这种款项的支取，客户与银行之间没有明确的时间限制，客户事先可以不通知银行即可提现。

其基本特点是：①活期存款多用于支付和交易用途。②支付方式多样，可使用支票、本票、汇票、电话转账或其他电传手段。其中，使用支票是传统的支付方式。③对于开设账户的客户一般没有限制。各种公司企业、非银行性金融机构、营利性社会团体、政府机构甚至商业银行均可开设此账户。④银行对存户一般不支付利息或者是收取手续费。由于一些特殊国情所致，我国的商业银行一直是对活期存款支付利息。⑤在一定条件下允许透支。允许活期存款账户进行透支，是商业银行为争取客户而采取的措施。透支是以一定偿还条件和信誉作为条件的一种银行贷款，贷款本息为透支款项数额与按透支天数计付的利息之和。

从货币供应角度看，活期存款具有很强的派生能力，是各国金融监管当局调控货币供应量的主要操作对象。

从银行角度看，活期存款虽然期限较短，但在不断进行的此取彼存过程中，银行总能获得一个较稳定的活期存款余额，并将之用于各项资产和投资业务。

（2）定期存款

定期存款（time deposits），是指存款客户与银行事先商定取款期限并以此获取一定利息的存款。原则上，这种存款不准提前支取，或者允许提前支取但需要支付一定的罚金或者是按照活期存款的利率支付利息。由于具有相对稳定的特点，定期存款成为商业银行获取中长期信贷资金的重要渠道。

定期存款的主要特点包括：①期限固定，短为一个月、两个月、三个月、半年或者一年，长至三年、五年、十年或更长的时间。②能使持有者获得较高的利息收入。存款期限越长，存款利率越高，给持有者带来的收益就越大。③银行签发的定期存单虽然一般不能转让，但可以作为抵押品使用。

（3）储蓄存款

储蓄存款（saving deposits），是指居民个人和家庭为积蓄货币和取得利息收益而存入银行的款项。

其基本特点是：①开设该账户的客户主要是居民个人和家庭，也包括一些非营利组织。②一般为存折或存单形式。目前，银行卡也成为储蓄，尤其是活期储蓄存款的重要载体。③存款期限因品种而异。储蓄存款包括活期储蓄存款和定期储蓄存款两种类型。其中，活期储蓄的存取无期限限制，存款人凭存折或信用卡可以随时提现支用；定期储蓄存款的取款有日期限制，一般不能提前支取；由于存款利率相对较高，所以定期储蓄存款是个人获利的重要手段。④储蓄存款属于个人性质的存款。为保护存款人利益，西方国家对经营这项业务的金融机构资格要求比较严，一般只能由商业银行的储蓄部门或专门的储蓄机构来经营，如美国的储蓄银行、储贷协会等等。

2. 创新的存款类型

存款创新是指银行根据客户的动机和需求，在原有存款种类的基础上推出新品种以满足客户需求的举措。如西方国家的商业银行对活期存款是不付利息或少付利息的，甚至是收取手续费的，这种限制虽然保证了金融体系的相对安全和稳定，但也抑制了银行存款的增长速度。为逃避管制，加强银行的竞争能力，20世纪60、70年代开始，美国的商业银行率先对存款种类进行了创新。创新的存款类型很多，限于篇幅，介绍以下几种主要的类型：

（1）第一种：将传统存款产品的三性（安全性、流动性、盈利性）重新组合，创造出兼具两方面或多方面优势的存款产品。传统存款产品有活期存款、储蓄及定期类存款等。活期存款具有转账支付的便利，但没有收益或收益极低；储蓄及定期存款有较高的利息收入，但不具有支付上的便利。这种泾渭分明的差异提供了一条创新思路：开发具有支票存款账户之实而同时又可支付利息的存款产品，以吸引存款资金的流入。

①可转让支付命令账户。

可转让支付命令账户（negotiable order of withdrawal account，NOW 账户），是由美国马萨诸塞州的储贷协会在1972年创设的一种可使用支付命令进行支付和提现的储蓄存款账户。其基本特点是：第一，以支付命令书代替了支票，账户的存款人可以随时开出支付命令向第三者付款或者提现，且转账次数没有限制。第二，账户存款人可以依据存款的平均余额获取利息收入。第三，账户的开立人限定为个人和非营利机构，营利性机构不得开设。这种账户集中了支票账户和储蓄存款的优点。

②超级可转让支付命令账户。

超级可转让支付命令账户（super negotiable order of withdrawal account，Super NOW 账户），是可转让支付命令账户的创新发展。Super NOW 账户是可以计息并可以进行转账的储蓄账户，其在账户的使用、存款人的限定等方面与NOW 账户的要求是一样的，但其更吸引客户的优势在于利率方面没有最高利率的限制。与之相应的是开设条件较为苛刻，即存款人必须使其存款最低余额保持在2 500美元以上，且须按月支付服务费，如果存款余额低于最低限额，银行就只能按可转让支付命令账户的利率来支付利息。

③自动转账服务账户。

自动转账服务账户（automatic transfer service account，ATSA），与电话转账服务相类似，客户可以在银行开立两个账户，一个是储蓄存款账户，一个是活期存款账户，并同时保证活期存款账户上的余额至少为1美元。存款客户平日将款项存在储蓄存款账户上，而当客户开出支票准备提现或转账时，银行自动将必要的数额从储蓄存款账户转到活期存款账户上以进行付款。因此，自动转账服务账户结合了储蓄存款账户和活期存款账户的优点，可以保证客户在未使用支票支付款项之前从储蓄存款账户获得相应的利息。当然，使用该账户的客户需要向银行支付一定的服务费。

④股金提款单账户。

股金提款单账户（share draft account，SDA），是专为划转股金收入而创立的一种储蓄存款账户。存款人可以将股金收益划入该存款账户，并随时开出类似支票的提款单来进行转账支付或提现；该账户未做支付和提现时，可视作储蓄存款账户，并取得相应的利息收入。该账户结合了活期存款账户和储蓄存款账户的特点，灵活方便且有利息收入。

（2）第二种：将存款产品与直接融资产品的特性组合，创造出兼具盈利性和安全性的负债产品。存款产品优势在于安全性，但劣势在于收益相对有限。此外，存款虽存取自由，但无法像证券产品那样通过二级市场交易获得收益。这样的利弊权衡提供了一条创新思路：开发具有直接融资工具特点的负债工具。

①大额可转让定期存单。

大额可转让定期存单（negotiable certificate of deposit，CDs），是指存款人将资金按某一固定利率和期限存入银行并可在市场上转让买卖的存单形式的凭证。可转让定期存单的基本特点是：不记名，可以自由转让；存单面额大，金额固定；二级市场发达，利率高。CDs起源于1961年，为了规避“Q条例”对银行存款利率的限制，美国花旗银行发行了大额可转让定期存单。当时的规定为：最低面额为10万美元；期限固定，大部分是3~6个月，一般不超过1年；利率一般高于同期的定期存款利率，与同期货币市场的利率一致。

可转让定期存单的发行方式分为两种：一是零售式发行，即银行按投资者的需要随时发行；二是批发式发行，即银行确定存单的面额、期限、利率并予以公布，供投资者选购。存单的利率由发行银行自定，依据是当时货币市场的利率水平，一般是固定利率。

对于银行来说，它是定期存款，可作为相对稳定的资金用于放款和投资；对于存款人来说，它既有较高的利息收入、又能在需要时转让出售迅速变为现金，是一种理想的金融工具。

我国曾在1986年由交通银行首发大额可转让定期存单，因其利率高于同期定期存款而颇受国民欢迎。但是由于没有形成转让市场，且存单的面额相对较小，因此，大额可转让定期存单的良好特性没有得到发挥。由于缺乏规范统一的交易市场，大额可转让定期存单的交易一度出现混乱，中国人民银行于1997年暂停审批银行的大额存单发行申请，大额存单业务完全暂停。2015年6月2日，中国人民银行公布《大额存单管理暂行办法》，正式宣布面向机构及个人推出大额存单，这标志着我国大额存单市场再次打开。与20世纪80年代相比，此次大额存单业务的开展具备了更完备的条件：其一，相对完善的制度基础；其二，电子化的发行方式规避了历史上因存单的纸质形式而出现的伪造行为，提高了安全性；其三，客户定位、期限配置、定价等方面都体现出更详细的产品设计，市场化程度更高；其四，大额存单与银行理财产品、货币基金、储蓄国债等产品相比在安全性、收益性、流动性等方面具有明显的比较优势。

②货币市场存款账户。

货币市场存款账户（money market deposit account，MMDA），也称货币市场存款基金账户，是一种计息并且允许转账的存款账户。该账户的存款可以付息，并且不限定开户对象。在规定的限额（如美国规定为2 500美元）以上，金融机构可以按照较高的市场利率计息。收益直接与货币市场工具的收益挂钩，同时兼具支票账户的特性，可在账户资金余额范围内以支票形式对外直接支付。存款人每月可以使用该账户办理6次自动转账或电话转账业务，其中3次以下可以使用支票，提取存款没有任何限制。

③股票指数存款账户。

股票指数存款账户（stock index deposit account，SIDA），是指存款人根据其对股市未来走势的预期选择购买牛市或熊市存单，到期银行根据期间股指的变动率及事先确定好的参与率计算该账户的收益率，银行据此付息的存款账户。存款收益直接与证券市场的股票价格指数挂钩，在一般情况下，该类账户的本金是有保障的。显然，这类账户对那些既希望获得股市波动所带来的利益又对投资安全有一定要求的客户有非常大的吸引力。

④协定账户。

协定账户（agreement account），是自动转账账户的创新发展，是指按照约定可以在活期存款账户、可转让支付命令账户（或储蓄账户）、货币市场互助基金存款账户之间自动转账的存款种类。协定账户综合了各类账户的优点。

（3）第三种：交叉销售，即银行利用非银行产品与银行存款之间的联系、非存款业务与存款业务之间的联系，通过以贷吸存、以代理收付业务吸存、以财务顾问业务吸存等方式有效增加存款，也包括银行针对客户的融资需求，设计、开发对应的融资产品。

①第一方面：银行理财。

它是指在细分客户的基础上，开发针对特殊目标人群的负债产品。其表现为两种形式：一种是银行根据某一类客户的需求，结合各种短期金融工具的特点及收益，设计、开发收益较存款利率高的集合理财产品；另一种形式是客户将自身的需求和条件述之银行，银行以一一对应的形式为其设计投资方案，力求使投资的风险、收益及流动性与客户的特殊需求相匹配。在综合理财账户下，银行还可以组合投资的形式，将客户资金在债券、存款、保险等多种产品中组合搭配，包括对每一类产品中不同内容的有机组合。这类负债产品有时并不能直接给银行带来可用于放贷的资金，银行从存贷中获得的利差也较为有限，但可给银行带来大量的交易业务。这正是20世纪90年代后西方银行业收益结构变化的一个显著特征，即源自存贷利差的收益在总收益中的比率持续下降，各种市场交易所带来的价差和佣金收入快速上升。

第一，个人退休金账户。

个人退休金账户（individual retirement account，IRA），是专为工资收入者开办的退休金储蓄存款账户，有工资收入的个人均可开立此账户。这种账户利率较高、利息所得可以免税。但是有一定的条件限制，如每年要保证存入一定数额的存款；存款人在60岁以后才能动用存款，如提前动用，有关部门会课以罚金等。

第二，零续定期存款。

零续定期存款是一种可以多次续存期限在半年以上五年以内的储蓄存款账户，类似于我国的零存整取。其特点是：每次存入款项的数额可多可少，日期没有限制；按定期利率计算存款利息；期满前三个月为搁置期，既不能存也不能取。这种存款对收入不固定的自由职业者有吸引力。

第三，与物价指数挂钩的指数存款证。

指数存款证是在通货膨胀时，为保证客户的储蓄定期存款不贬值而推出的存款账户。其特点是存款利率与物价上涨指数挂钩，这一特点将名义利率随物价指数的升降而进行调整，从而确保储蓄定期存款的实际利率不受通货膨胀的影响。我国曾在20世纪80年代末、90年代初推出过三年期和五年期的保值储蓄。

第四，特种储蓄存款。

特种储蓄存款是商业银行针对客户的某种特殊需求而专门设计的存款种类，品种非常多，如养老金储蓄、教育储蓄、旅游储蓄、住房储蓄、礼仪储蓄等。

②第二方面：融资产品的开发设计。

融资产品的开发设计基本思路是通过筹措资金，满足客户的融资需求，并以此获取银行盈利。这是在金融市场日益发达，投资与融资需求多元化的背景下银行对原有经营理念反思和调整的结果。随着市场的发展，资金盈余者的投资需求发生了很大变化，他们对收益有更高要求，对风险的承受能力也更强；而资金短缺者也对银行贷款之外的融资渠道有了更多利用，面对这种"脱媒"的市场发展趋势，银行感受的压力不言而喻。最有效的应对之策是参与其中，利用自身的专业优势有效地沟通，实现双方的投融资需求。在这一过程中，银行虽然不再能获得存贷之间的利差，但可以获得不菲的各种中介费用，包括融资方案的设计、融资产品的开发及市场推广、资金的后续管理等的佣金，并对客户关系的稳固大有裨益。

（4）第四种：业务电子化，即银行通过伴随信息技术发展应运而生的电话银行、自助银行、网络银行及电子付款银行等方式增加有效存款。存款业务电子化使得存款人不受时空限制，能有效扩大潜在客户范围，同时降低银行运营成本。

3.2.2　商业银行存款风险及其防范制度

1.存款风险的种类

存款风险是指银行在吸收存款业务方面所存在的风险，是商业银行在其经营过程中面临的众多风险种类之一。存款风险的种类主要有清偿性风险、利率风险和电子网络风险。

（1）清偿性风险。存款的清偿性风险是指银行因没有足够现金满足客户提取存款的需要，而使银行面临信誉损失甚至被挤兑倒闭的可能性，是银行经营中所遭遇的一种流动性风险类型。假设不存在存款保险制度，并存在某种冲击对经济运行产生不利影响，那么就可能导致部分银行蒙受巨大损失，严重时甚至资不抵债。此时，由于信息不对称，存款者无法辨别其存款银行是否运行稳健；且在无存款保险制度的前提下，银行倒闭意味着存款无法得到全额收回。因此，存款者都偏向于认为银行资不抵债。与此同时，银行实行“顺序服务”原则，对于提款要求先到先满足，这将导致大批存款者立即提出存款。存款者提款越多，银行储备越少，当银行清偿力不足无法对提款要求进行偿付时，取款人就会空手而归。**这种大量存户持存单到银行集中兑现，会造成银行流动性及清偿能力出现危机的现象叫做挤兑。**挤兑一旦发生，除非采取某些措施恢复公众的信心，否则很容易导致银行倒闭。多米诺骨牌效应引起存户继续对健康的银行资产质量也产生怀疑，情况严重时就会导致整个银行体系的动荡甚至崩溃。

（2）利率风险。存款的利率风险是指市场利率变动给银行带来损失的可能性。银行的收益大部分来源于利差，而且银行付给存款人的利率多是一定水平的固定利率。当市场利率上升时，借款人的借款需求受到抑制，放款业务减少。这将导致银行的盈利性资产收益与对存款人的利息支付之间的差额缩小，利差收益随之减少，而银行的上述损失在金融创新普及以前是不容易转嫁出去的。

（3）电子网络风险。存款的电子网络风险是指联网计算机遭遇断电停机、电脑黑客攻击、电脑病毒等因素造成数据资源损失和款项丢失的可能性。随着电子网络的普及应用，这种风险近年来有所增加。

2. 对存款风险的防范

对存款风险的防范就不一一介绍了，下面主要说明对清偿性风险的防范。

对清偿性风险的防范在制度建立上主要有存款准备金制度和存款保险制度两种。

（1）存款准备金制度的建立。存款准备金是指商业银行将其吸收存款的一部分缴存中央银行作为弥补发生流动性危机时清偿力不足的准备。建立存款准备金的做法始于英国，但以法律形式将此种做法确定成制度却是1913年美国的《联邦储备法》出台。这个制度是出于银行经营稳健性考虑而建立的。

早期的法定存款准备金率是没有弹性的，属联邦储备法案的硬性规定，目的在于维护清偿力。1933年美国的《银行法》颁布以后，开始授权联邦储备委员会对会员银行的法定准备率进行调整，并成为中央银行调节货币供给的重要政策工具之一。目前实行中央银行制度的国家都实行此制度，一般都是根据存款的不同期限、不同性质而规定不同的存款准备金率，一般的活期存款准备金率高于定期存款准备金率。

专栏3-1

我国的存款准备金制度及调整

1984年我国确立了中央银行体系，存款准备金制度也经历了从初创到逐步成熟的发展过程，成为了重要的货币政策工具之一。我国存款准备金率的调整大致可分为以下几个阶段：

（1）1985年至1998年3月，上调持平阶段

存款准备金制度设立之初，央行按存款种类规定法定存款准备金率，企业存款20%、农村存款25%、储蓄存款40%，过高的存款准备金率使当时银行资金严重不足，1985年，为克服存款准备金率过高带来的不利影响，央行将存款准备金率统一调整为10%。1987年和1988年是我国进行全面经济体制改革的重要时期，由于价格的全面开放和固定资产投资规模增长过快，我国出现了比较严重的通货膨胀。为了适当集中资金，支持重点产业和项目的资金需求，同时抑制通货膨胀，央行两次上调法定存款准备金率，之后基本保持稳定。

（2）1998年3月至2003年9月，下调阶段

受1997年亚洲金融危机的影响，我国逐渐面临通货紧缩风险，国内市场疲软，有效需求不足。为刺激经济增长，央行多次下调存款准备金率，由1998年的13%下降到1999年的6%，之后一直到2003年9月基本保持稳定。

（3）2003年9月至2008年9月，平稳上升阶段

2003年，扩张性的政策造成我国投资过热，固定资产投资规模过大，货币供应量和信贷投放增长过快，物价上涨迅速。为此，存款准备金率经多次调整，由2003年9月末的6%上升至2006年的9%。2007年经济不平衡凸显，固定资产投资增长过快，双顺差迫使外汇储备不断增加，人民币升值压力增大，货币供应量增长较快，流动性明显过剩，央行在一年内10次调控，法定存款准备金率由年初的9%上调到年底的14.5%。由于GDP增速已达9.4%，CPI指数飞涨，2008年初到6月25日之间央行又进行了6次调控，存款准备金率提高到17.5%。

（4）2008年9月至2010年1月，小幅回调阶段

2008年9月，起源于美国的次贷危机逐渐演变成全球金融危机，中国经济形势也随之发生逆转。为消除金融危机带来的负面影响，央行采取了宽松的货币政策，向社会注入流动性，连续4次下调存款准备金率。

（5）2010年1月至2011年11月，不断上调阶段

为应对流动性过剩、通货膨胀、房价上涨等问题，央行再次收缩流动性，从2010年1月至2011年6月，央行连续13次上调存款准备金率，大型存款类金融机构的存款准备金率一度达到21.5%。

（6）2011年12月至2016年7月，小幅下调阶段。在抑制经济过热起到一定效果后，外汇占款趋减，CPI下行趋势确立，PMI疲软以及工业增加值继续下降，至2015年底，央行7次下调存款准备金率。2016年3月，为保持金融体系流动性合理充裕，引导货币信贷平稳适度增长，为供给侧结构性改革营造适宜的货币金融环

境，央行再次下调存款准备金率0.5个百分点，至此，大型金融机构的存款准备金率为16.5%，中小金融机构的存款准备金率为13%。

资料来源：张敏. 对我国法定存款准备金政策的评价及创新性政策建议［J］. 时代金融，2015（4）；孙晔. 我国存款准备金率的历次调整及原因分析［J］. 时代金融，2013（8）.

（2）存款保险制度的建立。**存款保险制度是指特设的保险机构要对商业银行所吸收的存款承担保险义务的措施，这一制度是在第一次世界大经济危机爆发并导致西方国家大批商业银行破产后出现的，于1933年首先在美国建立。这个制度是出于对存款人的利益加以保护、恢复和确保存款人对银行的信心考虑而建立的。**

在1934年美国联邦存款保险公司成立以前，信息不对称是银行存款者所面临的一个基本问题，这些存款者难以确定银行资产、特别是银行贷款的质量，如果银行倒闭就意味着存款者不得不等到银行被清理（即银行资产被折换成现金）之后才可收回其存款资金，而且存款者在那时也只能收回其存款资金的一部分。因无法获知银行是否在冒风险，储蓄者存款时就显得非常犹豫，特别是第一次世界大经济危机爆发使存款者对银行的信心大受影响。政府深深意识到，可以提供一种担保来解决这个问题，即无论银行发生什么事情，存款者都能得到补偿，于是政府创设了联邦存款保险公司。这是政府提供存款保险的主要原因。

此外，政府提供存款保险还能帮助恢复公众对银行的信心，否则将造成由挤兑形成的银行恐慌，危及银行甚至整个银行体系的稳定，进而可能造成社会动荡。建立存款保险制度的主要目的是防止因银行破产而损害存款人的利益，以避免可能造成的社会动荡。

一般采取以下做法：投保银行要定期向保险机构按其存款余额的一定比例交纳保险费，而且对存户规定了最高授保额，在数额之内给予全部赔偿，在数额之外给予部分赔偿。如美国为十万美元；日本为两千万日元；加拿大为两万加元；而英国则规定对一万英镑以内的存款给付75%的赔偿；瑞士则按存款损失的数额规定了递减赔偿率。当投保银行无力向存款人清偿债务时，该保险机构在规定的受保范围内代为偿付此项存款。

对于这项制度需要强调的是：①各国采取的态度不一样。有的国家严格要求商业银行参加，如美国要求在联邦储备银行注册的商业银行必须参加这个制度，强制商业银行参加的还有德国、荷兰；有的国家则自愿申请参加，如日本、加拿大、法国、英国。对商业银行存款提供保险的保险公司经营上不同于一般的保险机构，是不以盈利为经营目标的。②从目前已实行该制度的国家来看，主要有三种组成形式：一是由政府出面建立，如美国、英国、加拿大；二是由政府与银行界共同建立，如日本、比利时、荷兰；三是在政府支持下由银行同业联合建立，如德国。③成立时间也不同。除美国外，其他主要西方国家组建该机构的时间都较晚，创建的时间分别是：加拿大1967年，日本1971年，德国1976年，法国和荷兰1979年，英国1982年。

2015年2月，国务院公布了《存款保险条例》，5月1日起正式施行，各家银行向保险机构统一缴纳保险费，一旦银行出现危机，保险机构将对存款人提供最高50万元的赔付额，能够为我国99.63%的存款人提供全额保护，是对现有金融安全网的加强。2016年5月，中国人民银行发布的一季度货币政策执行报告指出，存款保险制度实施进展顺利，全国3 600多家吸收存款的银行业金融机构均已依法办理投保手续，2015年保费已归集完毕。总体上看，存款保险条例施行一年来，各方反应积极正面，大中小银行存款格局保持稳定，银行业金融机构经营秩序正常，存款保险机制作用逐步发挥，制度出台和实施平稳有序。

3.2.3　存款吸收策略

银行对吸收存款的管理，要考虑有哪些因素将会影响银行对存款的吸收。通常情况下包括宏观因素和微观因素两大类。宏观因素包括宏观经济的发展水平、金融监管当局的货币政策和目标以及金融监管的松紧程度等方面。微观因素包括银行内部的各种因素，如存款利率、金融服务的项目和质量、服务收费的情况、银行网点的布局设置以及营业设施、银行资信、形象等等。因此，商业银行在吸收存款中，通常采取以下策略：

1. 创新存款品种，提供优质服务

近年来，我国的商业银行也在不断进行着存款产品的创新，展开各种服务业务，如各种与代收代付相联系、与消费相联系的服务（如代发工资、代付养老金、代收税款和住房储蓄等储蓄存款产品品种），既拓展了存款来源，又树立了银行良好的社会形象。

2. 为存款产品合理定价

市场经济中，产品的价格高低是决定该产品在市场上是否具有竞争力的重要因素之一。因此，商业银行在进行存款产品的经营过程中，应该将定价问题作为一个重要的营销因素来考虑。（1）在进行存款定价时，银行应该遵循一定的定价原则。（2）银行需要依据一定的定价方法，给予存款产品一个适当的价格，比如，可以以银行的各项费用成本为基础进行定价，也可以以金融市场上的利率为基础进行定价。（3）银行需要对各种服务费的收取做出决定，以确定是否需要在存款利率之上再加收服务费以及加收多少服务费。

3. 做好存款产品的宣传推广工作

积极开展存款的宣传推广工作，能够提高存款人对银行以及银行存款产品的认知度，有助于银行吸收存款的活动。

3.2.4　存款的成本管理与控制

1. 存款成本的构成

存款成本是指银行为吸收存款而进行的必要开支，对存款成本的控制是存款管理的主要内容。存款成本由两部分构成：一是利息成本，是指银行按约定的存款利率、以货币形式的报酬付款给存款人的开支。二是非利息成本，也称营业费用，是指除利息以外的所有存款业务的开支，包括：员工的工资、广告宣传费、折旧费、办公费、差旅费以及为客户提供的其他服务费用等等。

在我国，由于利率管理相对集中，基层商业银行对存款定价的能力不足，因此，在存款管理和存款定价中，营业成本的控制与管理仍是重点。

除了上述两个最主要的成本概念以外，银行在进行存款成本管理时还会使用如下几个成本概念：

（1）资金成本。资金成本是指为吸收存款而支付的一切费用，即利息成本和营业费用之和。

$$资金成本率=\frac{利息成本+营业费用}{吸收的存款额}\times 100\%$$

（2）可用资金成本。银行吸收的存款资金不能全部用于贷款和投资业务，必须进行扣除，扣除的部分是法定存款准备金和必要的超额准备金，经扣除后的资金才是可作为营利性资产来源的资金。而可用资金成本是指银行可用资金所负担的全部成本，如果说资金成本是确定资金价格基础的话，则可用资金成本就是资金的另一种价格形式，通常称之为资金的转移价格，它是确定银行可用资金（盈利性资产）价格的基础，决定了银行营利性资产的收益率。因此，可用资金成本是银行信贷中资金成本分析的重点。

$$可用资金成本率=\frac{利息成本+营业费用}{吸收的存款额-法定存款准备金-必要的超额准备}\times 100\%$$

（3）相关成本。相关成本是指吸收存款的相关因素可能带来的支出，包括以下两类：一是风险成本，指因利率敏感性存款增加而相应带来的利率风险，如保值储蓄贴补率取决于物价指数上涨因素，因存款总额增长提高了负债与资本的比率，从而增加了资本风险。二是连锁反应成本，指银行为吸收新存款所增加的服务和利息支出，而相应对原有存款增加的开支，如提高定期储蓄存款利率，提高利率不仅针对新增存款的利率，而且包括原有定期存款的利率，这样会大大增加银行的利息支出。

（4）加权平均成本。加权平均成本指的是所有存款资金每单位的平均借入成本。

$$加权平均成本=\frac{\sum 每种存款的资金来源总量\times 吸收该种存款的每单位平均成本}{各种存款资金来源总量之和}\times 100\%$$

（5）边际存款成本。经济数学中“边际”的概念考察的是某种经济因素后一项减前一项后所实现的经济效果。因此边际存款成本就是指银行在吸收的存款达到一定规模后，再新增一个单位的存款所要增加的经营成本。

$$边际存款成本=\frac{新增利息+新增营业费用}{新增存款数量}\times 100\%$$

（6）可用资金的历史平均成本。可用资金的历史平均成本，主要用于对于银行过去经营状况以及业绩的评价。商业银行在进行成本控制时，除了根据上述成本概念进行相应的成本计算以外，还需要了解与存款成本相关的各种因素，采取有效措施来控制或者是降低存款成本。

2.存款成本控制

（1）存款成本与存款总量的关系。存款成本与存款总量的关系可以概括为：同向组合模式，即存款总量增长，成本随之上升；逆向组合模式，即存款总量增长，成本随之下降；总量单项变化模式，即存款总量增长，成本不变；成本单项变化模式，即存款总量不变，成本增加。

此外，存款成本还与存款结构、利息成本、营业费用等直接相关。

（2）积极组织存款，有效控制存款成本。银行在经营过程中，应该努力实现逆向组合模式和总量单项变化模式，在不增加货币投入、不增加开支的情况下尽可能组织更多的存款，避免单纯依靠增加营业网点、增加员工等办法来扩大存款市场。

3.存款规模适度

存款负债对于商业银行而言非常重要，但这并不意味着银行存款越多对银行经营越有利。

（1）从宏观角度看，一国的银行存款总量主要取决于该国国民经济发展的总体水平，而其增减受多种主客观因素制约。因此，任何类型的存款都存在一个正常状态下的适度问题。当然，从经济活动角度来评判存款总额的适宜度是比较复杂的，难以确定一个严格的数量标准。

（2）从微观角度看，一家银行的存款规模应该限制在其吸收存款的成本、管理存款负担的承受能力和银行资产运用的能力范围内，如果超越这一能力范围，就属于不适度的增长，可能会给银行经营带来困难。

因此，银行应该根据具体情况，对存款规模进行适度的调控，以符合其业务经营管理的需要。

§3.3　商业银行的其他负债

商业银行最主要的资金来源是吸收存款，但由于货币市场与资本市场日益发达，直接融资的地位不断提高，商业银行的储蓄存款资金被分流，银行吸收存款的优势降低。银行需要拓展不同于银行存款负债的新融资渠道。同时，非银行金融机构业务范围不断扩大，给商业银行的发展带来冲击，银行为了实现流动性和盈利性的要求，并避免或减少因紧急出售资产而遭受损失，也需要开展吸收存款方式以外的筹资业务。20世纪60年代后，负债经营成为实现资产流动性和盈利性均衡的工具，因而非存款负债不断增长。

3.3.1　短期借入资金

短期借入资金是指期限在一年以内的借款，借款的目的主要是保持正常的资金周转，满足经营的流动性需要。取得短期借入资金的途径主要是向银行同业借款和向中央银行借款。

1. 银行同业借款

（1）同业拆借。这是商业银行及其他金融机构之间的临时借款，是货币市场的一部分，主要用于支持资金的周转，弥补暂时的头寸短缺。一般期限很短，多在7日之内，甚至是一天或一夜，因此也叫隔日放款或隔夜放款，又称“今日货币”或“明日货币”。同业拆借一般通过商业银行在中央银行的存款账户进行，即通过中央银行资金市场进行。

同业拆借是指银行之间的短期资金融通，主要用于支持日常性的资金周转，它是商业银行为解决短期资金余缺，调剂法定准备金头寸而融通资金的重要渠道。同业拆借产生的最初原因是为了缴存足够的法定存款准备金。美国1913年《银行法》规定，各商业银行都必须向中央银行缴纳存款准备金和保持一定比例的库存现金准备。这些准备不能产生收益（是无息的），数额不足还要受中央银行的制裁。因而，经营完善的商业银行都使存款准备保持在必要的限度内，既不能过多又不能过少，中央银行资金市场为商业银行有效调整准备提供了必要的条件。

中央银行资金是指商业银行在中央银行准备金账户上的余额。在资金清算时，如果一家银行由于盈余而使其在中央银行的存款超过了储备要求，即形成了超额储备；而另一家银行由于头寸短缺导致在央行的存款降到了法定储备要求以下，此时储备不足的银行就会向储备多余的银行借款，以弥补储备的不足。利息按日计算，利率是当时的市场利率，受资金供求的调节。中央银行资金利率，影响着货币市场上的利率及商业银行的优惠贷款利率。

由于同业拆借一般通过商业银行在中央银行的存款账户进行，实际上是超额准备金的调剂，因此又称中央银行基金，在美国则称之为联邦基金。联邦资金市场又叫联邦储备资金市场，是1921年在纽约市形成的。20年代初期经济活动的急剧衰退使一些银行准备金过多，而另一些银行则被迫从联邦储备银行贴现专柜借款。超额储备无利息收入，因此准备金过多的银行愿意以低于央行贴现率水平的利率把超额储备借给准备金不足的银行使用，双方需要均得以满足。此后联邦储备资金借贷市场迅速形成，并扩展到覆盖全国各地的银行。

专栏3-2

我国同业拆借市场存在的主要问题

我国同业拆借市场和西方发达国家相比建立得较晚，其发展历程大致经历了初步建立时期、曲折发展时期和日趋成熟时期三个阶段。目前我国同业拆借市场存在的问题主要有如下几个方面：①经纪人制度不成熟。目前的交易方式为直接交易，即交易双方直接商定拆借的利率和期限，虽然形式灵活，但在缺乏完善的信用评估制度和信息披露制度的大背景下，信息不对称容易导致逆向选择和道德风险，从而大大影响了市场交易规模和市场活跃度。②金融机构以“同业存放”的形式绕开同业拆借监管。由于同业拆借的准入和处罚有较为严格的规定，而同业存放没有明显的要求或管制，因此，金融机构资金短缺时借贷双方会首先考虑不受额度、期限、利率限制的同业存放作为融资的主要方式，形成监管套利。③拆入资金与实际资金运用期限错配。中小金融机构资金来源有限，在同业拆借市场获得资金后一部分用于满足短期资金需求，更多地以短借长用的方式循环拆借，违背了拆借资金只限于短期资金融通的本意，形成期限错配问题，带来流动性隐忧。④市场交易主体缺乏多元化。虽然目前我国同业拆借市场成员涵盖的范围越来越广，但对一些外资银行和非银行金融机构还存在较大的限制，大大降低了市场的活跃性。

资料来源：姚平，曹晓飞，胡维静. 关于同业拆借市场发展与监管的思考［J］. 金融纵横，2014（3）；赵旭，薛雨薇. 规范发展同业拆借市场浅析［J］. 商业经济，2015（1）；王荣. 浅析我国银行间同业拆借市场［J］. 时代金融，2015（11）.

（2）证券回购。**证券回购是指商业银行通过卖出资产组合中的证券来获得资金，其实质是以所卖证券为抵押，获取贷款，卖出与买入时的价格差可视为贷款利息。**具体业务内容是：银行在出售证券等金融资产时签订一个协议，约定在一定的期限后按约定价格购回所售证券。即在卖出证券的同时，要同买入证券者签订一定时期后重新购回证券的协议。因此，与回购协议相对应的是“逆回购协议”，即买入证券者在签订协议时交割资金买入证券，并在合同期满时再卖出证券换回资金。

证券回购多数时间是在银行同业之间进行，但中央银行可以利用公开市场操作进行证券回购交易来调节商业银行的超额准备金，实现货币政策目标。回购协议可以多种方式进行，但最常见的有两种：一种方式是证券的卖出与购回采用相同的价格，协议到期时以约定的收益率在本金外再支付费用；另一种方式是购回证券的价格高于卖出时的价格，其差额就是资金提供者的收益。

回购协议市场一般为无形市场，交易通过电话进行，但也有少数交易通过一部分市场专营商进行，这些专营商大多为政府证券交易商。因而，大产业银行、政府证券交易商、实力雄厚的非银行金融机构、地方政府是回购协议市场的主要参加者。

美国监管机构经常利用回购协议来实施货币政策。当美联储希望长期调整商业银行的准备头寸时，它可以通过政府证券及联邦代理机构的公开市场直接买卖来进行。购买证券将长期地供应准备金，出售证券则减少准备金的总量。当美联储希望对商业银行的准备金头寸进行短期或临时性调整时，它主要通过同商业银行或交易商进行回购协议交易或逆回购协议交易进行。回购交易可以从商业银行暂时吸纳准备金；逆回购协议则可以向商业银行暂时供给准备金。

在回购市场中，利率不是统一的，利率的确定取决于多种因素，这些因素主要有：第一，用于回购证券的质地。证券的信誉度越高，流动性越强，回购利率就越低；否则，利率就会相对来说高一些。第二，回购期限的长短。一般来说，期限越长，由于不确定因素越多，因而利率也应高一些。但这并不是一定的，实际上利率是可以随时调整的。第三，交割的条件。如果采用实物交割的方式，回购利率就会较低；如果采用其他交割方式，利率就会相对高一些。第四，货币市场的其他子市场的利率水平。回购协议的利率水平不可能脱离货币市场其他子市场利率而单独决定，否则该市场将失去吸引力，一般是参照同业拆借市场利率而确定的。

从本质上讲，证券回购协议是商业银行以所持有的证券作担保借入资金的一种行为，因为银行在通过回购协议卖出证券获得资金后，同时承担了在约定时间再把这笔资金加上一定利息付给证券买入者购回所售证券的义务。回购协议是银行的负债，但作为非存款负债，其借得的资金不须缴纳准备金。回购协议交易中涉及的证券主要是政府债券，也可以是其他最高信用等级的证券。通过回购协议借入的资金总额通常要比证券总市值低一些，以防止证券买入者（资金提供者）的市场风险。证券回购协议的利率因有足够保证，利率通常略低于资金市场利率。

$$应付利息=本金\times协议应付利率\times\frac{期限}{360/365}$$

$$回购价格=本金+应付利息$$

（3）转贴现与转抵押。转贴现与转抵押也是商业银行在遇到资金临时短缺、周转困难时筹集资金的途径之一。转贴现是指商业银行将其贴现收进的未到期票据，再向其他商业银行或贴现机构进行贴现以融通资金的行为；转抵押则是商业银行把自己对客户的抵押贷款再转让给其他银行以融通资金的行为。这两种方式的手续和涉及的关系都比较复杂，受金融法规的约束比较大，银行须有限制地、合理地运用这一短期借款渠道。

转贴现的期限一律从贴现之日起至票据到期日止，按实际天数计算，利率可由双方协定，也可以贴现率为基础参照再贴现率来确定。转贴现使银行能随时收回资金，既能应付突然事件，又能充分使用资金。不过，转贴现的数额应以银行自身的资金承受能力为限，有些国家对银行在二级市场出售银行承兑汇票（即转贴现）的数额是有管理限度的。如美国规定：第一，任何承兑银行向市场销售的合格承兑汇票到期的总额不得超过该行资本和盈利额的100%，其中美国境内业务合格汇票为50%，其他合格汇票为50%；第二，对于一个客户的合格汇票销售市场总额不得超过该行银行资本和盈利额的10%。

转抵押与转贴现一样，也是商业银行同业借款方式之一，只是将信贷资金在银行体系内各商业银行之间转移，而不会影响整个社会的货币供应量。但转抵押的资产，包括动产和不动产均要由评估事务所进行评估，按评估金额的一定比例贷款，当借款方不能按期还款时，贷款方有权处理转抵押品，以维持整个社会信用关系运行。

2. 商业银行向中央银行融通资金

商业银行向中央银行融通资金主要有两条途径：一是再贷款；二是再贴现。

（1）再贴现是商业银行向中央银行取得资金的最主要途径。商业银行把已经贴现但尚未到期的票据交给中央银行，要求中央银行给予再贴现，票据债权由商业银行转给（或卖给）中央银行，商业银行取得资金融通。再贴现率作为基准利率，是中央银行的三大政策工具之一。从贴现窗口借款，银行要面临着三类成本：贴现率所代表的利息成本；为申请贴现贷款而接受中央银行信誉调查的成本；因过于频繁地申请贴现贷款，将来的申请可能要遭拒绝的成本。

（2）再贷款就是商业银行开出本票或以债券为抵押向中央银行取得贷款。在商业票据不甚发达的国家，中央银行对商业银行的资金融通以再贷款为主。商业银行向中央银行借款不能随心所欲，而是受严格限制的。这是因为各国中央银行通常把对商业银行的放款作为宏观金融调控的重要手段，这种放款的数额将直接构成具有成倍派生能力的基础货币，其利率则随经济、金融形势的变化而经常调节，且一般要高于同业拆借利率。中央银行在决定是否向商业银行放款、何时放款、放多少时遵循的最高原则是货币稳定和金融稳定。在一般情况下，商业银行向中央银行的借款只能用于调剂头寸、补充储备不足和资产的应急调整，而不能用于贷款和证券投资。

再贷款通常采取抵押的方式发放，而很少像我国那样以信用贷款方式为主。抵押品往往是政府债券，此外还有商业期票、汇票等。与再贴现比较而言，商业银行更乐于利用抵押方式借款。原因在于，再贴现的手续较复杂，而且如果提出的作为再贴现企业的票据过多，中央银行有权要求票据的债务人（企业）提供有关财务报表供中央银行审查。另外，无论何种贷款（某些季节性优惠贷款除外）利率一般按银行的现行贴现利率计算。

3.3.2　长期借入资金

发行金融债券是长期借款的主要形式，目的是满足商业银行的长期资金需求。在西方国家，发行金融债券被称为主动负债的主要形式。

1.金融债券的类型

金融债券可分为资本性债券和一般性债券。

（1）资本性债券。为补充资本金不足而发行的债券。它是介于银行存款负债与股票资本之间的债务，对银行收益和资产分配的要求权限与普通股和优先股类似，仅次于银行存款人和其他客户，《巴塞尔协议》将其划入附属资本（但有比例限制）。在资本性债券中有一种是可转换债券，即附有专门规定，允许持有人在一定时间内以一定价格换取可流通股票的债券。

（2）一般性债券。此种债券的发行目的主要是筹集用于长期贷款或投资的资金。一般分为下述几种：一是担保债券和信用债券。其中：担保债券是只有第三方担保或以自身财产作抵押的抵押担保债券；信用债券是指完全凭借发行人的信誉发行的债券，不提供担保或抵押。大多数银行拥有近乎绝对的信用，因而金融债券多数是信用债券。二是固定利率债券和浮动利率债券。其中：固定利率债券是指在债券期限内利率固定不变的债券；浮动利率债券是在债券期限内，据约定的时间间隔（多为三个月或半年），按某种选定的市场利率（如伦敦银行同业拆借利率）进行利率调整的债券。三是普通金融债券、累进利息金融债券和贴息金融债券。其中：普通金融债券是定期存单式的到期一次还本付息的债券；累进利息金融债券是银行发行的浮动期限式，利率与期限挂钩的金融债券；贴息金融债券是银行等金融机构在一定期限内按一定的贴息率以低于债券面额的价格折价发行的债券。四是附息金融债券和贴现金融债券。其中，附息金融债券是在债券期限内，每隔一定的时间支付一次利息的债券，附有息票（又称为剪息票）。贴现金融债券发行额与票面额之差即为债券利息。

2.金融债券的特点

以发行金融债券的方式筹措资金是国外商业银行通行的一种方式，这种筹资方式与传统的筹资方式比较起来，有其自身的特点：

①筹资的目的不同。吸收存款是扩大信贷资金来源总量，而发行金融债券是为了解决特定用途的资金需要。②筹资的机制不同。吸收存款是经常性的、无限额的，而金融债券的发行是集中性的、有限额的。吸收存款取决于存款者的意愿，从这一点说，它属于买方市场，而发行金融债券主动权掌握在发行者手中，从这一点说，它属于卖方市场。③筹资的效率不同。由于金融债券的利率高于同期存款利率，对顾客的吸引力强，因而一般说来筹资效率高于存款效率。④资金的稳定性不同。金融债券有明确的偿还期，到期之前一般不能提前还本付息，资金的稳定程度高，而存款的期限有弹性，资金的稳定程度相对说来要低一些。⑤资产的流动性不同。记名式的存款使信用关系固定在银行与存款人之间，不能转让，而金融债券不记名、可转让流通，因而后者比前者的流动性强。

3.金融债券的发行条件

（1）信用等级的评定

金融债券是一种金融商品，在竞争性的市场上，有不同的供给者和不同的质量。而对于金融债券的购买者来讲，总希望购买那些安全性、流动性和盈利性都比较理想的债券。为了给客户购买金融债券提供选择依据，同时也为了促使商业银行提高其所发行的债券的质量，改善内部管理，有必要给不同的银行所发行的金融债券评定信用等级。

一般来说，金融债券信用等级的评定有三个标准：第一，盈利能力，主要是看银行资产收益率和资本收益率两个指标，这两个指标反映了银行金融债券的还本付息的能力。第二，资本额。银行的资本是弥补经营亏损的主要来源，也是获得公众信任的重要保证。通常运用资本额与资产或负债的比率去衡量银行的资本充足程度，用以反映银行承受风险的能力。第三，资产质量。商业银行资产质量直接影响着它的安全性和盈利性程度，从而也是决定其所发行债券信誉的重要因素。资产质量可用呆滞、呆账贷款占总贷款的比率来衡量，一般来讲，这一比率越低，其资产质量就越高。除了上述三个主要的指标外，商业银行的经营作风、管理水平、领导人的素质、服务质量、创新能力、业务发展前景以及它在同行业中所处的地位等，都会对金融债券的信用等级产生影响。

（2）发行数额的认可

商业银行以发行金融债券的方式筹集的资金，有其特定的用途。因此，商业银行发行金融债券的数额，首先要受资金使用的客观需要量的制约；其次，商业银行发行金融债券一般利率较高，发行数额的确定还需要考虑本行资产负债管理的要求和还本付息的承受能力；最后，商业银行只能在中央银行批准的额度内发行。

对发行债券所筹集的资金的运用范围，有些国家没有明确规定，还有些国家则要求只用于中长期放款，也有些国家规定只能用于专向投资。

（3）发行价格的确定

金融债券的发行价格包含了两个内容：一是出售价格；二是利率。出售价格有两种选择，即按面值出售和按面值的一定折扣出售。利率也有两种选择，即固定利率和浮动利率。银行在发行金融债券时应通过对市场的分析，确定债券的发行价格和利率形式。1985年以来，我国银行所发行的金融债券，基本上采取按面值出售和固定利率的形式。

（4）发行债券的要点

第一，做好市场调查。发行金融债券的市场调查，主要是调查本行债券的市场需求能力和客户购买心理，为债券发行额度、利率、方式、方向等决策提供可靠的依据。

一般来讲，客户在决定是否购买金融债券时，有以下几种心理：一是收益心理，即以获得较高的收益作为其购买的主要目的；二是安全心理，即以保证本金的安全为主要目的；三是流动心理，即以能够随时变现作为主要目的。银行在发行债券以前，要搞清楚具有不同购买心理的客户的比例及收入、储蓄情况，以便针对不同客户的需要，设计金融债券的发行方案。

第二，掌握发行时机。为了能够在较短的时间内推销金融债券，提高筹资效率，必须在做好市场调查的基础上掌握好发行金融债券的时机。商业银行应选择市场资金供给大于需求、利率较低的时机发行金融债券。

第三，做好金融债券发行与资金使用的衔接。发行金融债券筹集资金目的是使用，效益也来自于使用。因此，做好债券发行与资金使用的衔接是金融债券管理的关键环节。发行与使用的衔接，具体来说包含有以下几个方面的内容：一是数量的对应，保证债券所筹资金得到充分利用。二是利率的对应，使金融债券的发行与资金的使用保持一定利差。三是期限的对应，避免短借长贷或长借短贷。四是资金投向的合理，避免资金难以收回和还本付息的困难。

（5）金融债券的发行选择

金融债券的发行应根据利率的变化趋势决定计息方式和偿还年限。如预期利率有上升的趋势，则宜采用固定利率的计息方式；反之，预期利率有下降趋势，则宜采用浮动利率的计息方式。在利率具有下降趋势的情况下发行固定利率债券，应考虑缩短偿还年限，或在债券发行合同中列入提前偿还条款，这样可按较高的利率偿还旧债，按较低的利率再发行新债。

国际债券的发行，原则上采用汇价具有下浮趋势的软货币发行，这样在还本付息时可减轻债务负担。但在金融市场上，以硬货币为票面货币的债券比较好销，而以软货币计价的债券销售困难，要打开销路势必提高利率，这样又要增加筹资成本。因此，在一定条件下并不排斥选用硬货币，这取决于债券发行银行对汇率浮动和利率变化的全面权衡和决策。

4. 国际金融市场借款

商业银行除在国内货币市场取得借款以外，还会从国际金融市场借款来弥补资金的不足。国际金融市场一般由短期资金存款市场（期限为1年以下）、中期资金存款市场（期限为1～5年）和长期债券市场（期限为5年以上）三大部分组成。商业银行经常光顾的是前两种市场，主要以固定利率的定期存单、欧洲美元存单、浮动利率的欧洲美元存款、本票等形式融通资金，同时也通过发行债券的方式从国际资金市场借款。目前最具规模、最具影响力的国际金融市场是欧洲美元市场。欧洲美元是以美元表示的、存在于美国境外银行的美元存款。欧洲货币实际上是境外货币，指的是以外币表示的存款账户。由于各国的贸易大量以美元计价结算，欧洲美元也就成为欧洲货币市场的主要货币。

★ 本章小结

1. 商业银行负债是商业银行经营的基础和前提，是银行开展业务经营的先决条件，是决定银行盈利状况的重要因素，提供了银行与社会各界往来的重要渠道，是反映和监督社会资金流向的主要渠道。负债业务分为存款负债业务与其他负债业务。

2. 存款业务是商业银行筹措资金并借以形成资金来源的重要业务，是银行对存款客户的负债。存款负债被称为银行的被动型负债。商业银行吸收存款能够为银行提供大部分资金来源，为银行各职能的实现提供基础。

3. 存款风险是指银行在吸收存款业务方面所存在的风险，是商业银行在其经营过程中面临的众多风险种类之一。存款风险的种类主要有清偿性风险、利率风险和电子网络风险。存款准备金制度的建立是商业银行防范清偿性风险的有效措施。而存款保险制度的建立能够对存款人的利益加以保护。

4. 存款创新是指银行根据客户的动机和需求，在原有存款种类的基础上推出新品种以满足客户需求的举措。西方商业银行为了逃避管制，加强存款竞争而吸引更多的客户，对存款种类进行了创新，如可转让定期存单、可转让支付命令账户、自动转账服务账户等。

5. 商业银行的借入资金按期限长短可划分为短期借入资金和长期借入资金。短期借入资金包括银行同业借款、商业银行向中央银行的融通资金；长期借入资金的主要形式是金融债券。

6. 欧洲货币市场是一个完全自由开放的富有竞争力的市场，其特点在于不受任何国家的政府管制和纳税限制；存款利率相对较高，放款利率相对较低；欧洲货币市场资金调度灵活，手续简便，业务方式主要是凭信用；欧洲货币市场的借款利率由交易双方依据伦敦同业拆借利率具体商定。

★ 综合训练

3.1 单项选择题

1. 商业银行清偿力的根本保障是（　　）。

A. 向中央银行借债　　B. 向同业借债

C. 自有资本　　D. 发行债券

2. 资金成本=（　　）。

A. $\dfrac{\sum \text{每种存款的资金来源总量} \times \text{吸收该种存款的每单位平均成本}}{\text{各种存款资金来源总量之和}}$

B. $\dfrac{\text{利息成本}+\text{营业费用}}{\text{吸收的存款额}-\text{法定存款准备金}-\text{必要的超额准备}}$

C. $\dfrac{\text{利息成本}+\text{营业费用}}{\text{吸收的存款额}}$

D. $\dfrac{\text{新增利息}+\text{新增营业费用}}{\text{新增存款数量}}$

3. 长期借入资金的主要形式是（　　）。

A. 发行金融债券　B. 同业拆借　C. 回购　D. 转贴现

4. 以下四个选项中，与其他三个所指业务不同的是（　　）。

A. 同业拆借　B. 贴现　C. “今日货币”　D. “明日货币”

5. 依据安全性原则，商业银行经营管理应注意（　　）。

A. 增加资产的盈利性　　B. 增加经营成本

C. 降低资产的流动性　　D. 强化资本实力

3.2 多项选择题

1. 商业银行负债的作用是（　　）。

A. 银行的负债是银行开展业务经营的先决条件

B. 银行负债是决定银行盈利状况的重要因素

C. 银行负债提供了银行与社会各界往来的重要渠道

D. 银行负债是反映和监督社会资金流向的主要渠道

E. 银行负债是的银行面临更大风险

2. 传统的存款类型主要包括（　　）三大存款类型。

A. 同业拆借　B. 活期存款　C. 定期存款

D. 储蓄存款　E. 转贴现

3. 零续定期存款是一种可以多次续存、期限在半年以上五年以内的储蓄存款账户，类似于我国的零存整取。其特点是（　　）。

A. 每次存入款项的数额可多可少

B. 日期没有限制

C. 按定期利率计算存款利息

D.期满前三个月为搁置期，既不能存也不能取

E.可随时取现

4.短期负债的作用有（　　）。

A.增加银行的风险

B.主要用于短期头寸不足的需要

C.提高资金的管理效率

D.短期负债的增加使银行资产和负债的流动性相应提高

E.短期资金借入也可以加强商业银行与同业、商业银行与中央银行的联系

5.一般性债券的发行目的主要是筹集用于长期贷款或投资的资金。一般分为（　　）。

A.担保债券和信用债券

B.固定利率债券和浮动利率债券

C.普通金融债券、累进利息金融债券和贴息金融债券

D.付息金融债券和贴现金融债券

E.可贴现金融债券和不可贴现金融债券

3.3　思考题

1.商业银行负债的作用是什么？

2.论述存款保险制度的主要内容及重要意义。

3.吸收存款的风险有哪些？

4.创新存款类型有哪些？出现的意义及作用是什么？

5.论述银行同业借款的种类及作用。

★ 本章参考文献

[1] 周好文，何自云. 商业银行管理 [M]. 北京：北京大学出版社，2008.

[2] 史建平. 商业银行管理学 [M]. 北京：中国人民大学出版社，2011.

[3] 刘毅. 商业银行经营管理学 [M]. 北京：机械工业出版社，2006.

[4] 谢太峰. 商业银行经营学 [M]. 北京：清华大学出版社，2010.

第4章

商业银行的资产业务

★ 导读

商业银行资产业务是指商业银行的资金运用业务。资金运用的好坏决定了商业银行能否取得收益和保持稳定性。商业银行资产业务中比重最大的是信贷业务，信贷资产质量的高低已成为商业银行经营管理十分关注的内容。可以说，商业银行资产业务的运营状况最能体现出其经营管理水平的高低。那么，商业银行资产业务具体有哪些类型？不同类型的业务有何特点？在现实操作中应注意哪些问题？一般的处理方法是什么？本章将从商业银行资产业务的基本类型出发，对现金资产、信贷资产和证券投资资产三大业务展开逐一分析，通过对各类资产业务的特点、操作和风险的说明，以期获得对商业银行资产业务的系统性阐释。

★ 关键概念

现金资产　法定存款准备金　超额准备金　透支　信用贷款　担保贷款　票据贴现　成本加成定价法　价格领导模型　梯形期限策略　分散投资法　杠铃结构法　灵活调整法　资产证券化　住房抵押支持证券　过手证券　资产支持证券

资产业务是商业银行的资金运用业务，主要包括现金资产业务、贷款业务和证券投资业务。其中，现金资产业务是银行资产的必要组成部分，适度的现金资产是银行保持流动性及清偿能力的需要；贷款业务是银行资产业务中的重要组成部分，对银行贷款业务的合理管理，有利于商业银行降低风险，扩大利差；证券投资业务是商业银行从事与有价证券投资有关的各项业务的总称，它既是银行获取利润的来源，也是银行资金保持流动性的重要手段。贷款和证券投资是银行最主要的盈利性资产业务。

§4.1 商业银行资产业务概述

4.1.1 商业银行资产的特点与作用

商业银行的资产业务是指商业银行体系对通过负债业务形成的资金加以运用的业务，主要包括现金资产业务、贷款业务和证券投资业务等，通过这种业务，能明确银行资金的存在形态以及银行所拥有的对外债权。

1.商业银行资产业务的特点

商业银行资产业务体现为商业银行在经营活动中拥有或控制的、预期能够带来经济利益的资源。正确理解商业银行的资产业务需注意：其一，商业银行资产应包括实际由商业银行所拥有或控制的资源，有些资源不由商业银行所有，但商业银行对其产生实际的控制，仍能从中获取经济利益，属于资产；其二，商业银行资产应预期能够直接或间接导致现金或现金等价物的流入，有些资产即使由商业银行拥有或控制，但若不再能带来经济利益，就不能算作资产；其三，预计带来的经济收益可用货币计量，那些虽然可能带来经济利益，但无法用货币确定的资源不属于银行资产；其四，由以前的交易或事项所形成，未来发生的交易或事项不形成资产。

2.商业银行资产业务的作用

（1）银行资产业务是其获得利润的途径。商业银行在进行贷款业务的过程中收回本金和利息，扣除成本后获得利润，这是商业银行的主要盈利手段。在没有合适的贷款机会时，商业银行还进行一定规模的证券投资业务，一般投资于高信用等级的证券，以获取稳定收益，提高利润水平。

（2）银行资产业务是其控制风险的保证。商业银行主要通过现金资产业务来保持清偿力和流动性，保有一定数量的现金资产可以应对提现要求、清偿到期债务以及应对经营环境的各种变化，从而避免清偿压力及现金不足可能引致的破产风险。此外，商业银行进行的证券投资业务也有分散风险的作用，其中的短期证券还是理想的高流动性资产。

（3）银行资产业务有助于实现对重点行业或领域的支持。信贷调控是宏观经济调控的重要组成部分，商业银行在开展贷款业务的过程中，主要从总量和投向两个方面实现对特定产业、产品和技术等的支持或限制，帮助落实宏观调控和产业政策的要求，促进区域平衡，推进产业结构转型。

4.1.2　商业银行资产的种类

商业银行的资产依据不同的标准有以下分类：

1.依据商业银行资产的业务性质可分为现金资产、信贷资产和有价证券资产

现金资产是银行持有的库存现金以及与现金等同的可随时用于支付的银行资产，主要包括库存现金、在中央银行存款、存放同业存款和在途资金等；信贷资产是商业银行作为贷款人按照一定的贷款原则和政策，以还本付息为条件，将一定数量的货币资金提供给借款人这一借贷行为所形成的资产；有价证券资产是商业银行从事证券投资业务所形成的资产，通常包括政府债券、政府机构债券、市政债券或地方政府债券、公司债券和股票等。

2.依据商业银行资产的可变现期限长短可分为流动资产和非流动资产

流动资产是指银行可以在一年或者超过一年的一个营业周期内变现或者运用的资产，主要为现金资产、一年内到期的信贷资产和有价证券等；非流动资产是指不能在一年或者超过一年的一个营业周期内变现或者运用的资产，主要为信贷资产和有价证券等。

3.依据商业银行资产的服务对象可分为对公资产和对私资产

对公资产主要指商业银行资产对象是企业或机构，又称为批发业务；对私资产主要指商业银行资产对象是个人或家庭，又称为零售业务。伴随经济发展与个体财富积累，商业银行对私资产的比重不断提升，理财业务与私人银行业务越来越受到重视。

在上述商业银行资产业务的类型中，本书的分析按第一种分类方法进行。

§4.2　商业银行的现金资产业务

4.2.1　现金资产的构成

商业银行经营的是货币资金，为应付存款提取及贷款需求，能够直接满足流动性需求的现金资产管理是商业银行管理最基本的组成部分。

现金资产是银行持有的库存现金以及与现金等同的可随时用于支付的银行资产。商业银行的现金资产一般包括以下几类：

1.库存现金

库存现金是指商业银行保存在金库中的现钞和硬币。库存现金的主要作用是银行用来应付客户提现和银行本身的日常零星开支。因此，任何一家营业性的银行机构，为了保证对客户的支付，都必须保存一定数量的现金。但由于库存现金是一种非盈利性资产，而且，保存库存现金还需要花费银行大量的保卫费用，因此，从经营的角度讲，库存现金不宜保存太多。库存现金的经营原则就是保持适度的规模。

2.在中央银行存款

在中央银行存款是指商业银行存放在中央银行的资金，即存款准备金。在中央银行存款由两部分构成：一是法定存款准备金；二是超额准备金。

法定存款准备金是按照法定比率向中央银行缴存的存款准备金。规定缴存存款准备金的最初目的，是为了银行备有足够的资金，以应付存款人的提现，避免因流动性不足而产生流动性危机，导致银行破产。目前，存款准备金已经演变成为中央银行调节信用的一种政策手段，在正常情况下一般不会动用，缴存法定比率的准备金具有强制性。

超额准备金有两种含义：广义的超额准备金是指商业银行吸收的存款中扣除法定存款准备金以后的余额，即商业银行可用资金；狭义的**超额准备金则是指在存款准备金账户中，超过了法定存款准备金的那部分存款。**这部分存款犹如工商企业在商业银行的活期存款一样，是商业银行在中央银行账户上保有的用于日常支付和债权债务清算的资金。因为超额准备金是商业银行的可用资金，因此，其多寡直接影响着商业银行的信贷扩张能力。

3.存放同业存款

存放同业存款是指商业银行存放在代理行和相关银行的存款。在其他银行保持存款的目的，是为了便于银行在同业之间开展代理业务和结算收付业务。由于存放同业的存款属于活期存款性质，可以随时支用，因而可以视同银行的现金资产。

4.在途资金

在途资金，也称托收未达款，它是指本行通过对方银行向外地付款单位或个人收取的票据。在途资金在收妥之前，是一笔占有的资金，又由于通常在途时间较短，收妥后即成为存放同业存款，所以，将其视同现金资产。

4.2.2 持有和管理现金资产的意义

从商业银行经营管理的角度看，持有现金资产具有以下两方面重要意义：

1.保持清偿力

商业银行是经营货币信用业务的企业。作为企业，与其他任何企业一样，都是以盈利为目标。这就要求商业银行在安排资产结构时，尽可能持有期限较长、收益较高的资产。但商业银行又是一种风险性特别大的特殊企业，银行的经营资金主要来源于客户的存款和各项借入资金。从存款负债来看，由于它是商业银行的被动负债，其存与不存、存多存少、期限长短、何时提取等主动权都掌握在客户手中，作为银行只能够无条件地满足客户的要求。如果银行不能满足客户的要求，就有可能影响银行的信誉，引发存款“挤兑”风潮，甚至使银行陷入流动性危机而遭受破产命运。商业银行的借入资金也必须按期还本付息，否则也会因此而影响银行信誉，严重威胁银行的安全性。因此，商业银行在追求盈利的过程中，必须保有一定数量的可直接用于应付提现和清偿债务的资产，而现金资产正是为了满足银行的流动性需要而安排的资产准备。所以，保有一定数量的现金资产，对于保持商业银行经营过程中的债务清偿能力，防范支付风险，具有十分重要的意义。

2.保持流动性

商业银行在经营过程中会面临复杂的经营环境。环境的变化，又会使银行各种资产负债的特征发生变化。从银行经营的安全性和盈利性的要求出发，商业银行应当不断地调整其资产负债结构，保持应有的流动性。在保持银行经营过程的流动性方面，不仅需要银行资产负债结构的合理搭配，确保原有贷款和投资的高质量和易变现性，同时，也需要银行持有一定数量的流动性准备资产，以利于及时抓住新的贷款和投资的机会，为增加盈利、吸引顾客提供条件。

§4.3 商业银行的信贷资产业务

4.3.1 商业银行的贷款类型

商业银行贷款是商业银行作为贷款人，按照一定的贷款原则和政策，以还本付息为条件，将一定数量的货币资金提供给借款人使用的一种借贷行为。这种借贷行为由贷款的对象、条件、用途、期限、利率和方式等因素构成，而这些因素的不同组合，就形成了不同的贷款种类。

从银行经营管理的需要出发，我们可以对银行贷款按照不同的标准进行分类。

1.按贷款期限分类

按贷款期限分类，商业银行的贷款可分为定期贷款和不定期贷款。

（1）定期贷款是指具有固定偿还期限的贷款。按照偿还期限的长短，定期贷款又可分为短期贷款、中期贷款和长期贷款。按照我国现行《贷款通则》的规定，短期贷款指1年以内（含1年）的各项贷款；中期贷款指1年以上（不含1年）5年以内（含5年）的各项贷款；长期贷款是指期限在5年以上（不含5年）的各项贷款。

（2）不定期贷款是指不能确定或无明确偿还期限的贷款，属于短期临时性贷款，主要有通知贷款和透支。

通知贷款也被称为活期贷款，是指在贷款时不定偿还期限，可以随时由银行发出通知收回的贷款。

透支一般是指银行允许其客户在约定的范围内（包括期限、额度等），超过其存款余额开出支票并予以兑付的一种贷款方式。存户对透支款应支付利息，并须随时偿还。按照透支时是否提供抵押品，可以将透支贷款分为两类：需要提供抵押品的贷款，被称为“抵押透支”；不提供抵押品的贷款，被称为“信用透支”。

以贷款期限为标准划分贷款种类，一方面，有利于监控贷款的流动性和资金周转状况，使银行长、短期贷款保持适当比例；另一方面，也有利于银行按资金偿还期限的长短安排贷款顺序，保证银行信贷资金的安全。

2.按贷款的保障条件分类

按银行贷款的保障条件来分类，银行贷款一般可以分为信用贷款、担保贷款和票据贴现。

（1）信用贷款是指银行完全凭借客户信誉、无须提供抵押物或第三者保证而发放的贷款。

（2）担保贷款是指以一定的财产或信用作为还款保证的贷款。由于有财产或第三者承诺作为还款的保证，担保贷款的贷款风险相对较小。根据我国目前的规定，依据还款保证的不同，担保贷款可以具体分为抵押贷款、质押贷款和保证贷款。①抵押贷款，是指按《中华人民共和国担保法》规定的抵押方式以借款人或第三者的财产作为抵押发放的贷款；②质押贷款，是指按《中华人民共和国担保法》规定的质押方式以借款人或第三者的动产或权利作为质物发放的贷款；③保证贷款，是指按《中华人民共和国担保法》规定的保证方式以第三人承诺在借款人不能偿还贷款时，按约定承担一般保证责任或者连带责任而发放的贷款。银行在进行担保贷款的经营管理时，要特别注意对贷款担保品进行审查，合理确定担保品与贷款之间的数量关系，明确担保贷款出现风险的处理程序与方法。

（3）票据贴现是贷款的一种特殊方式。它是指银行应客户的要求，以买进客户持有的未到期的商业票据的方式发放的贷款。票据贴现进行预扣利息，票据到期后，银行可向票据载明的付款人收取票款。如果票据合格，且有信誉良好的承兑人承兑，这种贷款的安全性和流动性都比较好。

【例 4-1】一张票据的面额为80 000元，90天到期，月贴现率为5‰。则该张票据实付贴现额的计算为：

贴现利息=票据面额×贴现期限（天数）×（月贴现率÷30）

=80 000×90×（5‰÷30）=1 200（元）

实付贴现额=贴现票据面额－贴现利息=80 000-1 200=78 800（元）

依据提供的保障程度划分贷款种类，可以使银行依据借款人的财务状况和经营发展业绩选择不同的贷款方式，以提高贷款的安全系数。

3.按贷款的用途分类

贷款按用途划分，通常有两种分类方法：一是按照贷款对象的部门来分类，分为工业贷款、商业贷款、农业贷款、科技贷款和消费贷款；二是按照贷款的具体用途来划分，一般分为流动资金贷款和固定资金贷款。

近些年随着我国经济的快速发展，商业银行开始注重针对个人的消费信贷。消费信贷是指由金融机构向消费者提供资金，用以满足消费者需求的一种信贷方式。消费信贷的产生与发展，与经济发展水平密切相关。经济发展水平越高，个人和家庭货币收入的增长越稳定，个人和家庭对于消费信贷的使用就越多。此外，信贷业务中的各种中长期贷款、贸易融资等贷款类型越来越多，发展速度也越来越快。

按照贷款用途划分贷款种类，其意义主要在于：首先，有利于银行根据资金不同的使用性质安排贷款顺序。一般来说，银行贷款首先应当满足企业的生产性流动资金需要，然后安排用于企业的固定资产投资资金需要。其次，有利于银行监控贷款部门的分布结构，以便银行合理安排贷款结构，防范贷款风险。

4.按贷款的偿还方式分类

银行贷款按照其偿还方式的不同，可以划分为一次性偿还和分期偿还两种方式。一次性偿还是指借款人在贷款到期日一次性还清贷款本金的贷款，其利息可以分期支付，也可以在归还本金时一次性付清。一般来说，短期的、临时性、周转性贷款都是采取一次性偿还方式；分期偿还贷款是指借款人按规定的期限分次偿还本金和支付利息的贷款。这种贷款的期限通常按月、季、年确定，中长期贷款大都采用这种方式，其利息的计算方法常见的有：加息平均法、利随本减法等。

按贷款偿还方式划分贷款种类，一方面，有利于银行监测贷款到期和贷款收回情况，准确测算银行头寸的变动趋势；另一方面，也有利于银行考核收息率，加强对应收利息的管理。

5.按贷款的质量（或风险程度）分类

按照贷款的质量或风险程度划分，西方银行贷款一般分为正常贷款、关注贷款、次级贷款、可疑贷款和损失贷款等五类，称为五级分类法。其中，前两类属于正常贷款，后三类属于不正常贷款。

我国以往是采用“一逾两呆”的贷款分类方法，即将贷款分为正常贷款和不正常贷款。其中，不正常贷款包括逾期贷款、呆滞贷款和呆账贷款三类。1998年5月，中国人民银行颁布了《贷款风险分类指导原则（试行）》，宣布在我国开始试行贷款的五级分类标准。1999年8月，中国人民银行修改了五级贷款分类的标准；2001年12月，中国人民银行发出《关于全面推行贷款质量五级分类管理的通知》，决定从2002年1月1日起，在我国各类银行全面推行贷款五级分类制度。2003年7月13日，中国银行业监督管理委员会在有关会议上要求：从2004年开始，国有独资商业银行和股份制银行取消并行的贷款四级分类（即“一逾两呆”）制度，全面推行贷款五级分类制度。近几年来，我国采取了各种有效措施积极进行不良贷款的控制，商业银行的不良贷款比率持续降低。

依据目前的规定，五类贷款的基本定义如下：

（1）正常贷款，指借款人能够履行借款合同，没有足够理由怀疑贷款本息不能按时足额偿还的贷款。显然，这类贷款的借款人财务状况无懈可击，没有任何理由怀疑贷款的本息偿还会发生问题。

（2）关注贷款，指尽管借款人目前有能力偿还贷款，但存在一些可能对偿还产生不利影响因素的贷款。该类贷款的本息偿还可能仍然正常，但是已经发生了一些可能会影响贷款偿还的不利因素，如：宏观经济、市场以及行业等外部环境出现对借款人不利的变化，企业改制，借款人的主要股东、关联企业或母子公司等发生重大不利变化，借款人的一些重要财务指标低于同行业水平或有较大的下降等等。如果任凭这些因素继续发展下去，就有可能影响贷款的偿还，因此，银行需要对其进行关注，或对其进行监控。

（3）次级贷款，指借款人的还款能力明显出现问题，完全依靠其正常营业收入无法足额偿还贷款本息，即使执行担保，也可能造成一定损失的贷款。此时，借款人已经无法继续依靠其正常的经营收入偿还贷款的本息，支付出现严重困难，内部管理出现严重问题或经营亏损，净现金流量已为负数等等，不得不通过重新融资或拆东墙补西墙的办法来归还贷款。

（4）可疑贷款，指借款人无法足额偿还贷款本息，即使执行担保，也肯定要造成较大损失的贷款。这类贷款具备了上述次级贷款所具备的基本特征，但是程度更加严重。如：借款人处于停产、半停产的状态，贷款项目已经处于停建或缓建状态，借款人已经资不抵债，银行已经诉诸法律来收回贷款等等。

（5）损失贷款，指在采取了所有可能的措施和一切必要的法律程序之后，本息仍然无法收回，或只能收回极少部分的贷款。

按照贷款的质量或风险程度划分贷款种类，其作用主要在于：① 有利于加强贷款的风险管理，提高贷款质量。这不仅可以帮助识别贷款的内在风险，还有助于发现信贷管理、内部控制和信贷文化中存在的问题，从而提高银行信贷管理水平，有利于银行业务的稳健运行。②有利于金融监管当局对商业银行实行有效的监管。金融监管当局对商业银行的有效监管，必须有能力通过非现场检查手段，对商业银行的信贷资产质量进行连续监控，并通过现场检查，独立地对商业银行的信贷资产质量做出评估，而这些都离不开贷款分类的标准。没有按贷款质量的分类，监管当局的并表监管、关于资本充足率的要求、对流动性的监控等，都将失去基础。

6.按银行发放贷款的自主程度分类

按银行发放贷款的自主程度划分，我国商业银行的贷款可以分为自营贷款、委托贷款和特定贷款三种。

（1）自营贷款，是指银行以合法方式筹集的资金用来自主发放贷款的方式。这是商业银行最主要的贷款。

（2）委托贷款，是指由政府部门、企事业单位及个人等委托人提供资金，由银行（受托人）根据委托人确定的贷款对象、用途、金额、期限、利率等代为发放、监督使用并协助收回的贷款。

（3）特定贷款，是指经国务院批准并对可能造成的损失采取相应的补救措施后，责成国有独资商业银行发放的贷款。2004年2月1日正式实行的《中华人民共和国商业银行法》（2003年修改），已经不再允许商业银行发放这类贷款。

按照发放贷款的自主程度划分贷款种类，有利于银行根据不同的贷款性质实行不同的管理办法；同时，也有利于考核银行信贷人员的工作质量，加强信贷人员责任心。

7.按银行发放贷款的金额大小分类

按照银行发放贷款的金额大小不同，可以分为批发贷款和零售贷款。

（1）批发贷款是指数额较大、对工商企业、金融机构等发放的贷款，借款者的借款目的是经营获利。批发贷款可以是抵押贷款也可以是信用贷款，借款期限也可以是短期的、中期的或长期的，主要包括工商业贷款、对金融机构贷款、不动产贷款（消费者不动产贷款除外）、经纪人或交易商证券交易贷款和农场贷款（农业生产贷款）等。

（2）零售贷款是指商业银行以个人为对象发放的贷款。其主要包括：对消费者个人发放的、用于购买耐用消费品或支付各种费用的消费贷款；向个人（不包括经纪人和证券交易商在内）发放购买或储存证券的贷款；为消费者个人提供的用于购买住宅等不动产的不动产贷款。

批发贷款与零售贷款是根据贷款对象的不同区分的。批发贷款的对象是大的工商企业和机构，零售贷款的对象是消费者个人和小企业。批发贷款可以是抵押贷款或无抵押贷款，期限可以是短期、中期或长期的。一般来说，批发贷款数额大、期限长，比零售贷款面临更大的利率风险，从而多采用变动利率。而零售贷款大部分是中短期的，因此多采用抵押贷款和固定利率，近年来也发展了一些无抵押的浮动利率个人消费贷款。

8. 按银行发放贷款的利率约定方式不同分类

依据银行与借款人约定利率的不同方式，可分为固定利率贷款和浮动利率贷款。

（1）固定利率贷款是指在贷款期限内，不论银行利率如何变动，借款人都将按照合同约定的固定利率支付利息，不会因为利率变化而改变还款数额。固定利率贷款借款人的借款利率不变，因此还款额不变，便于借款人安排自己的资金。若利率上升，固定利率固定了资金使用成本，银行贷款利率在上调后高于固定利率，借款者节省利息支出。若利率下降，银行贷款利率在下调后低于固定利率，借款者承担利率降低的风险，不能享受到降息带来的优惠。

（2）浮动利率贷款是指在整个借款期内利率随市场利率或法定利率等变动定期调整的贷款，调整周期和利率调整基准的选择，由借贷双方在借款时议定。采用浮动利率的优点是贷款利率贴近市场利率水准，当利率下滑时，可节省利息支出。

4.3.2　商业银行贷款的政策和程序

1. 商业银行的贷款政策

贷款政策是指商业银行指导和规范贷款业务，管理和控制贷款风险的各项方针、措施和程序的总称。由于经营品种、方式、规模和所处的市场环境的不同，每个商业银行的贷款政策具有一定的差别，但其基本内容主要有以下几个方面：

（1）贷款业务发展战略

由于大多数银行都将贷款业务视为其核心业务，贷款质量和贷款的盈利水平对实现银行的经营目标具有举足轻重的作用，因此银行在制定贷款政策时，首先应当明确自身的发展战略，包括开展业务应当遵循的原则、希望开展业务的行业和区域、业务品种以及希望达到的业务开展规模和速度等，对银行贷款业务开展的指导思想、发展领域等进行战略性的规划。

（2）贷款工作规程及权限划分

①银行的贷款政策必须明确规定贷款业务的工作规程。所谓贷款的工作规程，

是指贷款业务操作规范化的程序。贷款程序通常包含三个阶段：第一，贷前的推销、调查及信用分析阶段，这是贷款科学决策的基础。第二，银行接受贷款申请以后的评估、审查及贷款发放，是贷款的决策和具体发放阶段，是整个贷款过程的关键。第三，贷款发放以后的监督检查、风险监测及贷款本息收回的阶段，这是关系贷款能否及时、足值收回的重要环节。

②必须明确规定银行贷款的审批制度。目前，我国明确规定实行“审贷分离”制度。即将上述贷款程序的三个阶段分别交由三个不同的岗位来完成，并相应承担由于各个环节工作出现问题而带来的风险责任。在实行“审贷分离”制度的情况下，通常将信贷管理人员分为贷款调查评估人员、贷款审查人员和贷款检查人员。贷款调查人员负责贷前调查评估，承担调查失误和评估失准的责任；贷款审查人员负责贷款风险的审查，承担审查失误的责任；贷款检查人员负责贷款发放以后的检查和清收，承担检查失误、清收不力的责任。另外，贷款审批制度的另一个重要内容是贷款的分级审批制度。由于目前我国商业银行实行的是一级法人体制，商业银行内部的贷款审批需要实行分级授权制。贷款审批的分级授权是银行根据信贷部门有关组织、人员的工作能力、经验、职务、工作实际以及所负责贷款业务的特点和授信额度，决定每位有权审批贷款的人员或组织的贷款审批品种和最高贷款限额。一般来说，分级授权的主要依据是贷款的金额和风险度，贷款金额越大，贷款的风险度越高，对贷款专业知识和经验的要求也就越高。授权一般由银行董事会或最高决策层统一批准，自董事会到基层管理层，逐级下放贷款权限。

（3）贷款的规模和比率控制

商业银行在贷款政策中应当为自己确定一个合理的贷款规模，这是银行制订详细而周密的年度贷款计划的基础。通常，银行根据负债资金来源情况及稳定性状况，以及中央银行规定的存款准备金率、资本金状况、银行自身流动性准备金率、银行经营环境状况、贷款需求情况和银行经营管理水平等因素来确定计划的贷款规模。这个贷款规模既要符合银行稳健经营的原则，又要最大限度地满足客户的贷款需求。另外，基于对风险控制方面的考虑，金融监管当局也会对银行的贷款规模提出一定的要求。

判断银行贷款规模是否适度和结构是否合理，可以用一些指标来衡量。我国目前通用的指标主要包括：

①贷款存款比率。这一指标反映银行资金用于贷款的比重以及贷款能力的大小。一般地，商业银行的这一比率不得超过75%。如果超过这一比率，说明贷款规模过大，风险随之加大。如果在比率范围内但比率较低，则说明安全性程度较高、盈利能力较低，增加新贷款的潜力较大。

②贷款资本比率。该比率反映银行资本的盈利能力和银行对贷款损失的承受能力。根据《巴塞尔协议II》规定的国际标准，我国规定商业银行资本总额与加权风险资产之比不得低于8%，核心资本与加权风险资产之比不得低于4%。这一比率过高，说明银行在能收回贷款本息的前提下的盈利能力较高，承受呆账损失的能力也

较强；这一比率较低，则说明资本盈利能力和损失承受能力也较低。

《巴塞尔协议III》公布后，我国银监会于2012年6月发布《商业银行资本管理办法》，对商业银行各级资本充足率做了新的要求，并于2013年1月1日施行，具体如下：

核心一级资本充足率（$\frac{\text{核心一级资本}-\text{对应资本扣减项}}{\text{风险加权资产}}\times 100\%$）不得低于5%；

一级资本充足率（$\frac{\text{一级资本}-\text{对应资本扣减项}}{\text{风险加权资产}}\times 100\%$）不得低于6%；

资本充足率（$\frac{\text{总资本}-\text{对应资本扣减项}}{\text{风险加权资产}}\times 100\%$）不得低于8%。

③单个企业贷款比率。该比率是银行给最大一家客户或最大10家客户的贷款占银行资本金的比率，它反映了银行贷款的集中程度和风险状况。商业银行对最大客户的贷款余额不得超过银行资本金的15%，最大10家客户的贷款余额不得超过银行资本金的50%。在上述比率范围内，指标越低，说明贷款集中程度越低，按照风险分散的原则，其贷款风险程度也就越低。

④中长期贷款比率。这是银行发放的1年期以上的中长期贷款余额与1年期以上的各项存款余额的比率，反映了银行贷款总体的流动性状况。一般地，商业银行的这一比率应该低于120%。比率越高，流动性越差；反之，流动性越强。

⑤拆借资金比例。该比率指一定时期内拆借资金额占各项存款余额的比例，它是衡量商业银行流动性风险及其程度的指标之一。根据监管要求，拆入资金比率不高于4%，拆出资金比率不高于8%。拆借资金属于临时性资金来源，只能解决临时头寸不足，即只能用于临时清算和短期贷款的资金需要。拆借资金率一般控制在7%以内，因为其高低将直接影响银行的支付能力。拆借资金率的计算公式为：

拆借资金率＝（拆入资金余额−拆出资金余额）/各项存款余额×100%

（4）贷款的担保

为了完善贷款的还款保障制度，确保贷款的安全性，银行应在贷款政策中，根据有关法律确定贷款的担保政策。贷款的担保政策一般应包括以下内容：①明确担保的方式；②规定抵押品鉴定、评估的方法和程序；③确定贷款与抵押品价值的比率、贷款与质押品价值的比率；④确定担保人的资格和还款能力的评估方法与程序等等。

抵押率一般控制在60%～80%。抵押期限一般应略长于贷款期限，以便在抵押人不能按时还本付息时，借贷双方可根据合同及抵押担保文件的有关规定处理抵押品。如贷款获得展期，抵押期限也必须随之调整。

（5）贷款定价

在市场经济条件下，贷款定价是一个复杂的过程，银行贷款政策应当对此进行明确的规定。例如：对于贷款业务量较大的银行来说，通常是由贷款委员会或信贷管理部门根据贷款的类别、期限，并结合其他各种需要考虑的因素，确定每类贷款的价格。对于金额较大、期限较长或存款余额较多的客户，也可根据其特殊情况，实行上浮或下调。

（6）贷款的日常管理和催收制度

①在贷款发放以后，信贷员与借款人应保持密切联系，定期或不定期地走访借款人，了解借款人的业务经营情况和财务状况，定期进行信贷分析，并形成信贷分析报告存档；②银行应制定有效的贷款回收催收制度。

（7）不良贷款的管理

对不良贷款的管理是商业银行贷款政策的重要组成部分。贷款发放以后，如在贷后检查中发现不良贷款的预警信号，或在贷款质量评估中被列入关注级以下的贷款，都应当引起充分的重视。对于各种不良贷款，贷款政策中应当明确规定处理的程序和基本的处理方式，并根据各类不良贷款的不同性质以及不同的质量等级，将监控、重组、挽救、追偿、诉讼、冲销等处理不良贷款和保全银行债权的各个环节、各个程序的工作落实到具体部门，定岗、定人、定责，积极有效地防范、管理贷款风险，最大限度地维护、保全银行债权。

2.商业银行的贷款程序

任何一笔银行贷款，都必须遵循以下工作程序：

（1）贷款申请

凡符合借款条件的借款人，在银行开立结算账户，与银行建立信贷关系之后，如果有资金需要，都可以向银行申请贷款。借款人申请贷款必须填写“借款申请书”。“借款申请书”的基本内容包括：借款人姓名或名称、性质、经营范围，申请贷款的种类、期限、金额、方式、用途，用款计划，还本付息计划以及有关的经济技术指标等。

为便于贷款人审查贷款，借款人在递交“借款申请书”的同时，还必须提供以下资料：①借款人及保证人的基本情况及有关法律文书，如营业执照、法人代表证明文件等；②财政部门或会计（审计）事务所核准的上年度会计报表及申请贷款前1个月的财务报表或资产负债表；③原有不合理占用的贷款纠正情况；④自有资本和自有流动资金补充情况；⑤担保品及拟同意担保的有关证明文件；⑥贷款人认为需要提供的其他文件、证明等。

如果借款人申请中长期贷款，除了上述资料外，还必须提供以下资料：①项目开工前期准备工作的情况报告；②在开户银行存入规定比例资金的证明；③经有关单位批准下达的项目开工通知书；④按规定项目竣工投资所需自有流动资金落实情况及证明材料；⑤进出口协议或合同等。

（2）贷款调查

银行在接到借款人的借款申请后，应指派专人进行调查。调查的内容主要有两个方面：一是关于借款申请书内容的调查，主要审查其内容填写是否齐全，数字是否真实，印鉴是否与预留银行印鉴相符，申请贷款的用途是否真实合理等。二是贷款可行性的调查，包括：①借款人的品行。主要了解与借款人资料有关的证明文件和批准文件。②借款合法性。主要了解借款的用途是否符合国家产业、区域、技术以及环保政策和经济、金融法规。③借款安全性。主要调查借款人的信用记录及贷款风险情况。④借款的盈利性。主要调查测算借款人使用贷款的盈利情况及归还贷款本息的资金来源等。

（3）对借款人的信用评估

银行在对借款人的贷款申请进行深入细致的调查研究的基础上，还要利用掌握的资料，对借款人进行信用评估，划分信用等级。信用评估可以由贷款银行独立进行，评估结果由银行内部掌握使用；也可以由人民银行认可的有资格的专门信用评估机构对借款人进行统一评估，评估结果供各家银行使用。

（4）贷款审批

对经过审查评估符合贷款条件的借款申请，银行应当及时进行审批。银行要按照“分级负责、集体审定、一人审批”的贷款审批制度进行贷款决策，逐笔逐级签署审批意见并办理审批手续。为了保证贷款决策科学化，凡有条件的银行都应当建立贷款审查委员会，进行集体决策。

（5）借款合同的签订和担保

借款申请经审查批准后，必须按《中华人民共和国合同法》（以下简称《合同法》）和《借款合同条例》，由银行与借款人签订“借款合同”。借款合同的文本由银行拟定，报中国人民银行审定后自行印刷。对于保证贷款，保证人须向银行出具“不可撤销担保书”或由银行与保证人签订“保证合同”；对于抵押贷款和质押贷款，银行须与借款人签订抵押合同或质押合同。需办理公证或登记的，还应依法办理公证和登记手续。

（6）贷款发放

借款合同生效后，银行就应按合同规定的条款发放贷款。在发放贷款时，借款人应先填好“借款借据”，经银行经办人员审核无误后，由信贷部门负责人或主管行长签字盖章，送银行会计部门，将贷款足额划入借款人账户，供借款人使用。

（7）贷款检查

贷款发放以后，银行要对借款人执行借款合同的情况，即对借款人的资信状况进行跟踪调查和检查。检查的主要内容包括：借款人是否按合同规定的用途使用贷款；借款人资产负债结构的变化情况；借款人还款能力，即还款资金来源的落实情况等。对违反国家有关法律、法规、政策、制度和“借款合同”规定使用贷款的，检查人员应及时予以制止并提出处理意见。对问题突出、性质严重的，要及时上报主管领导直至上级行采取紧急措施，以尽量减少贷款的风险损失。

（8）贷款收回

贷款到期后，借款人应主动及时归还贷款本息，一般可由借款人开出结算凭证归还本息，也可由银行直接从借款人账户中扣收贷款本息。根据我国目前的规定，贷款到期，由于客观情况发生变化，借款人经过努力仍不能还清贷款的，短期贷款必须在到期日的10天前、中长期贷款在到期日的1个月前，向银行提出贷款展期申请。如果银行同意展期，应办理展期手续。每笔贷款一般只能展期一次。根据我国《贷款通则》的规定，短期贷款展期期限不得超过原贷款期限；中期贷款展期期限不得超过原贷款期限的一半；长期贷款的展期期限最长不得超过3年。贷款展期后，如展期期限加上原贷款期限达到新的利率期限档次，则按新期限档次利率计息。如果银行不同意展期，或展期以后仍不能到期还款，即列为逾期贷款，银行对其应进行专户管理，并加大催收力度。

4.3.3 商业银行的贷款定价

合理确定贷款价格，既能使银行取得满意的贷款利润，又能为客户所接受并能维持较好的竞争能力，它是商业银行贷款管理的重要内容。

商业银行的贷款价格，一般包括贷款利率、对某些贷款收取的费用（如承诺费等）、贷款的补偿性余额（回存余额）等多项内容。同时，银行必须考虑资金成本、贷款风险程度、贷款的期限、贷款管理费用、存款余额、还款方式、银行与借款人之间的关系、资产收益率目标等多种因素。

1.贷款价格的构成

一般来讲，贷款价格的构成包括：贷款利率、贷款承诺费、补偿余额和隐含价格四个主要部分。

（1）贷款利率

贷款利率是一定时期客户向贷款人支付的贷款利息与贷款本金之比率，是贷款价格的主体和主要内容。贷款利率包括很多分类方法，如：贷款利率可以分为年利率、月利率和日利率；也可以分为优惠利率、普通利率和惩罚利率。贷款利率的确定原则，应以收取的利息足以弥补支出并取得合理利润为准。

（2）贷款承诺费

贷款承诺费是指银行对已承诺贷给顾客而顾客又没有使用的那部分资金收取的费用。银行收取贷款承诺费的理由是：为了应付承诺贷款的要求，银行必须保持一定数额的、高性能的流动性资产，这就意味着银行要放弃部分收益高的贷款或投资，从而使银行产生了利益损失。为了补偿这种损失，需要借款人支付一定的费用。

（3）补偿余额

补偿余额是应银行要求，借款人保持在银行账户上的一定数量的活期存款和低利率的定期存款。它通常作为银行同意贷款的一个条件而写进贷款协议中。银行要求补偿余额的理由是：顾客不仅是资金的使用者，还是资金的提供者。补偿余额是银行变相提高贷款利率的一种方式，是银行贷款价格的一个组成部分。补偿余额的计算分为两个部分：一部分是按实际贷款余额计算的补偿余额；另一部分是按已承诺而未使用的限额计算的补偿余额。

（4）隐含价格

隐含价格是指贷款定价中的一些非货币性内容。银行在决定给客户贷款后，为了保证客户能偿还贷款，常常在贷款协议中加上一些附加性条款。例如，作为贷款协议的一部分，银行通常会要求借款人在该银行保留一定的存款。这种补偿存款通常是不计利息的活期存款，且按贷款额（贷款限额和实际贷款额）的一定比例留存。例如，银行要求“5+5”的补偿存款，则借款人必须按贷款限额的5%和实际借款额的5%留存银行存款。

【例4-2】银行提供100万元的贷款限额，某借款人的平均贷款余额为80万元，则必须在银行保留的补偿存款是：

100×5%+80×5%=9（万元）

2.影响银行贷款价格的主要因素

按照一般的价格理论，影响贷款价格的主要因素是信贷资金的供求状况。然而，由于信贷资金是一种特殊的商品，其价格的决定因素就更加复杂。通常，在进行贷款定价时，银行应当考虑的具体因素主要如下：

（1）资金成本

银行的资金成本主要包括资金平均成本和资金边际成本。资金平均成本是指每一单位的资金所花费的利息、费用额。资金边际成本是指银行每增加一个单位的可投资资金所需要花费的利息、费用额。因为它反映的是未来新增资金来源的成本，所以，在资金来源结构变化、尤其是在市场利率的条件下，以它作为新贷款定价的基础较为合适。

（2）贷款的风险程度

银行为承担贷款风险而花费的费用，称为贷款的风险费用，也就是贷款的风险成本。银行在贷款定价时必须将风险成本纳入贷款价格之中。

银行贷款风险费用的多少受多种复杂因素的影响，如贷款的种类、用途、期限、贷款保障、借款人信用、财务状况、客观经济环境的变化等。所以，精确预测一笔贷款的风险费用是比较困难的。在实践中，为了便于操作，银行通常会根据历史上某类贷款的平均费用水平，并考虑未来各种新增因素后来确定贷款风险费用率。

【例4-3】在过去5年中，银行对信用一级的企业发放一年期信用贷款的平均风险管理费用率为0.6%。银行以此作为新贷款的风险费用率，则银行对同类企业发放同类贷款500万元，就应收取的贷款风险费用为：

500×0.6%=3（万元）

（3）贷款费用

商业银行向客户提供贷款，需要在发放贷款之前和发放贷款过程中做大量的工作，如：进行信用调查、分析、评估，对担保品进行鉴定、估价、管理，对贷款所需的各种材料和文件进行整理、归档、保管。所有这些工作，都需要花费人力、物力，发生各种费用。在贷款定价时，应将这些费用考虑进去，作为构成贷款价格的一个因素。

（4）借款人的信用及与银行的关系

借款人的信用状况主要是指借款人的偿还能力和偿还意愿。借款人的信用越好，贷款风险越小，贷款价格也应越低。如果借款人信用状况不好，过去的偿债记录不能令人满意，银行就应以较高的价格和较严格的约束条件限制其借款。

借款人与银行的关系也是银行贷款定价时必须考虑的重要因素。借款人与银行的关系包括：借款人在银行的存款情况、借款人使用银行服务的情况等等。

（5）银行贷款的目标收益率

商业银行都有自己的盈利目标，为了实现该目标，银行对各项资金运用都应当确定收益目标。贷款收益率目标本身应当制定得合理，过高的收益率目标会使银行贷款价格失去竞争力。

（6）贷款的市场供求状况

一般来说，当贷款供大于求时，贷款价格应当降低；当贷款供不应求时，贷款价格应当适当提高。

（7）贷款的期限

不同期限的贷款，其定价标准是不同的。显而易见，与短期贷款相比，中长期贷款所包含的不确定因素更多，因此，中长期贷款利率通常高于短期贷款的利率，并且利率风险也是较高的。为了规避利率风险，目前很多国家的银行对中长期贷款采用浮动利率的方式计息，或采用前期固定、后期浮动的混合利率方式计息。

（8）借款人从其他途径融资的融资成本

由于金融市场的日臻完善，借款人可以通过许多途径筹集资金，例如，商业票据市场、债券市场以及可选择的众多商业银行和其他金融机构等。为此，在贷款定价时应考虑市场利率水平及借款人在金融市场上筹资的成本，如果定价太高，就有可能失去客户。

3. 银行贷款的定价方法

传统的银行贷款定价模型主要包括成本加成法、价格领导法、客户盈利分析方法等。

（1）成本加成的贷款定价方法

成本加成定价法（cost plus pricing）也称成本相加定价法，是指银行从单独一笔贷款的角度出发，在考虑这笔贷款的成本与其利润的基础上确定其贷款价格。其前提是：假定银行能够精确知道各种成本，如：筹资成本、经营成本、承担拖欠风险的补偿费用、每笔贷款的适当利润等等。这时，银行可以运用成本加成的办法来计算贷款的价格。这种办法的优点是：计算简便、实用，是最简单的银行贷款定价模型。缺点是：不考虑市场竞争因素，不考虑其他银行的定价对自己的影响。

【例 4-4】某企业申请贷款 500 万元。如果银行以 5%的利率在货币市场发行存款单筹集资金；发放和管理这笔贷款的经营成本为 2%；银行信贷部建议以贷款的 2%补偿银行面临的拖欠风险，并且，银行对扣除以上成本后 1%的净利润表示满意，则这笔贷款的利率为：

5%+2%+2%+1%=10%

（2）价格领导模型

所谓价格领导模型（price leadership loan pricing），是指银行在进行贷款定价时，以若干个大银行（价格领导型银行或称有资格报价的银行）统一的优惠利率（基础利率）为基础，考虑到违约风险补偿和期限风险补偿后，为贷款制定的利率。这里所说的价格领导型银行一般是指处于货币中心的大银行。其基本公式为：

贷款利率=基础利率（各种成本与银行预期的利润）+加成部分

①基础利率，也称基准利率或优惠利率，它包括了价格领导型银行对优质客户发放贷款的资金成本、贷款的经营管理成本和银行的预期利润。基础利率由价格领导型银行根据市场资金的供求状况定期公布，如，美国的基准利率被认为是由定期公布贷款利率的30家货币中心确定的。

伴随着市场以及经营环境等方面的变化，近年来在基础利率的确定方面发生了一些变化。例如：随着商业票据、大额可转让存单等金融工具以及有关市场的发展，金融市场在利率决定中的作用越来越明显。伦敦同业拆借市场的拆借利率逐渐成为取代价格领导型银行的基础利率，且成为银行在确定贷款价格时的主要参考利率。

②加成部分，即风险加息率，是价格领导模型贷款定价中较难确定的一部分。它主要由两部分构成：一是由非基准利率的借款人支付的违约负担，一般根据借款人的信用评级状况来确定；信用等级越高，风险越小，反之则越大。二是因贷款期限较长形成的期限风险损失，由长期贷款的借款人承担。

（3）客户盈利性分析方法

客户盈利性分析方法（customer profitability analysis pricing）是一个较为复杂的贷款定价系统，其主要思想是认为贷款定价实际上是客户关系整体定价的一个组成部分，银行在对每笔贷款定价时，应该综合考虑银行在与客户的全面业务关系中付出的成本和获取的收益。客户盈利性分析法包括以下三个要素：①来源于该客户的整体业务收入，即账户总收入；②为该客户提供各项服务的总成本，即账户总成本；③银行的目标利润。客户整体业务的净收入的计算公式为：

客户整体业务的净收入=账户总收入−账户总成本−目标利润

其中，账户总收入包括银行可以从客户的账户中获得的可投资存款的投资收入、表内外业务服务费收入和对该客户贷款的利息收入及其他收入等。账户总成本包括资金成本、所有的服务费和管理费以及贷款违约成本。目标利润是指银行资本要求从每笔贷款中获得的最低收益，根据银行既定的股东目标收益率（资本的目标收益率）、贷款分配的资本金比例（资本与资产比率）及贷款金额确定。目标利润的计算公式为：

目标利润=资本/总资产×资本的目标收益率×贷款额

如果根据该客户与银行整体业务所计算得出的客户整体业务的净收入大于0，则该客户贷款申请可能得到批准，因为银行在去除所有成本支出后还有利润。如果计算所得出的客户整体业务的净收入小于0，该贷款申请就会遭到拒绝，因为以现有的贷款利率水平，假如银行接受了该笔贷款不仅没有盈利，反而会导致亏损。

（4）成本收益贷款定价方法

成本收益贷款定价方法（cost benefit loan pricing）由美联储提出，它将贷款定价纳入客户与银行的整体业务关系中考虑，旨在使银行贷款利率能够完全补偿其成本和风险，是客户盈利性分析方法的简化模式。其计算步骤是：

①在多种利率和费用情况下估算贷款将产生的全部收入。

②估算银行必须对借款人交付的可贷放资金净额，应扣除补偿余额，加上其（补偿余额）法定存款准备金要求。

③估算贷款的税前收益率，有关计算公式为：

估算贷款的税前收益率=估算的贷款收入÷借款人实际可用的可贷放资金净额×100%

【例4-5】某客户申请500万元的信用额度，贷款利率为10%，客户实际可使用的资金额为450万元，则：

估算的贷款税前收益率=500×10%÷450×100%=11.11%

现代商业银行贷款定价方法包括资本资产定价模型、期权定价模型、RAROC理论等。

（1）资本资产定价模型

马科维茨（1952）提出证券组合理论后，夏普（1964）根据投资组合理论提出了资本资产定价模型，该模型通过量化市场的风险程度对风险进行具体定价。而对于商业银行来说，贷款是其一项风险资产，因此可以运用资本资产定价模型对贷款进行具体定价。

经典CAPM模型的形式为：

$$R_P = R_f + \beta(R_m - R_f)$$

其中：R_P 表示贷款的期望收益率，R_f 表示无风险利率，β 表示贷款市场的系统风险系数，R_m 表示平均企业的要求报酬率，此处指风险适中 $\beta=1$ 的贷款企业要求的收益率。

将该模型应用到商业银行贷款定价上，人们提出了基于CAPM模型的商业银行贷款定价模型。

此处要注意的是，商业银行面对的风险不仅有单个企业所产生的单个风险，还有面对商业银行资产负债总体而产生的风险。单个风险可以通过对企业评估定价，而市场变动给企业带来的风险只能通过银行构造最优风险收益组合进行管理。这种思想主要将商业银行的所有资产和负债视同为一种特殊的证券组合，商业银行负债类似于资产组合中的空头。

（2）期权定价模型

1973年，布莱克-斯科尔斯提出期权定价模型。随后，默顿（1974）将该技术应用到商业银行的贷款定价上，把贷款看作买入的以企业价值为标的资产的看涨期权，运用期权定价模型为贷款定价。

首先，假设不存在提前还款的情况，商业银行放出一笔贷款后，在贷款到期日将会出现两种情况：①到期日企业经营状况良好，能够履行合同条款，偿还银行贷款的全部本息；②到期日由于企业经营不善，只能偿还部分本息，甚至在企业破产的情况下，银行只能接收企业部分资产。因此，对商业银行而言，贷款可以看作商业银行买入的以企业价值为标的资产的看涨期权。到期日企业经营状况越好，企业价值越大，能够偿还银行的本息和越多，期权的价值也就越大；反之，期权的价值也就越小。

（3）风险调整资产收益法

风险调整资产收益法（risk adjusted return on capital，RAROC）的核心思想是：通过将未来可预计的风险损失量化为当期成本，对当期收益进行调整，衡量经过风险调整后的收益大小。同时，考虑为非预期损失做出资本储备，进而衡量资本的使用效率，使银行的收益与所承担的风险挂钩。计算公式如下：

RAROC=（收益-资金成本-银行经营成本-预期损失）÷经济资本

其中：收益不仅包括贷款利息收入，还包括银行提供的与该贷款业务相关的其他非利息收入；资金成本普遍采用资金内部转移价格，即银行负债部门向贷款部门提供资金的内部价格，主要包括存款的利息成本；经营成本是指银行为维持经营管理的需要而发生的成本，在财务报表上反映为固定资产折旧、应付职工薪酬、管理费用等；经济资本又称风险资本，是银行所承担风险的最低需要。

§4.4　商业银行的证券投资业务

4.4.1　商业银行证券投资的作用

证券投资是商业银行的一种投资行为，证券投资业务是指商业银行从事与有价证券投资有关的各项业务的总称。它是商业银行一项重要的盈利性资产业务，既是银行获取利润的来源之一，也是银行资金保持流动性的重要手段。随着金融市场的不断发展，证券投资业务在银行资产业务中的比重不断上升。

由于风险与收益的相关关系，商业银行证券投资的基本目标是在一定风险水平下使投资收益最大化。围绕这个基本目标，商业银行的证券投资具有以下作用：

1.获取收益

获取收益是银行进行证券投资的首要功能和目标。商业银行通过负债业务吸收进来的资金，只有通过不断地运用并且提高运用率，才可能补偿资金成本并获得高收益。在贷款需求旺盛、收益较高、风险较低时，银行将大量的资金运用到不同的贷款类型上，可以获得较高的收益；而当贷款需求减弱或者贷款收益较低、风险较高时，银行应将部分资金、有时甚至是大部分资金投资于各种有价证券，以获得预期的利润。商业银行证券投资可以获得的利润主要包括利息收益和资本溢价收益。

所谓利息收益，也称所得利得，是指银行购入一定数量的有价证券后，以有价证券发行时确定的利率从发行者处获得的收益，如债券的票面利息收益、股票的股利收入等。所谓资本溢价收益，也称资本利得，是指商业银行持有某种有价证券一定期限以后或有价证券的持有期到期后，在证券市场上出售或偿还时获得的、高于其购买价格的收益部分。由于证券市场的利率起伏不定，商业银行出售或偿还有价证券的活动不一定都是盈利的，如：在某种证券行情下跌时，银行出售该证券则会导致银行出现账面亏损或实际亏损。

2.分散与降低风险

降低风险，把风险控制在某一个限度内，是商业银行经营管理中的一个重要的问题，而降低风险的基本做法就是资产的分散。商业银行的证券投资业务在分散和降低风险方面具有独特的功能，证券投资为银行资产分散提供了新的选择。开展证券投资业务，使得银行能够在没有合适贷款机会时将资金投资于高信用等级的证券，以在分散风险的前提下实现利润的提高。证券在分散风险方面比银行贷款更为有利。同样数量的资金用在证券投资上比用在贷款上更为分散。因为贷款的跨地区经营会受到很多限制，而证券投资则受限较少。

3.保持资产的流动性

投资于可销性很强的、政府或大企业发行的短期证券，既可以随时变现，又有一定的利息收入，是银行流动性管理中不可或缺的二级准备，是理想的高流动性资产。

4.合理避税

商业银行投资的证券大都集中在国债和地方政府债券上，而国家为了吸引投资者，往往对其所发行的有价证券免税或进行税率降低的优惠。

4.4.2 商业银行证券投资的对象

商业银行证券可以投资的对象很多，从整体上看，主要包括：

1.政府债券

这里所说的政府债券是指由中央政府（一般为财政部）发行的债券。政府债券的基本特点是：第一，安全性较好；第二，流动性较高，是商业银行进行流动性管理的重要工具；第三，收益率较高，世界各国一般都规定，投资于政府债券是不需要缴纳所得税的，实际收益率较高；第四，作为抵押品或者是金融市场回购业务的对象。

根据期限的长短，政府债券可以包括国库券和中长期国债。

（1）国库券（treasury bill），是指政府发行的短期债券，期限一般为 1 年以内，所筹资金主要用于中央财政预算平衡后的临时性开支。国库券往往不含息票，多以贴现方式发行。商业银行既可以从财政部或中央银行直接购买，也可以在二级市场上购买。

（2）中长期国债（treasury notes and bonds），是指政府发行的中长期债务凭证。一般地，1～10年为中期国债，10年以上为长期国债，所筹资金主要用于平衡中央财政预算赤字。中长期国债多为含息票证券，其发行方式多为平价发行，由财政部按期付息，到期归还本金。

2.政府机构债券

政府机构债券（government securities）是指除中央财政部门以外其他政府机构所发行的证券，如：中央银行发行的融资券，政策性银行发行的债券等等。政府机构债券与政府债券的特点十分相似，其违约风险较小，在二级市场上的交易比较活跃，但信用等级比政府债券相对要低。

3.市政债券或地方政府债券

市政债券（municipal securities）是由地方政府发行的债券，所筹资金多用于地方基础设施建设和公益事业发展。就其偿还的保证来讲，市政债券可以划分为两类：第一类称“一般义务债券”（general obligation bonds），这种债券的本息偿还由地方政府的征税能力做保证；第二类为“收益债券”（revenue bonds），这种债券的本息偿还以所筹资金投资项目的未来收益做保证。

4.公司债券

公司债券（corporate bonds）也称企业债券，是指企业对外筹集资金而发行的一种债务凭证。根据公司债券的保障程度，可以分为信用公司债和抵押（质押）公司债两种。由于企业的经营状况差异很大，且市场变化无常，故公司债券的违约风险较大。为了保障商业银行证券投资的安全，许多国家在相关法律中，会对发行债券的企业资格做出明确的规定，或者是仅仅允许商业银行购买信用等级在投资级别以上的公司债券。

5.股票

股票是股份公司发行的给股东作为投资人入股和索取股息的所有权证书。股票与债券的最大区别在于：股票没有到期日，且收益不固定。银行投资于股票的风险相对较大。因此，出于安全角度的考虑，银行应该谨慎对待投资股票的业务活动。另外，商业银行投资股票的目的主要在于：第一，参与和控制公司的经营活动；第二，通过股票的买卖获取利润。

从目前世界各国的情况来看，虽然很多国家逐步放开了原有对金融业务经营的严格限制，但是完全放开，即对商业银行经营证券投资业务没有任何限制的国家并不多见。所以，股票作为银行的证券投资对象，相对还是较少的。

4.4.3　商业银行证券投资的方式和策略

1.商业银行证券投资的方式

商业银行从事证券投资有多种方式，主要可以概括为以下两大类：一是商业银行为获利而持有各种组合的有价证券；二是通过管理证券交易账户，商业银行可以从事较为广泛的证券业务。

利用证券交易账户，使得商业银行成为金融市场上有价证券交易的积极推动者。这是国际上银行通行的做法。近些年，我国的商业银行大量开展这种业务，如参与国债的承购包销，参与包括金融债券在内的各类有价证券的承购包销等工作。另外，商业银行还可以通过其他方式参与有价证券的交易活动。

2.商业银行证券投资的策略

如上所述，在按安全性、流动性、盈利性的经营三原则考虑资金配置时，商业银行必然会在总资产中安排一个较稳定的部分投资在证券上。目前金融市场发达国家的商业银行，证券投资占总资产的比例高达25%左右，而近年在我国，商业银行证券投资在总资产中所占的比例一般在14%左右。一般来说，商业银行主要的投资策略包括以下几种：

（1）梯形期限策略

梯形期限策略（the laddered maturity strategy），也称为期限间隔方法（spaced maturity approach），基本思路是：银行根据资产组合中分布在证券上的资金量，把它们均匀投资在不同期限的同质证券上，在由到期证券提供流动性的同时，可由占比重较高的长期限证券带来较高收益。由于该方法中的投资组合很像阶梯形状，故得此名。梯形期限策略是中小银行在证券投资中较多采用的方法，其优点比较明显：①管理方便，易于掌握。银行将资金均匀分布在期限上，并定期进行重投资安排即可；②银行既不必对市场利率走势进行预测，也不必频繁进行证券交易业务；③这种投资组合可以保障银行在避免因利率波动出现投资损失的同时，获取至少是平均的投资回报。但是，梯形期限方法也具有明显的缺陷，主要表现在：①过于呆板，缺少灵活性；②作为二级准备证券的变现能力有局限性。因此，近年来，这种方法又发展到有价证券的分散投资法。

分散投资法是指商业银行将资金用于购买多种类型的有价证券，而不是将资金全部用于购买一种类型的有价证券，这样可以使商业银行持有的各种有价证券的收益与风险相互抵消，获得比较理想的利润。除了上述期限分散的方法以外，银行在证券投资方面的分散还包括：投资地域的分散、投资对象类型的分散、有价证券发行者的分散等等。

（2）杠铃结构方法

杠铃结构法（barbell structure approach）是证券投资的一种期限分离方法，是指银行把证券划分为短期证券和长期证券两个组别，银行资金只分布在这两类证券上，而对中期证券一般不予考虑。这种证券组合结构反映在图上形似杠铃，故得此名。与杠铃投资法相对应的，还有短期期限投资法和长期期限投资法。后两种方法的含义，是指银行主要将资金投资于短期证券或者是长期有价证券。显然，后两种方法在风险与收益的平衡方面不如杠铃投资法。

杠铃结构法要求所投资的长期证券在其偿还期到达中期时就卖出，并将其收入再投资于长期证券。所投短期证券到期后若无流动性补充需要，可以再投资于短期证券。短期证券的期限由银行根据货币市场状态和证券市场变现能力自行决定，但一般在3年期以内；而长期证券的期限则在7～8年以内。从理论上讲，杠铃结构法能使银行证券投资达到流动性、灵活性和盈利性的高效组合。因为短期证券保证了银行的流动性，而长期证券的收益率较高，因此，其投资组合的收益率不应低于梯形期限策略下的投资组合收益率。同时，在利率波动时，证券投资的损益可以相互抵消。所以，此方法比其他投资方法更接近银行安全性、流动性、盈利性原则所要求的效率疆界，但该方法对银行证券转换能力、交易能力和投资经验要求较高，对那些缺乏这方面能力和人才的银行来讲，其他方法也许会更有效。

（3）灵活调整法

灵活调整法，是指银行在对各类证券的投资收益曲线进行分析的基础上实施的一种依据情况变化而随机组合、灵活调整的投资方法。其基本内容是：商业银行在证券投资方式上，并不固守某一种模式，而是随着金融市场上利率水平的变化而随时调整。如：当预测长期利率将要下降、长期证券的价格将要上涨时，银行就把资金投资于长期证券上；反之，如果银行预测市场上的短期利率将要下降，短期证券的价格将要上涨时，则将资金转移到短期证券的投资上。

从表面上看，灵活调整法与杠铃投资法有几分相像。但是仔细分析，两种方法有着明显的不同。因为在杠铃投资法中，银行的投资资金虽然也随着证券投资的收益曲线变化而调整，但是其调整过程主要以“杠铃”的另一端保持一定证券为前提(尽管数目不是很大)。而在灵活调整法中，银行的投资活动更为主动，只要银行预测某种证券的价格将要上升，就可以将资金全部或大部分转移到此种证券上，而不必考虑是否要保留一定数量的对应证券。

除了上述投资策略以外，银行还可以运用其资产负债管理的基本方法来选择有价证券投资策略，如资金的分配方法、利率敏感性的分析方法等。总之，银行应该根据具体情况，包括自身对风险与收益的预期、接受程度以及判断等，来决定具体应采用的投资方式和策略。

专栏4-1

损失知多少：至少7家中资行卷入雷曼债券黑洞

大洋彼岸的一场金融风暴，严峻考验了中国各大银行的应对能力。作为全球最主要的固定收益产品之一，雷曼兄弟公司的债券几乎是每家银行必备的投资配置品种，雷曼兄弟的破产，对于国内各大银行来说都是一个不小的考验。与雷曼相关的金融资产主要有几类：一类是直接持有雷曼兄弟债券；一类是同业拆借也就是贷款给雷曼兄弟；还有一类就是作为雷曼兄弟的交易对手，这可能体现为不少银行对企业或者个人的理财产品。

2008年9月17日，招商银行率先发布公告称，公司持有美国雷曼兄弟公司发行的债券敞口共计7 000万美元，其中高级债券6 000万美元，次级债券1 000万美元。公告同时称，公司将对上述债券的风险进行评估，根据审慎原则提取相应的减值准备。招行有关人士表示，7 000万美元是指招行的外币头寸投资，并不包括代客理财的情况。随后越来越多的银行浮出水面。9月18日，中行公告称，截至公告日，中国银行集团共持有雷曼兄弟控股及其子公司发行的债券7 562万美元。其中，中国银行（香港）有限公司共持有上述债券6 921万美元。此外，中国银行纽约分行对雷曼兄弟控股公司贷款余额5 000万美元，对其子公司贷款余额320万美元。上述债券和贷款合计占2008年6月30日中行集团总资产的0.01%，占集团净资产的0.19%。同日，兴业银行公告称，截至公告日，与美国雷曼兄弟公司相关的投资与交易产生的风险敞口总计折合约3 360万美元。这些交易敞口涉及部分对企业和个人的理财产品。据中信银行内部人士透露，中信银行持有美国雷曼兄弟公司发行的债券较招行更多，但比招行幸运的是，中信银行持有的均为高级债券。目前，中信银行也没有对此做出公告。2008年9月17日下午，中信银行董秘办一位人士称，因为统计数据还没有明朗，具体的亏损金额不便透露，但是，中信银行持有的高级债券，即使面临雷曼破产清算，也享有优先偿付的权利，因此损失不会像外资银行那样巨大。而且中信银行的业务重心在国内，持有海外市场的债券头寸是很小的，所以亏损的影响不会特别严重。而建设银行北京分行人士透露，建行持有的雷曼债券也超过了招行的总金额，目前，建行也未对外披露这笔债券的亏损情况。

资料来源：王芳艳，李晓晔. 损失知多少：至少7家中资行卷入雷曼债券黑洞［N］. 21世纪经济报道，2008-09-18.

§4.5 商业银行的资产证券化

资产证券化是指以缺乏流动性、但具有未来稳定现金收入流的资产为基础进行适当组合（一般称为打包），并对该组合产生的现金流进行结构性重组，依托分层后产生的一系列现金流发行债券来融通资金的过程。资产证券化起源于美国的住宅抵押贷款市场。1968年，美国政府国民抵押协会首次公开发行“过手证券”，从此开启了全球资产证券化之先河。1985年3月，美国斯佩里金融租赁公司出于融资的目的，以1.92亿美元的租赁票据作为担保，发行了世界上第一笔资产证券。同年5月，马林·米德兰银行发行了第一笔以汽车贷款担保的资产证券，即“汽车应收款票据”（CAR）。1987年1月，美国特拉华州共和银行以持卡人的存款为担保，首次推出了信用卡资产证券。此后，以贸易应收款、消费者贷款、住宅权益贷款、设备租赁等为担保的资产支持证券纷纷面世，可谓品种繁多，并在西方国家掀起了资产证券化的热潮。

4.5.1 资产证券化概述

1.资产证券化的构成

资产证券化的主要市场主体包括：发起人、SPV、信用担保机构、信用评级机构、资产服务商、投资人和其他服务机构等。①发起人。发起人也称原始权益人，其职能是选择拟证券化的资产，并进行组合和重组，然后将资产组合转移给SPV以融资。②Special Purpose Vehicle，简称SPV。SPV是指接受发起人的资产组合，并发行以此为支持的证券的特殊实体。SPV的原始概念来自于防火墙的风险隔离设计，它的设计主要为了达到“破产隔离”的目的。SPV的业务范围被严格地限定，所以它是一般不会破产的高信用等级实体。③信用担保机构，是指为SPV发行的证券提供信用担保的机构。④信用评级机构，是指通过对资产证券化各个环节进行评估而评定证券信用等级的机构。⑤资产服务商，是指负责按期收取证券化资产所产生的现金流，并将其转移给SPV或SPV指定的信托机构的实体。⑥投资人，是指在资本市场上购买SPV发行的证券的机构或个人，一般都是机构投资者。⑦其他服务机构包括投资银行、受托人、承销商以及会计师和律师等。其中，投资银行负责协调项目操作，发行证券等；受托人是由SPV指定的、负责对资产处置服务商收取的现金流进行管理并向投资者分配的机构；承销商为所发行的证券进行承销的实体。

2.资产证券化的作用

资产证券化的作用主要表现为：利用资产证券化可提高金融机构资本充足率；增加资产流动性，改善银行资产负债的结构失衡；利用资产证券化来降低银行固定利率资产的利率风险；降低筹资成本；可使贷款人资金成本下降；金融资产证券化的产品收益良好且稳定。

3.资产证券化的程序

在进行资产证券化时，首先将贷款或其他债权工具打包，据此发行证券，并对其进行信用升级后卖给第三方投资者，这样，那些缺乏流动性的资产就转变成具有流动性的可交易证券，从而易于被投资者所接受。

资产证券化运作过程通常由发起人将预期可获取稳定现金流的资产组成一个规模可观的“资产池”，然后将这一“资产池”销售给专门操作资产证券化的特殊信托机构（SPV），由SPV以预期现金收入流为保证，一般经过担保机构的担保和评级机构的信用评级，向投资者发行证券、筹集资金，并用“资产池”产生的现金流来对投资者付息还本。资产证券化主要参与者为原始权受益人、SPV、证券承销商、托管行、投资者。图4-1是住房抵押贷款证券化流程。

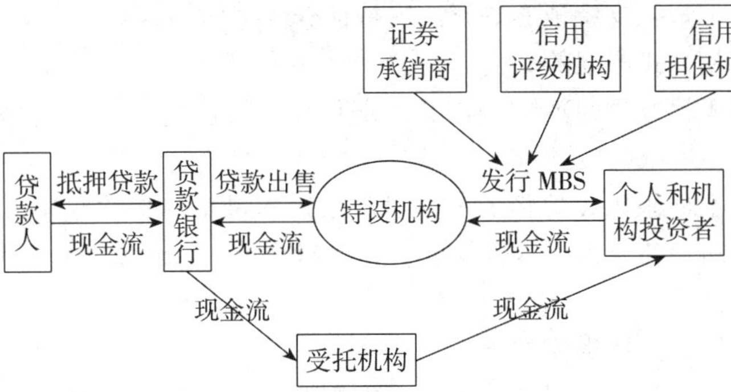

图4-1　住房抵押贷款证券化流程

4.5.2 资产证券化产品的分类及可证券化的资产

从基础资产类型来看，资产证券化的发展经历了三个主要阶段。首先是住宅抵押贷款证券化，随后金融界将该项技术应用到其他类型的银行信贷资产，目前种类繁多的公司应收账款也成为资产证券化的对象。资产证券化的发展阶段可见表4-1。

表4-1　　资产证券化的发展阶段

发展阶段	住宅抵押贷款证券化	银行信贷资产证券化	公司应收账款证券化
开始时期	20世纪60年代末	20世纪80年代中期	20世纪90年代初
资产类型	住宅抵押贷款	汽车贷款、信用卡债权、计算机贷款、其他商业贷款	基础设施收费、贸易公司应收款、消费品分期付款、版权专利收费

在美国，资产支持证券分为两大类，一是以住宅抵押贷款为基础的证券，称为住房抵押贷款支持证券（mortgage based securities，MBS），除此之外，其他证券统称为资产支持证券（asset based securities，ABS）。

1.住房抵押支持证券

住房抵押支持证券是指证券化所使用的基础为资产住房抵押贷款等具有明确抵押物的贷款资产。由于住房抵押贷款具有存量大、现金流稳定且风险收益特征较为一致等特征，所以它成为最先被证券化的资产，是证券化市场最重要的组成部分。住房抵押贷款是一种要求借款人按照预定的计划还款，并以特定房地产作为担保品来确保债务偿还的贷款。如果借款人（即抵押人，mortgagor）未能按期偿还贷款，贷款人（即抵押权人，mortgagee）有权扣押该资产以确保债务的清偿。

在美国，由政府担保或政府主办企业担保的住宅抵押贷款支持证券被称为机构抵押贷款支持证券（agency mortgage-backed security，agency MBS），没有取得这些担保的证券被称为非机构抵押贷款支持证券（non agency mortgage-backed security，NMBS）。机构抵押贷款支持证券是资产支持证券的主体。

（1）按照还款方式不同的分类

首先，按照还款方式的不同，MBS可分为以下类型：

①等额还款住房抵押贷款

借款人在贷款期限内以等额的分期付款来还本付息，贷款在期末被完全摊还，每月还款由利息和一部分未偿本金构成，其中利息等于月利率与前一月初未偿贷款余额的乘积。

②累进还款住房抵押贷款

在这种贷款的设计中，贷款的利率与期限与等额还款房产抵押贷款方式一样，都是固定的，但是月还款额在最初数年小于具有相同合同利率的等额还款房产抵押贷款的还款额，而在贷款的后期又大于后者。这种贷款适应了一部分认为其收入会逐步增加的贷款人的需求，降低了其早期经济负担。与之相类似的还有产权递增住房抵押贷款和固定利率递增还款住房抵押贷款，但是其结构更为复杂。

③提前还款罚金住房抵押贷款

在这种贷款的设计中，在封锁期（一般为3~5年）内的早偿行为会被处以罚金，目的是限制早偿风险。作为补偿，这种贷款的利率通常要比无提前还款罚金的贷款的利率低25~50个基点，并且借款人可以在封锁期之后再融资。

④可调利率住房抵押贷款（adjustable rate mortgages，ARM）

为了避免利率风险，贷款机构开发了这种贷款。为了鼓励借款人接受可调利率而不是固定利率贷款，其初始利率一般低于现行市场贷款利率，被称为引诱利率。合同利率根据特定的利率指标（如美国国债利率和LIBOR）定期调整。与之相类似的是固定/可调率住房抵押贷款，其区别在于这种贷款的利率在一定期限内是固定的，之后则每年重设。ARM对利率和房价等因素的变化较为敏感。

⑤气球住房抵押贷款

这种贷款大部分为固定利率，贷款期限短（一般为5~7年）。借款人在贷款期限内只付利息或者只偿还少量本金，而在期末才支付最后一笔大额还款。

⑥减息住房抵押贷款

在这种贷款的设计中，借款人借到的是含有转换权的传统固定利率贷款。在将来市场利率降低时，借款人可以行使这个转换权使用新的利率，代价是支付一笔相当于未偿本金余额2.5%的费用。

⑦反向住房抵押贷款

反向住房抵押贷款是专门为希望将其住宅产权转换成现金的老年业主设计的。例如，“保留住宅房产抵押贷款”要求借款人年龄在62岁以上，完全拥有住宅或者仅有非常低的未偿本金余额。借款人在停止将住宅作为主要居住地之前不必偿还贷款，而且也不会被强迫出售或迁出其住宅。传统上，贷款机构对贷款人的资格审查是非常严格的。但在后来的发展中，贷款机构放松了要求，出现了一些风险较高的新型贷款。由于住房抵押贷款的借款人信用情况不同，其可以用于资产证券化的程度也不同。下面以美国住房抵押贷款市场的情况为例进行说明。

美国房地产金融机构一般用客户的信用记录和信用评分、借款者的债务与收入比率、借款者申请的贷款住房价值比等三项指标来区分贷款质量，并据此将美国抵押贷款市场分为三个层次：

第一层次是优质贷款市场（prime market），面向信用等级高、消费者信用评分在660分以上、还款月供在月收入中的比例不高于40%及首付超过20%以上、收入稳定可靠的优良客户。

第二层次是Alt-A贷款市场，包括消费者信用评分在620至660分之间的主流阶层，也包括少部分评分高于660分，但出于种种原因无法提供收入证明的客户。

第三层次是次级贷款市场（sub-prime market），指消费者信用评分低于620分、还款月供在收入中比例较高及首付低于20%的人。这也就是所谓的次贷。

上述第一层次和第二层次的住房抵押贷款信用等级较高，也是商业银行房地产抵押贷款发放的重点，占到这个住房抵押贷款市场的大部分，也是进行抵押贷款证券化的主要贷款种类。次级贷款市场风险较大，商业银行一般情况下较少给予信贷支持，但在20世纪90年代末期和21世纪初，由于房地产价格的上涨，次贷市场发展迅速，并最终导致次贷危机的发生。

（2）按照对基础资产现金流处理方式和证券偿付结构不同的分类

按照对基础资产现金流的处理方式和证券偿付结构的不同，MBS可以分为以下类型：

①过手证券

过手证券（pass through securities）是最简单的MBS形式，基础资产产生的现金流不经过任何处理，在扣除各种费用之后按比例转付给证券投资者。过手证券的投资者面临的主要风险是提前偿付风险（prepayment risk），资产池中各笔贷款的借款人可以在证券既定期限前的任何时候全部或者部分提前偿还本金而无需缴纳罚金。

在美国市场上，符合标准的过手证券可以获得政府国民住房抵押贷款协会（Government National Mortgage Association，Ginnie Mae，GNMA）、联邦国民住房抵押贷款协会（Federal National Mortgage Association，Fannie Mae，FNMA）和联邦住宅贷款住房抵押公司（Federal Home Loan Mortgage Corporation，Freddie Mac，FHLMC）之一的担保。其中，GNMA是政府机构，其担保得到美国政府的完全承诺和信用支持。FNMA和FHLMC不是政府机构，而是根据政府住房政策成立的营利性机构，受政府监管，股票在交易所上市。但是由于其特殊背景，其发行的证券能够保证按时还本付息，所以被评级机构评为AAA级。对于不符合标准，无法得到上述三大机构担保的过手证券则由民间机构在进行信用增级之后发行。显然，**过手证券只是将贷款原始权益人的收益与风险转移并细化到每个投资者，投资者面临着相同性质的风险与相同水平的收益，难以同时吸引不同类型的投资者。**

②担保抵押贷款证券（collateralized mortgage obligations，CMO）

CMO对基础资产产生的现金流进行重新安排，按照不同的次序和规则分配给不同档的证券。虽然CMO并不能改变基础资产本身的风险-收益状况，但是通过重新配置，满足了不同投资者对期限、收益和风险的不同偏好。CMO市场的创新接连不断，交易商为了满足投资者的特定需求可以量体裁衣地设计各种复杂的结构。

③剥离式住房抵押贷款证券（stripped mortgage backed securitization，SMBS）

从本质上讲，SMBS也是CMO的一个特殊类型，其特点是将基础资产产生的现金流中的本金和利息进行重新分配，对市场利率和早偿率的变化特别敏感，并且通常呈现不对称的收益率。SMBS中最具有代表性的就是只付利息证券（interest only，IO）和只付本金证券（principal only，PO）证券。IO证券只收到基础资产现金流中的利息支付，PO证券只收到基础资产现金流中的本金支付。

2.资产支持证券

随着抵押贷款证券化的快速发展，以能够产生收益的资产为基础的证券化业务也随之产生并迅速发展，这些类型的资产证券化产品被称为资产支持证券。目前，几乎所有能够产生未来现金流的资产都可以被作为证券化的基础资产。根据资产种类的不同，可以将资产支持证券分为以传统基础资产支持的ABS和以新型基础资产为支持的ABS。

以传统基础资产支持的ABS，主要包括以汽车抵押贷款、信用卡应收账款以及以各类可以产生现金流的实物资产为基础资产的证券化产品。这些资产支持证券有时也被称为狭义的资产支持证券。

以新型基础资产支持的ABS，主要包括以各种能够带来现金流的有价证券、各类固定收益债券等为基础资产的证券化产品，其中包括资产支持商业票据（asset based commercial paper，ABCP）和债务抵押权益（collateralized debt obligations，CDO）。这两种产品都是在MBS基础上发展出来的，以可产生持续现金流的商业票据、抵押贷款证券化后产生的MBS产品等为基础资产形成资产池，再对这些资产的现金流进行重新组合之后打包发行的权益凭证。

①信用卡债权支持证券（credit card receivables securitization）

信用卡债权证券化（信用卡应收账款证券化）是以信用卡应收款为抵押、由特定的信托机构发行固定收益投资工具的一种债券融资形式。

②汽车贷款债权证券化（auto loan securitization）

汽车贷款债权证券化（汽车消费贷款证券化）是将多个汽车贷款群组通过法律架构、现金流量及信评机制的安排，加以包装组合后发行受益证券。创始机构从所有车贷组合中按标准挑选出适合做证券化的车贷组合，筛选标准针对贷款人年龄、缴款纪录、车种类、贷放期间等均有所限制。然后再针对资产组合进行风险评估及现金流量模拟并做信用分组（tranching），将资产切割成多组不同信用评级受益证券，经评级机构确认，最后经主管机关核准后正式发行。

③住宅权益贷款（home equity loan）

住宅权益贷款的产生是屋主以其已经抵押的房子，再度向银行抵押贷款。其产生的条件是屋主对于已经抵押的不动产有充分的权益，而权益的建立是来自于两个可能性：其一为屋主在承贷第一顺序抵押贷款之后累积的还本；其二为房屋价格大幅上涨。住宅权益贷款实质上是次顺序抵押贷款（second-lien mortgage），也就是对抵押房屋的求偿地位次于第一顺序抵押的贷款，前面所述的资产证券化主流产品MBS是以第一顺序住宅抵押贷款为支持的。

④CBO/CLO/CDO

有担保债权的凭证（collateralized bonds obligation，CBO）是以一大群债权为支持而发行的债权。有担保贷款的凭证（collateralized loans obligation，CLO）是以一大群贷款为支持而发行的新债券。如果支持性资产既有债券也有贷款，则新发行的债权称之为有担保债务的凭证（collateralized debt obligation，CDO）。

在CBO/CLO证券化中，金融机构通过收购高收益债券或贷款，并以这些债券或者贷款为支持发行新的债券，由于新发行的债券通过结构化设计，信用级别高、债券利息成本低，金融机构就有机会从持有的高收益性债券或贷款中获得利差。其次，由于表内业务与表外业务的资本要求有所差别，金融机构从事CBO/CLO的发行，可以降低资本占用，提高资本充足率。

资产证券化业务对于相关的参与者来说都能带来相应的好处：对商业银行等发起人来说，可以降低资金成本、改善资本结构，从而有利于资产负债管理，优化财务状况，降低经营风险。对投资者来说，提供了一种风险收益水平不同的新的投资工具，可以多样化投资产品，分散投资风险。对证券承销商、信用评级机构和信用担保机构等中介机构可以获得高额的服务收费。同时，资产证券化可以促使储蓄加速转化为投资，有助于国民经济的发展。因此，资产证券化业务在产生之后就获得了巨大生命力，发展极为迅速。

4.5.3 资产证券化的利弊和次贷危机后对其的争议

1.资产证券化和次贷危机

如上文所述，居民抵押贷款根据信用质量可以分为最优贷款、超A贷款（Alt-A）和次级贷款。其中，次级贷款针对的是信用记录较差、收入较低的次级客户。20世纪90年代后期，美国房价开始逐步攀升。“9·11”事件以后，为了刺激经济增长，美联储持续降息，大量资金涌入房地产市场，使房价持续上涨。在房贷市场激烈竞争的情况下，越来越多的原本不具备偿贷能力的次级客户成为银行和信贷公司的新宠，大量次级贷款由此形成。放款银行或者信贷公司将次级贷款进行资产证券化，由投资银行将贷款打包后做成标准化的债券向各类基金公司、银行和保险公司等机构投资者发售，从而形成了“次级债券”。

2005年，经济趋热，美国从降息周期进入了加息周期，房地产泡沫破灭，楼市随之萎缩。由于次级贷款大多采用浮动利率，购房者的负债压力迅速增大；由于抵押品价值的相对下降，困难家庭只能停止还款、放弃房产，获得次级贷款的投资购房者更是会立刻放弃房产。次级贷款的逾期率不断上升，进而导致基于次贷的资产证券产品及其他金融衍生品贬值。大量投资机构因持有的次级债券贬值以及因此引发的连锁反应蒙受了巨大损失。由于许多国家投资了美国的次级债券，危机随之扩散，引发全球性股市下跌和金融机构破产，称为“次贷危机”。

2.资产证券化的双刃剑特性

美国次贷危机的爆发，引发了人们对资产证券化的新思考和激烈争议。资产证券化是否是次贷危机的始作俑者，其在危机中又扮演者什么样的角色？作者认为，应该从资产证券化的内在矛盾——双刃剑特性来分析。资产证券化既是一种规避风险的控制机制，同时又是一种风险扩散和深化机制。

资产证券化的好处在于：①分散风险和扩大资本规模。通过证券化，抵押贷款的风险不再集中于贷款发放部门，而是分散到了愿意通过承担风险获得更高收益的各种投资者手中，并且大大增加了贷款人的贷款意愿，由此导致来自资本市场的资金的增加。②推动抵押贷款行业竞争，提高市场效率。在证券化的推动下，银行存款作为贷款资金来源的重要性不断下降，市场上出现了独立的抵押金融公司。随着竞争的加剧以及技术进步，专业化的抵押贷款公司加快了整合的步伐，出现了全国性的独立抵押企业，它们与银行组织在全美抵押贷款市场上激烈竞争。③住房拥有率上升。次级抵押贷款市场的发展使更多的美国家庭、特别是少数族裔和低收入家庭成了房屋拥有者。拥有房屋帮助家庭建立财富，而不断累积的住房权益成为家庭的金融储备，使它们更可能以低成本获得其他形式的信贷。

资产证券化的风险在于：①证券化降低了贷款人对借款人进行甄别的积极性，导致贷款标准的恶化。当抵押贷款的发起人把贷款和与之相关的权利出售给其他金融机构时，风险也就在很大程度上转移给了贷款购买人。由于贷款发起人的收益与贷款数量紧密联系，这样的激励结构可能使增加贷款数量而不是保证贷款质量成为贷款人的首要目标。抵押贷款危机从根本上讲是资产支持证券背后的贷款资产质量出了问题。②证券化加剧了信息不对称，抵押贷款提供链条上的各种专业服务提供者很容易出现严重的道德风险问题。代理公司只要发放出更多的贷款，收入就多，这些以收取手续费为目的的代理公司可能并不是为了贷款人的最大利益而行动。同样出现代理问题的还有债券评级机构，以收取手续费为目的的激励机制却可能诱导它们过快地对复杂的结构性证券进行评级，有时甚至是欺骗性的评级。③多米诺骨牌连锁效应使得危机波及优质市场。证券化使不同层次的信贷市场更紧密地相互依存，但当不确定性出现时，风险也更容易波及到优质市场。由于全球经济前所未有的紧密联系，恐慌也波及主要金融市场，致使全球金融系统的风险陡增。④证券化只是提高了银行或储蓄贷款机构把风险转移出自己资产负债表的能力，但并没有消除这些风险再回来的可能性。

综上，深究美国抵押贷款和次级抵押贷款债券市场的问题，作者认为，证券化本身并非“罪魁祸首”，祸根在于放贷机构为了追求高收益，向风险很高、还款能力差的人发放了高利率的“次级抵押贷款”。正如格林斯潘所说：“真正应当怪罪的不是资产证券化本身，而是大量不良次级贷的资产证券化。”此次次贷危机给中国的金融创新和资产证券化也提供了重要的启示：风险控制永远是金融机构的核心；市场创新和监管应该有平衡点；金融不能脱离实体经济的依托；加强金融信息披露机制，面对巨大的道德风险，加强透明规范监管和构造有效的市场定价机制。

专栏4-2

中国商业银行资产证券化的历史进程和现状

1.次贷危机前我国商行的资产证券化进程

我国在1992年就开始了资产证券化的尝试，但银行的信贷资产证券化始终未予放行。1997年7月央行颁布《特种金融债券托管回购办法》，规定由部分非银行金融机构发行的特种金融债券均需办理资产抵押手续，并委托中央国债登记结算公司负责相关事项。这在某种程度上使不良资产支持债券的发行成为可能，此后出现了由资产管理公司主导的几笔大额不良资产证券化。

2000年，人民银行批准建设银行、工商银行为住房贷款证券化试点单位，标志着资产证券化被政府认可。2004年2月，《国务院关于推进资本市场改革开放和稳定发展的若干意见》发布，其中第四条“健全资本市场体系，丰富证券投资品种”的提出，加大了风险较低的固定收益类证券产品的开发力度，为投资者提供储蓄替代型证券投资品种，积极探索并开发资产证券化品种。2004年12月15日，央行公布实施《全国银行间市场债券交易流通审核规则》，为资产证券化产品流通扫清障碍。2005年，央行和银监会发布《信贷资产证券化试点管理办法》，银监会同年发布《金融机构信贷资产证券化试点监督管理办法》。2005年12月15日，国开行和建行分别成功发行了第一只ABS债券41.78亿元和第一只MBS债券30.17亿元。

（1）国内首批资产支持证券“开元、建元”

2005年12月15日，“开元”和“建元”两只资产支持证券同时发行，并正式进入银行间债券市场。其发起机构分别是国家开发银行和中国建设银行，发行人分别为中诚信托和中信信托。该项目是国内推出的，开创住房抵押贷款证券化先河的重要金融创新业务。

国家开发银行将第一期证券化产品设计成三档，发行总额为41.7727亿元。其中优先A档为29.2409亿元，加权平均期限为0.67年，固定利率，招标确定的票面利率为2.29%；优先B档为10.0254亿元，加权平均期限为1.15年，浮动利率，招标确定的利差为45BP（以一年期定期存款利率为基准，票面利率为2.7%）；次级档为2.5064亿元，加权平均期限为1.53年，折算的预期收益率为12%。为保证信贷资产证券化试点工作的成功，国家开发银行作为发起人，由中诚信托投资有限责任公司作为发行人，从优良的贷款中选取一、二类资产（即正常和关注类资产）进入证券化资产池；并参照国际资产证券化的模式，根据商业银行、证券公司、保险公司等不同投资人的不同需求，设计出符合中国证券市场需求的证券产品结构。

中国建设银行的“建元2005-1个人住房抵押贷款证券”发行总量为30.17亿元，公开发行规模为29.26亿元，按照现金流分配的先后顺序，分为优先级和次级两个部分。其中，优先级证券再按本息支付顺序先后分为A、B、C三档，A档和B档证券将在发行后2个月内在银行间债券市场上市交易流通，C档证券可通过协议转让交易流通。建行产品的票面利率为浮动利率，A档证券基本利差为1.10%，B档证券基本利差为1.70%，C档证券基本利差为2.80%。A档实际发行总额26.7亿元，B档实际发行总额2.04亿元，C档发行总额5 279万元。

（2）国内首单商业银行不良资产证券化产品

中国建设银行2007年12月31日公布，由该行作为发起人的“建元2008-1重整资产证券化”产品日前成功发行。这是我国商业银行首次运用资产证券化方式处置不良资产，开辟了商业银行批量化、市场化、标准化处置不良资产的新渠道。

建行有关负责人介绍，1月24日，本项目开始簿记建档，各类投资机构对优先级产品进行了积极认购，在市场气氛比较紧张的情况下，当日上午优先级产品的认购订单即达到既定发行规模21.5亿元，固定年利率为6.08%。该产品发行总规模为27.65亿元人民币，其中优先级资产支持证券21.5亿元，获得ＡＡＡ评级，在银行间市场公开发行；次级资产支持证券6.15亿元，向中国信达资产管理公司定向发行。

建设银行以其未偿本金余额为95.5亿元的公司类不良贷款为基础资产池发起设立特定目的信托，并以该信托财产所产生的现金流支付证券的本金和收益。基础资产池的借款人分布于北京、广东、江苏、浙江等建设银行十个一级分行所辖区，涉及制造业、零售与批发、房地产等17个行业。评级报告指出，本项目资产池中不良资产分布地域较分散，且大多位于我国经济发达地区，有抵押、质押或第三方保证的担保贷款金额占比达98%，有利于资产池回收和风险控制。

资产证券化是近30年来国际金融领域的重大的金融创新之一，我国现有的资产证券化形式主要包括信贷资产证券化（ABS）、房贷资产证券化（MBS）和不良资产证券化。建设银行是首家获得国务院批准开展资产证券化试点项目的银行，已在2005年、2007年成功发行两单MBS产品。

2.次贷危机后我国商行的资产证券化进程

2008年美国次贷危机引发全球金融危机后，信贷资产证券化实际陷入停滞。2012年6月12日，央行、银监会和财政部发布《关于进一步扩大信贷资产证券化试点有关事项的通知》，正式重启信贷资产证券化。此次仅首期信贷资产证券化的额度就达500亿元，而且，国家重大基础设施项目贷款、涉农贷款、中小企业贷款、经清理合规的地方政府融资平台公司贷款等均被纳入基础资产池。相对于之前的试点，不仅在额度上有所放宽，并且参与机构的范围也有所增加，股份制银行、城商行、农商行等都获准参与。不过，相对银行业整体近60万亿元的贷款规模来说，目前信贷资产证券化规模依然处于试水阶段。

重启搁置4年的信贷资产证券化给银行带来机遇的同时，也对银行风险控制和监管能力提出了更高的要求和挑战。首先，本次监管机构扩大了信贷资产证券化的基础资产，而此前资产证券化试点产品的基础资产大多为优质公司贷款或个人住房抵押贷款，风险相对较小，这对银行体系风险控制提出了更高的要求和挑战。对此，监管层在扩大信贷资产证券化基础资产的同时，增加了“风险自留”的审慎性安排，要求银行购买5%的低收益分层结构产品，以实现内生信用增级。其次，除风险控制挑战外，重启信贷资产证券化对银行创新能力、监管层管理能力也提出了挑战。由于基础资产池扩容，信贷资产证券化产品设计将更为复杂，银行在资产评估、风险剥离、信用增级等方面都需提高技艺。

此后，信贷资产证券化规模又经历了2013年和2015年两次扩容，规模分别为3 000亿元和5 000亿元，2015年新增规模重点支持棚改、水利、中西部铁路等领域建设，政策引导方向进一步明确，为信贷资产证券化支持经济发展确定了发力点。

★ 本章小结

1.资产业务是商业银行的资产运用经营业务，包括现金资产业务、贷款业务、证券投资业务三类。现金资产是银行资产的必要组成部分，适度的现金资产是银行保持流动性及清偿能力的需要；贷款业务是银行资产业务中的重要组成部分，对银行贷款业务的合理管理，有利于商业银行降低风险，扩大利差；证券投资业务是商业银行从事与有价证券投资有关的各项业务的总称，它既是银行获取利润的来源之一，也是银行资金保持流动性的重要手段。

2.现金资产是指银行持有的库存现金以及与现金等同的可随时用于支付的银行资产，包括库存现金、在中央银行的存款、存放同业存款、在途资金。从商业银行经营管理的角度看，持有现金资产有利于保持清偿力和流动性。

3.贷款业务是商业银行作为贷款人，按照一定的贷款原则和政策，以还本付息为条件，将一定数量的货币资金提供给借款人使用的一种借贷行为。按照贷款的质量和风险程度分类，可分为正常、关注、次级、可疑、损失五类贷款。

4.商业银行在进行贷款定价时应当考虑的因素主要有：资金成本，在资金来源结构变化、尤其是在市场利率的条件下，以它作为新贷款定价的基础较为合适；贷款的风险程度；贷款费用；借款人的信用及与银行的关系；银行贷款的目标收益率；贷款的市场供求状况；贷款的期限；借款人从其他途径融资的成本。银行贷款的定价方法主要包括成本加成的贷款定价方法、价格领导模型、成本收益贷款定价方法。

5.证券投资业务是指商业银行从事与有价证券投资有关的各项业务的总称。商业银行的证券投资具有以下作用：获取收益、分散与降低风险、保持资产的流动性和合理避税。商业银行证券投资策略包括梯形期限策略、杠铃结构方法、灵活调整法等。

6.资产证券化是指以缺乏流动性、但具有未来稳定现金收入流的资产为基础进行适当组合（一般称为打包），并对该组合产生的现金流进行结构性重组，依托分层后产生的一系列现金流，发行债券来融通资金的过程。资产证券化的主要市场主体包括：发起人、SPV、信用担保机构、信用评级机构、资产服务商、投资人和其他服务机构等。根据发行资产证券化产品所依据的基础资产的情况不同，可以将资产证券化产品分为抵押支持证券、资产支持证券两大类。

★ 综合训练

4.1 单项选择题

1.一张票据的面额为40 000元，90天到期，月贴现率为5‰，则该张票据实付贴现额为（　　）元。

A.39 200　　B.39 400　　C.39 600　　D.39 800

2.银行的流动性需求不包括（　　）。

A.贷款客户的信贷要求　　B.向股东发放现金红利
C.从货币市场上借款　　D 提供服务时产生的各种费用

3.银行要求6+4的补偿存款，则借款人必须按贷款限额的6%和实际借款额的4%留存银行存款。假设：银行提供90万元的贷款限额，某借款人的平均贷款余额为70万元，则必须在银行保留的补偿存款是（　　）万元。

A.8.0　　B.8.1　　C.8.2　　D.8.3

4.A公司申请贷款500万元。如果银行以9%的利率在货币市场发行存款单筹集资金；发放和管理这笔贷款的经营成本为2%；以贷款的1%补偿银行面临的拖欠风险，并且银行要求扣除以上成本后净利润为1.5%，则按成本加成的贷款定价方法这笔贷款的利率为（　　）。

A.11.5%　　B.12.5%　　C.13.5%　　D.14.5%

5.某客户申请800万元的信用额度，贷款利率为12%，客户实际可使用的资金额为600万元，则贷款税前收益率为（　　）。

A.12%　　B.14%　　C.16%　　D.18%

4.2 多项选择题

1.商业银行的现金资产一般包括（　　）。

A.库存现金　　B.在中央银行存款
C.存放同业存款　　D.在途资金

2.银行的流动性供给包括（　　）。

A.非存款服务收入　　B.客户提取存款
C.出售银行资产　　D.偿还存款以外的借款

3.资产证券化的市场主体包括（　　）。

A.发起人　　B.SPV
C.信用担保机构　　D.信用评级机构

4.贷款价格的构成包括（　　）。

A.贷款利率　　B.贷款承诺费　　C.补偿余额　　D.隐含价格

5.商业银行主要的投资策略包括（　　）。

A.梯形期限策略　　B.杠铃结构方法
C.分散投资法　　D.灵活调整法

4.3 思考题

1.商业银行的现金资产包括哪些内容？
2.商业银行持有和管理现金资产有何意义？
3.商业银行开展证券投资业务的作用是什么？
4.按照贷款的质量或风险程度，如何对贷款进行分类？这样分类意义何在？
5.贷款价格的构成及影响因素是什么？
6.简述商业银行证券投资的主要策略。

★ 本章参考文献

[1] 罗斯. 商业银行管理 [M]. 刘园，译. 北京：机械工业出版社，2013.
[2] 彭建刚. 商业银行管理学 [M]. 北京：中国金融出版社，2014.
[3] 俞乔，邢晓林，等. 商业银行管理学 [M]. 上海：上海人民出版社，2007.
[4] 刘毅. 商业银行经营管理学 [M]. 北京：机械工业出版社，2006.
[5] 谢太峰. 商业银行经营学 [M]. 北京：清华大学出版社，2010.

第5章

商业银行的表外业务

★ 导读

商业银行表外业务包括传统和创新两个部分。传统表外业务有支付结算业务、代理业务、信托与租赁业务、咨询业务、与贷款有关的组织和审批等服务业务，以及代理行业务等进出口服务业务等。创新表外业务包括担保、承诺、贷款出售、衍生金融工具和风险管理业务。本章介绍了商业银行表外业务的概念，传统和创新表外业务种类及表外业务产品的定价。特别强调对创新的表外业务的关注，包括它的发展与风险管理。不管怎样，商业银行表外业务是基于其表内业务的能力与信息而发展起来的，对商业银行的经营管理而言，表内业务与表外业务既要各自注意自身的创新与进步，又要相互支持，协同发展。

★ 关键概念

表外业务　支付结算　信托　融资租赁　担保　商业信用证　回购协议　信贷承诺　票据发行便利　贷款出售　衍生金融工具交易　期货交易　期权交易　互换　远期利率协议

20世纪90年代以来，商业银行在金融国际化、金融自由化以及金融创新的浪潮下，面临着前所未有的机遇。同时，商业银行传统业务的市场份额受到挤压，利差逐渐下降。因此，表外业务的经营与创新日益被商业银行所重视，并迅速发展起来。商业银行的表外业务不仅没有占用银行的资金来源，而且开拓了商业银行盈利的渠道。发展商业银行的表外业务是商业银行在激烈的市场竞争中的必然选择，也是商业银行适应市场需求变化、谋求自身发展的必然结果，与此同时，商业银行表外业务的发展也对商业银行的经营管理提出了更高的要求。

§5.1　商业银行表外业务概述

5.1.1　表外业务概念界定

1.一般意义上的界定

商业银行在从事传统的资产负债业务的同时，利用自身的条件为客户提供各种金融服务，被称为中间业务，属于能够影响银行当期损益的经营活动。由于这种业务未在银行资产负债表中直接反映出来，所以又称为表外业务。表外业务有传统的表外业务和创新的表外业务之分。

传统的表外业务是指历史上银行向顾客提供的各类金融服务类业务，这类经营活动风险小或几乎无风险，如支付结算、代理、信托与租赁、咨询、与贷款有关的组织和审批等服务业务，以及代理行业务等进出口服务业务等。创新的表外业务是指那些虽未列入资产负债表内，但同表内的资产业务或负债业务关系密切的业务，如，贷款承诺业务、担保业务、金融衍生工具交易业务等。银行在经办这类业务时，虽然没有发生实际的货币收付，银行也没有垫付任何资金，但在将来随时可能因具备某个条件而转变为表内的资产或表内的负债。因此，按照与银行资产、负债的关系，这类创新的表外业务又称为或有资产业务、或有负债业务。

按照巴塞尔委员会提出的要求，表外业务概念一般指向创新的表外业务，而我国通常使用中间业务概念来代表所有不列入资产负债表的业务。2011年银监会颁布《中国银监会关于印发商业银行表外业务风险管理指引的通知》，明确指出，银监会纳入监管的表外业务是指“商业银行从事的，按照现行的会计准则不计入资产负债表内，不形成现实资产负债，但有可能引起损益变动的业务，包括担保类、部分承诺类两种类型业务”。

2.我国对中间业务的规定

我国商业银行的中间业务既包含了传统的中间业务，又包含了创新的中间业务内容。根据中国人民银行2001年颁布的《商业银行中间业务暂行规定》第三条，我国商业银行中间业务是指不构成商业银行表内资产、表内负债，形成银行非利息收入的业务。根据该属性，我国商业银行的中间业务分为九大类：支付结算类中间业务，包括国内外结算业务；银行卡业务，包括信用卡和借记卡业务；代理类中间业务，包括代理证券业务、代理保险业务、代理金融机构委托、代收代付业务等；担保类中间业务，包括银行承兑汇票、备用信用证、各类银行保函等；承诺类中间业务，主要包括贷款承诺业务；交易类中间业务，如远期外汇合约、金融期货、互换和期权等；基金托管业务，如封闭式或开放式投资基金托管业务等；咨询顾问类业务，如信息咨询、财务顾问等；其他类中间业务，如保管箱业务等。

5.1.2　创新的表外业务与传统的表外业务异同比较

1.两者相同之处

（1）都收取手续费。手续费是银行为客户提供各种金融服务所取得的佣金性报酬，与银行通过信用活动获取的存贷利差收入不同。

（2）都是表外业务，而且两种业务之间会有一些交叉重合。如信用证业务属于传统的中间业务，但就其内涵来说，信用证业务又具有担保业务的性质。

（3）都是以接受委托的方式开展业务。商业银行在从事各类表外业务时，不直接以信用活动的一方参与者身份出现，即不以债权人或债务人的身份进行资金的融通，因而不动用或较少动用自己可使用的资金，只是以中间人的身份提供各类金融服务，或替客户办理收付和其他委托事项。因此，表外业务是一种受托业务，不是自营业务，银行是否需要开展某种金融服务要看客户的需要。

2.两者的差异

（1）纯粹的中间人身份被突破。在传统的表外业务中，如支付结算、信托、代理等业务，银行都是以交易双方当事人之外的第三者身份接受委托，扮演着中间人的角色。而创新的表外业务却在业务发展中可能发生银行所扮演的中间人角色的移位，成为交易双方的一方，即成为交易的直接当事者，如贷款承诺，就是由银行和客户签订信贷承诺协议，在协议签订时无信贷行为发生，因而不在资产负债表上做出反映，属于典型的传统中间业务。但是，一旦具备了协议所列的某项具体贷款条件，银行就必须履行协议规定的向客户提供贷款的义务。再如，目前国际商业银行所从事的各种金融工具交易，除接受客户委托以中间人身份进行的代客交易外，还常常出于防范、转移风险的需要，及实现增加收益的目的，作为直接交易的一方出现。当代国际商业银行正大力发展表外业务，使银行传统营业收入结构发生变化。

（2）业务风险不同。在传统的表外业务中，商业银行不直接作为信用活动的一方出现，不动用或较少动用自己可使用的资金。虽然业务的经营中也要承担一定的风险，但其风险程度明显低于信用业务。因而就一国金融管理当局对这类业务的监管力度而言，不是非常严格。

随着金融创新的发展及业务领域的不断拓宽，大量与信用业务密切相关的高风险表外业务也随之发展。例如，在商业票据担保中，商业票据的发行人无力偿还债务时，银行要承担连带责任，形成银行和客户之间的另一种债权债务关系，因此对商业票据的承兑担保成为银行的一种或有负债。又如，循环信贷业务一旦发生就要进入表内资产方，因此是一种或有资产。再如，外汇及股价指数等期权、期货交易，其风险度更是超过了一般的信用业务，英国老牌商业银行巴林银行，就是由于交易员利森在新加坡从事指数期货交易时越权违规，造成11亿美元的巨额亏损，使巴林银行不得不宣告破产。由于高风险表外业务的大量涌现，国际银行业的经营风险急剧增加，为了降低银行经营风险，保证国际银行业竞争的平等和稳定，对有风险的表外业务进行国际监管成为重要问题。1987年作为对国际银行业有约束力的文件——《巴塞尔协议》，对表外业务的有关问题做出了规定，并要求在表外进行记载，以便对其进行管理。同时要求各国金融监管当局应关注这类业务的经营状况，并进行严格监管。

（3）两者发展的时间长短不同。大部分传统的表外业务是与银行的资产负债业务相伴而生、长期存在的；而创新的表外业务是20世纪60年代以来才发展起来的，与国际银行业务发展、国际金融市场及现代电讯技术、网络技术及电脑的发展紧密相联。

5.1.3 商业银行创新表外业务的作用

1.增加盈利来源

在金融深化发展中，传统银行业务的发展受到越来越多的限制和分解，盈利渠道变窄使银行传统业务盈利能力下降。商业银行为了维持和提高银行盈利水平，纷纷开展起对资本没有要求或资本要求很低的业务。商业银行创新表外业务不但可以增加盈利收入，提高银行盈利水平，而且还改变了银行营业收入结构。

值得一提的是，西方国家银行业非利息收入比例正在迅速的增长中，美国的银行业表现比较有特点。其1955年为17.5%，1978年以后逐年上升，到2005年底已经基本稳定在43%左右。小型商业银行仍然不高，占18.2%；个别银行占比极为突出，如，纽约银行是全球最大的托管银行，管理庞大的托管金融资产，也提供融券业务，其非利息收入所占的比例在2000年为59.7%，到2005年达到了58.9%。而Mellon银行是另一家著名的托管银行，管理庞大的金融资产，提供清算、资产管理服务，非利息收入所占的比例2000年为83.7%，到2005年达到了89.9%。反观国内，wind资讯数据显示，2010年到2015年，国内非利息收入净值最大的中国工商银行的非利息收入比例逐年提升，由20%上升为27%。股份制商业银行中，以非利息收入净值排名靠前的招商银行为例，非利息收入比例由20%上升为32%，且2016年进一步达到40%左右。

2.为客户提供多样化金融服务

客户的存在对银行至关重要。客户在各类经济活动广泛开展、不断深入的过程中，对银行的需求不仅仅局限于借款，同时也对银行的服务提出了更多、更高的要求，他们往往在到银行存款或借款的同时，要求银行能为他们提供更多的基于银行已开通的账户基础上的金融服务，如防范和转嫁风险的方法，使他们能避免或减少因利率、汇率波动而造成的损失。从商业银行角度看，商业银行为了巩固和客户的关系，必须不断增加服务品种、改进服务手段、提高服务质量来满足客户的各种需求，这样才能吸引客户、留住客户。发展表外业务，正是为客户提供一种多元化服务的思路体现，因为这类业务经营比较灵活，交易双方同意后，便可达成交易协议。通过发展创新的中间业务，银行的业务范围得以拓宽，满足了客户的需求，同时保持了市场占有率，使银行在社会上的知名度大大提高。

3.转移和分散风险

创新的表外业务如互换、期货、期权等都具有分散风险、转移风险的功能，并为银行提供了控制资金成本、套期保值的投资手段。客户同样有此类投资需求，如运用金融工具，达到套期保值目的的需求；利用票据发行便利工具，票据的持有者能够在整个期限内将信用风险转移给票据发行便利工具的认购者。

4.增强资产流动性

创新的表外业务中有许多金融工具可以促进表内金融资产的流动性。例如，商业银行通过有追索权的贷款债权转让，可将流动性较差的贷款证券化后出售，获得新的资金来源，不仅加速了银行资金的周转，而且使得整个社会经济的资金流动性获得提高。银行获得新的资金后，在不改变负债资金总量的条件下，再进行有关资产业务的拓展、增加收益。

5.弥补资金缺口

20世纪70年代商业银行主要通过负债管理，推出新型的存款工具如NOW账户、CD存单来增加存款来源，以弥补资金缺口。到20世纪80年代，银行弥补资金缺口的重点从负债转向了资产及信用的创造，银行通过资产证券化，利用贷款出售，发行备用信用证、安排票据发行便利等方式，或使其资金运用转变为资金来源，或以银行自身的信用与信用评估能力满足客户的贷款需求。创新的表外业务成为银行弥补资金缺口的重要手段。

专栏5-1

商业银行表外业务的产生

科学技术进步是表外业务发展的物质基础。20世纪80年代以来，电信、信息处理和电子计算机等技术的长足进步，极大地推动了表外业务的发展。电信的全球化创造了全球性的金融市场，促进了表外业务规模经济化，取得了巨大的规模效益。随着信息处理和电子计算机技术的发展，商业银行有可能设计出新的更为复杂的表外业务金融工具，并进行新的风险管理和降低表外业务成本，增强表外业务的竞争实力。

经济的迅速恢复和发展，使国际性的资本借贷活动日趋活跃。但以美元为中心的世界货币体系的崩溃（布雷顿森林体系瓦解），带来了全球性货币金融活动的自由化。由于浮动汇率、浮动利率取代了固定汇率和固定利率，导致包括商业银行在内的各经济主体日益受利率、汇率波动的影响，经营活动的风险不断扩大。特别是对商业银行的资产负债业务及经营管理活动的影响尤为严重。这在客观上产生了防范风险的需要，从而导致银行表外业务的迅速发展。例如，利率的市场化使商业银行出现了大量的利率敏感性资产和负债。当两者在数量、期限等方面不协调时便会出现所谓的敏感性缺口，从而使银行面临因市场利率波动，造成净利息收入减少的风险。为防范利率风险，商业银行除通过加强资产负债数量、期限结构的管理外，在必要时通过表外业务防范风险，如通过利率期货交易或安排利率互换等表外业务，可以在不改变现有资产负债规模、期限的条件下，发挥有效防范利率风险的作用。同样，由于汇率波动造成的风险，亦可通过外汇期货或安排货币互换等表外业务加以防范。

§5.2 商业银行传统的表外业务

5.2.1 商业银行支付结算业务

支付结算是银行代客户清偿债权债务、收付款项的一种传统中间业务，也是商业银行一项典型的中间业务，其特点是业务量大、风险度小、收益稳定。中国人民银行1997年10月颁布的《支付结算办法》中规定，支付结算是指“单位、个人在社会经济活动中使用票据、信用卡和汇兑、托收承付、委托收款等结算方式进行货币给付及其资金清算的行为”。

《支付结算办法》规定凡参与支付结算活动的当事人，包括银行、单位和个人都必须遵守下列三项基本原则，即：恪守信用，履约付款；谁的钱进谁的账，并由谁支配；银行不垫款，不得损害社会公共利益。

1.商业银行开展支付结算业务的作用

在经济发展规模日趋扩大的过程中，货币收付能否顺利完成、债权债务能否得到及时清偿，是维系现代信用经济正常运行的重要条件之一。金融中介的支付结算功能在经济运行中承担了重要任务，发挥了不可或缺的重要作用，主要表现在三个方面：

（1）使债权债务得以清偿

经济运行过程中，社会分工深化发展，社会各部门，诸如个人与家庭、企业、政府，既是生产者又是消费者，因而各部门之间存在着不可分割的联系，这种联系的最基本表现就是“钱货两讫”的货币结算以及各种债权或所有权的转移。在货币结算以及债权或所有权的转移过程中，金融中介通过提供支付结算的技术手段，保证了货币资金在国民经济各部门、各单位及个人之间的顺利移动，经济活动中最基本的信用链条得到维系。同时，金融中介通过参与清算活动，为经济运行提供庞大的支付清算网络，完成债权债务最终的清偿。因此，支付结算和清算成为维系现代信用经济正常运行必不可少的金融安排，责任重大，各国政府或管理当局都十分重视结算和清算系统的发展。

（2）使经济运行效率得以提高

经济运行效率主要是指经济运行的能力与效果，受多种因素的影响和制约。除体制因素、政策因素、法制因素外，金融中介的支付效率也是制约经济运行效率的重要方面。支付效率的变化主要反映在金融中介提高结算服务技术水平的过程中，如改进支付结算方式、提高支付结算技术与结算速度、控制单位支付成本等。随着金融中介提供支付结算的能力和服务质量的改善，支付结算更加便利，货币资金移动的速度更加快捷，债权债务清偿所消耗的结算时间越来越短，最终使整个交易完成的周期相应缩短，经济运行速度相对提高。而经济运行效率的提高，要求金融中介进一步改善支付结算服务，提高其功能与效率。

（3）对经济安全和社会安定产生直接影响

在现代信用经济发展中，商品和劳务交易所引发的货币收付、债权债务清偿的顺利完成，直接影响着社会各部门生产、生活和消费的持续进行，是事关发展与稳定的大事。金融中介为此提供了必要的支付服务和技术支持，并承担了经济运行中巨额资金支付交割以及最终顺利流转的重任。

支付结算需要对一系列支付指令进行传输与处理，并经过若干环节才能完成资金转移和交割。支付中的每一个环节都可能受到一些不确定性因素的影响，尤其是在现代支付体系高度信息化、电子化发展的情况下，任何技术上或人为的问题都会引起金融机构的支付障碍。根据中国人民银行支付结算司2015年支付体系运行总体情况报告，2015年，支付系统共处理支付业务469.48亿笔，金额4 383.16万亿元，同比分别增长53.74%和29.34%。2015年支付系统共处理支付业务金额是全国GDP总量的64.77倍。一旦电子资金系统出现网线故障或人为恶意修改数据、占用资金或挪用资金，其影响之大，难以想象，轻则延缓资金的流转速度，或货币资金被挪用窃取，导致资金纠纷；重则因具有极强关联性的技术系统遭到破坏，而导致全系统瘫痪。可见，一旦支付系统发生重大问题，势必危及经济及金融安全，鉴于此，世界大多数国家将支付结算和清算的安全平稳运作置于事关经济与金融稳定的高度。

从金融中介支付结算功能对现实经济运行的影响可以看出，金融中介的支付结算能力和效率以及支付系统运行的安全对经济运行具有至关重要的作用。

2.商业银行的支付结算工具类型

支付结算可以采用现金支付和非现金支付方式。非现金结算工具主要采用“三票一卡”。商业银行的结算业务都是通过对结算工具进行处理而实现的。票据的承兑、转让和背书是处理票据的最基本方法。

（1）支票

支票是活期存款账户存款人委托其开户银行，对于受款人（又称收款人）和执票人无条件支付一定金额的支付凭证。适用于单位、个体、工商户和个人在同城或票据交换地区的商品交易和劳务供应以及其他款项的结算。支票是活期存款账户存款人发出的支付命令，而不是银行自己的支付承诺。支票的种类较多，主要有记名支票、不记名支票、保付支票、划线支票、旅行支票。

（2）汇票

汇票由出票人签发，委托付款人在见票时或于指定到期日，无条件付款给受款人或执票人一定金额的票据，有银行汇票和商业汇票两种。汇票经受款人背书以后可以转让，并进入流通市场，其流通能力的大小，依赖于社会的信用度。此外，商业汇票可以贴现。

（3）本票

本票是由出票人（债务人）签发的、在一定时间无条件支付一定金额的付款凭证。如果执票人就是受款人，可不写明受款人的姓名和地址；以发票人的营业地点为发票地时，可以不载明发票地；以发票人的营业地点为付款地时，可以不载明付款地；即期票据可以不写到期日。本票有不同的种类。

根据出票目的不同可分为交易性本票和融资性本票。交易性本票是基于商品交易的行为，一方为付款而签发给他方的本票。融资性本票是基于资金借贷行为而签发的，作为借据和债务凭证。

根据发票人不同可分为银行本票和商业本票。银行本票是申请人将款项交存银行，由银行签发给债权人凭以办理转账结算或支付现金的票据。商业本票是企业或个人用于清偿发票人自身债务的票据。

（4）信用卡

银行信用卡是基于消费者信用所发行的电子资金卡，用户可以用其作各种消费付款，但是一般不能取现，实质上是金融中介发放的一种消费信贷。因此，信用卡的使用要具备一定的信用环境，要拥有较好的征信系统，客户要具备良好的信誉。

（5）我国支付结算工具

支票、汇票、本票这三类票据是我国企事业单位使用最为广泛的传统非现金支付工具。但是长期以来，在票据的使用中存在以下两个基本问题：一是票据的规范使用和发展；二是商业承兑汇票的推广使用。

①关于票据的规范使用和发展。为了规范和促进票据业务的发展，2005年9月20日《中国人民银行关于完善票据业务制度有关问题的通知》中作了五方面的新规定：一是增强票据的融资功能，促进票据的流通。商业汇票真实交易背景的审查由承兑行和贴现行负责，扩大票据的使用范围，简化票据的流通转让手续。二是规范票据质权的行使方式，支持票据质押业务的发展。2005年9月以前，各家银行对票据质押的操作缺乏统一规范，因票据质押而引起的结算纠纷时有发生，并影响到质押业务的有效开展。该通知对质押到期后质权人如何将票据退还出质人、质权的实现方式等进行了明确，有利于票据质押业务的发展。三是严密银行汇票提示付款的处理，防范银行汇票兑付风险。对于那些未在银行开立结算账户的个人，要求只能选择与出票行同系统的银行机构或出票行的代理兑付银行提示付款。四是有条件地放开商业汇票的兑付限制，更好地满足企业的结算需求。五是拓宽银行承兑汇票查询查复渠道，提高查询查复效率，允许商业银行通过大额支付系统、中国票据网、传真、实地等方式查询，以打击不法分子利用伪造、变造的银行承兑汇票通过贴现骗取银行信贷资金，降低银行经营风险、防范票据犯罪。

②关于商业承兑汇票的推广使用。在我国商业汇票中，银行承兑汇票使用比较

广泛，而商业承兑汇票使用很少。为改善目前商业承兑汇票使用量低、商业汇票结构失衡、商业信用过度依赖于银行信用的状况，引导和鼓励商业信用发展，2005年11月9日，中国人民银行发布了《关于促进商业承兑汇票业务发展的指导意见》。通过该指导意见，引导和鼓励商业信用票据化，维护正常、顺畅的商品交易秩序，缓解中小企业融资难的矛盾。经过近几年的努力，我国的票据业务制度趋于完善，票据使用和流通量稳步上升，票据业务不断创新，在融通资金、传导货币政策及培育社会信用等方面发挥了积极的作用。

3.结算方式

银行结算方式是指为适应商品交易、劳务供应、资金融通等经济活动的需要而制定的款项清算程序和方法。经济活动具有的复杂性和电子科学技术的应用，决定了结算方式的多样化。

（1）同城结算方式

同城结算在银行业务中数量非常大，结算方式有支票结算、同城特约委托收款。近年来，随着结算方式的改革和电子计算机的引入，出现了一些新的同城结算方式，如直接贷记转账和直接借记转账。

①支票结算。支票结算就是顾客根据其在银行的存款和透支限额开出支票，命令银行从其账户中支付一定款项给受款人，从而实现债权债务关系的资金清偿的过程。支票结算代替了现金交付，这样可以节省与现金收付有关的费用及时间，还可避免现金运送和保管中的风险。随着电子计算机引入银行，人们开始利用电子计算机对支票进行处理，以便迅速准确地实现交换。

②同城特约委托收款。委托收款是指收款人委托银行向付款人收取款项的结算方式。委托收款可在同城或异地进行。在同城范围内，收款人收取公用事业费可采用同城特约委托收款，双方必须签订经济合同。

③直接贷记转账和直接借记转账。这两种结算方式是在自动交换所的基础上发展起来的。自动交换所同普通票据交换所一样，都是办理银行之间的清算业务的机构。其不同之处在于，自动交换所交换的是记录软盘而不是支票，通过电子计算机对各行送交的记录盘进行处理，实现不同银行间的资金结算。目前，自动交换所主要办理直接贷记转账和直接借记转账两种业务。直接贷记转账是通过自动交换所将资金直接贷记到受款人账户上，从而实现资金结算的一种方式；直接借记转账是通过自动交换所将资金直接借记到付款人账户上而实现资金结算的一种方式。

（2）异地结算

商业银行在异地结算中主要采用汇款结算、托收结算、信用证结算方式。

①汇款结算。汇款结算是由付款人委托银行将款项汇给外地某收款人的结算方式。商业银行汇款结算是通过将付款命令通知汇入行做成的。

②托收结算。托收结算是指债权人或销售方为收取外地债务人或购货人的款项而向其开户行开出汇票，并委托银行代收款项的结算方式。托收有跟单托收和光票托收之分。托收结算有托收承付和委托收款两种。

③信用证结算。信用证结算方式的特点是能够避免购货人拖欠货款或不按合同付款的结算风险，适用于销货方对购货方信誉不了解，或异地之间，特别是国际的、非经常性交易中的货款结算。由于这种结算方式速度较慢，每笔交易占用资金的时间较长。银行在经办这项业务时，要严格规定信用证开立的有关条款，以防开证人钻开立条款的空子进行金融诈骗。

（3）电子支付方式

随着移动互联网的飞速发展，支付结算扩展到了新的领域，出现了电话银行、网上银行、手机银行等新的形式。网上支付、电话支付、移动支付等电子支付工具近年来发展迅速，电子支付交易量不断增加，正在不断适应电子商务的发展和支付服务市场细分的需求。中国人民银行2015年支付体系运行总体情况报告称，2015年，电子支付业务保持增长态势，移动支付业务快速增长。银行业金融机构共发生电子支付业务1 052.34亿笔，金额2 506.23万亿元。其中，网上支付业务363.71亿笔，金额2 018.20万亿元，同比分别增长27.29%和46.67%。电话支付业务2.98亿笔，金额14.99万亿元，同比分别增长27.35%和148.18%；移动支付业务138.37亿笔，金额108.22万亿元，同比分别增长205.86%和379.06%。其中，电子支付业务是指客户通过网上银行、电话银行和手机银行、POS、ATM及其他电子渠道，从结算类账户发起的账务变动类业务笔数和金额。

为促进电子支付健康发展，中国人民银行按照“规范与发展并重、安全和效率并重”的原则，逐步建立健全监督管理机制。一是采取相关政策措施，加强对新兴电子支付服务商的管理，将符合条件的网上支付服务商纳入支付清算组织管理。二是建立和完善电子支付业务规则，通过发布“电子支付指引”的方式引导和规范电子支付行为。三是完善电子支付业务处理的相关系统，推动电子支付业务基础设施建设，提高电子支付业务处理效率。与此同时，通过加快征信体系的建设，优化电子支付发展的信用环境。

5.2.2 商业银行的信托业务

信托是西方国家商业银行兼营的一项重要业务，一般由专门的信托部门运作。信托与商业银行的结算业务一样，属于接受委托、不动用银行自己资金的业务活动。

1.信托的含义

一般意义上，需要从委托人和受托人两方面确定信托的概念。从委托人角度讲，信托就是委托人为收受、保存、处置自己的财产，在信任他人的基础上委托他人按自己的要求管理和处置归己所有的财产。从受托人角度讲，信托就是受托人受委托人委托，并根据委托人的要求，替其本人或由其指定的第三者谋利益。在西方国家对信托普遍接受的概念是遍及社会各个领域的一种重要的财产管理制度。

信托是指商业银行作为受托人接受委托人委托，并根据委托人的要求，替委托人或指定的第三者进行财产事务管理。如代客户管理、经营、处置财产，概括来说信托就是“受人之托、为人管业、代人理财”。

2.商业银行信托的作用

商业银行在从事信托业务过程中，对经济运行产生了重要影响，并发挥重要的作用，主要表现在：①通过向各种客户提供周到服务，满足各种不同的经济关系和经济利益的特殊要求，并在促进经济活动中参与主体的多元化和活动形式的多样化过程中，使商品经济向更高层次发展；②通过提供多种信托业务种类的服务，为委托人提供运用资金和财产的多种形式及广阔市场，并对信托财产进行有效的管理，从而提高资源的合理配置程度；③通过受托管理和运用财产，筹集和运用稳定的长期资金，为经济发展提供充分、稳定的资金支持。

3.商业银行信托业务的主要内容

信托业务的内容非常复杂，下面仅结合我国商业银行经营的业务，介绍代理与咨询业务。

（1）代理业务

代理业务是指商业银行接受政府、企事业单位、其他银行或金融机构以及居民个人的委托，以代理人的身份代替委托人办理一些双方议定的经济事务的业务。在代理过程中，银行充分运用了自身的信誉、技能、信息等资源优势，为客户提供各项金融服务并代替客户行使各种权利。在这项业务中，银行只收取代理手续费。商业银行开展代理业务，是银行自身生存和发展的需要，对方便客户、满足社会多方面的需要、促进经济发展，都具有重大的意义和作用，这是社会分工深化的一种表现。

我国商业银行目前正从事的代理业务的种类主要有：保管箱业务，代客户进行个人理财或公司理财，各种公益基金的委托代理业务、委托贷款。

①保管箱业务。保管箱业务是指商业银行以自身拥有的保管箱、保管库等设备条件接受单位或个人的委托代为保管各种贵重金属、契约文件、文物古玩、珠宝首饰、有价证券等物品，是以银行信誉为其安全、保密性能担保的业务。

②代客户进行个人理财和公司理财。个人理财是个人金融业务的发展方向。当前个人理财业务主要包括：第一，个人理财业务厅，提供信用卡、储蓄、个人外汇买卖服务，由信用卡部、筹资部、国际业务部分别负责。第二，代理个人保险业务，主要代理个人人寿保险。第三，综合投资理财服务，帮助客户实现包括现金、存款、外汇、债券、股票、房地产等个人资产的最佳配置。第四，代收股民保证金业务，主要通过电话委托或储蓄柜台服务免费为本行开户客户实现资金转账。公司理财是指企业委托银行提供财务咨询、担任投资顾问，为企业能以较低成本筹集资金、最有效地运用资金出谋划策。

③各种公益基金的委托代理业务。目前我国银行从事的公益基金委托存款业务，主要有公积金和社会保险基金。公积金存款当前比较典型的业务是中国建设银行开办的住房公积金业务，它是住房货币化改革的产物，随着我国改革开放的不断深化，以及完善的社会保障体系的建立，商业银行公益基金信托业务的规模日益扩

大。公益基金有其特定的公益使用范围，如退休保险金和失业保险金的发放、住房公积金贷款等，公益基金的稳定金额银行可用于盈利性资产的投入，以进一步充实和扩大公益基金。公益基金的收益主要用于扩大基金，商业银行除收取一定手续费外，不能谋取其他收益。

④委托贷款。我国商业银行在改革开放中曾经从事较广泛的信托业务，较典型的是委托贷款。委托贷款指的是委托单位（一般是有关单位的上级主管部门）将一定数额、一定规模的资金预先交存银行，并委托银行按其指定的对象和用途发放贷款，银行负责贷款的审查、发放和监督使用，并到期收回贷款。与银行自己的资产业务中的信贷业务不同的是，在这项业务中银行只收取手续费。

（2）信息咨询业务

信息咨询就是向他人征求意见，商量自己不了解或不熟悉的事情，简单说就是“求教于人”，确切说则是一种当事人在相互信任的基础上，将有特定目的的信息进行传递和反馈的行为。商业银行开展信息咨询业务可以利用自身专门的知识、信息、技能和经验，运用科学的手段和方法进行预测，客观地提供可选择的方案，帮助客户解决问题。

专栏5-2

商业银行“理财直接融资工具”试点

近年来，银行理财业务在完善社会融资结构、支持实体经济发展、满足客户投资需求、增加居民财产性收入、加快银行经营转型等方面发挥了重要作用。2012年，表外理财业务存续1.5万只，资金余额4.7万亿元，同比增长71%，比同期企业和个人存款增速高57.1个百分点。理财产品规模已经超越公共基金（3.6万亿元），成为仅次于银行存款和信托计划（7万亿元）的财富管理工具。

为推动理财业务合理转型，更好地直接服务实体经济，2013年10月起，银监会指导探索了“理财直接融资工具”（这里简称“工具”）和“银行理财管理计划”（这里简称“计划”）创新试点业务。“理财直接融资工具”是一种由商业银行作为发起管理人设立、直接以单一企业的债权融资为资金投向，由合格投资者（银行理财管理计划）投资的标准化的金融工具（SPV）。其目的是要通过创建一种具有一定流动性、可市场估值、信息披露更加透明的金融工具，逐步替换非标债权资产，以进一步提高理财投资的标准化程度。而作为资金端的银行理财管理计划，也有别于传统的银行理财产品，是商业银行发行的开放式、无预期收益率、仅投资银监会认可的标准金融工具（债券、理财直接融资工具等），并独立开户、单独管理、单独建账和单独核算的理财产品。通过“工具”和“计划”的架构设计，实现资金需求和资金供给双方的直接对接，实现“去通道、去链条、去杠杆”的目标，降低企业融资成本，提高资金使用效率，推进多层次直接融资体系建设，促进理财资金更好地服务实体经济。截至2014年底，已有16家试点银行成功发行了155只“工具”，融资金额合计453.57亿元，其中仍存续110只，金额334.65亿元。项目行业分布主要包括上海自贸试验区建设、西部开发、农业、生物制药、水利、高科技产业、电力、环保等行业。此外，为加大理财资金对绿色经济、低碳经济、循环经济的支持，在前期试点的基础上推出了绿色金融理财直接融资工具，主要投向绿色农业开发、农村饮水安全工程、节能环保服务等行业。

资料来源：中国银监会. 中国银行业监督管理委员会2014年报［R］. 北京：中国银监会网站；2013.《中国金融年鉴》编辑部. 中国金融年鉴［M］. 北京：中国金融年鉴杂志社，2013.

5.2.3　商业银行的融资租赁业务

融资租赁是与一般租赁存在很大不同的概念。对一般租赁普遍接受的概念是：租赁是由商业银行作为财产所有者（出租人）按契约规定，将财产租让给承租人使用，承租人根据契约按期支付租金的业务。这是一种关于物品使用权的借贷活动。而商业银行所从事的融资租赁业务则是指以融通资金为目的的期限较长的租赁。融资租赁是第二次世界大战后在美国作为独立的事业发展起来的，以后商业银行才开始介入该业务。

1.融资租赁特点

融资租赁的特点是：①是一种特殊的融资形式，以融物来融通资金。出租人向承租人提供的是相当于设备全额资金信贷的等价物。租赁物的维修、养护通常由承租人负责或付费；在期末承租人可以象征性购入残值。②租赁期长，是一种的特殊的融资方式。由于商业银行以向承租人提供设备的方式来代替提供资金，因而形成了融物融资相结合的融资方式。③对同一设备而言，面对的是单一的客户。④租赁所涉及的租赁物范围非常广，从人造卫星、飞机、轮船、信息处理设备、现代医疗设备、电话设备、办公设备、建筑机械、农业机械甚至灌溉系统，一般是专用设备或技术含量高的设备，一个项目所涉及的资金数额可达数亿元。

2.商业银行从事融资租赁业务的作用

（1）从资产运用的安全性来看，可降低银行资金运用的风险。租赁业务使银行保留了设备的所有权，从而保障了资产的安全性，一旦发生经济纠纷，可凭借设备所有权交涉。

（2）从自身经济利益来看，收益有一定保障。银行通过收取租金，可回收所投全部资金及利息，并会产生相当的效益。同时可以从加速折旧和投资免税中获得优惠（有些国家允许租赁设备加速折旧和实行投资免税），在加速折旧中收回大于投资的价值。

（3）从对经济发展的贡献来看，有利于出口创汇。经营国际租赁可以促进本国设备出口，增加本国设备的向外输出，从而创收外汇。

商业银行从事租赁业务也会有不利之处，表现在通过租赁投入的全部投资具有周期长、周转慢的特点，在这一过程中要承担资金的风险，同时还要承担租赁设备的陈旧、老化以及租不出去的风险，影响银行的经营效果。

3.融资租赁业务的主要种类

（1）以融资租赁业务的具体经营方式为划分标准，可分为直接租赁、转租赁和回租租赁

①直接租赁。直接租赁是一种直接购进租出的租赁方法，是由银行或租赁公司根据对市场的判断，筹措资金后从供货厂商处直接购进租赁设备，然后租给承租人使用。直接租赁中，出租人直接向承租人提供了资金融通。一般包括两个合同，一个是租赁合同，由出租人和承租人签订，一个是购货合同，由出租人与供货商签订。依选购租赁物的执行者不同可以有两种具体办法，一是出租人选购租赁法，二是承租人选购租赁法，后者是目前各国普遍所采用的方法。

②转租赁。转租赁是指银行先以承租人（第一承租人）的身份向租赁公司或厂商（第一出租人）租进其用户所需要的设备，然后再以第二出租人的身份把设备租给第二承租人使用的租赁方式。一项转租赁业务涉及四个当事人，即第一出租人、第二出租人和第一承租人、第二承租人、设备供应商。要签订三个合同：购货合同，由第一出租人和设备供应商签订；租赁合同，由第一出租人和第一承租人签订；转租赁合同，由第一承租人即第二出租人与第二承租人签订。对同一租赁物形成两次租赁关系，在后两个租赁合同中各方有各自独立的权利和义务。

当一家租赁公司自身借贷能力较弱，融资技术不发达，资金来源有限时，常采用这种方式，以期获得其他融资租赁公司优惠的融资便利。这项业务在我国多用于引进外国设备。第二出租人（第一承租人）没有直接向第二承租人提供资金融通。第二出租人本身并未直接买设备，未取得对转租设备的所有权。因此，租金总额与其他租赁不同，包括：向第一出租人支付的全部租金、转租营业费、必要的盈利。不再加息，否则将重新计算。

③回租租赁。回租租赁又称售后回租或返租赁，指企业先将自己现实拥有的设备、厂房（自制或外购）的所有权出售给银行，然后再作为承租人将其租回来使用。

回租租赁是一种紧急融资方式，当企业急需资金时，可利用这种方式改善财务状况。这种租赁可以使企业固定资产变为流动资金，同时又不影响固定资产的使用；便于调整固定资产与流动资产的积累比例；便于企业转移投资，灵活调整产品结构。回租租赁只涉及两个关系人：企业，既是卖主又是承租人；银行（或租赁公司），既是买主又是出租人。回租租赁需要签订两个合同：买卖合同和租赁合同。

（2）以租赁中出资者的出资比例为标准，可分为单一投资租赁和杠杆租赁

①单一投资租赁。单一投资租赁指的是由出租人承担购买租赁设备全部资金的租赁。出租人运用自有资金购买设备，必将为自身资金实力所限，因而是一种规模不大的传统租赁形式。

②杠杆租赁。杠杆租赁指银行租赁部门若一时无能力购买巨额价值的设备，如海上钻井平台、大型客机、炼油或炼钢的成套设备等，可在小部分自筹资金（20%～30%）的基础上向其他银行或保险公司筹借大部分贷款（一般占70%～

80%），并以所购设备作为贷款抵押、以转让收取租金的权利作为贷款的额外保证，然后将设备租给承租人，以收取的租金作为盈利并偿还贷款的租赁方式。因为主要出租人银行只出小部分资金，就可启动一笔数额很大的资金融通，所以被形象地称为杠杆租赁。

杠杆租赁的特点可概括为：第一，出租人只提供小部分（20%～30%）资金，其余部分由银行或其他金融机构联合提供；第二，涉及的资金数额巨大，多用于购买大型资金密集型的设备，如飞机、船舶、卫星等；第三，业务程序复杂。杠杆租赁涉及大量外界资金，有若干个当事人，需要签订若干个合同，一场谈判也需要多方参加，被认为是法律关系最复杂、操作程序最繁琐的形式，也正因为此，杠杆租赁作为一种高层次的租赁形式需要在法制完善、租赁市场发达的国家中才能得以发展。在美国租赁市场中杠杆租赁占据了40%的份额，是当前风行西方国家的租赁形式。

（3）以租赁交易所涉及的地理区域为标准，可分为国内租赁和国际租赁

①国内租赁，指租赁交易只处于国内区域，交易中所涉及的当事人同属一国居民，因而是一种融通国内资金的形式。②国际租赁，指租赁交易的地域扩展到国外，交易中涉及的当事人分别属于不同的国家。国际租赁又分为进口租赁和出口租赁。

（4）从公司组织业务形式，可分为自营租赁、合办租赁、代理租赁

①自营租赁。出租人自行筹资并购入设备。由此产生的收益和风险自己承担。②合办租赁。出租人与制造商或其他租赁机构联合，按各自垫资比例占有租期内物件所有权，租金收益权，并分担风险。③代理租赁。出租人接受企业（有闲置设备）委托，代其做宣传、寻找承租人，不垫资、不占有物件所有权，收取手续费作为收入来源。

§5.3　商业银行创新的表外业务

5.3.1　银行提供的担保业务

1.担保的概念

担保是银行接受交易中某一方申请人的申请，允诺当其不能履约时由银行承担对另一方的全部义务的行为。在各国长期的经济交往中，担保业务是以开具保函的形式进行的，有投标保函、履约保函、付款保函、赔偿保函、租赁保函等。

银行为担保业务开具的保函种类很多，基本内容包括：①三个当事人，即被担保人（投标人、供货人、承包人等）、受益人（招标人、买主、雇主等）和担保人（如银行）。②担保金额和期限，这是计收担保费用的重要依据。③责任条款及索赔办法。责任条款中约定了三方当事人所承担的责任，索赔办法中规定受益人向担保人提出索赔要求的方式、期限、渠道和应提供的单据及证明等。④其他内容，包括

保函号码、受益人地址、交易内容等。

银行提供的担保业务包括对偿还贷款担保、跟单信用证担保、票据承兑担保、有追索权的债权转让。担保业务不占用银行的资金，但担保保函一经开出即形成开出保函银行的或有负债，当申请人（被担保人）不能及时地完成其应尽义务时，银行就必须代其完成（通常为付款）。

银行在提供担保时除了将要承担的违约风险外，还有汇率风险、国家风险等，是一种风险较大的表外业务，各国金融监管当局都对它作了严格的限制，《巴塞尔协议》也将银行担保业务的信用转换系数定为100%。

2.担保业务的种类

银行担保业务种类主要有备用信用证和商业信用证。

（1）备用信用证是担保业务的一个主要类别，它通常是为债务人的融资活动提供担保，与商业票据的发行相联系。当某个信用等级较低的企业试图通过商业票据的发行筹集资金时，常会面临极为不利的发行条件，在这种情况下，它可向某一银行申请备用信用证作担保，一旦这家企业无力还本付息，则由发证银行承担债务的偿还责任。可以看出，银行开出备用信用证实质上是出借银行信用等级的行为，这一做法使发行人的信用等级从较低的水平提高到较高的水平。银行开出备用信用证后将面临市场风险与信用风险，但一般情况下银行全部备用信用证损失还是较之贷款损失小得多。

在备用信用证业务中，有下列几个要点：第一，申请人资格要求。一般而言，备用信用证申请人必须是银行的老客户，在本行设有账户，符合银行对客户信用等级的要求。申请时必须提交详细的财务资料、银行要求的抵押品及开证所需的费用。第二，开证限制。备用信用证额度限制与银行根据客户资信等级确定的信贷额度相同，如客户申请的备用信用证额度大于其信贷限额，则超出的部分本行应出售给其他银行；同时，备用信用证时限不得超过5年。第三，开证程序。首先是信用评估；其次是核验抵押品；再次是收取必要的费用。一般情况下，抵押品市值不应低于备用信用证额度的30%，信用证开出后，银行要永久保存其副本。银行开出备用信用证要收取开证费，为信用证额度的1%。

（2）**商业信用证是国际贸易结算中的一种重要方式，是指进口商请求当地银行开出的一种证书，授权出口商所在地的另一家银行通知出口商，在符合信用证规定的条件下，愿意承兑或付款承购出口商交来的汇票单据**。信用证结算业务实际上就是进出口双方签订合同以后，进口商主动请求进口地银行为自己的付款责任做出的保证。

商业信用证是在国际贸易中产生的，进出口商之间可能因缺乏了解而互不信任，进口商不愿先将货款付给出口商，担心出口商不按约发货；出口商也不愿先发货或将单据交给进口商，担心进口商不付款或少付款。在这种情况下，银行就可出面在进出口商之间充当一个中间人或保证人的角色，一边收款，一边交单，并代客融通资金，信用证结算方式由此产生。如今信用证结算已成为当今国际贸易中使用最广泛、最重要的结算方式。

商业信用证的好处是：对进口商来说，商业信用证的使用，便于提高其资信度，使对方按约发货得到了保障，而且可以通过信用证条款来控制出口商的交货日期、单据的种类和份数等。另外，可以通过信用证中的检验条款来保证货物上船前的数量和质量。由于申请开证时，进口商只需交纳一部分货款作为押金即可，实际上是银行为进口商提供了一笔短期融通资金。对出口商来说，出口收款有较大的保障，银行作为第一付款人，使付款违约的可能性大为降低。另外，由于开证行开出商业信用证需有贸易和外汇管理当局的批准，所以利用商业信用证来结算，就可避免进口国家禁止进口或限制外汇转移产生的风险。对开证行来说，开立商业信用证所提供的是信用保证，而不是资金。开立信用证既不必占用自有资金，还可以得到开证手续费收入。同时进口商所交纳的押金，在减小垫款风险的同时，也可以为银行提供一定的流动资金来源。

对于商业信用证，人们通常把它看作一种结算工具。而实际上，从银行角度来看，商业信用证业务是一种重要的表外业务。在这项业务中，银行以自身的信誉来为进出口商之间的交货、付款作担保，一般来说不会占用其自有资金，是银行获取收益的又一条重要途径。

商业信用证的种类很多，主要的划分方法是：按是否跟单，可以分为跟单信用证和光票信用证；按可否撤销，可分为可撤销信用证和不可撤销信用证；按议付方式，可分为公开议付、限制议付和不得议付信用证。

3.备用信用证与商业信用证的比较

两者相同之处在于信用证是一项独立的文件。进口商请求银行开证时按合同内容填写申请书，开证行也是根据合同内容开证的。但信用证一经开立，就完全脱离了买卖合同，成为一个独立的信用文件，开证行只需对信用证负责，只要出口商提供的单证符合信用证的规定，开证行就有付款的责任，而不管实际中的交易情况如何，即信用证业务是以单证而不是货物作为付款依据的。

两者不同之处在于备用信用证不需要银行进行实际的融资，银行只是第二付款人，只有当申请人无力偿还、不能如期履约时，才需要银行资金的介入，由银行付款；而在商业信用证业务中，开证行担负第一付款责任，是第一付款人，出口商可以直接向银行要求凭单付款，无需先找进口商，开证行对出口商的付款责任是独立的责任。

5.3.2　银行提供的承诺业务

银行的承诺业务分为可撤销和不可撤销两种，可撤销的承诺业务包括贷款限额、透支限额；不可撤销的承诺业务主要有回购协议、信贷承诺、票据发行便利。

1.回购协议

回购协议是指交易一方向另一方出售一定数量的某种资产，并承诺在未来特定日期、按约定价格从另一方购回的交易形式。

银行参与回购协议交易可以两种身份出现：一是为解决头寸不足而暂时售出持有的证券并在以后购回；二是银行购入其他机构持有的证券并在以后回售给该机构，这相当于对该机构发放了一笔以证券作抵押的短期贷款。严格地讲，回购协议并不能算作真正意义上的表外业务，因为不论是银行售出或购入的证券都仍须列入资产负债表。虽然回购协议仍列入资产负债表中，但《巴塞尔协议》中仍将其列入表外项目，并规定其信用换算系数为100%。这是因为，回购协议期限一般较短，通常是隔夜回购，而资产负债表的编制时间的间隔为一个月，故不能将其及时反映在表内。

2.信贷承诺

信贷承诺是指银行在对借款客户信用状况的评价基础上与借款客户达成的一种具有法律约束力的契约，银行将在承诺期内，按照双方约定的金额、利率，随时准备应客户需要提供信贷便利。作为提供信贷承诺的报酬，银行要向客户收取承诺佣金。

首先，信贷承诺对于借款人来讲，具有较大的灵活性，获得承诺的借款人等于拥有了一种保险，享有机动灵活的选择余地，可以随时根据自身的营运情况，确定用与不用、用多用少、用长用短，以求最为经济合理地使用资金，减少不必要的资金浪费。其次，贷款承诺具有可观的支持性。借款人通常都依靠承诺来有力支持自身在直接融资市场上的信誉，尽管付出了一定的承诺佣金，但往往在更大程度上降低了自身筹资成本。对于承诺银行来讲，贷款承诺首先具有较高盈利性。申请承诺的借款人通常都把它作为一种支持性工具，因此银行实际上并不需要动用资金，仅凭信誉实力就可赚得可观的佣金。其次，贷款承诺具有较低成本性。由于在承诺中借款人多是银行所熟悉的优质客户，调查分析的成本很低，这就有利于降低营运支出。

信贷承诺有三种类型，即定期贷款承诺、备用信贷承诺、循环承诺。

（1）定期贷款承诺

在定期贷款承诺下，借款人在承诺期限内只能提用一次，如果借款人不能一次提用承诺的全部资金，承诺金额实际已降至所提用的金额。贷款的期限则通常是借款人提用承诺时承诺的剩余期。

（2）备用信贷承诺

在这种承诺下，借款人可在承诺期限内多次提用资金，一次提用部分贷款不影响对其他剩余承诺贷款的提用。开始偿付利息的贷款不能再提用。这是直接的备用信贷承诺。此外，还有两种变形的备用信贷承诺。一是递减的备用承诺，是在直接的备用信贷承诺基础上，附加承诺额度将定期递减的条款，当剩余承诺贷款额度不足以扣减时，银行可要求借款人提前偿还本金，以补足扣减的承诺额，这种承诺意在鼓励借款人尽早提用或提前偿还本金。二是可转换备用承诺，是在直接的备用信贷承诺基础上，附加承诺转换日期的条款，在此日期前借款人可按直接的备用信贷承诺多次提用资金。如果一直未用，则在此日期之后备用承诺转为定期贷款承诺，只能提用一次；如果已经使用，则在此日期之后，承诺额降至已提用而又尚未偿还的金额为止，未提用部分失效。

（3）循环承诺

承诺期内，借款人在满足特定条件下可多次提用，并且可以反复使用已偿还的贷款，只要借款人在某一时点使用的贷款不超过全部承诺额即可。这是直接的循环信贷承诺。此外，还有两种变形的循环信贷承诺，其作用机制与备用信贷承诺中的两种形式相似。一是递减的循环承诺，即提前确定一个递减的额度，每隔一定时期扣减承诺额。二是可转换的循环承诺，即在转换日之前，是直接的循环信贷承诺；在转换日之后，是定期贷款承诺，承诺额降至已提用而又未偿还的金额，未提用的承诺部分失效。这种协议期限较长，客户随用随还，还了再用，银行为此收取承诺费，作为提供这种优惠的报酬。

3.票据发行便利

票据发行便利是指银行同意票据发行人在一定期限内发行某种票据，并承担包销义务。在这种方式下，借款人以发行票据方式筹措资金，而无须直接向银行借款。在欧洲货币市场上，这种业务非常流行。

如借款人发行的票据不能如期售完，银行将负责买下剩余的部分或以贷款的方式予以融通。如果借款人是银行，那么它们所发行的短期债券通常是大额可转让存款单。如果借款人不是银行，那么它们发行的短期债券主要为欧洲票据。票据发行便利使借款人得到了直接从货币市场上筹得低成本资金的保证，并能按短期利率获得往来银行长期贷款的承诺，银行则不但收取手续费，而且维持了与客户的良好关系。在该业务中银行实际上充当包销商的角色，从而产生了或有负债。

5.3.3　贷款出售

贷款出售是指银行将已发放的贷款出售给其他金融机构或投资者的行为。贷款售出后，银行要为买方提供售后服务，如代收利息、监督贷款资金运用、对抵押品进行管理等。

1.贷款出售的分类

（1）按贷款出售后有无追索权划分，贷款出售包括有追索权贷款出售和无追索权贷款出售两种形式：一是有追索权贷款出售时，一旦出现借款人无力偿还借款的情况，贷款的买方银行对卖方银行的其他资产具有一般追索权，银行必须承担对买方银行的还本付息的责任。有追索权贷款出售是贷款出售的一般形式，贷款出售后，该笔贷款即从银行资产负债表中移出，成为银行的或有负债。二是在无追索权的贷款出售中，卖方行则没有什么风险，只是将原有贷款从资产负债表中转出，代之以收回的货币资金。

（2）按贷款出售的具体操作划分，有单笔贷款出售和贷款证券化出售两种形式。其中：单笔贷款出售常常被归入银团贷款一类，指牵头银行在发放某笔大额贷款后，将其中的一部分转售给其他银行，而牵头银行负责整笔贷款的管理工作。而贷款证券化出售是当今银行资产证券化浪潮中出现的金融创新方式，最早见于美国住宅抵押贷款的出售。银行的贷款出售时，将众多流动性较差的同质贷款（期限、利率、风险相类似）捆成一个组，从而组成一个贷款组合，然后请专业的评级机构对该贷款组合进行评级，评级后，银行将贷款组合中的贷款总金额分成若干等份，发行以贷款资产为基础的证券，银行从贷款上得到的利息收入是支付证券本息的保证。这类新工具以其收益性上及流动性上的特点，成为对投资者较具吸引力的投资工具。

2.贷款出售的特点

（1）对于出售贷款的银行来讲，贷款出售首先要具有较高盈利性。银行通过出售可把获得的本金用来形成利差更高的贷款，或者可以再度形成贷款后售出，从而在不占用自有资金情况下反复赚取手续费，以充分发挥自己信用评估、形成贷款的优势；其次，贷款出售实现了银行资产的流动性，通过各种方式的贷款出售，银行把传统上一直是非流动性的贷款变成了流动性的贷款。

（2）对于购买贷款的银行来讲，贷款出售首先有助于实现充分分散化的贷款组合。通过购入其他地区、其他行业的贷款，可以使自身的贷款组合高度分散化，降低总体资产的风险，而风险的降低又有利于对外融资成本的降低；其次，贷款出售开辟了新的投资领域，由于出售的一般是优质贷款，这使得购买者获得了一种比较安全而且收益又可观的投资方式。

（3）对于借款人来讲，贷款出售促进了融资的便利性。由于贷款具有出售的可能，银行通常会更易于满足借款人完全的资金要求，使其不必与多个银行再度寻求联系，既节约了信贷费用又享受到了大银行提供的规模服务。由于贷款具有可销性，银行将更热衷于形成贷款进一步售出，从而使企业扩大了筹资机会，同时银行间形成贷款以求出售的竞争动机也会促使贷款利率被压低。

3.贷款出售的交易程序

以下通过最为普遍的贷款出售的参与形式来说明交易程序：①出售银行根据借款人的资信及经营情况确定信贷额度，并在此额度范围内提供信贷，直至出售发生为止。②出售银行根据出售贷款的期限选择某个基础利率（如商业票据利率等）作为基准，调整若干基本点作为利差，在金融市场上提出出售贷款的报价。③购买贷款的银行或机构与出售银行接洽，出售银行向购买者提供借款人必要的资信及财务资料，以便于购买者判断和选择。④出售银行和购买者协商贷款买卖的具体细节，签订参与贷款买卖的基本协议书，参与合同确立时，无须通知借款人。⑤出售银行根据参与合同，定期将借款人的利息支付和本金偿付转给购买者，直至该贷款出售到期。

银行在处理呆滞贷款时，常常采用贷款出售方式，即将某笔贷款售给专门的坏账处理公司，及时回笼部分资金。贷款出售业务对提高银行的资本充足率、转嫁银行的资产风险等，具有积极的作用。

5.3.4 衍生金融工具的交易

1.衍生金融工具的产生

衍生金融工具是指在传统的金融工具（如现货市场的债券和股票）基础上产生的新型交易工具。目前，商业银行从事的主要衍生金融工具交易种类有：期货与期权交易、互换业务、远期利率协议。交易的目的都是为了规避利率风险。

衍生金融工具的价值取决于基础工具。比如，股票的期权交易是指某一投资者在未来的一段时间里拥有按期权交易契约中的条件买卖某种股票权利的交易，在约定的时间里投资者可进行这项交易，也可放弃这项交易，这种对股票选择权的交易就是以某种具体的股票为基础工具的，它就是一种以股票为基础的衍生金融工具。

衍生金融工具是当今金融自由化、全球化发展导致金融不断创新的结果，这种金融工具的创新为金融与经济的发展带来了利弊影响。具体表现为：一方面，使世界范围内金融业的活力和运转效率得到空前提高，成为新的金融效益增长点，同时使银行的经营管理技术迈向了新的高度；另一方面，在交易中如运用不当或稍有不慎，就会成为片面追求盈利而进行的投机性操作，有可能造成巨额损失，进而导致银行的破产和倒闭，甚至导致局部性或全球性的金融危机的爆发。因此，商业银行应科学地运用衍生金融工具，充分发挥其增加盈利收益的巨大作用，同时还要注意提高资产质量，防范金融风险。

2.期货交易

期货交易（future）是买卖双方成交后按合约中规定的价格在远期交割的一种交易方式。对于合约中的买方，意味着按合约在将来某段时间按既定价格买入某种商品；对于合约中的卖方，意味着按合约在将来某段时间按既定价格卖出某种商品。事实上，绝大部分期货交易都是在到期以前做一笔相反交易，即买方卖出一份同样的合约，卖方买进一份同样的合约。通过这种相反的交易，使将要履行的义务抵消，这种在到期日以前进行的相反交易，叫"对冲"（mutual offset）。

（1）金融期货交易类型。金融期货交易是指脱离了实物形态的、以货币汇率、借贷利率及各种股票指数作为交易对象的期货交易。世界上第一份金融期货交易合约是于1972年5月15日由美国芝加哥商品交易所（CME）推出的，是布雷顿森林体系崩溃、汇率风险增加的结果。涉及的货币种类有英镑、日元、德国马克、法国法郎、瑞士法郎、澳大利亚元等。以后又推出了各种利率期货，1980年以后又推出了各种股票期货，而且在各类期货交易中还有数种或数十种交易类型。

（2）世界上著名的期货市场。目前除芝加哥商品交易所，还形成了一些其他著名的专业性金融期货市场，如伦敦国际期货交易市场、东京国际期货交易市场、法国国际期货交易市场、新加坡国际货币交易所，在20世纪80年代以后还出现了金融期货市场的国际链接，更促进了金融期货交易的发展。最典型的事例就是新加坡国际货币交易所和芝加哥商品交易所之间的相互对冲交易，不但增加了市场的流动性，还延长了交易时间，为交易者规避隔夜风险创造了条件。

3.期权交易

期权交易就是对某种选择权的交易。期权交易（option）是指双方当事人达成某种协议，期权买方向卖方支付一定的期权费用，取得在未来到期日或到期日前按协议价格买进或卖出一定数量某种资产的权利；期权卖方收取了一定的期权费用以后，承担在未来到期日或到期日前按协议价格卖出或买进一定数量某种资产的义务。当期权买方放弃行使买卖交易权的时候，不得索取已支付的费用；同时，期权卖方则始终具有满足买方行使权利的义务，当买方放弃行使权利时，他不能要求买方行使这种权利。从行使期权的种类划分，可以有两种：一是美式期权，可以在到期日之前任何时候行使期权交易，是国际市场中采用的主要形式；二是欧式期权，必须在到期日才能行使期权交易权利。从期权交易的内容划分，可以有股票期权、利率期权、外汇期权等。

（1）期权交易的特点

期权交易的主要特点表现为：一是风险的不对称性。一般的金融工具所产生的风险格局是对称的，即交易双方共同面临和承担几乎等量的风险，而期权所产生的价格风险在期权买方和卖方之间的分布是不对称的，即买方的损失仅限于期权费，而卖方的损失则无限，当然期权价格风险不对称性并非绝对。二是选择的灵活性。期权是一种更为灵活优越的保值工具，如它使卖出交易期权者在出现价格向有利于己的方向变动时，无需拘泥于既定的交割义务，可以放弃行使卖出交易权，从而随市场行情变化，获得无限盈利。三是损失的有限性。如买入期权的一方放弃买入权利时，最大的损失是所支付的期权费。

（2）商业银行对期权交易的参与形式

商业银行对期权交易的参与形式主要有三种：一是场外期权交易，商业银行与客户的所有交易均通过电话或交易系统直接成交，这种交易不用支付佣金。既面向非银行客户的零售市场，又面向金融机构的批发市场。二是交易所期权交易。商业银行通过交易所买卖的期权，标准化程度高、流动性强、安全性好，但交易的基础资产有限。交易所期权表现为交易者与交易所的交易，商业银行通常以获得交易席位的方式来成为交易所的市场制造者。商业银行参与交易所期权的最大优点是使自身从忙于交易促成中解脱出来，致力于复杂的期权交易战略策划上。三是隐含型期权交易。这主要是期权经营思想与商业银行日常业务融合而产生的创新，如可转换债券、接通知即偿还债券、货币保证书和包销协议等。善于从事期权业务的商业银行敏感地把握住了市场客户对灵活的买卖选择权的偏好，并不失时机地把期权与既有的诸多金融工具相融合，从而拓宽了自己的期权经营领域。

（3）期权交易对商业银行经营管理的重要意义

①期权使商业银行获得了有力的风险管理工具。期权使风险管理的成本进一步固定和降低的同时，还保留了商业银行在有利的价格形势下进一步获利的可能性，从而使银行在风险管理中处于比较主动的地位，尤其是在对付大量的或有资产、或

有负债方面，期权被视为理想的风险管理工具。

②期权使商业银行获得了有力的财务杠杆。商业银行集融资优势、信息优势与规模交易优势于一身，通过丰富的期权交易战略，可以组合成风险水平各异的投资策略。借助无风险的套利和高风险的投机，商业银行近年来从中获得了巨额收入。

③期权给予了商业银行管理头寸的进取型技术。商业银行正通过出售期权来对其日常经营的巨大外汇、债券、股权头寸进行积极管理，从这种表外型的现金管理技术中可获得可观的期权费收入，从而大大提高了资产收益率。

4.互换业务

互换（swap）是两个或两个以上的交易对手在外汇交易过程中，出于筹资或避险的需要，而在交易的期限、利率、币种等方面进行对换的业务。通常，互换的最低交易单位是1 000万美元，美元以外的货币换算后，要相当于这一金额；使用较多的货币是美元、欧元、瑞士法郎、英镑、日元；期限较多的是5~7年，超过10年的也时而有之。

（1）互换的特点

①灵活。互换是一种场外交易，可以制定满足客户需要的特殊产品，合同条款不必拘泥于交易所产品的各项限制，尤其是在交易对象、期限、金额等方面，其灵活性是场内交易工具所不能及的。

②保密性强。大的交易者都有保守自己交易行为的愿望，其目的主要是为了避免巨额交易对市价的剧烈冲击，因为这将导致成本不必要的增加，从而影响到交易计划的实现。作为仅限于有关当事人之间的互换，能够很好满足保密交易意图的要求。

③管制少。互换交易游离于国际金融机构管制之外的事实，极大地刺激了商业银行的交易兴趣。

④债务的不变性。互换交易，处理的是有关债务的金额、币种、利率、期限及偿还方式等经济方面的因素，对原债权债务人之间的法律关系没有任何影响。

（2）互换业务对商业银行经营管理的重要意义

①增加了商业银行的经营收益。借助于互换，银行充分发挥了自身的信息优势和活动能力，作为互换便利者，既分享了在不同金融市场之间的套利，又可获得撮合某笔交易的手续费。由于互换交易的起始金额巨大，因此互换交易收入相当可观。

②丰富了银行风险管理的手段。互换有利于商业银行规避不利的市场条件和管制，既可降低商业银行的筹资成本，又可扭转其浮动利率负债和固定利率资产造成的结构上的不稳定，从而有助于银行的稳定经营。

③促进了商业银行提供全面的金融服务。目前欧洲债券市场上债券发行的70%～80%均与互换多多少少有联系。通过提供优越的互换交易方案，商业银行可以获得承担企业债券发行的业务，并进而设计出适合于互换目的的债券。商业银行以互换作为有力的依托，正进入各种直接融资的服务领域。

（3）互换的类型

商业银行从事的互换类型主要有三种：一是利率互换（interest swap）。这是指由于借款人信用等级不同，对于一笔同样金额、期限、币种的借款，甲借款人需以浮动利率方式偿还利息，而乙借款人可以以固定利率方式偿还利息，这样甲借款人为了能够获得固定利率偿还利息方式，就通过提供一定条件与乙借款人达成协议，各自用对方的利率替对方偿还利息。这是商业银行经常做的互换业务种类。在利率互换中，本金只是象征性地起作用，双方之间只有定期的利息支付流，并且这种利息支付流表现为净差额支付。二是货币互换（currency swap）。货币互换是指甲乙两个借款人分别向不同的贷款人发放贷款借入一笔款项，这笔款项的利率计算方法相同、期限相同，但货币种类不同，通过彼此提供一定条件达成协议，各自获得对方借入的货币种类贷款，并用对方借入的货币偿还本金和利息。这是商业银行经常做的另一种互换业务种类。三是期限互换。期限互换是指在即期卖出一定数额的某种货币的同时，再签订一个买入同样数额的同种货币的远期合同；反之亦然。

5.远期利率协议

（1）远期利率协议的概念

远期利率协议（forward rate agreement，FRA）是一种买卖双方以降低收益为代价，通过预先固定远期利率来防范未来利率的波动，实现负债保值或资产保值的一种金融工具。同时远期利率协议也是一种远期合约，买卖双方商定将来一定时间段的协议利率，并指定一种参照利率，在将来的某清算日按规定的本金数额，由一方向另一方支付当初的协议利率和届时参照利率之间差额利息的贴现金额。该协议交易建立在双方对未来一段时间利率的预测存有差异的基础上，由英国率先推行。

从买方来看，远期利率协议的买方预计未来一段时间内的利率走势上升，因此，希望现在就把利率水平确定在自己愿意支付的水平即约定的协议利率上。如果未来利率上升，他将以从卖方获得的差额利息收入来弥补实际筹资所需增加的利息费用；如果未来利率下降，他在实际筹资中所减少的利息费用也将因要支付差额利息给卖方而抵消，但无论如何，都实现了目前就固定未来利率水平的愿望。

从卖方来看，远期利率协议的卖方预计未来一段时间内的利率走势要下降，因此，希望现在就把利率水平确定在自己愿意接受的水平，即协议利率上。如果未来利率下降，他以从买方获得的差额利息收入来弥补实际投资带来的利息收入下降；如果未来利率上升，他在实际投资上所带来的利息收入增加也将为支付给买方的差额利息抵消，但无论如何，都实现了目前就固定住未来利率水平的愿望。

远期利率协议与利率互换很相似，实际上，互换是一系列远期交易契约的组合，因此远期利率协议是利率互换的分解，除此之外，它所具有的起息日贴现付息的方式相对于利率互换来说减少了风险。

（2）远期利率协议产生原因

如何能够更好地实现商业银行资产和负债的期限匹配是银行经营过程中的重要问题，因为如果资产和负债的期限经常不能实现匹配，尤其是资产期限长于负债期限的话，银行将面临利率敞口风险的威胁，特别是当资产与负债的期限严重失调时，有可能使银行陷入严重困境，引发银行危机。于是许多商业银行开始利用远期市场来避免这种失调的可能性。一是通过远期存款或贷款交易，即交易的一方约定在未来某一段时间内，以预定的利率在交易的另一方那里存一笔款或贷一笔款，以保证无论利率如何变化，都能以既定的利率存款或获得贷款；二是商业银行通过远期债券、存单等有价证券市场，进行与利率敞口期限的前后反向买卖，以达到套期保值的目的。这些行为虽然防止了利率多变的风险，但却扩大了银行的资产负债表的内容，并且隐含着较大的信用风险，容易导致本利的巨大损失。期货、期权市场的出现，使信用风险大为降低，然而利用期货、期权来完成保值，在交易达成之初，须支付相当数量的风险管理费用，并且在价格、期限、币种等方面要受到制约。

进入20世纪80年代后，国际金融市场上利率变化及波动更加剧烈，给商业银行经营带来了更大的风险，从而对资产和负债的期限匹配提出了更严格的要求。正是在这种形势下，一些信誉卓著的大银行开始尝试订立远期利率协议。

（3）远期利率协议的意义

一方面，远期利率协议消除了以往一些交易行为的局限。①巧妙地利用了交易双方因借贷地位不同所导致的利率分歧，以完全信任为基础，免除了在交易成立之初即支付资金的不便。②采取了名义本金、差额利息支付、贴现结算等有特色的方式。③对于那些受资本充足比率困扰，面临增加收益压力的商业银行来说，远期利率协议削减了本来用于风险管理的资金，提高了经营效益。远期利率协议的产生使商业银行在资产负债期限匹配中获得了比较理想的利率风险管理工具。正因为此，远期利率协议迅速流行于国际金融市场。

另一方面，对于整个金融市场而言，远期利率协议通过锁定未来的利率水平实现了风险的转移和分散，能够深化市场功能，提高市场稳定性，同时可以在客观上降低投资者的交易成本，提高市场效率。同时有利于促进市场的价格发现，为中央银行的货币政策操作提供参考。另外，随着远期利率协议的优越性逐渐为市场所认识，越来越多的大金融机构、大公司倾向于利用它来管理风险，于是，商业银行不失时机地承担起远期利率协议市场制造者的角色，通过不断地报价来充当交易的中介人，并从中获得收益，从而使远期利率协议的发展超过了其产生之初的意义。商业银行借助于远期利率协议，发展了范围广泛直接面向客户的场外交易金融服务，这种服务手续简便，交易方式简单，常常为客户的特殊要求而定制。

5.3.5　商业银行表外业务风险管理

由于表外业务既可以给银行带来可观的收益，也可能使银行陷入更大的困境，尤其是具有投机性的表外业务，其经营风险更加难以估算，所以对表外业务的管理实际上已成了商业银行内部管理的重要内容，也是金融当局实行宏观金融监控的一个重要方面。商业银行自身要加强对表外业务的内部管理，建立和完善表外业务的风险管理体系，主要应做好以下几个方面的工作：

1.重视表外业务的风险管理

在每一项表外业务的开拓、发展和管理过程中，银行的高级管理层应该注意对所从事的表外业务交易活动的风险管理，尤其是投机性、自营性较强的衍生金融工具交易。

2.建立银行内部有关表外业务的规章制度

建立银行内部有关表外业务的规章制度，重点要放在加强内控制度的建设上，如建立双重审核制度，以加强互相制约。

3.注重流动性比例管理

为了避免因从事表外业务失败而使银行陷入清偿力不足的困境，许多商业银行针对贷款承诺、备用信用证等业务量较大、风险系数较高的特点，适当提高流动性比例要求。有的还在贷款承诺中要求客户提供补偿金额，在备用信用证项下要求客户提供押金，以减少风险，保证银行拥有一定的清偿能力。

4.建立风险电子控制系统

对于风险管理可充分利用电子化技术的发展，以保证对风险管理的有关信息更准确、更及时。美国许多商业银行表外业务（尤其是衍生工具）的风险管理都建立了完善的信息控制系统，该系统可帮助高级管理层了解市场的最新变化、最新技术和产品，并进行科学决策。整个系统包括日常监测系统、电脑信息与决策系统，通过数学模型向高级管理层提供市场和银行信息，帮助其分析市场趋势，并指导交易。数学模型还可计算银行的资产组合、各种资产的价格、波动幅度、货币风险和市场风险，分析出现最坏情况的概率和对策。

专栏5-3

银行资金池理财产品的特征及潜在风险

近年来，银行理财市场高速增长，产品数量不断增加，类型日益丰富，期限逐渐优化，成为重要的财富管理工具之一。截至2012年末，存续银行理财产品3.1万只，资金余额6.7万亿元，同比增长64.4%。其中，银行资金池理财产品是由银行销售并负责投资运营的一类投资和管理计划，一般通过滚动发售不同期限的多支理财产品来持续募集资金，以保持资金来源和资金运用的平衡，资金投向包括债券、票据、信托计划等多种资产。目前银行资金池理财产品占全部表外理财产品支数的比例超过50%。近期，资金池理财产品因其一些特征所隐含的风险而引起了较多关注。

这些风险包括不单独核算各个理财产品的投资收益，期限错配，资产和负债的双重表外化，信息不透明，权责不明确。资产和负债的双重表外化是指，在银行资金池理财模式下，存款转为表外理财，即负债的表外化；同时银行资金池理财产品（主要是非保本浮动收益理财产品）所投资的资产也被记录在表外，即资产的表外化。这可能带来两方面的风险。首先是资本约束不足的风险。若在未充分计提资本的情况下，商业银行过度参与一些高风险领域，可能会超出其风险管理能力。其次是表外表内业务交叉风险。目前商业银行表内表外业务之间相互贯通，资金池理财产品的风险可能向表内业务传导。

因此，在发挥好银行理财业务积极作用的同时，从防范系统性风险的角度出发，需要引导商业银行审慎、规范推进理财业务创新。

一是收益与风险相匹配。对理财产品的监管，应着重考量其风险收益的分担是否合理。首先要求理财产品可单独核算，这是考查风险和收益的基础；其次是风险与收益之间的平衡，即体现"高风险高收益、低风险低收益"原则。银行应设计合理的收益和损失分配机制，根据自身经营和风险管理能力审慎开展业务。

二是加强表外理财产品风险管理。一方面，要从严掌握商业银行风险计量，根据业务真实属性和风险状况，及时、足额计提资本和风险准备。另一方面，建立和健全商业银行表内表外业务以及商业银行与证券、基金、保险、信托等合作的"防火墙"，避免表外业务风险的跨市场、交叉性传染。

三是完善信息披露制度。对理财产品发行、存续和到期等过程中涉及的资金投向、风险评级、客户收益等信息，银行需要及时、准确、完整地进行披露，提高产品透明度。

四是完善相关法律制度，明确权责。应在制度层面给理财产品更明确的法律地位，厘清银行和投资者之间、银行和投资资产之间的权责关系，同时尊重理财产品契约本身的严肃性。银行由于在专业技能、信息、决策和谈判能力上的优势，应始终把理财产品投资者的利益摆在首要位置，并做到谨慎投资。

五是加强投资者教育。提高金融消费者对理财产品性质的认知能力和对风险的识别能力，改变金融消费者将理财视为一种变相的存款并期望"旱涝保收"的观念，使其理性购买理财产品，推动理财产品市场健康、可持续发展。

资料来源：中国人民银行货币政策分析小组. 中国货币政策执行报告（2013年度第一季度）[EB/OL]. [2015-10-13]. http://www.pbc.gov.cn.

§5.4 商业银行创新的表外业务产品定价

商业银行创新的表外业务范围广泛，普遍都涉及产品定价问题。但是，从对产品的定价研究看，目前主要集中在规避利率波动风险的金融衍生品的定价研究上。

5.4.1 贷款承诺的定价

贷款承诺的定价是指承诺佣金的确定。为保证将来应付所承诺的贷款需求，银行必须保持一定的放款能力，这就需要放弃高收益的贷款和投资，保持一定的流动性资产，这使银行丧失了获利机会，需要借款人提供一定费用作为补偿。

贷款承诺定价的核心是佣金费率的确定。佣金费率的确定是非规范和统一的，通常由银行和借款人协商确定。影响佣金费率的因素有借款人的信用状况、借款人与银行的关系、借款人的盈利能力、承诺期限长短、借款人提用资金的可能性等，通常佣金费率不超过1%。在佣金费率确定以后，可从整个承诺金额、未使用的承诺金额、已提用的承诺金额中协定一项作为计费基础，习惯上多选择未使用的承诺金额，根据收费的承诺期限计算总的承诺佣金。

5.4.2 贷款出售的定价

贷款出售的定价可分为优质贷款出售与劣质贷款出售两类贷款出售的定价。

优质贷款出售多是在参与形式下进行，出售的贷款本金保持不变，只是在利率方面进行调整，即出售银行以低于自己所收放款利率的利率把贷款出售给购买者。原来的利率与新的利率之间的差距作为贷款出售的手续费，由出售银行获得，大小主要视贷款本身的质量、出售银行的信誉等因素而定。

劣质贷款出售多是在转让的方式下进行，出售的贷款利率一般保持不变，出售银行采取折扣方式以低于贷款本金面额的方式售出，从而收回部分自己的本金。银行旨在通过劣质贷款出售来实现资产结构调整，出售时的折扣程度取决于贷款的质量、期限长短及借款人财务状况等因素。

5.4.3 期权产品的定价

1.期权价格的概念

期权产品的价格是指期权的购买者付给合同提供者的一次性费用。期权价格应该等于期权立即行使时投资者可以获得的利润，被称为内部价值。假如，基础资产（如美元）价格低于成交价格，期权购买者就不会行使其权利，而未行使就意味着损失。反之，如果基础资产价格高于成交价格，期权就是赚钱的。

2.期权价格的确定

如何确定购买者付给合同提供者的一次性费用，即期权价格的确定问题，主要有四个影响因素（以看涨期权为例）：

（1）成交价格。期权价格主要是由交易价格与当时市场价格之间的关系决定的。对同一资产而言，在市场价格不变的情况下，成交价格越高，看涨期权的价格越低。

（2）利率。看涨期权的价格是利率的增函数。这种期权减少了拥有资产的机会或财务成本，因此，当利率上升时，这种期权会升值，期权价格也就会提高。

（3）到期日的长短。期权价格是到期日长短的增函数。随着时间的延长，基础资产价值超过成交价格的可能性越大。

（4）基础资产价格波动幅度。基础资产价值的波动幅度越大，期权价格就越高。期权是为了尽可能地防范负面风险，因而购买者的损失仅限于付出的期权价格，其可能的盈利却是无限的。

布莱克和斯科尔斯1973年确立的Black-Scholes期权定价模型是期权定价的基础性公式，可以制定出期权的近似价格。但是，该模型中的假设条件有局限性，数学推导和求解的过程也比较复杂。1979年，考克斯、罗斯、鲁宾斯坦和夏普等人提出二项期权定价模型，直观简单，攻克了部分Black-Scholes期权定价模型无法解决的问题。

5.4.4　互换产品的定价

1.互换产品价格的概念

互换产品包括利率互换和汇率互换。利率互换是指市场一定期限的浮动利率与一个固定利率的交易，以固定利率表示利率互换价格；货币互换的价格是用交换货币的远期汇率来表示。

在基本的利率互换交易中，合同一方的初始债务是浮动利率形式的，而另一方则是固定利率的，前者可以凭借与后者的互换减少遭遇的利率风险，而后者在互换后，利率风险增加了，只能寄希望于预期回报。

企业和银行参加利率互换的原因之一是把风险转移给更愿意承担的人；另一个原因是一方可能在长期固定利率资本市场上比另一方更有优势。

2.利率互换价格的确定

利率互换价格决定于一个固定利率的报价状况，固定利率往往是指一定年限的国库券收益率加上一个利差作为报价（而浮动利率是根据市场利率决定的，一般是使用5个月LIBOR）。例如，一个5年期国库券收益率为8.2%，利差是68个基本点，那么这个5年期利率互换的价格就是8.2068%。按照市场惯例，这是利率互换的卖价，其意义是按此价格，报价人愿意出售一个固定利率而承担浮动利率的风险。如果是利率互换的买价，则是一个5年期国库券收益率8.2%加63个基本点，即为8.2063%，其意义是按此价格，报价人购买一个固定利率而不愿承担浮动利率风险。由于债券的流通市场上有不同期限的国库券买卖，因此它的收益率适用于不同期限的利率互换定价。

国库券的收益率是组成利率互换定价的最基本部分，而利差的大小主要取决于互换市场的供需状况和竞争程度。利率互换价格中的利差，是支付浮动利率的对方抵补风险的一个费用，一般在50个基本点到70个基本点之间。不同的报价人根据各自头寸情况、市场供需情况，以及交易对手的国别、信用风险的不等，可以有不同的报价。

5.4.5　远期利率协议的定价

对于商业银行来说，远期利率协议的定价由三部分组成。一是远期利率。远期利率高低主要取决于交易期限、币种、金额等条件和报价银行的市场活动能力，远期利率构成整个定价的基础。二是启用费。这一费用不仅被用来抵销银行的交易费用，而且抵消由暗含的现货市场交易额引起的资本需求的增长。启用费的高低因报价银行实力和具体交易要求而异，起伏较大。三是利差收益。即商业银行从事远期利率协议交易所需获得的服务报酬，通常是25个基本点，同时由于银行间的竞争，利率有下降的趋势。

专栏5-4

我国商业银行业务的创新发展

长期以来，我国商业银行的利润主要来源于规模扩张和存贷利差，但随着利率市场化的推进及互联网金融的崛起，金融脱媒趋势加快，金融创新产品不断涌现，市场竞争日益加剧。2015年，全球投入FinTech（金融科技）领域的资金高达191亿美元，是2011年的近8倍。过去5年，超过400亿美元的资金流入这个领域。在强势资本的支持下，全球超过2 000家的金融科技公司正在充分利用大数据、云计算、移动互联网等新兴技术颠覆传统银行的业务模式。截至2015年底，全球互联网用户已经超过30亿，是2001年底的6倍。在当今由智能手机、移动互联网和“千禧一代”构成的高度数字化时代，金融科技公司正在蚕食银行利润丰厚的中间业务收入。同时，商业银行的传统存贷业务遭遇瓶颈，净息差从2008年开始逐年下降，银行依靠存贷利差的高盈利模式不可持续，转型压力增大。以前拥有较发达的传统存贷业务的股份制商业银行不再固步自封，而是选择发挥其优势加快产品创新，大力发展表外业务，通过表内转向表外的方式，对冲非系统性风险。

自2014年起，银行业加大金融创新力度，紧跟大众创业、万众创新的时代步伐，使创新成为驱动发展的新引擎。一是探索利用信息技术加强业务创新，利用互联网、大数据和云计算等技术手段，打造数字化金融平台，巩固物理经营渠道，延伸虚拟经营空间。不断丰富电子银行服务渠道，通过优化普及网上银行、电话银行、手机银行、ATM自助服务终端等，在传统物理网点之外进一步延伸服务渠道，扩大服务覆盖范围，延长服务时限，提升服务便利。二是探索非信贷业务创新，稳妥发展财富管理、资产托管等高附加值业务。三是探索加强负债业务创新，通过金融债、大额存单、要约交易等多种手段筹集资金，提升主动负债能力。四是探索加强信贷业务创新，开辟新的盈利渠道。

资料来源：麦肯锡. 金融科技全面冲击银行业及银行的应对策略［R］. 北京：麦肯锡，2016；于研，魏文臻杰. 银行利差与表外业务的内生性研究——基于中国上市商业银行2008—2013年的实证分析［J］. 国际金融研究，2015（3）；中国银监会. 中国银行业监督管理委员会2014年报［EB/OL］.［2015-07-20］. http：//www.cbrc.gov.cn，2014.

★ 本章小结

1. 商业银行在从事传统的资产与负债业务以外，利用自身的条件为客户提供各种金融服务，即为中间业务。由于中间业务未在银行资产负债表中直接反映出来，所以又称为表外业务。有传统的表外业务和创新的表外业务之分。

2. 传统的表外业务是指历史上银行向顾客提供的各类金融服务类业务，这类经营活动风险小或无风险，如支付结算、代理、信托与租赁、与贷款有关的组织和审批等服务业务。虽然业务经营中也要承担一定的风险，但其风险程度明显低于信用业务。因而金融管理当局对这类中间业务的监管措施并不严厉。

3. 创新的表外业务是指那些虽未列入资产负债表内，但同表内的资产业务或负债业务关系密切的业务，如贷款承诺业务、担保业务、金融衍生工具交易。银行在经办这类业务时，虽然没有发生实际的货币收付，银行也没有垫付任何资金，但在将来可能因具备了契约中的某个条件而转变为表内的资产或表内的负债。因此按照与资产、负债的关系，这类创新的中间业务又可称为或有资产业务、或有负债业务。通常情况下，表外业务一般指向创新的中间业务，且一国金融监管当局对这类业务监管比较严格。

4.商业银行要加强对表外业务的内部管理，建立和完善表外业务的风险管理体系。首先是从管理者方面要引起关注与重视；其次是加强内控制度的建设，重点要建立起不同流程或环节的制衡机制；再次要建立对交易对手的信用评估制度，并在交易时严格按照对手的信用等级确定交易规模、价格和日期，降低风险。

5.我国商业银行表外业务既包含了传统的表外业务，又包含了创新的表外业务内容。

★ 综合训练

5.1　单项选择题

1.商业银行的支付结算可以采用现金支付和非现金支付方式。非现金结算工具主要采用“三票一卡”，“三票一卡”指的是（　　）。

A.支票　汇票　本票　信用卡　　B.钞票　汇票　本票　信用卡

C.支票　信用证　本票　信用卡　　D.支票　汇票　邮票　信用卡

2.以下不属于异地结算的业务有（　　）。

A.汇款　　B.托收结算

C.信用证结算方式　　D.回购协议

3.商业银行的融资租赁业务以融资租赁业务的具体经营方式为划分标准，可分为三种形式，以下不属于这三种形式的是（　　）。

A.单一投资租赁　B.直接租赁　C.转租赁　D.回租租赁

4.下列属于互换业务特点的是（　　）。

A.公开性强　B.管制多　C.场内交易　D.债务的不变性

5.2　多项选择题

1.创新的表外业务与传统的表外业务的不同有（　　）。

A.纯粹的中间人身份被突破　　B.业务风险不同

C.发展的时间长短不同　　D.对银行的信任程度不同

E.服务客户不同

2.我国商业银行目前正从事的代理业务种类主要是（　　）。

A.保管箱业务　　B.代客户进行个人理财或公司理财

C.各种公益基金的委托代理业务　　D.委托贷款

E.回购业务

3.融资租赁特点包括（　　）。

A.是一种特殊的融资形式，以融物来融通资金。出租人向承租人提供的是相当于设备全额资金信贷的等价物

B.租赁期长，是一种的特殊的融资方式

C. 对同一设备而言，面对的是单一的客户

D. 为企业带来更大风险

E. 租赁所涉及的租赁物范围非常广

4. 银行提供的承诺业务主要有（　　）。

A. 保值业务　　B. 回购协议　　C. 咨询业务

D. 信贷承诺　　E. 票据发行便利

5. 互换的类型包括（　　）。

A. 利率互换　　B. 货币互换　　C. 期限互换

D. 期权互换　　E. 期货互换

5.3 思考题

1. 如何认识传统的表外业务与创新的表外业务的特征？对创新的表外业务进行风险管理的必要性有哪些？

2. 融资租赁业务主要有哪几种分类？

3. 银行主要从事哪些金融衍生品交易？对银行业务经营的影响是什么？

4. 期权价格如何确定？具体影响因素有哪些？

5. 在我国支付结算领域是如何使用“三票一卡”的？

★ 本章参考文献

[1] 史建平. 商业银行管理学 [M]. 北京：中国人民大学出版社，2011.

[2] 殷剑锋. 金融结构与经济增长 [M]. 北京：人民出版社，2006.

[3] 张海宁. 银行反对银行 [M]. 北京：清华大学出版社，2004.

[4] 迪万纳. 金融服务大变革：重塑价值体系 [M]. 覃东海，郑英，译. 北京：中国金融出版社，2005.

[5] 莫利纽克斯，沙姆洛克. 金融创新 [M]. 冯健，等，译. 北京：中国人民大学出版社，2003.

[6] 麦肯锡. 金融科技全面冲击银行业及银行的应对策略 [EB/OL]. [2016-05-30]. http://www.199it.com/archives/477586.html.

[7] 于研，魏文臻杰. 银行利差与表外业务的内生性研究——基于中国上市商业银行2008—2013年的实证分析 [J]. 国际金融研究，2015.

[8] 中国银行业监督管理委员会. 中国银行业监督管理委员会2014年报 [EB/OL]. [2015-07-20]. http://www.cbrc.gov.cn.

[9] 中国人民银行支付结算司. 2015年中国支付体系运行总体情况 [EB/OL]. [2016-04-05]. http://www.pbc.gov.cn.

[10] 中国人民银行货币政策分析小组. 中国货币政策执行报告（2013年度第一季度）[EB/OL]. [2015-10-13]. http://www.pbc.gov.cn.

第6章

商业银行的营销管理

★ 导读

随着市场经济的发展和竞争的加剧，银行业越来越重视通过科学的营销管理来满足客户需求、拓展业务空间。商业银行的营销管理最初是企业营销在商业银行的运用，在不断发展中，逐渐凸显商业银行金融产品和金融服务的特点，已成为现代商业银行发展战略和经营方式的重要组成部分。何为营销？如何营销？这是商业银行营销管理需要回答的重要问题。从程序上看，商业银行的营销管理内容涉及：分析客户消费行为、动机并进行市场细分；确定目标市场；进行促销、广告、公共宣传；开发新产品与服务；制定产品服务价格；分析预测市场发展趋势等。这些内容表明，营销活动已渗透或涵盖了银行业务经营管理的各个方面，成为银行经营管理不可或缺的重要内容，并在银行经营管理中发挥着重要作用。

★ 关键概念

商业银行营销管理　市场细分　目标市场战略　市场定位　银行分销渠道　“星”形策略模型

在市场资金短缺、金融管制比较严格的情况下，商业银行作为卖方市场的主宰者一般处于资金营运的主导地位，缺乏研究和实施营销战略的内在动力和外部压力。然而面对日益激烈的竞争，保持和扩大市场份额成为每家银行谋求发展、增强自身竞争能力、提高经营效率的必然选择。

§6.1 商业银行营销管理概述

商业银行为实现经营管理目标，通过对其市场环境调研、分析，确定营销战略并进行营销策略的选择与组合，进而针对客户需求，创造客户的持续满意度和忠诚度，这些管理活动的过程和总和即商业银行营销管理。具体来说，商业银行营销管理的内核是将可盈利的金融产品和服务引入到客户群中，通过营销手段的组合，以最协调的状态来满足客户的需要。商业银行营销管理活动的作用主要有两点：一是依据各种信息资料，把握和寻求能为银行提供最好盈利机会的各个市场，在此基础上形成银行营销手段的组合；二是银行营销成为一种经营理念，即所有的银行活动都必须围绕满足客户需求来相互协调。伴随商业银行金融管制的放松和金融创新的推进，在应对日益激烈的金融竞争中，营销管理越来越成为商业银行占有先机、培育优势的重要方面。

6.1.1 商业银行营销的产生和发展

1.商业银行营销的产生

商业银行市场营销的历史并不久远。20世纪50年代中期以前，营销对商业银行来说还相当陌生，因为当时的银行完全处在卖方市场。直到20世纪50年代中后期，商业银行的这种优越地位发生了动摇，非银行金融机构与金融市场纷纷设立并与商业银行展开了竞争，改变了原来的商业银行垄断的局面。尤其是20世纪70年代以后，西方各国经济增长速度放慢，通货膨胀加剧，金融管制逐步放松，使得商业银行的经营环境发生了变化，加上金融市场的激烈竞争和客户需求的多样化，商业银行开始研究市场营销理论并将其运用于实践。1958年举行的全美银行学会（ABA）年会上第一次公开提出银行业应该树立市场营销观念，揭开了商业银行市场营销管理理论与实践发展的序幕。但当时仅仅把银行营销简单地认为是“广告与公共关系”的代名词，直到20世纪70年代，银行界人士才真正认识到了营销在银行发展中的重要性。

2.商业银行营销观念的演变

商业银行营销活动自从产生以后，在其发展的每个阶段都与商业银行营销观念的转变存在着密切的关系，商业银行营销观念在近几十年里经历了如下的发展演变：

（1）商业银行的生产观念。20世纪30年代以前，市场态势表现为严重的卖方市场，商业银行普遍推行一种以生产为中心的营销观念，主要表现为：不重视客户需求的了解和认识，金融产品单一，金融网点偏少，市场不存在竞争，顾客有求于银行。商业银行的员工缺乏客户服务意识，把自己的本职工作当作一种权力，有极强的优越感，商业银行硬件设施豪华，使客户形成一种神秘感以致于望而却步。

（2）商业银行的推销观念。20世纪30年代至60年代，西方商业银行普遍实行推销观念，重视金融产品的开发和推销，特别是在金融服务产品方面，如重视员工推销知识的培训和银行建筑物结构的改善，以及银行员工的微笑服务等，增强了客户对银行的信任感，有助于商业银行产品推广。商业银行在这种推销观念指导下的营销行为，具有高度仿效性的特点，这种无差异性营销不利于商业银行的持续发展和获取长期经济效益。

（3）商业银行的营销观念。20世纪70年代，西方金融界开始接受以客户为导向的营销观念，这就要求商业银行要重视客户需求的调研分析，能够及时发现客户需求，并积极满足客户需求。营销观念还要求商业银行的营销活动要以实现银行营销的总体目标为基础，综合协调运用一切营销要素，全方位地满足商业银行不同客户的需求，以利于不断开发新客户，也有利于老客户的稳定和巩固。

（4）商业银行的社会市场营销观念。20世纪70年代，企业推行市场营销观念满足了客户需求，但同时也带来了诸如生态平衡破坏、资源浪费、人口爆炸等问题，因此社会市场营销观念应运而生。社会市场营销观念认为，任何企业（包括商业银行）的任务是确定目标市场客户的需求、欲望和利益，并以保护或者提高客户和社会福利的方式，比竞争对手更有权、更有利地向目标市场提供顾客所期望的价值满足。同时要重视社会与道德问题，正确处理银行利润、客户需求的满足和社会公众长远整体利益三者的关系。社会市场营销观念追求的是银行长期的利润，并不要求每笔交易都获利。

上述四种营销观念中，生产观念和推销观念的实质都是先生产、后销售，即“以产定销”，称之为营销旧观念；市场营销观念和社会市场营销观念都是首先要了解市场，依据客户需求，开发金融产品，即“以需定产”，称之为营销新观念。

进入21世纪，随着经济的发展和信息技术的普及，商业银行营销观念得到不断的扩展与充实，归纳主要的观点，大致包括以下几种：一是知识营销。知识营销指的是向大众传播新的专业技术以及它们对人们生活的影响，通过深入宣传，让消费者不仅知其然，而且知其所以然，重新建立新的产品概念，进而使消费者萌发对新产品的需要，达到拓宽市场的目的。二是网络营销。网络营销就是利用网络进行营销活动。当今世界信息发达，信息网络技术被广泛运用于生产经营的各个领域，尤其是营销环节，形成网络营销。三是大市场营销。大市场营销是对传统市场营销组合战略的不断发展。该理论由美国营销学家菲利浦·科特勒提出，他指出，企业为了进入特定的市场，并在那里从事业务经营，在策略上应协调地运用经济、心理、政治、公共关系等手段，以获得外国或地方各方面的合作与支持，从而达到预期的目的。四是综合市场营销沟通。这是一种市场营销沟通计划观念，即在计划中对不同的沟通形式，如一般性广告、直接反应广告、销售促进、公共关系等的战略地位做出估计，并通过对分散的信息加以综合，将以上形式结合起来，从而达到明确的、一致的及最大程度的沟通。这种沟通方式可以带来更多的信息及更好的销售效果，它能提高商业银行在适当的时间、地点把适当的信息提供给适当的顾客的能力。这些营销观念从不同的角度提升了商业银行营销管理的水平与效率。

3.商业银行营销的特征

（1）双向性。在金融市场上，银行既是资金的需求者，又是资金的提供者，因此银行的市场营销必须履行两种功能：一方面银行必须吸引存款；另一方面银行必须吸引借款人和需要利用银行服务的人。一般制造商作为卖者只需要向他的下一级买者进行营销即可，而银行不仅要向下一级借款人进行营销，还要向上一级存款人进行营销。

（2）高风险性。商业银行营销的是货币资金及信用等各种金融服务，当银行将产品销售给客户后，也就意味着银行开始承担风险，直到融资服务结束，银行收回资金本息，才脱离风险。而普通商品一旦销售给客户，商家除提供售后服务外是不需要承担其他风险的。另外，银行还要承受由于利率变化引起的价格风险和汇率波动带来的外汇风险等等。银行营销具有高风险性，因而需要对营销风险进行控制，银行营销人员在营销活动中也须十分关注各类风险。

（3）复杂性。随着银行业务范围的扩大，银行的产品和服务不再局限于简单的资金中介，如何在银行的各种产品和服务中找到共同的联系，作为一个整体向外界营销是银行营销的一个重要而复杂的问题。这是因为银行机构作为为商品流通提供资金服务的中介部门，其营销活动既要关注商品市场，又要关注各种金融市场，是不同于一般企业营销活动的一种更复杂的营销活动。

6.1.2 商业银行营销管理的主要过程

商业银行营销管理是一个包括策划、实施、评估与反馈的动态过程，采用了现代市场营销管理的基本方法，同时作为金融企业的银行的营销又蕴涵着自身的特点。商业银行营销管理的主要过程（图6-1）包括以下几个方面：

1.环境分析

环境分析主要通过宏微观分析重点分析银行自身的经营能力、客户的需求层次、竞争者市场竞争能力、社会环境对银行和客户特征的影响等方面内容。环境分析的目的是密切关注主要环境状况的变化，并分析其对银行影响的程度，以便及时抓住机遇和避开威胁，制定和调整营销战略。

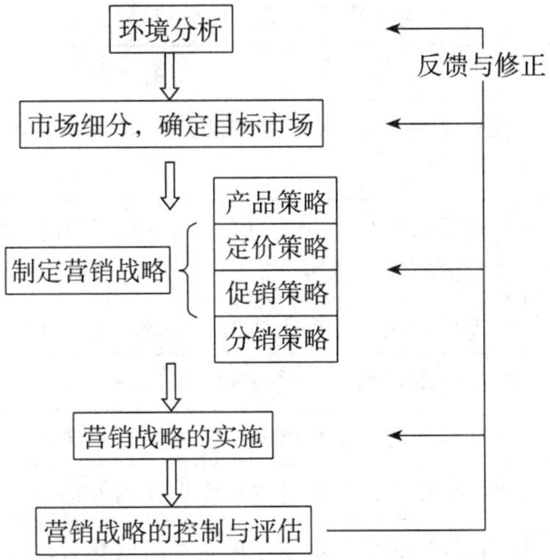

图6-1　商业银行营销管理的主要过程

2.市场细分，确定目标市场

市场细分是指依据客户之间的差异性和类似性，将客户划分为若干个客户群，即将市场划分为若干个子市场，找出适合本银行的发展策略。商业银行通过市场细分及对各细分市场进行特征分析，然后根据自身特点和目标选择一个或多个细分市场作为目标市场。商业银行除追求自身的经济效益之外，还应注重优化和改善周围环境、提高员工素质、塑造商业银行自身的形象，使自己成为公众信赖的银行。

3.制定和实施营销战略

商业银行在确定营销目标的基础上，需要根据自身面临的环境和客户的特点和需求确定相应的营销战略。商业银行营销战略反映为市场营销组合策略的运用，包括产品策略、定价策略、促销策略和分销策略。银行营销组合策略是指商业银行为满足目标市场客户的需要，对可控制的各种市场营销手段的综合运用。

4.营销战略的控制与评估

在营销战略实施之后，要通过对营销流程的组织与监督，以及对营销过程中风险的控制来保证营销战略目标的顺利实现。商业银行通过对不同营销职位及其权责的确定和对它们之间的关系的协调与控制，合理而迅速地传递信息，将营销人员和其所承担的职责组建成一个有机的科学系统，为营销管理的开展提供组织基础。在此过程中，应当对经营风险进行预防、规避、分散、转移、抑制和补偿。

6.1.3　商业银行营销管理的执行

商业银行在营销管理中对营销过程的总结是营销管理的综合体现。通过设计与执行计划书，比较与计划的差距并进行总结，从而促使商业银行的营销管理不断提升。总结书基本模式见表6-1。

表6-1　　商业银行营销过程总结书

营销过程项目安排	主要内容
任务书	银行营销的目的；可提供的顾客利益；特色关注事项与未来发展方向
财务总结	提供银行整体营销活动的总规划、量化的绩效成果、绩效目标实现程度的判断与原因分析
环境分析	整体环境认识；行业结构、市场趋势、市场结构
市场分析	产品、市场细分，进行SWOT分析
营销组合	确立合理的营销战略安排，并细分相应产品、顾客的方案
假设与现实	说明初设的假设条件与现实存在的差距
营销实现	营销战略相应的市场定位、策略选择与价格定位
营销评价	利益相关者的多方位评价，包括顾客、员工、经理等
资源配合	营销过程的财务预算与相关支持

§6.2　商业银行营销管理的环境和市场分析

6.2.1　商业银行营销管理的环境分析

商业银行的环境分析旨在为营销管理的具体市场和其客户需求提供有力的信息，为进一步确立营销战略和选择营销策略奠定基础。商业银行的经营活动在一定的社会政治、经济、文化环境中运行，既受环境影响，也与环境相互作用。因此，在制定和选择营销战略之前，商业银行必须密切关注环境因素的变化，全面考虑到内外部因素的影响作用，进行SWOT分析（表6-2），从而初步确定自身在市场中的战略地位。

SWOT分析，包括分析企业的优势（strength）、劣势（weakness）、机会（opportunity）和威胁（threats）。因此，SWOT分析实际上是对企业内外部条件各方面内容进行综合和概括，进而分析组织的优劣势、面临的机会和威胁的一种方法。

表6-2　　商业银行营销环境的SWOT分析

<table>
<tr><td rowspan="3">银行外部因素</td><td>宏观环境</td><td>PESTN分析</td><td rowspan="3">OT分析</td><td rowspan="3">营销战略</td><td rowspan="3">SW分析</td><td>宗旨、任务、目标、安全分析</td><td rowspan="3">银行内部因素</td></tr>
<tr><td>中观环境</td><td>行业结构分析</td><td>核心能力分析</td></tr>
<tr><td>微观环境</td><td>市场结构分析</td><td>战略能力分析</td></tr>
</table>

1.外部环境分析

从外部因素来看，商业银行要从三方面进行深入研究：一是宏观环境研究。准确把握宏观环境因素中的“PESTN”，即政治（political）、经济（economic）、社会（social）、技术（technological）、自然（nature）。重点分析关键影响因素，如国内外经济形势、金融政策、资本市场发展状况、企业经营状况、居民收入水平等。例如，中央银行实行宽松货币政策，则会扩大货币发行量，促使商业银行扩大资产负债业务。又如，近年来互联网金融蓬勃发展，越来越多金融需求通过互联网渠道满足，银行发展自己的互联网金融，通过搭建电子商务平台等方式，拓展新客户，创造新的利润增长点。商业银行在互联网金融背景下如何进行营销管理必须进行系统的策略研究。二是中观环境，即分析行业结构。重点分析行业壁垒和“波特五要素”（同业竞争形势、潜在竞争者的进入、替代产品的开发、资金供应者与需求者的议价能力）对行业结构的影响。三是微观环境。分析市场竞争结构，重在分析银行业市场竞争格局变化、战略集团及其联盟状况、市场份额占比和竞争对手的战略以及技术、产品及对商业银行自身的影响。

2.内部环境分析

从内部因素分析来看，商业银行首先通过对自身宗旨、任务的分析，可以明确服务客户的范围、产品；确定银行在2～5年后所希望达到的具有挑战性的、数量化的长期目标；全面分析商业银行自身的安全状况、安全措施，以及环境因素的不确定性对银行安全的威胁，尤其注意营销战略调整的内外阻力对风险水平和竞争优势的可能损害。其次，商业银行要对自身核心能力进行重点分析，包括银行的营销管理水平、组织机制、人员素质、创新与研发能力等。最后，商业银行还要全面分析自身战略能力，即评估银行各种资源的量、质、可获得性、整体均衡性等；分析价值链在各个环节的资源利用、配置和控制情况；比较研究商业银行与同业的差距，认识银行在行业内的市场地位和自身努力方向；分析商业银行的业务组合及相关活动的互补性、均衡性；分析银行各种要素、活动的柔性管理等。

6.2.2　商业银行营销管理的市场分析

商业银行营销管理的市场分析是在环境分析的基础上进行营销市场细分、目标市场确定以及市场定位等活动的总和。

1.市场细分

市场细分理论是美国市场学家温德尔·R.史密斯（Wendell R.Smith）于20世纪50年代中期提出来的。**所谓市场细分，是指商业银行依据客户需求的差异性和类似性，把金融市场划分为若干个客户群，区分为若干个子市场。**市场细分的重点是细分客户，在对客户需求差异性细分中，把需求大体相似的客户群体划分为若干个子市场。

（1）市场细分的作用

首先，市场细分有利于商业银行发现新机会，开拓目标市场。其次，市场细分是商业银行制定市场营销组合策略的基础。不同的细分市场对金融产品的需求存在差异性，银行针对特定的细分市场提供不同种类的金融产品，对同一金融产品的不同细分市场可能采取不同的价格、促销活动和分配渠道。总之，商业银行只有在市场细分的基础上才能制定有效的营销组合策略。最后，市场细分有利于商业银行不断开发新产品，满足客户需要。随着社会的发展，体现个性和特色的差别化产品和服务将会越来越受到顾客的青睐。

比如，我国招商银行的信用卡业务在市场细分方面做得较为成功，它对市场不同的消费群体做了细分，有专为企业打造的商务卡、学生族的Young卡、MSN族的珍藏卡以及与其他商业企业合作打造的携程卡、百盛卡等等，使得产品差别化，真正满足顾客市场的实际需求。

（2）市场细分的原则

①可测量性原则。可测量性是指所细分的市场可以通过具体的量化指标反映其市场规模、购买潜力等，即各个细分市场的金融产品、需求大小和交易规模可以通过测量而被掌握。测量这些市场特征要素的具体数据则要通过市场调查、专业咨询等途径获取。

②可进入性原则。可进入性是指有能力向某一细分市场提供其所需的金融产品和服务，即该细分市场的开发易于操作、便于实施。有些细分市场的开发，尽管在理论上可行，但在实践中却难以操作，银行无法为其提供差别性服务，因而这种市场细分就没有什么意义。

③可成长性原则。可成长性是指细分市场在今后若干年内具有较好的发展空间，市场规模会不断扩大，市场容量会稳步增长，并且可以衍生出其他金融产品。

④可盈利性原则。可盈利性是指细分市场应具有一定的规模，要足以让银行在开发和提供差别性服务后，除去新开发金融产品或服务的成本以外能有一定的盈利。因此，市场细分后，必须要有足够的交易业务量，以保证银行基本的盈利水平。

2.目标市场选择

在市场细分的基础上，银行必须对每一个细分市场进行特征分析，既要预测每个细分市场的盈利能力，然后根据自己的资源和目标选择一个或者几个细分市场作为自己的目标市场。**目标市场战略是在银行市场细分的基础上，针对目标市场情况和银行产品营销的需要做出的相应战略安排**，见表6-3。

表6-3 **目标市场战略**

目标市场	营销组合	目标市场
无差异性目标市场	单一营销	大众市场
差异性目标市场	营销组合a	细分市场a
	营销组合b	细分市场b
	营销组合c	细分市场c
集中性目标市场	单一营销	细分市场

（1）无差异性目标市场

无差异性目标市场是指银行把整个市场看作一个目标市场，认为所有客户对金融产品和服务有着共同的需求，忽视它们之间存在的实际差异，用相同的银行产品和服务满足各种客户群体的需求。面对无差异性目标市场的银行在成本开支上较差异性目标市场的小，但是也同时面临着产品和服务针对性不强的问题，容易失去一些有利可图的市场机会。如果只从银行各分支机构的角度来看待无差异市场战略的问题，大型银行从整体上设定无差异目标市场无可厚非，关键就在于其设立分支机构时一定要将各分支机构的目标市场选择准确。

（2）差异性目标市场

差异性目标市场是指银行在市场细分的基础上，根据自身条件和经营环境，选择两个或更多的细分市场作为目标市场，并针对每个目标市场分别设计出满足不同客户需求的不同银行产品和服务。例如，花旗银行上海浦西支行的营业厅一楼被安排为“一对一”式的理财咨询柜台和贵宾服务间。这种布局表明了花旗银行的经营观念：现金的存取不是银行的主业，多元化的投资理财才是银行着力培养的市场。存款大户可以进入更为私密的单间，接受更加细致的服务。

（3）集中性目标市场

集中性目标市场是指银行以一个或几个细分市场作为目标市场，针对一部分特定目标客户的需求，集中营销力量，实行专业化经营。这种战略追求的并不是在较大市场上占有一定份额，而是在较小的细分市场上占有较大的份额。这一战略在欧美国家较流行，各国银行通过较强特定部门和特定业务的竞争优势，力图使其在某一经营领域内成为具有权威性和规模性特点的顶尖银行，以此来赢得客户的好感和信任，从而获得更多的盈利。例如，美国的纽约银行不是全面撒网式地经营所有银行业务，而是抓住自身擅长经营证券管理的优势，保证证券管理业务手续费和利息收入的稳定性，从而获得了巨大的收益。

3.市场定位

市场定位就是企业根据竞争者的产品和服务在市场上所处的地位及客户对该产品和服务的重视和偏好程度来确定自己在目标市场上的适当的营销策略。商业银行目标市场定位的具体步骤如图6-2所示。商业银行一旦选择了目标市场，就要研究如何在目标市场上进行金融产品和服务的定位。一般情况下，商业银行的市场定位主要考虑以下四个方面。

（1）区域定位。区域定位的前提是对客户市场潜力和区域发展前景做出正确判断。各国经济发展实践表明，银行客户的非均衡分布和地域经济发展的非均衡分布带有特定的规律性。如我国近几年来，经济资源迅速向沿海和大中城市积聚，形成了长江三角洲、珠江三角洲、环渤海城市群，进而引起了银行客户分布的变化。因此营销区域定位和目标市场的选定一定要注意经济的非均衡发展，并随着市场非均衡变化而调整。

（2）产品和服务定位。产品和服务定位即商业银行提供什么档次和类型的产品和服务。在以客户为中心的营销体系下，产品和服务定位服从于客户定位。例如，定位于低端客户群的银行往往定位于廉价的储蓄产品和结算业务。

（3）形象定位。形象定位是指通过塑造和设计商业银行的经营理念、标志、商标、银行外观建筑、户外广告等，在顾客心目中树立起独具特色的银行形象。恰当的定位不仅使银行及其产品或服务为更多的顾客接受或认同，而且使银行在市场中具有持久的竞争优势。

（4）顾客定位。顾客定位是通过顾客细分，选定特定的顾客群作为目标顾客，提供个性化产品与服务。它是商业银行市场定位的重要内容，也是市场细分的延伸和体现。

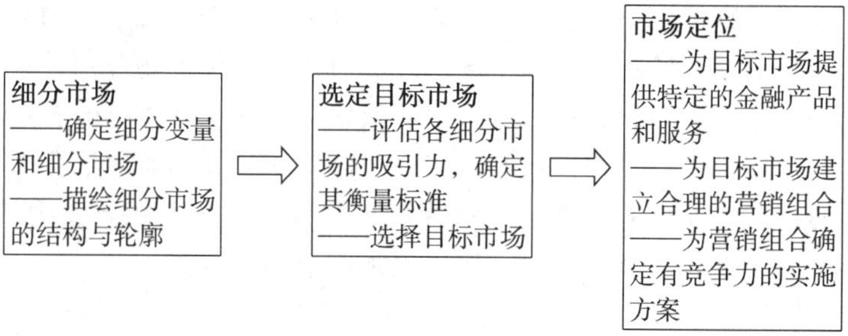

图6-2　商业银行目标市场定位的具体步骤

§6.3　商业银行营销管理的战略选择

6.3.1　商业银行营销战略的类型

现代商业银行营销管理理论将商业银行的营销战略分为三种类型，即防御型、进攻型与合理化型。

1.防御型战略

防御型战略的目标是通过追随主要的竞争机构或是将服务集中于某些特定范围的客户，以保持现有的客户群，维持当前的市场占有率，这是一种比较保守的营销战略。它又包括以下两种战略：

（1）市场模仿战略

市场模仿战略指跟随式银行在营销组合各个方面全面模仿市场主导者的行为。这一战略要求跟随式银行时刻注意银行业的变化，并能对环境变动做出及时有效的反应，成功的跟随者可能会成为某一地区的创新者，从而吸引更多的客户，提高市场占有率。

（2）市场缝隙战略

该战略的关键是银行想方设法利用现有市场上的一些缝隙，通过提供专门化的服务手段来占领这些大银行不屑考虑的小市场，通过集中内部所有资源，以目标市场为核心，开展有效经营活动。

2.进攻型战略

进攻型战略与防御型战略大不相同，商业银行不仅满足于原有的市场，而且在确立其地位、建立起主要服务项目之后，通过向新的市场渗透、向新的地域扩张、抓住新的市场机会以及采用新的服务办法，进一步确立其在金融市场上的主导地位。这类战略主要包括以下几种：

（1）地域扩张战略

地域扩张战略是指除广泛拓展国内业务外，商业银行还到海外设立代表处或分支机构，大力开展国外业务，扩大经营地域和范围。从国外情况看，处于主导地位的大银行在国内市场达到一定规模后，继续扩大国内市场占有率往往得不偿失，而且过大的市场份额可能招致其他银行对其垄断的强烈不满，并对本国经济、金融带来一些不利影响。因此，开拓国外市场不失为好的选择。

（2）新市场战略

新市场战略指在保持原有传统客户的基础上，采用新的销售方案与新的促销手段，提供广泛的金融服务和吸引新的客户或者开拓新的市场替代原有的市场，从而进一步增强银行的竞争优势。

（3）市场渗透战略

市场渗透者战略指商业银行在现有市场份额的基础上加强营销工作，集中经营已有市场上的某些业务并不断深入。

（4）市场竞争战略

市场竞争战略指凭借自身的优势，抓住竞争对手的弱点，以己之长克人之短，通过正面进攻、侧翼进攻、大吃小等方式向其他竞争者提出挑战。

3.合理化型战略

合理化型战略主要从银行营销组织布局及经营活动的合理性角度出发，通过分支机构设置的调整（如关闭过于密集的营业网点、在缺少银行服务的地区增设分支机构），提高营销工作人员的工作效率，削减不必要的营销费用。可以通过采用先进的电子转账服务系统及引进电子计算机等设备为客户提供便捷与价格低廉的服务，从而改善银行的营销活动，降低营销成本，提高银行在金融市场上的竞争力。这种战略尤其被广泛应用于英国的商业银行之中。

6.3.2　商业银行营销战略的选择

在SWOT分析和目标市场定位的基础上，商业银行要针对自身因素、实力和外部环境中的关键因素，运用现代科技手段进行归纳整理，把外部的机会、威胁与内部的优势、弱点进行匹配和组合，从而完成战略选择的关键环节。不同类型的商业银行应根据自身综合情况进行不同的营销战略选择。

根据在市场中的竞争实力，商业银行可分为主导式银行、挑战式银行、跟随式银行和补缺式银行四类。依据此分类就上述各种营销战略如何进行选择作一般性说明。

1.主导式银行营销战略选择

主导式商业银行是指在市场中占据主导地位的银行，即一般被公认为市场领袖，占有极大的市场份额，影响和控制其他商业银行的银行。它们在市场上从多方面表现出“第一”或“主体”的形象和地位，如资产规模最大、经营品种最多、金融产品创新迅速以及机构网点分布最广等，可将我国四大国有控股银行即工商、建设、农业、中行归入此类。

作为主导式银行，应采取的营销战略是：新市场战略、地域扩张战略、合理化战略。主导式商业银行应突破传统的存、放、兑业务，不断进行金融创新，拓宽经营业务范围，实现兼营型银行的职能。当银行的服务多样化并能在不同的市场上占有一席之地之后，便可以大大方便客户，使银行在提供完整的服务中实现成功的营销。除广泛拓展国内业务外，主导式商业银行更应积极走出去，到海外设立代表处或分支机构，大力开展国外业务，扩大经营地域和范围。在我国深化金融改革，商业银行纷纷重新定位之际，采用合理化战略，积极调整原来的金融资源使之发挥更大的效用，无疑是非常必要的。

2.挑战式银行营销战略选择

处于挑战者地位的商业银行在银行业中的地位仅次于主导式银行，其资产规模雄厚、经营效益好，并具有很强的竞争力。大多数挑战式银行往往不满足于自身的竞争地位，目标是增加自己的市场份额和利润，我国的交通银行即属此类。

挑战式银行营销战略可选择市场竞争战略和市场渗透战略。作为市场挑战者的银行要想赶上占主导地位的主导式银行，就应采取正面进攻、侧翼进攻、大吃小等方式向主导式银行提出挑战，还应以更鲜明的个性，通过加强广告、宣传，进一步改善银行在客户心目中的形象，以刺激客户增加银行产品的购买及使用次数，从而提高银行的服务效率。

3.跟随式银行营销战略选择

跟随式银行是指那些在产品、技术、价格、渠道和促销等大多数营销战略上模仿或跟随市场领导者的银行。做挑战式银行需要有足够的实力，否则最好追随领导者而非攻击领导者，试图保持已分享到的市场份额。银行业产品和服务的差异性很小，价格敏感度很高，随时都可能发生价格竞争，很容易导致两败俱伤。这类处于市场跟随地位的商业银行一般拥有中等的资产规模，主要采用市场模仿战略。

4.补缺式银行营销战略选择

补缺式银行是避开竞争者而选择空缺市场加以占领的银行。处于市场补缺地位的商业银行一般资产规模较小，提供的金融产品品种不多，集中于一个或数个细分市场进行经营。这类银行基于自身条件，往往避免同领导者和挑战者发生冲突，充分利用大银行放弃或忽视的市场来开发新的金融产品或服务，起到拾遗补缺的作用。银行的专业化经营使其有可能开辟自己的特殊市场。

因此，补缺式银行应选择市场缝隙战略。对于补缺式银行来说，目标市场必须有足够的市场潜力和购买力，对主要竞争者不具有吸引力，同时银行还要具有占有此市场的能力以对抗竞争者。

§6.4　商业银行营销策略与执行力评估

商业银行营销策略与营销观念、市场细分、市场定位等概念相辅相成，在商业银行营销观念的指导下，商业银行依据选定的目标市场和市场定位，将各种营销策略和手段进行分类、组合，形成与之相对应的系统，有效地实现营销管理和实现经营目标。

具体的营销策略和手段不计其数，这里主要依据营销中最关注的四个方面，即产品（product）、定价（pricing）、渠道（place）和促销（promotion）来展开介绍。

6.4.1　产品策略

产品策略在银行经营中占有十分重要的地位，可以说，它是银行营销的基础与支柱。产品是银行生存与发展的基础，商业银行的产品策略主要包括产品组合策略、产品创新策略、产品系统销售策略和产品品牌策略。

1.产品组合策略

大多数商业银行都是多产品或多品种经营者，因此必须根据市场供需的变化和自身的经营目标确定产品的组合方式和经营范围，加强产品组合的管理。产品组合策略主要有以下两种方式：

（1）拓宽银行产品组合的广度。银行产品的广度是指商业银行内具有高度相关性的一组银行产品的多少。银行可以增加一个或几个产品线以进一步扩大银行产品或服务的范围、实现产品线的多样化。如国外许多商业银行除办理原有的存款、贷款、结算等基本业务外，还广泛地开展证券中介、共同基金、保险、信托、咨询等业务，这种策略会扩大市场，吸引更多的客户，但对银行综合经营管理的能力要求也很高。

（2）增加银行产品组合的深度。银行产品组合的深度是指构成产品组合的各条产品线所含产品项目的多少。增加深度便是在银行原有的产品线内增设新的产品项目，以丰富银行的产品种类，实现多样化经营。例如，商业银行在一般存款的基础上增加通知存款品种，客户只要提前通知银行便可以实现存款的自由支取，而且可以享受比普通存款更高的利率，使客户同时实现流动性与盈利性目标；在代收水、电、煤气等公用事业费的基础上，增加服务项目，使代理业务的项目更加丰富。这种策略可适应不同客户不同层次的需要，但是开发新的产品会加大银行的成本。

2.产品创新策略

根据客户需求不断开发银行产品的新品种是商业银行增强竞争实力、稳步发展的有效途径。这就需要商业银行用满足市场需求的金融产品或服务去占领市场，并以多样化的服务手段和高质量的配套服务项目作为主要营销策略。

采用产品创新策略需要强调两点：一是抓住客户信息这一关键环节，提高支持决策的能力。商业银行应采用数据挖掘技术，对客户信息数据库进行分析和整理，在充分了解客户信息的基础上为客户“量体裁衣”，不断进行产品创新，提供高附加值服务。二是运用定制产品和服务等新方式，凝聚特殊客户群。当商业银行的产品和服务本身构造比较复杂，顾客的参与程度比较低时，可以采用适应性定制营销方式。顾客可以根据不同的场合、不同的需要对产品进行调整，变换或更新组装来满足自己的特定要求。

3.产品系统销售策略

系统销售是指银行为客户提供系统的产品或服务来充分满足其不同层次的需求。按照银行产品的系统销售方式的不同，该策略又可分为统一包装策略与个别包装策略。

（1）统一包装策略。银行产品的统一包装系统销售策略是指商业银行在市场细分的基础上，对某一特定的目标市场上的顾客进行深入细致的分析后设计出的一个产品系列组合，以提供全面服务。采取该策略时，商业银行可以对整个产品系列制定一个统一的价格，也可以根据顾客使用的服务数量分别定价。这样既省去了客户的麻烦，也给银行带来了稳定的客户和收益。

（2）个别包装策略。银行产品的个别包装系统销售策略是指银行给不同的顾客安排不同的联系人，根据顾客的个别需求来组合银行产品的产品系统销售策略。即使是同一细分市场上的顾客，其需求也存在很大的差异，为使顾客得到更好的满足，有实力的商业银行可以采取个别包装的产品策略，使银行成为顾客的“个人银行”，从而为顾客提供更加细致周到的银行产品，进一步密切银行与顾客的关系。

4.产品品牌策略

品牌策略是指商业银行为发挥品牌的积极作用，在如何合理使用品牌方面所作的各种决策，它体现在品牌的设计、使用、宣传和管理等工作中。实施品牌策略需要注意以下几点：

（1）在市场定位策略下实施品牌定位，将品牌竞争纳入到银行整体战略。品牌定位的目的在于帮助顾客了解竞争银行之间的真正差异，方便顾客挑选银行。商业银行应结合自身的资源与能力，认真分析服务对象所处的经济金融环境，确定合理的市场定位，在其他相关策略的有效配合下，积极培养所辖服务范围内富有特色的经营结构，构造鲜明的品牌形象。

（2）将品牌价值与文化因素融合，形成独特的银行文化。企业文化作为银行开展市场竞争的新手段，是银行唯一无法被简单模仿的核心资源，也是提升客户对银行忠诚度和认同感的关键因素。只有当银行的这种文化被社会普遍接受时，银行才能获得真正的品牌价值。

6.4.2 定价策略

对银行自身而言，在制定定价策略时要考虑下列几个因素：银行利润最大化；

该价格能产生的最大现金流量或投资报酬率；市场份额的提高；金融产品质量领先地位；银行资本完整性的维护；银行公共关系的提高与改善。

1.银行定价的一般法则

（1）帕累托效应法则

该法则表明了这样一种理想状态：在帕累托有效的情况下，不存在一种方法能改善某个经济主体的境况而又不会使其他任何经济主体的境况变差。将它引入到金融产品的定价中则是指：商业银行对某产品制定的价格处于某个最适宜的状态（即帕累托有效状态），在该状态下，银行与客户均从产品定价中获得所有收益，如果再变动价格，调高或调低价格都不可能使银行与客户双方都受益。

从金融市场运动过程中我们可以知道，该法则所指的最适价格是市场上的均衡价格，在均衡价格下，市场处于一种帕累托最优状态。按照帕累托效应法则，在均衡价格水平下，银行要考虑的不是重新定价，而是在现有价格水平下通过降低成本，以尽可能低的费用、支出取得更多收益。

（2）经验累积或规模效益法则

商业银行在对金融产品定价时要遵循经验累积或规模效益法则。所谓规模效益是指由于银行内在规模的变化所引起的收益增加。规模效益又包括内在效益与外在效益两个方面。内在效益是指随着商业银行规模的扩大，银行内部分工更加精细，可以引进更高超的技术，节约银行的营销费用，从而使由于银行自身内部所引起的收益不断增加；外在效益则是指随着整个银行业规模的扩大与社会的发展，个别银行可以得到服务提供、信息传输、人才供应、设备改进等方面的便利而减少其成本、增加其收益。

例如，在银行自动柜员机（ATM）的推广过程中，安装ATM的成本基本上是一定的，使用费用一般也变化不大，而随着客户使用银行卡数量的增加，分摊到每张卡上的ATM营运成本会不断降低，这便是经验累积法则作用的结果。商业银行在定价时，必须充分认识到这一规律并要自觉加以运用，对金融产品制定的价格也应随着产品数量规模的不断扩大而降低，从而使银行能够保持原有的市场份额并不断开拓市场。

2.商业银行实行价格策略的注意事项

（1）建立健全成本核算体系，运用相关方法进行量化测算

在综合考虑金融产品的各项成本（包括产品成本、项目成本、人力成本等）的基础上，根据固定成本、单位变动成本、存贷款利率等历史和预测信息建立量本利分析数学模型，确定保本点，对利润进行敏感性分析，从而择优金融产品，确定其合理价格。

（2）认真开展市场调研，分析需求价格弹性

价格敏感性是决定价格提高或降低策略能否成功的关键。一个金融产品，如果其需求价格弹性大于1，即潜在客户对该产品价格变化比较敏感，那么，降低该产品的价格会提高其利润；反之，如果该产品需求价格弹性小于1，即潜在客户对该

产品价格变化不敏感，则提高该产品的价格会提高其利润。因此，对价格的敏感性进行深入分析研究，是合理定价的一个重要前提。

（3）细分目标市场，实行差别定价

根据意大利经济学家帕累托的80/20效率法则，80%的利润来源于20%的优良客户。因此，商业银行有必要在对自己目标客户深入研究的基础上，根据不同的细分市场实行差别定价，推行不同的业务组合和不同的价格策略，以此提高客户满意率，增强新客户的发展力度、降低老客户的离行率。比如，对边际收益高的核心客户可降低价格，以更好地吸引和稳定自己的黄金客户。

（4）运用定价策略，统筹考虑各种金融产品的组合效益

在当前金融创新层出不穷的背景下，任何一种金融产品都不是孤立存在的，总是相互依托、相互补充的。一种产品的定价不仅会影响到其自身的营销，同时也会影响到与之相关的另外一种产品的市场份额（比如负债产品的价格直接影响资产产品的投向，中间业务产品的价格会引起负债的增减，资产产品和负债产品的定价也会对中间业务的拓展产生影响），因而，在确定一种金融产品价格的时候，需要全面权衡其给银行带来的综合收益，以组合效益最大化为最佳方案。

（5）严格定价管理，实行分级授权，避免恶性竞争带来的风险

获得定价权后，商业银行必须建立科学、高效的分级授权体制，以及严格完善的金融产品价格监管制度，否则，可能会由于定价权力的下放，造成下级行管理者和经办者利用职权给予客户不利于商业银行的利率水平等价格，酿成“道德风险”。这就要求商业银行在兼顾灵活性和原则性的前提下，制定合理定价管理机制，既实现最大收益，又有效地防范风险。

6.4.3 分销渠道策略

银行分销渠道就是银行把金融产品和服务推向客户的途径，包括筹资渠道和资金运用渠道。商业银行只有让目标市场的客户在一定的时间和地点能便利地得到他们所需要的银行产品和服务，才能实现银行的营销目标。所以，商业银行必须制定和实施分销策略，以增加银行服务的可用性和方便性，从而维持现有客户或增加新客户。银行的分销渠道策略可分为直接分销渠道策略和间接分销渠道策略。

1.直接分销渠道策略

直接分销渠道策略是指银行将产品直接销售给最终需求者，不通过任何中间商。这种分销方式十分简单，其模式如图6-3所示。

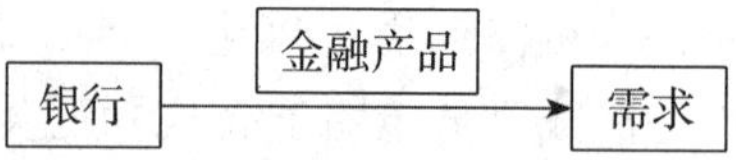

图6-3　直接分销渠道策略

银行较多地依赖于直接渠道是由于银行产品和银行不可分割所导致的。商

业银行所提供产品的非实体性特点，决定了其分销往往要靠银行机构直接与客户联系，将各种产品和服务直接提供给客户，即采取直接销售渠道。具体来讲，有三种情况：一是银行自身网点或分支机构分布较广、体系较为完善，能够满足销售要求。二是金融产品专业化要求较高，通过其他渠道无法满足专业要求。三是金融产品客户群较为集中、明确，需针对重点客户，实行点对点的销售服务。

商业银行直接分销渠道的类型主要有银行分支机构、面对面推销、直接邮寄销售等。现代商业银行在采用直接分销渠道策略时需注意以下几点：

（1）整合传统营业网点

传统营业网点在未来相当长的时期内仍然是一个居支配地位、使用最多的渠道，其发展定位是通过面对面的交流和沟通，提供个性化的理财等高附加值的服务，增进客户关系。一方面，要改造整合传统营业网点，逐步将单功能的、封闭式的储蓄网点升级为由低柜区、理财区和自助区等组成的多功能营业网点；另一方面，要充分发挥网点的营销潜能，建立客户信息数据库，主动宣传营销银行产品，还可为其他外部产品提供广告宣传和代销。

（2）通过并购拓展分销渠道

这是商业银行拓展分销渠道最为快捷和最为有效的手段，尤其在新开发的区域、跨地区和跨国经营更是如此。并购按其目标和行业主要有以下两种模式：

一是银行之间进行的并购。在经济全球化、金融自由化发展的浪潮中，国际机构集团化已是大势所趋，这种并购方式已成为商业银行扩大零售网络的主要手段，同时也有助于增强银行的实力和节约费用。

二是银行、保险公司和证券公司之间的并购。这种并购的主要目的仍是扩大分销网络，另外也可借助对方的条件来扩大自己的服务范围。

2.间接分销渠道策略

银行间接分销渠道策略是指银行通过中间商来销售金融产品，或借助一些中间设备与途径（如发行银行卡、设置自动柜员机，以及开设电话银行、手机银行、网上银行等）向客户提供金融产品与服务。这种分销模式如图6-4所示。

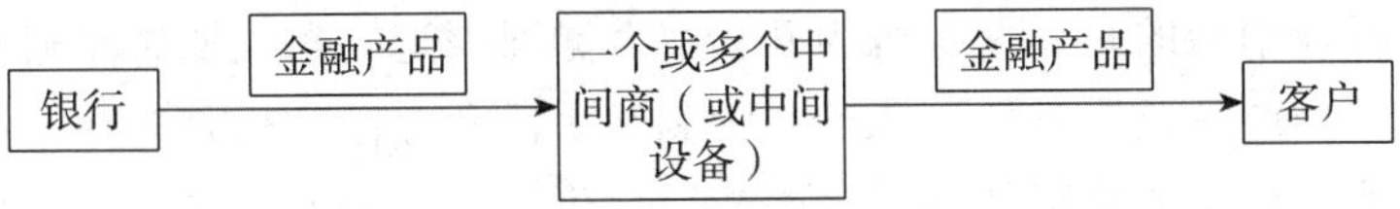

图6-4　间接分销渠道策略

商业银行在运用间接分销渠道策略时可以从以下几方面入手：

（1）继续发展银行卡业务

最本源的银行卡业务由发卡银行、持卡人、特约单位、指定储蓄所、收单银行、代收代付银行等组成。银行卡具有存贷、结算、汇兑等多种功能，并且具有灵活、便利等特点，受到广大客户的欢迎。商业银行应当积极扩展持卡人队伍，不断完善银行卡系列产品的功能，提高其附加值，以满足多层次消费者的多样化需求。

（2）推广和完善自动柜员机（ATM）的使用

注重低成本电子化的分销渠道的建设，如在传统物理营销网点设置的基础上，加大ATM和POS机的投放使用，并以网上银行、自助银行作为商业银行今后发展的引领方向。与设置分支机构相比，使用自动柜员机具有提供产品和服务不受时间和空间限制，成本低，易于吸收存款等特点，是银行提高竞争力、增加收益的一种重要途径和手段。

（3）加快发展网络银行业务

网络银行是金融信息化最新发展的产物，包括网上银行、电话银行、呼叫中心、手机银行等服务渠道，已成为银行业渠道发展的主流趋势。网上银行具有无分支机构、低交易成本、全天候服务等特征，将成为未来银行业发展的重要方向。在确保安全运作的基础上，商业银行应进一步整合优化服务功能，如增加电话银行服务等，以吸引更多的客户。移动商务是未来的主要趋势，手机银行是一个新的亮点。

3.网上银行分销渠道

网上银行是在全球网络经济和电子商务快速发展的大环境下诞生的，它的发展几乎与我国电子商务的开展同步。对于金融机构来说，互联网是一个非常重要的交易渠道，因为它通过提供自助式的服务大大降低了银行的经营成本，同时它还能提供随时随地的服务。20世纪90年代中后期，电子商务开始引入我国，并很快引起政府、企业和社会公众的认知和重视。从1998年开始，电子商务进入实用阶段，对网上银行和网上支付产生了强烈需求，我国银行业开始了网上银行的探索和建设。到目前为止，我国各商业银行基本都已开通了网上银行业务，并可以实现提供转账、外汇买卖、证券业务、在线支付、账户管理、代缴费用、异地汇款、个人质押贷款、个人理财等一系列功能，满足客户多方面的金融需求，网上银行已经成为银行的重要分销渠道之一。

6.4.4 促销策略

商业银行促销指的是商业银行为开拓资金融通渠道，扩大资金融通范围，鼓励购买或销售某一产品或服务所采取的各种刺激手段和方法，也是产品和服务的提供者与客户间所有信息的交流活动。一般采用广告宣传、公共关系、人员促销等组合方式，通过告知、劝说、提示，以激发客户的初始需求和需求选择。初始需求是客户第一次购买某类产品和服务，需求选择是在众多产品和服务中，客户选择某银行的某品牌产品和服务。促销的目的，是商业银行把产品和服务的种种信息传递给客户，使客户对本银行的产品和服务做出有利的反应，激发购买欲望，从而扩大银行产品和服务的销售。

1.商业银行的促销工具

银行促销组合是商业银行根据实际需要，综合考虑各种影响因素，有计划、有目的地对促销工具或方式进行配套组合，综合运用。银行在促销中可以使用的促销工具或方式可以归纳为以下几种类型：

（1）广告促销

广告是银行用来向顾客传递信息的最主要的促销工具，是银行付出一定费用，通过特定的媒体向市场传递信息以促进销售的一种手段，具体形式包括电视广告、报纸广告、广播广告、户外广告、网络广告、POP广告等。

（2）人员推销

由于银行产品和服务的复杂性和专业性，尤其是在新产品和新服务项目不断涌现的情况下，人员促销具有灵活、直接、亲切、详尽和反复多次等优势，已成为银行产品和服务销售成功的关键。商业银行人员推销一般包括柜台服务和个别服务。柜台服务是客户来银行后，各营业柜台人员提供的服务。个别服务是银行推销人员专职为某些单位客户或部分个人客户提供服务。近年来，为了应对市场环境和同业竞争的巨大挑战，各家商业银行不约而同地将目光投向了客户经理制。如香港大通银行每位“客户经理”专门负责50～100名客户，经常主动与这些客户联系，负责向这些客户提供服务和咨询，并推销银行产品。客户经理在这种方式下传递信息更为直接、具体、准确，使客户感到所传递的信息更真实。

（3）营业推广

营业推广是银行为刺激需求而采取的能够产生鼓励作用并达到交易目的的促销措施。营业推广能在短时间内迅速引起顾客对产品的注意，扩大产品的销路。

（4）公共关系

公共关系是指银行在从事营销活动中正确处理银行与社会公众的关系，树立银行的良好形象，从而促进产品销售的一种活动，其主要功能和作用是增进银行与社会各界的联系、了解和合作，提高银行的声誉，主要方式包括媒体宣传、公益活动、联谊活动、典礼仪式等。

2.促销工具的优缺点

上述几种促销工具各有其优缺点，见表6-4，若单一使用某一工具，则无法利用优点和避免缺点，且促销力度较小。采用促销组合策略则可充分发挥各种促销工具的优点和抵消各自的缺点，且能增强促销的声势。但采用促销策略，银行的促销费用会大大增加，而且要受到许多相关因素的影响。因此，为提高促销组合的效果，商业银行应当考虑各种不同的影响因素，再选择促销方式的组合，以扬长避短，取得最好的促销效果。

表6-4　　银行促销组合工具比较

促销方式	特点	优点	缺点
广告促销	公开性，传递性，吸引性，渗透性，表现方式多样	触及面广，形象生动，并能反复多次使用，节省人力	说服力较小，难以促成即时的购买行为，对大宗金融产品和金融服务的促销力度有限
人员推销	直接对话，增进感情，针对性强，反应迅速，易引起顾客的兴趣	方法直接灵活，可随机应变，易促成交易	接触面窄，费用大，占用人员多，优秀的推销人才较难寻找
营业推广	灵活多样，容易引起客户兴趣，短期效果明显	吸引力较大，直观，能促进顾客即时购买	费用较大，使用次数不宜多，有时可能会降低产品和服务的形象，引起顾客反感
公共关系	长期目标，间接性、持久性较强	影响面和覆盖面大，效率高且反应及时，容易使顾客信任，提高产品和服务的质量，改善形象	间接性强，见效较慢，自主性差，金融机构无法计划和控制

专栏6-1

互联网金融大潮冲击下商业银行营销策略的调整与创新

商业银行与互联网金融既有竞争又有融合，在互联网时代商业银行营销策略既要遵循已有经验又要有所创新。在具体营销策略安排上应注意以下几点内容：

1.渠道策略：提升整合营销能力，实现客户便利性

一方面，商业银行需要为客户搭建平台，运营客户网络。随着信息科技和互联网技术的发展，客户的生活方式产生了很大的变化，诸如微博、微信这样的“自媒体”盛行。客户根据自己不同的个人偏好来表达自己想要表达的个人观点，构建自己的社交网络。客户的这一变化，也逐渐渗透到了金融领域，所以我们要重新认识自己的客户，这些客户在我们的各行各业都是精英人才，商业银行需要为他们提供一个分享兴趣、爱好、观点的金融社交平台，让客户都能平等地参与进来，以这些客户行为背后的数据信息，来为商业银行创造价值。建立起社区型平台，这不同于商业银行以往的网上银行、自助银行等，它可以实现用客户来留住客户的效果，这不仅有助于增加客户的黏性，而且有助于增强客户的参与度。

另一方面，商业银行需要整合营销渠道，打造移动金融服务体系。为了适应银行客户行为变化的趋势，商业银行需要通过物理网点的智能化、网上银行交互化以及以手机银行为代表的移动银行，来为客户提供全方位的金融服务。现代商业银行在按照具体的地理位置和格局在物理网点布放存取款一体机、查询缴费机、新型自助发卡机、远程业务支持终端、远程柜面服务以外，还要在网点配备移动设备、落

地电子商城，以实现网点的智能化。另外，随着智能手机、平板电脑等移动智能终端的普及，以及Android开放系统的兴起，为商业银行以移动终端为载体向客户提供金融服务创造了可能。移动终端具有随身携带的特点，能够让用户在任何时间、任何地点、任何渠道，享受多样化的产品和服务，让客户对其产品和服务产生高度的黏性。

2.产品策略：提升精准营销能力，满足客户个性化需求

一方面，商业银行需要进行产品整合，为客户打造全流程的业务链条。商业银行应该着力打造功能丰富、客户体验好的产品体系，并整合上下游资源，构造金融产品和服务的全流程业务链条，为客户提供资金流、信息流、物流的一整套金融解决方案，使银行业务囊括支付结算、信贷和理财等金融产品。着力完善产品创新与支持体系，开发出符合互联网金融特征和适应客户行为习惯的产品。加快业务流程再造，优化业务流程，提高客户操作进行便捷度，提升客户体验和市场反应速度。

另一方面，商业银行需要进行数据挖掘，为客户推荐个性化金融产品和服务。在大数据时代，商业银行拥有海量的数据信息。在数据挖掘过程中，商业银行需要将庞大的数据加工和提炼，根据一定条件进行筛选，从而形成若干个信息包，以找到目标客户，然后按这些有效的信息为客户推荐个性化的金融产品和服务。尤其是在客户产品和服务购买等方面，应该主动依据客户的行为习惯进行积极的引导，挖掘新客户，并增加老客户的黏性、提升客户的户均贡献度，从业务推动方向更有针对性地拓展市场和目标客户。

3.价格策略：提升差异化营销能力，综合权衡客户期望

一方面，商业银行需要进行客户分类，为客户提供差异化的产品服务。商业银行可以利用ATM、手机银行、网上银行等银行自助渠道满足客户的一般业务需求，实现引导分流，以客户的行为习惯的培养来为商业银行赢得未来的市场份额。商业银行借助互联网技术，对客户留下的数据和行为轨迹进行深度统计分析，运用强大的风险评估体系，完整的产品链条，客户可以针对自己的资产状况、风险承受能力、流动性安排等考虑定制个性化的产品组合，实现需求与供给的真正对接。

另一方面，商业银行需要针对客户的贡献，为客户提供一定的优惠政策。在为客户提供个性化的金融产品和服务的同时，商业银行还应对客户提供相应的优惠政策，例如，减免费用，加快服务响应速度等。商业银行对外要充分提高议价能力，对内要协调各部门以客户的贡献度为依据，按比例回馈给客户。

4.促销策略：提升互动营销能力，增强与客户双向沟通效能

互联网具有开放的特性，商业银行自己无法为整个互联网提供全部的金融服务。因此，商业银行应该不断创新业务模式。商业银行应充分运用门户网站、视频网站、电子邮件等互联网平台开展全方位的营销，实现与客户之间的开放交互式接触，及时高效地满足客户需求；商业银行应加强同业合作，利用各自的客户和系统的优势，建设一个共享的电子商务平台，弥补自身数据领域的不足；商业银行还应该推进与战略伙伴的深度合作和业务联盟，聚合信息服务提供商、支付服务提供

商、电子商务企业等多方资源，打造一站式金融服务平台，满足客户多样化金融需求；此外，商业银行还可以通过主动加强与第三方支付中介的合作，或打造自己的第三方支付系统，深度挖掘大数据，掌握信息流，巩固客户基础，保证业务健康持续发展。

6.4.5 商业银行营销策略组合

商业银行的营销优势是整个营销策略的组合优势，而不是单个策略的优势。市场营销策略组合就是针对选定的目标市场，综合运用各种可能的营销策略和手段，组成一个系统化的整体策略，发挥整体功效，以提高服务质量，达到合理分配营销资源，实现利润最大化的目的。商业银行营销“星”形策略模型（图6-5）将理念、市场、产品、客户等多方面因素整合在一起，在传统营销策略组合的基础上体现了当代营销策略中应着重注意的“人”的因素。“星”形策略模型主要有以下几个要点：

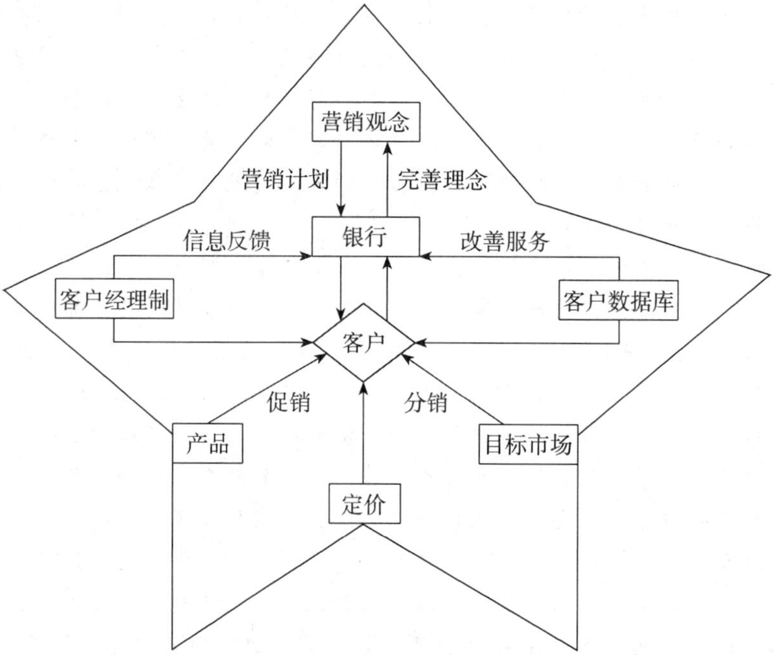

图6-5 商业银行营销“星”形策略模型

第一，客户是“星”形组合策略的核心。银行通过客户经理制与客户进行业务联系，同时建立客户关系数据库进行关系管理，得到信息反馈，进而改善服务质量。

第二，银行的一切营销活动都应在正确的营销理念的基础上进行。在“以客户为中心，以市场为导向”的营销观指导下，银行制订合理的营销计划和各种产品营销策略。

第三，依据市场细分和市场定位，依据客户需要和产品特点，进行针对性的策略选择和组合。针对客户进行市场定位，开发出满足目标市场相应需求的产品，同时在产品分析和市场分析的基础上制定合理的价格，再以科学的分销、促销手段将产品提供给客户。这样按需求提供产品必然会吸引大量客户，并使银行逐渐树立起产品和自身的品牌形象，使客户满意。银行根据客户满意度、产品和市场等信息的反馈，又可以重新制订营销计划，完善经营理念，最终实现产品营销的合理组合和良性循环。

专栏6-2

香港的信用卡促销大战

香港的信用卡市场潜力大，但竞争者众多，为求得生存和发展，各银行积极运用促销手段，金融创新层出不穷。

汇丰银行是香港分支机构最多的银行之一，它拥有相当完善的硬件设施。持有汇丰银行的信用卡，可在遍布全球的420万家商户消费，在世界9 000部环球通自动柜员机及20万家特约服务机构提款。为了吸引更多的用户，汇丰银行的信用卡还附带了3种额外服务：第一，30天购物保障。使用信用卡所购之物如有损坏、失窃，可获得高至3 000港元的赔偿。第二，全球旅游保险。持卡人在旅游期间享有高达200万港元的个人意外保险，包括行李遗失赔偿，法律支援、保障及意外医疗津贴。第三，全球紧急医疗支援。持卡人只要致电就近热线，可获得医疗咨询和专家服务。同时，持有信用卡可享受租车与多家名店的消费折扣，还可通过积分换取香港多家名店和餐厅的现金礼券。所谓积分计划，是指每透支现金1港元，对应某一分值，在银行规定的时间段中，凭累积的分数可免费获得礼品或以优惠价换取礼品、旅游或奖金。另外，汇丰银行还针对不同的消费群体，以及各个时期的热点采取不同的策略和不同的卡种。比如，为了争取学生这一消费群体，汇丰银行对大学生信用卡采取的策略是免缴首年年费，申请时赠送小礼品。

东亚银行是汇丰的强劲对手。在香港地区，东亚推出了“世界通”信用卡。持有“世界通”，可在全球有Visa标志的商户直接购物，手续费全免，还可方便转账给海外的亲友。在香港大学校园内，东亚银行采取了与汇丰不同的营销战略。东亚银行推出专门针对香港大学生及教职工的信用卡业务：港大智能卡和香港大学信用卡。港大智能卡（HKU Smart card）最特别的功能是：兼作大学学生证和教职员证。在智能卡上，印有持卡人的照片，在港大校园内及所有Visa商户付账时，持卡人无须签名和输入密码，在校外的自动柜员机上也可方便地进行各种操作。东亚银行还针对学生价格弹性大的特点，对学生卡实行在校期间年费全免及积分优惠计划等鼓励措施。另外，东亚银行还与港大合作，为持卡学生提供数项与在港大生活、学习密切相关的优惠：持有东亚卡，可直接申请体育中心会员证，免缴大学学生会终身会籍会费800港元；可在办理图书证时节省500港元押金；申请港大某计算机中心的电脑网络服务，年费可获折扣优惠等。为表明银行与港大的相互支持，东亚银行还声明将香港大学信用卡每月欠账额的0.35%转赠港大建立“教研发展基金”，以后每年年费的50%亦拨入该基金。这样，东亚银行便竖立起支持教育和与港大水乳交融的公众形象，赢得了港大师生员工的信赖。

香港的其他银行也采用各种方式来推销它们的信用卡。如花旗银行迎合香港人中追星一族对四大天王的崇拜心理，邀请明星推出系列广告。只要申请花旗信用卡，除免缴首年年费以外，持卡还可获赠演唱会门票。大通曼哈顿银行的信用卡则以优先订票（演唱会、体坛盛会、舞台表演）和复式积分及长达70天的免费换款期来吸引客户。

6.4.6 基于营销执行结果和过程的营销执行力评估测定

对营销执行能力进行有效的评估测定是商业银行营销管理研究的最终环节。对营销执行力的评估测定不仅仅是对营销执行结果的评估，而且还必须包括对营销执行过程的评估测定。只有这样，才能从根本上全面、系统地反映出组织在营销执行过程中，其营销执行力的核心影响因素和营销执行的核心流程是否有效地发挥作用，是否满足营销执行的要求，是否能适应未来营销执行的需要。

1.基于营销执行结果的营销执行力评估测定

营销执行力的强弱直接影响到营销执行的效果（营销执行结果），反之亦然，营销执行的结果也直接反映出营销执行力的强弱。因此，首先从结果的角度来对营销执行力进行评估测定。

根据商业银行营销执行力的内涵，基于结果的商业银行营销执行力评估测定的指标体系，分别由四个项目的七个主要指标构成，主要反映营销执行中三个业务板块及利润的任务完成情况，包括负债业务测评指标、资产业务测评指标和中间业务测评指标以及利润测评指标四个部分，每个部分分别设定不同的、细分的营销执行力测评指标，见表6-5。

表6-5 商业银行营销执行力的财务指标体系

测评项目	测评指标
负债业务	1.各项存款增长率
	2.储蓄存款增长率
资产业务	3.各项贷款增长率
	4.个人消费贷款增长率
	5.不良贷款率
中间业务	6.中间业务收入增长率
利润	7.利润总额

为了得出基于结果的营销执行力测评值，首先需要对各个测评指标进行权重的确立，然后根据测评指标的实际财务数值，得出测评结果，即各个测评指标权重乘以各个测评指标的数值之和。

2.基于营销执行过程的营销执行力评估测定

营销执行力不仅仅体现在结果上。由于外部一些不可控的随机因素可能会造成一些本来营销执行力比较好的银行在某一时期的最终结果反而不如营销执行力较差的银行，因此，营销执行力的评估还应关注营销执行力的核心影响因素和营销执行的核心流程等在营销执行过程中的表现。

基于过程的营销执行力评估测定指标体系可分别由以下几个项目的主要指标构成：

一是中高层管理者的执行能力的影响因素。可设置二级指标，主要包括提供指导、创新思想、计划组织、重视结果和过程、清晰认识等方面。

二是营销执行文化的影响因素。可设置二级指标，主要包括核心理念的贯彻、理想和个人规划、激活员工状态、管理人员态度等方面。

三是营销组织结构的影响因素。可设置二级指标，主要包括信息流动、部门之间协调、满足顾客需求、营销组织结构正规性、分工明确。

四是核心营销人员配置的影响因素。可设置二级指标，主要包括人员互补性、团队意识、持续学习、理解支持、沟通渠道。

五是考核评价与激励机制的影响因素。可设置二级指标，主要包括物质激励和精神手段结合以及考核的多样性、公平性、合理性、满意程度。

六是营销执行的核心流程的结合度分析。可设置二级指标，主要包括营销人员、营销战略和营销运营三者之间的结合，领导层培养渠道，人力资源管理与实际绩效的结合，沟通渠道，长短期规划结合等。

对于以上这些评估测定指标，由于它们比较难以直接从原始的财务等资料中获取数值，可以采取调查问卷的方式和专家调查方式。根据收回的问卷，确定各个核心影响因素和二级指标的权重，根据每个二级指标的得分和各个二级指标的权重，得出商业银行基于过程的营销执行力评估测定得分。

★ 本章小结

1. 商业银行为实现经营管理目标，通过对其市场环境调研、分析，确定营销战略并进行营销策略的选择与组合，进而针对客户需求，创造客户的持续满意度和忠诚度，这些管理活动的过程和总和即商业银行营销管理。商业银行营销具有双向性、高风险性和复杂性等。

2. 商业银行营销是一个包括策划、实施、评估与反馈的动态过程，主要包括环境分析、市场细分、确定目标市场、制定和实施营销战略、营销战略控制与评估等几个步骤。

3. 市场细分是指商业银行依据客户需求的差异性和类似性，把金融市场划分为若干个客户群，区分为若干个子市场。商业银行应遵循可测量性、可进入性、可成长性、可盈利性的原则来细分市场。

4. 目标市场战略是在银行市场细分的基础上，针对目标市场情况和银行产品营销的需要做出的，分为无差异性市场战略、差异性市场战略、集中性市场战略。一般情况下，银行的市场定位具有四个层次：区域定位、产品和服务定位、形象定位和顾客定位。根据在市场中的竞争实力，商业银行可分为主导式银行、挑战式银行、跟随式银行和补缺式银行。不同类型的银行应根据自身特点进行不同的营销战略选择。

5. 商业银行产品策略包括产品组合策略、产品创新策略、产品系统销售策略和产品品牌策略。

6. 商业银行的分销策略可分为直接分销策略和间接分销策略。商业银行促销组合是商业银行根据实际需要，综合考虑各种影响因素，有计划、有目的地对促销工具或方式进行配套组合，综合运用。商业银行在促销中可以使用的促销工具主要有广告促销、人员推销、营业推广和公共关系。

★ 综合训练

6.1 单项选择题

1. 银行产品容易被模仿和复制是因为它具有（　　）。

A. 复杂性　　B. 双向性　　C. 高风险性　　D. 无形性

2. 拓展分销渠道最为快捷和最为有效的手段是（　　）。

A. 整合传统营业网点

B. 推广和完善自动柜员机（ATM）的使用

C. 通过并购拓展分销渠道

D. 加快发展网络银行业务

3. 以下说法错误的是（　　）。

A. 市场细分的重点是细分客户，在对客户需求差异性细分中，按需求大体相似的客户群体划分为若干个子市场

B. 采用无差异性市场战略的银行面临较大的成本开支，但是也同时容易抓住一些细小的有利可图的市场机会

C. 营销区域定位和目标市场的选定一定要注意经济的非均衡发展，并随着市场非均衡变化而调整

D. 银行在实施集中性市场战略时，重点是选择好服务对象和具备一定盈利能力的银行产品

6.2 多项选择题

1. 商业银行营销主要包括的步骤有（　　）。

A. 环境分析　　B. 市场细分

C. 制定和实施营销战略　　D. 营销战略控制与评估

2. 下列说法正确的有（　　）。

A. 商业银行直接分销渠道的类型主要有银行分支机构、面对面推销、直接邮寄销售等

B. 市场渗透战略是指在保持原有传统客户的基础上，采用新的销售方案与新的促销手段，吸引新的客户或者开拓新的市场，从而进一步增强银行的竞

争优势

C.大吃小战略是商业银行运用各种合法手段干扰其他银行的业务或者以更优惠的条件及提供高风险的服务将客户从其他银行手中抢走

D.跟随式银行是避开竞争者而选择空缺市场加以占领的银行

3.银行定价的一般法则包括（　　）。

A.帕累托效应法则　　B.经验累积或规模效益法则

C.边际报酬递减法则　　D.需求法则

4.银行在促销中可以使用的促销工具主要有（　　）。

A.广告促销　　B.人员推销　　C.营业推广　　D.公共关系

6.3　思考题

1.简述商业银行营销的特点。

2.简述商业银行目标市场战略的类型。

3.商业银行营销管理中如何定位和细分市场?

4.简述商业银行存款产品与服务主要定价方法与策略。

5.简述互联网时代商业银行营销策略的应对。

6.假定你是一位银行营销管理者，试选择你所了解的环境作为你的营销对象，运用所学的商业银行营销知识拟订一份营销计划。

★ 本章参考文献

[1] 杨明生. 商业银行营销实例与评析 [M]. 北京：中国金融出版社，2006.

[2] 王先玉. 现代商业银行营销管理理论与实务 [M]. 北京：中国金融出版社，2004.

[3] 欧阳卓飞，等. 现代商业银行营销 [M]. 北京：清华大学出版社，2004.

第7章

商业银行的资本管理

★ 导读

商业银行的资本管理是商业银行经营管理的重要内容，关系着商业银行能否正常运营、稳健成长。在商业银行经营管理的整体框架中，资本管理是基础，也是保证，其涉及的内容需要充分体现出商业银行对价值的追求和对风险的重视。商业银行的资本管理主要包括资本的筹集和资本的配置。前者决定着商业银行资本的来源渠道与筹集成本，关乎商业银行的生存与股东的利益；后者则强调将商业银行资本与其业务匹配起来，形成资本最有效的投放，与业务发展和风险管理密切相关。本章将从商业银行资本管理的一般认识出发，对资本管理的思路与内容进行概括，试图全方位勾勒出商业银行资本管理的框架并在此框架内说明管理逻辑与重点。

★ 关键概念

商业银行资本管理　内源融资　外源融资　分子策略　分母策略　经济资本

资本是商业银行存在与发展的先决条件：银行资本能够对不可预见的损失起到缓冲的作用，能够帮助银行为公众提供持续的信心，能够对存款者提供一定的保护以及能够支持商业银行的合理增长。银行资本的重要作用并非说明资本越多越好，对于银行股东而言，过多的资本显然对其收益回报有所影响。换句话说，商业银行的资本不在于绝对数的多少，而在于其融资的成本与便利性以及资本对业务所发挥的作用。因此，科学有效的资本管理就显得十分重要。总体来看，商业银行的资本管理需要关注三大方面：一是商业银行资本如何筹集，有哪些途径，如何选择；二是监管者和国际协定所要求的标准，商业银行如何获得令人信服的资本充足率；三是从资本的配置过程来看，商业银行如何处理资本与风险的匹配，如何将资本与业务创新、风险规避以及银行发展有效地联系起来。

§7.1　商业银行资本管理概述

7.1.1　商业银行资本管理的含义

商业银行资本管理主要包括确定适当的水平即资本规模、资本来源的组织以及如何有效配置资本三个方面的内容。

1.资本规模的确定

商业银行究竟需要多少资本不仅受到商业银行自身经营与信誉的影响，而且受到宏观经济形势和相关法律规定的制约。

（1）银行信誉。资本规模与银行信誉相互影响：一方面，资本规模是决定银行信誉的重要因素，一般而言，资本规模大，会对银行信誉发挥正面影响；另一方面，银行信誉也影响资本规模，如果银行信誉良好，发生挤兑的可能性相对较小，使得银行不用准备大量的资本应对资金的外流，资本的需要量相对较少。

（2）商业银行的资产质量。商业银行的资产质量决定着商业银行遭受损失的可能性，资产质量高，说明遭受损失的可能性较小，对资本的需要量也相对较少；反之，不良资产比重高，风险大，动用资本补偿的可能性大，资本需要量也随之扩大。

（3）商业银行的负债结构。商业银行负债的流动性程度对资本的需要量有不同的影响，流动性高的负债偏多意味着资金来源不够稳定，对资本的需要量也相应增多。比如，流动性强的活期存款，就需要银行保有较多的资本，而定期存款可相应减少。

（4）宏观经济状况。宏观经济运行良好，经济属于上升通道，一方面，银行的存款会稳步增加，挤兑发生的可能性也较小；另一方面，银行的债务人破产倒闭的可能性较小，银行持有的证券投资收益也较稳定。因此，银行的资本量可以相对较少。经济疲软、下滑时期，各种风险发生的可能性增强，银行持有的资本量也相应需要增多。此外，不同地区的银行与业务集中在某些行业的银行，地区经济和行业发展也会对其资本量有不同程度的需要。

（5）法律规定与监管要求。各国银行监管者为了银行安全，一般都以法律形式对银行资本进行一些规定，比如新设银行的最低资本要求、资本充足性比率等。银行必须满足这些要求才能正常运营，这会对资本规模的大小产生影响。

综合这些影响因素，不同的银行会确定适合自己的资本规模。

2.资本来源的组织

已有的资本结构理论揭示了银行运用财务杠杆后负债和银行价值之间的关系，指出银行存在一个最优资本结构。虽然我们无法精确测定银行最优资本结构，但可以估计一个范围，在此范围内银行价值最大、资本成本最低，这被称为目标资本结构。目标资本结构与影响银行筹资的多种因素有关，并随着筹资条件的变化而变化。但银行经过分析预测，一旦建立起目标资本结构，那么银行的筹资决策应与此目标一致，使银行资本结构保持在此范围内。在现实中，影响资本结构形成的因素很多，归纳起来有如下几个：

一是资本成本。商业银行的资本由权益资本和债务资本构成。资本成本是银行为筹集资金和使用资金而付出的代价，包括筹资过程中的费用和在用资过程中支付的报酬。目标资本结构是使加权平均资本成本最低时的资本结构。因而，个别资本成本及其在资金来源中所占的比重是影响目标资本结构的最主要因素。

二是管理人员对财务风险所持的态度。如果管理人员不愿意使银行的控制权落入他人之手，可能不愿意增发新股，尽量采用债务融资；相反，如果管理人员不愿意冒风险，则可能较少利用财务杠杆，尽量增加权益资本的比重。

三是银行的信用等级。银行管理人员有时愿意冒风险，极大地利用财务杠杆，但该银行的信用等级的高低，是决定该银行财务结构的关键因素。因为信用等级过低，发行债券筹资几乎不可能。即使向同业借款，也会付出高昂的代价。

四是银行的盈利能力。银行的盈利能力强，不仅可以提高本银行的信用等级，而且纳税后会有更多的留存收益，对资本结构的改善有着非常重要的影响。

五是监管机构的资本充足性要求。在监管当局有最低资本充足率规定的情况下，商业银行的资本结构选择将限定在满足监管要求的范围之内。

3.资本的有效配置

资本的有效配置主要针对经济资本而言。经济资本是在一个给定的水平下，用来吸收或缓冲所有风险带来的非预期损失的资本，是测量银行真正所需资本的一个风险尺度。经济资本是一个计量值或一个管理参数，它是现代商业银行经营管理的需要，是分配到各个业务部门或有关产品和分支机构的一定比例的虚拟资本金。商业银行通过将预期损失准确量化，计入当期财务成本，同时以资本覆盖和匹配非预期损失，进行准确的业务定价，保持恰当的发展速度，合理配置各项资产和各种资源，平衡风险收益，以达到适应监管要求和资本长期收益最大化的目的。

对于资本管理而言，目的在于：一是确定合适的资本水平；二是进行有效的资本配置。首先，持有资本过少，商业银行将面临资不抵债的危机，而持有资本过多，股本回报率又不能令人满意；其次，在给定的资本水平下，一定要将资本投入能够产生高额回报的业务即将资本分配到最能发挥作用的领域。同时，有效的配置必须伴随持续的、长期的高额回报。因为潜在的或系统的风险发生概率小并不意味不会发生，一旦出现往往是致命的，这需要银行资本管理特别关注。

7.1.2　商业银行资本管理的功能

商业银行所具有的企业的一般性和自身的特殊性决定了银行资本管理功能的一般性和特殊性。

1.商业银行资本管理的一般性功能

从一般性而言，即作为收益的企业，银行资本管理的功能主要表现在两个方面：一是为投资者实现盈利，银行接受投资意味着要给予投资者回报；二是为银行发展提供资金，包括银行初创与发展阶段的固定资产投资都需要银行资本作为资金来源。

2.商业银行资本管理的特殊性功能

从特殊性而言，银行负债经营和提供以货币资金为形态的金融服务的特点要求银行资本管理应能够发挥如下功能：一是通过资本管理约束银行行为、控制风险，保护银行债权人的权益。通过实现资本必须覆盖风险这一内在约束，促使银行理性经营。同时，银行资本作为银行可以自由支配并承担未来的不确定损失的缓冲器，对于银行在经营活动中的贷款损失、投资损失以及其他损失都首先由银行资本来弥补，这对于保证银行持续经营具有重要意义，当然也是对银行债权人权益的维护。当银行进行清算时，充实的银行资本还能为债权人提供一定程度的安全保证。二是增强银行公信力，资本的充实程度与可得的持续性有利于增加公众和员工对银行财务能力的信心。雄厚的资本和持续的可得能够吸收银行经营管理中的损失和保护债权人利益，从而获得客户的信任和社会认可。同时，也有能力为员工提供高收入和稳定的保障，改善办公环境，进而促使员工工作效率的提升，有利于银行进入良性循环。三是能够规范和支持银行业务发展。一方面，各国对资本的法律要求使资本对不正当或高风险的资产扩张和业务发展进行一定的限制；另一方面，资本能够为银行开展兼并重组提供条件。这些都有利于银行实现长期可持续的增长。

7.1.3　商业银行资本管理的四种视角

上述商业银行资本管理的内容和功能是普遍意义的说明。这里需要指出的是，在具体的管理中，不同的管理者会从各自的角度来看待资本管理，比如司库、监管者、商业银行内部风险管理者以及股东等，他们在资本管理上存在一定的共识，但又各有所需、各有重点。虽然不能一一展开，但对他们各自特点的简介会有利于更加全面地分析商业银行的资本管理。概括起来，商业银行的资本管理需要关注四种视角。

1.从司库视角分析资本管理

司库（treasury）本意是指收藏财富的地方或建筑物，特别是指用来保存公共收入，以应付政府支出所需的地方。所以，司库也指存放、支付、汇集资金的地方，如金库和国库。司库管理本是一个财政概念，但在大型企业集团内这一概念得到了引用和深化，成为公司存放、支付、汇集资金的机构，是现代企业资金管理的核心部门之一。由于全球各国金融和政策环境的不同以及各大集团管理目标的差异，司库管理也呈现出了各不相同的特点，这里提到的司库强调的是负责为商业银行筹集资本的个人或部门。其对商业银行资本管理重视的是可用资本金。在管理可用资本金时，司库关注三个方面的内容：一是可用资本金的筹集与可获得程度。哪些现有的工具可以筹集资本？如何进行适当的资本工具组合？如何确保可用资本总量与商业银行各项业务活动与所期望的资本充足率相匹配？二是尽可能降低资本金的成本。在一国法律允许的范围内，如何采取灵活和廉价方式筹集资本？比如创新类似混合型权益工具以获得权益的特点和债务的较低成本。三是确保筹集到的资金以合适的方式投资。这里的资本投资是指通过发行股票或留存利润等方式筹集的现金以实物形式进行投资的过程。

司库视角的资本管理是商业银行资本管理最基础的内容，其所关注的包括股东权益、次级债务、混合性工具等任何形式的实缴资本，是商业银行开展业务的动力，与商业银行自身运营、利益密切相关。

2.从监管者视角分析资本管理

从监管者视角分析资本管理强调的是监管资本。监管资本是指依据监管当局设立的标准，商业银行必须持有的最低资本限额。监管资本的管理同样在乎资本水平与资本结构，其信念是持有充足的资本可以吸收意外的大额损失、保护存款人以及维持银行系统持续的生存能力。虽然不同国家、不同机构对监管资本的理解存在一定程度的争议，但资本充足率指标及《巴塞尔协议》的一系列规定仍然成为监管资本管理的核心。为此，要达到协议的标准，依据其对资本充足率计算的设计，监管资本的管理主要集中在两个方面，即通常所说的分子分母策略。

一是增加资本。这又涉及两个问题：哪些项目才能算作监管资本？银行究竟持有多少监管资本才能符合银行稳健的要求？二是降低风险加权总资产，通过降低信用风险、市场风险和操作风险，实现风险加权总资产规模的缩小。监管资本管理的目的在于吸收未来损失。监管资本的需要量取决于商业银行未来损失的大小。由于商业银行未来的损失来源于风险，因此，监管资本总是与银行风险挂钩，银行风险越大，需要持有的监管资本就越多。

从监管者视角分析商业银行的资本管理，关注的是商业银行的整体资本水平，而该水平是以监管者设计的资本比率为依据的。由于这种方法需要适用于各种各样的银行业务、法律体系和会计实践，所以相对粗线条。由于监管者认为给银行设定资本比率下限（比如《巴塞尔协议》所规定的资本充足率需要达到的下限）十分重要，因此对监管者要求的计算方法的透彻了解和具体把握是进行有效资本管理的保证。监管资本与司库角度的可用资本的差别在于：司库关注所有的资本工具，无论它们是否被列入监管标准的资本范畴。

3.从风险管理者视角分析资本管理

风险管理者关注的是银行发生损失的风险，他们把资本定位于吸收不确定性损失的缓冲器。因此，风险管理者对资本管理的理解是如何依据银行所承担的风险计算出银行需要保有的最低资本量。这里的资本直接与风险挂钩，而不是公开的比例或是资本的构成。这种资本观是一种虚拟的资本，从本质而言，是商业银行加强内部资本管理和风险管理的一种管理理念，也被称为经济资本的管理。

西方银行业在20世纪70年代引入了经济资本的概念。经济资本是一种虚拟资本，是一个经计算得出的数值，是一个量的概念，之所以称其为“经济”资本，是因为它在度量风险时的经济真实性超过账面资本与监管资本；而之所以称其为经济“资本”，是因为它代表了支撑银行风险所需要配置的资本。对经济资本的管理包括两方面的内容：一是计算出能够覆盖银行风险所要求的资本额度；二是如何进行有效的资本配置，即如何将一定比例的虚拟资本金分配到不同的业务和业务部门，实现以资本覆盖与匹配非预期损失，平衡风险收益。资本配置并非完全等同于资本的实际投入，由于经济资本量表现的是风险量，因此在银行内部各部门以及各业务之间的资本配置实质上是风险限额的分配，是确定与风险限额相当的业务或资产总量，但在银行整体层面上需要实在的资本投入，这是考虑到风险分散化效应产生之后银行对总风险的反映。商业银行需要经济资本是为了确保其即使在最坏状态下也能够维持清偿力和持续运转，而为业务单位配置经济资本则是为了确保资本的最佳运用，确保每一个业务单位都能持续创造价值。经济资本配置、业绩衡量和业务决策之间存在着一种动态循环关系，即根据经济资本确定业绩，根据业绩决定业务，根据业务决策配置经济资本。在这个系统中，经济资本的管理居于中心地位。

从风险管理者视角分析商业银行的资本管理，必须建立在对商业银行风险和损失准确地理解和计量的基础上。商业银行目前的风险管理很大程度上依赖统计模型和数学方法进行定量。因为这些量化分析的结果被用于资本配置，所以理解这些数值的含义十分重要，而更重要的是知道这些数值在什么情况下不能使用。

4.从股东视角分析资本管理

对股东而言，银行资本意味着银行股东对银行的投资。因此，资本管理必然体现出股东对回报的最大化要求，而股东回报的最大化也是股份公司管理者的首要目标。股东的资本观与风险管理者的资本观非常密切，因为：一方面，股东回报的最大化实际上也涵盖了对风险或损失补偿；另一方面，单方面地追求投资收益而不考虑风险的话，所谓回报的最大化也是空谈。股东视角分析资本管理除了关注收益变动的风险外，还需要考虑将多少股东投资用于收购那些预期会产生未来收益的业务或资产，也就是商誉的购买。

从股东视角分析商业银行的资本管理，实际上是力求收益和风险的统一。与风险管理者和监管者对银行风险的关注不同，股东更多的是从收益的变动上看待风险。如果风险管理者是对商业银行自下而上进行风险头寸的逐步分析，监管者是由外及里进行风险种类的判断，那么股东则是从上而下通过观察收益在一段时间内的波动来估计各类业务的风险大小。因此，倘若股东对回报的最大化是建立在银行具有持续性发展的基础上，那么股东视角的资本管理更具有包容性和全面性。

综上所述，商业银行资本管理所关注的四种视角，既有其不同的重点，又有相互统一、重复的内容。在实际的管理中，基于一定的外部监管框架，如何将四种观点进行有效的整合并融入资本管理的全过程？这需要所有者和管理者的配合，并且是一个不断反复和磨合的过程。总体概括一个大致的资本管理思路，可以由以下几个部分组成：一是评价商业银行总体的风险承受能力。银行的管理者必须通过银行的业务活动判断银行的基本风险结构，是高风险高收益型还是低风险稳健型。因为资本总量水平会受到风险结构的影响，而外部监管或评级机构也同样关注。二是最优化可用资本。通过给定的风险结构和预计的资本需要量，司库需要计算可用资本及努力确保选择合适的资本工具以实现资本成本的最优化。三是进行有效的资本配置。通过对银行预期损失的准确量化，以资本覆盖和匹配非预期损失，合理配置各项资产和各种资源，力求使银行达到监管要求和资本长期收益最大化目标。四是及时衡量资本的使用与收益。这是一个动态的持续性判断，当环境变化、业务调整或者原订计划无法实现时，对资本使用和收益的判断需要及时调整。这一思路需要注意的是：司库的资本管理观是基础，风险管理者和股东的资本管理观是中心和重点，监管者的资本管理观是限制与保障。

§7.2 商业银行资本的筹集

在商业银行的资本管理中，资本的筹集是首要的也是持续的内容。商业银行必须达到法定的资本规模才允许营业，运营中资产负债的变化必然导致资本的变化。商业银行筹集资本的途径来自两个方面：一是内源资本的筹集；二是外源资本的筹集。不同的资本来源渠道的可得性和成本不相同，商业银行会在一国法律允许的范围内进行比较，寻求合适的途径。

7.2.1 商业银行的资本计划

商业银行在运营中会面临可预见的资产扩张、风险加大等情况，因此资本的需要也成为常态。为了保障银行持续稳健地运行，一个有序的资本计划会对资本筹集进行积极的规划。一般而言，设计资本计划时应注意以下几个方面：

1.依据银行总体的发展目标和财务状况，确定银行资本的需要量

在了解商业银行的定位及近期财务目标的基础上，遵循相应的法律要求，依据所要发展的规模和盈利水平，进行所需资本量的确定。这个确定应满足四个条件：一是法律规定的此类规模银行的最低资本限额；二是符合所预测的银行资产的年度增长目标和利润目标；三是当期和预期的风险水平以及由此产生的资本要求；四是满足上述条件的同时力求资本成本最低。同时，还应注意资本数量不应过大。因为从银行的盈利能力而言，资本过大会减少银行负债的杠杆效应，从而会降低银行的

盈利能力。盈利能力下降对银行信誉会有不良的影响，继续筹资可能会面临困境。当然，资本过少同样可能导致市场对银行信誉的怀疑，从而引发客户流失。

2.确定资本筹集的来源

银行资本的来源包括内源融资和外源融资。管理者在确定资本量后，应该考虑这些资本究竟选择何种来源以及两种来源的配比。因为两种融资方式各有利弊，银行需要考虑自身条件、市场情况以及法律规定等多方面的因素进行比较选择。一般而言，规模小的银行信誉度较低，很难选择外源融资为主要的筹集方式，而规模大的银行空间相对宽松，两种方式都有条件使用。因此，这个环节需要解决的主要任务是确定多少资本可以从银行内部产生。管理者必须确定现期收益中多少用于股东的红利分配，多少留作支持银行未来业务的发展。当然这样做的前提是对未来收益的准确预测，要充分了解未来收益能否满足资本筹集的部分或全部的需要。

3.确定资本筹集的具体途径

内源融资和外源融资包括许多具体的途径，依据成本收益原则，为实现最低的筹资成本，合理的资本结构就十分重要。因此，管理者需要充分了解每一种可行的融资途径的优劣，在整体的资本框架中，选择合适的途径进行有效的搭配，以满足各方对资本筹集的要求。对于内源融资而言，因其途径有限，所以选择空间较小；而外源融资相对途径较多，需要仔细研究，依据所处时机进行最佳的匹配。

7.2.2　商业银行的内源融资

商业银行的内源融资主要是通过银行内部的留存收益获得，来自支付股息后的净收入。此外，也可以通过资本溢价、股本溢价、法人资产重估增值等渠道获得。相比外源融资，内源融资具有以下利弊：

1.商业银行内源融资的好处

（1）资本成本较低。银行通过内源融资增加资本金，不必依靠公开市场筹集资金，可以免去发行费用，也没有支付股息和利息的负担，因而资本成本较低。

（2）原股东的控股权不会被削弱。依靠留存收益的增资，避免了股东所有权的稀释和所持股票的每股收益的稀释，保障了原股东的控股权。

2.商业银行内源融资的问题

（1）内源筹资能力的增加在一段时间内不会有太大的变化，因为留存收益的多少依赖银行的创利能力。现代市场环境竞争激烈，商业银行能维持现有的盈利能力都步履维艰，盈利能力的提高显然不是短时间内可以实现的，因此，资本增加的规模是有限的。

（2）受股利分配政策的影响。银行净收益中多少可用于分配，多少作为留存收益，选择不同的股利分配方案，会直接影响内源融资的能力。比如，剩余股利政策显然有利于内源融资，即先从盈余中扣除所需的权益资本，再进行股利分配。此种安排可以保有理想的资本结构，并有效降低资本成本，但因可能导致股东收益的下降而影响股东的投资热情。理论上来讲，一个相对稳定的股利分配政策对内源融资较为有利。但现实中，随着近年银行收益的下降，银行为稳定股东投资，会偏向采用提高股利分配比例来吸引投资者，这样的结果只能使银行内源融资的可能性不断降低。

7.2.3 商业银行的外源融资

商业银行的外源融资主要包括股权融资和债权融资，这两种融资途径各有利弊，其比较见表7-1。

表7-1 银行外源资本两种融资途径的利弊比较

	股权融资	债务融资
利	资金可永久使用 股息支付不固定	不会导致决策权的分散 债券成本相对较低 审核成本低
弊	易分散决策权或产生委托-代理问题 股本成本较高 普通股股东承担银行的主要风险	固定的利息支出和确定的偿还期 降低银行吸收损失和清偿债务的能力 对股利的发放和再次举债有一定限制

从两种融资途径的比较来看，股权融资的最大好处在于其永久性特点强化了银行信誉，给予监管者和评级机构足够的信任。但其缺点也是明显的，比如资本成本高，在资本需求发生变化时，短期内很难迅速筹集到股权资本，而不再需要时又很难返还。债务融资则相对容易筹集和返还。如果由此得出结论，银行应尽可能使用债务资本，以便使股东回报最大化，并达到操作的最大灵活性，那么，资本质量的下降，不仅使监管者和评级机构不满，也会导致银行吸收风险的能力下降，这也是银行不愿面对的。因此，从多视角分析出发，兼顾各方要求，进行两种融资途径的有效结合，才是上策。

在股权融资和债务融资中，存在许多具体的方式，它们也各有利弊，见表7-2。依据具体方式的各自特点，银行需要依据自己的状况和客观环境条件权衡考虑。

（1）一般情况下，大多数新银行在组建之初，大都会采用发行普通股的方式来筹集资本金。当资本金不足时，也可以向公众增发股票，但发行普通股需要考虑股息对股价的影响和股权的稀释。

（2）发行优先股、债券比普通股更便利，对股东有利，但也会使银行增加财务负担的同时信誉可能受损。

（3）不同规模的银行在选择外源融资的可能性上存在较大的区别，规模大、信誉好的银行可选择的方式更多样。

（4）在法律许可的条件下，创新混合性权益工具，既能在银行正常运营时取得与债务工具类似的好处，又能在银行发生财务危机时，通过转换成为吸收损失的缓冲器。

表7-2　**外源融资主要融资方式的优劣比较**

融资渠道	优　点	缺　点
配股	·筹资成本较低 ·筹措资本具有永久性，无到期日，无须归还 ·筹资风险小 ·可作为其他方式筹资的基础	·受到政策限制，可募集到的资金有限 ·股价低迷时，配股价受到限制，可能达不到预期的募集金额 ·稀释每股收益和净资产收益率
增发新股	·筹资成本较低 ·筹措资本具有永久性，无到期日，无须归还 ·筹资风险小 ·可作为其他方式筹资的基础	·政策限制条件多 ·影响股权结构，可能遭到原股东的反对 ·稀释每股收益和净资产收益率
定向募股	·筹资成本较低 ·筹措资本具有永久性，无到期日，无须归还 ·筹资风险小 ·可作为其他方式筹资的基础	·影响股权结构，可能遭到原股东的反对 ·受市场环境、投资者出资意愿等因素的影响，可募集到的金额存在不确定性
可转债	·满足5年以上的条件即可作为附属资本，转换成普通股后又成为核心资本 ·成本低 ·可以减少对每股收益的稀释	·股价波动可能导致不能如期转换成股本 ·可能造成财务安排上的困难
次级债	·可作为附属资本 ·不涉及股权 ·可募集的资金确定	·期限长 ·筹资成本高 ·利率风险大 ·剩余的存续期间少于5年，其作为附属资本的金额将被扣减
资本性票据	·筹资成本低 ·免交所得税 ·风险小，易销售 ·利息较优先股低	·不属于核心资本，只能增加附属资本 ·利息固定 ·缺少灵活性
混合型权益工具	·债务与股票的某些特征相结合 ·正常运营时类似债务 ·发生危机时可成为优先股或普通股	·法律上有比例限制 ·多带可选择或有条件的赎回条款 ·技术要求高

总之，商业银行的外源融资是在内源融资决策之后进行的，内源融资的结果首先影响外源融资的需要量。在确定外源融资量后，商业银行需要考虑的是各种融资方式的优劣比较与选择，并在此基础上掌握好最佳发行时机和合理定价，为外源融

资的可得性和便利性提供良好的条件。

§7.3 资本充足性监管与商业银行的资本管理

银行的资本充足性是指银行资本数量必须超过金融监管当局所规定的能够保障正常营业并足以维持充分信誉的最低限额；同时，银行现有资本或新增资本的构成，应该符合银行总体经营目标或所需资本的具体目的。随着金融竞争的日益激烈，商业银行的经营风险增大，自身拥有充足的资本和监管当局对银行资本充足性的要求在商业银行的经营管理中都具有十分重要的意义。

7.3.1 商业银行的资本充足性监管与《巴塞尔协议》

银行资本充足性管理真正开始于20世纪70年代，西方商业银行的业务经营出现了国际化的趋势，各国金融机构间联系日趋紧密，为保证商业银行经营的安全性，平等参与国际竞争，维护世界金融体系的稳定，1987年12月西方十二国通过了《资本充足性协议》，即《巴塞尔协议》。其主要内容包括：一是确定了资本的构成，即商业银行的资本分为核心资本和附属资本两大类；二是根据资产的风险大小，粗线条地确定资产风险权重；三是通过设定一些转换系数，将表外授信业务也纳入资本监管；四是规定商业银行的资本与风险资产之比不得低于8%，其中核心资本对风险资产之比不得低于4%。此后，由于金融市场和金融机构风险的多样化，1996年《关于市场风险资本监管的补充规定》要求商业银行对市场风险计提资本。1998年开始全面修改协议，操作风险被突出地提出来。同时，资本充足率、外部监管和市场约束构成了新协议的三大支柱。

1.《巴塞尔资本协议II》的形成

《巴塞尔资本协议II》(Basel II)，是由国际清算银行下的巴塞尔银行监管委员会（BCBS）所促成的，内容针对1988年的旧《巴塞尔资本协议》(Basel I）做了大幅修改，以期国际风险控管制度标准化，提升国际金融服务的风险管控能力。

为强化国际银行型体系的稳定，避免因各国资本需求不同所造成的不公平竞争的情形，巴塞尔银行监管委员会于1988年公布以规范信用风险为主的跨国规范，称为《巴塞尔资本协议》。然而，Basel I未涵盖信用风险以外的其他风险，而信用风险权数级距区分过于粗略，扭曲了银行风险全貌，加上法定资本套利(regulatory capital arbitrage）的盛行，以及大型银行规模的扩大及复杂度的增加，都凸显Basel I的不足。

1996年的修正案将市场风险纳入资本需求的计算，于次年底开始实施。

1999年6月，巴塞尔银行监管委员会公布了新的资本适足比率架构（A New Capital Adequacy Framework）咨询文件，对Basel I做了大量修改。2001年1月公布《巴塞尔资本协议II》草案，修正之前的信用风险评估标准，加入了作业风险的参数，将三种风险纳入银行资本计提考量，以期规范国际型银行风险承担能力。2004

年6月正式定案，并希望在2006年年底以前，大多数国家都能采用此架构。

2.《巴塞尔资本协议II》的主要内容

《巴塞尔资本协议II》的主要目标如下：增进金融体系的安全与稳健；强调公平竞争；采用更完备的方法来计量风险；资本充足要求的计算方法，能与银行业务活动保持适当的敏感度；以国际性的大型银行为重点，但也适用其他各类银行。与1988年协议所不同的是，从一开始，巴塞尔银行监管委员会希望新协议的适用范围不仅局限于十国集团国家，尽管其侧重面仍是“国际活跃银行”（internationally active banks）。巴塞尔银行监管委员会提出，新协议的各项基本原则普遍适用于全世界的所有银行，并预计非十集团国家的许多银行都将使用标准法计算最低资本要求。

与1988年协议相比，新协议的内容更广、更复杂。所提出的三大支柱即最低资本要求、外部监管和市场约束在金融监管体系中扮演的角色各不相同。其中，最低资本要求是核心，它要求银行在准确计量重大风险和维持适当的资本充足率方面要负主要责任。但新协议还认为，对于银行的资本充足性和风险管理或银行系统的安全稳健而言，第一支柱最低资本要求并不是唯一的解决办法，第二支柱下强有力的以风险为本的监管当局的监督检查及早期干预，第三支柱下规定的市场约束是对最低资本要求的有益补充。强调“三大支柱”在现代金融监管中共同发挥作用是新协议与旧协议区别的核心所在，以至于人们在概括新旧协议的发展路径时，将其归纳为从“一大铁律”到“三大支柱”。

新协议突出的内容在于把资本充足率与银行面临的主要风险紧密地结合在一起，力求反映银行风险管理、监管实践的最新变化，并尽量为发展水平不同的银行业和银行监管体系提供多项选择办法。新协议提出了两种处理信用风险办法：标准法和内部评级法。标准法以1988年协议为基础，采用外部评级机构确定风险权重，使用对象是复杂程度不高的银行。采用外部评级机构，应该说比原来以经合组织国家为界限的分类办法更客观、更能反映实际风险水平。但对包括中国在内的广大发展中国家来说，在相当大的程度上，使用该法的客观条件并不存在。发展中国家国内的评级公司数量很少，也难以达到国际认可的标准；已获得评级的银行和企业数量有限；评级的成本较高，评出的结果也不一定客观可靠。若硬套标准法的规定，绝大多数银行的评级将低于BBB，风险权重为100%，甚至150%（BB-以下的银行）。银行不会有参加评级的积极性，因为未评级的风险权重也不过是100%。此外，由于风险权重的提高和引入了操作风险的资本要求，采用这种方法自然会普遍提高银行的资本水平。

将内部评级法用于资本监管是新资本协议的核心内容。该方法继承了1996年市场风险补充协议的创新之处，允许使用自己内部的计量数据确定资本要求。内部评级法有两种形式：初级法和高级法。初级法仅要求银行计算出借款人的违约概率，其他风险要素值由监管部门确定。高级法则允许银行使用多项自己计算的风险要素值。为推广使用内部评级法，巴塞尔银行监管委员会为采用该法的银行从

2004年起安排了3年的过渡期。

总的看来，新协议保持了与旧协议的连续性、一贯性，同时又有新的发展。在内容上，新协议主要有四方面更新：一是监管框架更完善与科学。旧协议在信用风险的监管上是以单一最低资本金为标准的。新协议除继续坚持该要求外，还增加了监管部门的监督检查和市场约束来对银行风险进行监管，以提高资本监管效率。新协议形成了现代金融监管体系的“三大支柱”，是资本监管领域的重大突破。二是风险权重的计量更准确。旧协议决定风险权重的标准是是否为经济合作与发展组织的成员，这种划分标准有“国别歧视”。新协议则使用外部评级机构的评级结果来确定主权政府、银行和企业的风险权重。除此之外，三大主体风险权重的确定还需与若干国际标准相结合。三是风险认识更全面。旧协议主要考虑信用风险，而新协议则认为银行面临着三大风险：信用风险、市场风险和其他风险（包括利率风险、操作风险、法律和声誉风险）。它几乎囊括了银行所要面临的一切风险，并且对各种风险都有相应的资本标准要求。四是新协议的主要创新是内部评级法（IRB）。巴塞尔银行监管委员会认为一个资本金与风险紧密挂钩的体系所带来的利益将远远超出其成本，其结果是一个更安全、更坚固和效率更高的银行系统。

3.《巴塞尔协议III》的出台

2007年美国次贷危机爆发引发全球性金融危机后，各国监管当局和巴塞尔委员会开始反思现行的监管体系。2010年9月12日，在巴塞尔银行监管委员会的会议上，27个成员国的中央银行代表就加强银行业监管达成一致并出台改革方案，该方案被称为《巴塞尔协议III》。其中关于资本充足率的主要内容有：

（1）一级资本充足率。普通股比例最低要求从2%提升至4.5%，一级资本充足率的下限从4%提升至6%。同时要求对一级资本建立更为严格的标准，提高一级资本的损失吸收能力。

（2）资本留存缓冲。为了确保银行持有缓冲资金用于“吸收”金融和经济危机时期的损失，要求银行建立2.5%的资本留存缓冲。一旦银行的资本留存缓冲比率达不到该要求，监管机构将限制银行回购股份和发放红利等。

（3）反周期资本缓冲。这一新的缓冲比例为普通股或其他能完全“吸收”损失的资本的0~2.5%，将根据各国具体情况执行。规定反周期资本缓冲是基于宏观审慎目标的考量，要求银行在信贷过快增长时未雨绸缪，仅在“信贷增速过快并导致系统范围内风险积累”的情况下才会生效。一旦“反周期缓冲”生效，将作为留存资本缓冲的延伸。

（4）杠杆率要求。在基于风险的资本要求之外，提出了不基于风险的“杠杆率”要求作为资本充足率的重要补充。杠杆率即不考虑任何风险加权因子，以核心资本除以平均总资产或报告期末的总资产（包括表内表外的全部资产）。在2013年1月1日到2017年1月1日的过渡期内，杠杆率下限为3%。各国对3%的一级杠杆率在同一时期进行平行测试。基于平行测试结果，将于2017年进行最终调整，并希望在2018年1月1日建立新协议的“第一支柱”（即最低资本充足率要求）。

（5）系统重要性银行。为了降低银行“大而不倒”（too big to fail）带来的道德风险，对系统重要性银行提出1%的附加资本要求。同时巴塞尔委员会与金融稳定委员会（2009年G20会议期间成立）正在研究一项针对具体“系统重要性”银行的综合方案，可能包括资本附加费、或有资本等。

《巴塞尔协议Ⅲ》的提出标志着商业银行资本监管的要求进一步提升，也对商业银行自身的经营管理提出了更高的要求。

自2010年到2015年，巴塞尔委员会提出各类型附加文件及顾问报告，有些学者称其为《巴塞尔协议Ⅲ》第二部分，其主体内容分为五个方面：

第一，持有“总损失吸收能力”（TLAC）的特别债务，这个主要是希望大型银行可以令监管机构相信它们具有足够大的弹性，可以安然度过经济或金融危机，而不会产生“大而不倒”的问题而把问题蔓延至整个金融体系。

第二，提高最低杠杆比率要求，将其定为3%。随着世界金融业不断变化，精准预测其发展及做出规制对策非常困难，为了把协议简单化，将重点放在基本计算指标如杠杆比率可能控制风险更有效。而且，有很多国家已经加强银行杠杆比率管理，如瑞士规模最大的银行的比率需要达4.3%。故此，提高比率是大趋势，能更有效管理风险。而到2022年，发达市场的银行需要达到总资产的6.75%的杠杆比率要求。

第三，统一众多银行对内部模型及风险加权资产（RWA）的使用。鉴于银行不同对内模型计算出的最低资本适足要求有很大差距，例如信用风险中不同的违约率及违约损失率会产生高达20%的差距，故此，《巴塞尔协议Ⅲ》补充部分想通过以下措施加强规制。其一，加强第三支柱（pillar 3 capital）计算加权风险外露的透明度；其二，增强风险加权资产计算的方法；其三，在标准化、非内部建立模型方法的基础上，设计一个资本下限基础框架（capital floor），以应对不同风险；其四，进行银行的交易账（trading book）资本的检讨，以加强监管。希望通过这些措施有助于减低不同对内模型计算的差距以及加以改善。

第四，加强压力测试影响及在第二支柱资本适足要求的调整。以往，大部份欧美银行需要达到压力测试下的最低资本比率。但在2013年以后，欧洲银行业需要进行银行的资产质量审查及在欧盟范围之内的EBA压力测试。美国银行业则重视压力测试的品质，例如在测试过程之中会否出现一些在内部数据或系统的缺陷。这些经验可作为中国银行业在加强压力测试的借鉴。对于第二支柱资本的调整，目前还没有清晰指引说明在新的第一支柱的框架及附加缓冲资本下应如何做出调整，但巴塞尔委员会已经提议在利率风险之下银行的第一支柱的最低资本要求。未来国际准则的发展趋势是，将对第二支柱资本利率风险及其他类型风险不断的修订，并提出新的准则。

第五，要求银行公开更多信息。增加透明度可以令大众更加了解银行，令它们更有秩序地运营。《巴塞尔协议Ⅲ》第二部分要求银行解释它们对内模型计算和标准计算的不同、发布更多影子银行的影响及违约损失率。

4.中国对《巴塞尔协议》资本充足性管理的创新

进入20世纪90年代，中国金融业开始对外开放，也着手按国际惯例建立自己的资本充足标准。从1993年起，首先在深圳经济特区进行试点，接着央行制定了一系列的法规对资本充足率进行了规定。1995年《商业银行法》原则上规定资本充足率不得低于8%。1996年又参考《资本充足性协议》的总体框架制定了《商业银行资产负债比例管理监控、监测指标和考核办法》，在规范商业银行资产负债比例管理时，对计算信用风险资本充足率的方法提出了具体的要求。1997年7月1日起执行《我国商业银行资产负债表内项目的风险权数》用以计算风险资产总额。虽然中国现行资本监管制度在许多方面与国际标准差距较大，比如尚无法涵盖商业银行的操作风险，但资本充足标准的制定和实施对银行业的影响是很大的。

虽然《商业银行法》原则上规定商业银行资本充足率不得低于8%，但我国现行监管法规一直未对资本不足银行规定明确的监管措施，并且在资本充足率计算方法上也放宽了标准。为进一步落实《银行业监督管理法》，2004年3月1日开始全面实施《商业银行资本充足率管理办法》。该办法借鉴《资本充足性协议》和新《巴塞尔协议》，制定了一套符合中国国情的资本监管制度。建立完整的资本监管制度，修改现行的资本充足率计算方法，有利于强化对商业银行的资本监管，健全商业银行资产扩张的约束机制，为货币政策的实施奠定坚实的微观基础。

该办法引入了国际上成熟的资本监管经验，根据《银行业监督管理法》的有关规定，在资本充足率的监督检查方面建立了一套操作性强、透明度高的标准和程序。比如，规定资本充足率=（资本-扣除项）/（风险加权资产+12.5倍的市场风险资本）；规定核心资本充足率=（核心资本-核心资本扣除项）/（风险加权资产+12.5倍的市场风险资本）。在计算资本充足率时应从资本中扣除以下项目：商誉、商业银行对未并表金融机构的资本投资、商业银行对非自用不动产和企业的资产投资。在计算核心资本充足率时应从核心资本中扣除以下项目：商誉、商业银行对未并表金融机构的资本投资的50%、商业银行对非自用不动产和企业的资产投资的50%。其中，商誉是指金融企业无形资产中不可辨认的部分，我国会计制度不承认企业自创的商誉，只有在发生企业并购的过程中才会产生商誉，其计算方法是并购企业的成本减去被并购企业净资产的公允价值。

伴随《巴塞尔协议III》的出台，借鉴国际监管改革的最新成果，2010年中国银监会就完善资本监管提出了改进方案。要求商业银行将最低核心资本要求提高到6%，一级资本要求提高到8%，总资本要求提高到10%。对所有银行设置超额资本以抵御经济周期波动，超额资本监管标准为0～4%。对系统重要性银行设置1%的附加资本要求。同时设定杠杆率监管标准为4%，杠杆率的分子将采用一级资本，分母应覆盖表内外所有风险暴露。对于表内风险暴露，按名义金额计算。对非衍生品表外项目按100%的信用风险转换系数转入表内。对金融衍生品交易采用现期风险暴露法计算风险暴露。以上调整表明中国银行业监管当局对商业银行稳健运营的决心，表明在一定的时期内中国商业银行外部监管环境趋向收紧，这在一定程度上对中国商业银行经营管理能力提出了更高的要求。

从目前我国商业银行的实施进展情况来看，工商银行、农业银行、中国银行、建设银行、交通银行、招商银行6家银行于2007年启动预审批，上海浦东发展银行等8家银行于2011年启动预审批，2014年4月，银监会核准了工、农、中、建、交和招商6家银行实施资本计量高级方法，具体范围包括公司风险初级内评法、零售风险内部评级法、市场风险内容模型法和操作风险标准法。总体来看，我国商业银行实施巴塞尔资本协议有如下特点：优先推进实施信用风险资本计量高级方法，而后依次是市场风险和操作风险资本计量高级方法；受数据质量、业务开展需求等因素影响，信用风险资本计量方面，优先实施公司客户风险敞口高级方法，而后是零售客户风险敞口；我国国有银行和股份制银行基本完成了资本计量高级法开发和相关管理体系建设工作，6家银行在部分风险敞口方面获监管机构核准正式实施；尚无商业银行通过监管机构核准实施信用风险高级内评法和操作风险高级计量法。

7.3.2　资本充足率监管对商业银行资本管理的影响

资本充足率监管从监管者的视角对商业银行的资本管理产生多方面的冲击：首先，促使商业银行充分认识到资本管理在商业银行经营管理中的重要作用。其次，推动商业银行将资本管理与风险管理紧密结合起来。最后，通过其对资本充足率的计算要求为商业银行提供了资本管理的具体策略和思路。由于第一方面的影响是显而易见的，这里重点分析后两方面的影响。《巴塞尔协议》的资本要求为银行提高资本充足率提供了两个路径选择：增加资本的“分子策略”和缩减风险资产总额的“分母策略”。**“分子策略”是调整资本结构策略，可以进行股权融资或提高利润留成增加核心资本。**不过，由于股权融资会稀释股东权益，往往会招致股东的反对；银行也可以通过次级债券融资，但《巴塞尔协议》中附属资本在自有资本中所占比率不得高于50%的比例限制，使得这一方法的使用有限，所以“分子策略”对提高资本充足率的增长空间不大。**“分母策略”则是通过出售高风险低盈利资产降低风险资产的比重，缩小风险资产总额，显然该策略有较大的灵活性和潜力。**因此，资本充足率监管是督促商业银行一方面尽可能增强资本实力和发挥资本作用，另一方面是要求商业银行最大限度地管理好风险。

1.分子策略：有效筹资与优化资本结构

有效筹资的关键在于寻求最适合自己银行条件的筹资途径和具体方式。对于优化资本结构更多的是指在现有资本构成的基础上如何进行积极调整以获得最佳的资本作用。

（1）在资本补足的能力和持续性方面主要体现在银行资本的具体构成即股权结构和债权结构的合理性上

首先，股权结构又包括公有性和私有性比例、集中性和分散性结构而表现出对银行实力的不同影响；债权结构则需要关注的是期限结构的问题和成本收益问题。当然，如何设置与银行所处的经济金融背景也相关。一般而言，公有集中性产权的银行资本补足有国家保证，实力上应该不存在问题，有研究甚至认为只要国家信誉在，有无资本都不重要，但这种情况往往造成银行资本的“外部输血依赖”，形成恶性循环。因此，市场化、多元化的银行产权对资本补足的内在实力和持续性更容易获得对银行实力的实际支持。其次，对于债权结构而言，如果仅把附属债券当作廉价股权，仅允许长期债券作为附属债券，并限制这种债券的使用，那么通过债权在获得资金的同时揭示银行风险以判断资本补足的持续能力的目标将无法实现。2000年世界银行调查的106个国家中有92个国家允许附属债券的发行，附属债券可以发挥缓解亏损的作用，但最有价值的贡献在于它传递了关于银行风险状况的信号，可视为银行债券市场揭示银行风险类型的模拟。因此，必须突出债券定期发行、可交易性和对所有企业一视同仁的特点，其中：定期发行可以不断更新市场信息，使市场能够在发行时点上获得当前信息；可交易性则保证了附属债券工具的相对同质，以便利于比较各行的交易利率。通过观察银行发行附属债券的利率和发行能力，使银行信息得到更充分的揭示，有问题的银行将不得不支付更高的利率且发行也更困难，而即使规定只有好银行才能发行附属债券，其本身也向市场传递了风险信息。

（2）在资本对银行经营绩效影响方面主要体现在通过银行资本结构调整能否对公司治理产生良好效果上

良好的公司治理是树立市场信心、提高银行活力，进而增强整个银行绩效的保证，这显然符合银行经营管理的要求。公司治理明确规定了公司的各个参与者包括董事会、经理层、股东和其他利益相关者的责任和权利的分布，并清楚地说明了决策公司事务时所应遵循的规则和程序。在银行资本的筹集过程中，伴随着资金的转移会发生权利和义务的变化，各利益相关主体必然要对资金的使用、收益分配和控制等相关的权责利关系进行界定。在这一过程中，投资者为了保护自身利益，一方面要采取措施调动管理者的积极性，另一方面又要对管理者进行必要的监督与约束。具体来看，一是银行的资本结构决定投资者对银行的控制程度和干预方式。比如，若股权比较集中，大股东可以通过进入董事会直接参与制定银行的发展战略，并通过董事会直接选择、监督经营者；若股权分散，则投资者大多通过“用脚投票”间接实施对银行经营者行为、银行重大决策的控制和干预。二是银行资本结构会影响经营者的工作努力程度和其他行为选择，进而影响银行的收入流和市场价值。比如，当内部股东持有的股份很低时，其工作努力程度就会降低，而其在职消费会增加。再如，银行经营者对银行的经营状况比外部投资者有更多的了解，后者是据前者的融资决策来判断银行的经营状况的。因此，融资方式的选择就通过其信息传递功能影响投资者对银行经营状况的判断进而影响银行的市场价值。

2.分母策略：缩小资产规模和降低银行风险

（1）缩小资产规模

商业银行资产规模越大，对资本的要求越高，为使银行资本充足率提高，缩小资产规模是直观的方法。银行资产主要有三大类组成，即现金资产、贷款资产和证券资产。三类资产的风险收益不同，在缩小规模上也有不同的处理。对于现金资产，只要其规模能够基本满足银行正常的流动性需要即可，因此降低现金存量往往是可行的和有效的。对于证券资产，商业银行持有证券资产的目的在于既能满足流动性要求又可以获得较高的收益，因此不应简单地削弱其规模，而是应该通过调整所持有的不同品种证券的数量，实现有效的投资组合。对于贷款资产，缩小规模的要求需要遵循两个原则：一是缩小高风险的贷款资产规模；二是积极创新，将表内资产表外化，在缩小表内资产规模的同时也能获得一定的收益。可见，缩小资产规模不能盲目地从数量上获得结果，还需要注意资产质量与收益的保障。

（2）降低商业银行风险

由于资本充足率的计算中分母项是风险加权的资产总额，所以降低商业银行资产风险，尤其是减少权重较高的风险资产也是有效的对策。这就需要银行大力强化风险管理，采用各种方法规避或化解风险。有关风险管理的方法在以后的章节中会进一步说明。

3.综合策略

综合策略即同时使用分子分母策略，遵循分子增加、分母减少的原则，促使资本充足率达到监管要求。

此外，《巴塞尔协议》还对银行资本管理提出了信息披露的要求。提高商业银行资本管理的透明度，可以促使商业银行在外界的有效监督下保持充足的资本水平，提高资本管理效率，有助于增强银行信誉，提升其公信力。为此，商业银行在资本管理中应注意及时准确地披露相关信息，包括：及时公开披露资本比率、资本结构、资本工具的期限与条件以及按新协议建议的新方法计算的风险暴露情况；及时提供对影响其资本充足的因素和相关分析；及时披露其有关资本计划与管理设计等。

专栏7-1

国际金融监管改革进展

2014年，金融稳定理事会（Financial Stability Board，FSB）和巴塞尔银行监管委员会（Basel Committee on Banking Supervision，BCBS）按照既定议程推进国际金融监管改革工作。

（1）落实第三版《巴塞尔协议》标准。2014年，第三版《巴塞尔协议》监管标准在政策制定和实施方面取得新进展。净稳定融资比率（NSFR）修订方案公布，标志着国际统一的流动性风险定量监管标准正式确立。目前，巴塞尔银行监管委员会27个成员经济体均已发布实施新的资本监管规则，多数成员已发布流动性覆盖率、杠杆率和系统重要性银行监管规则。

（2）进一步完善巴塞尔监管框架。巴塞尔银行监管委员会提出提高资本充足率一致性和可比性的一系列方案，目的是维持国际标准一定程度的风险敏感性，同时降低其复杂性，提高可比性和操作性。主要内容包括：一是完善监管规则。用较简单的标准法资本要求作为高级法的资本底线，避免利用内部模型过度降低资本要求。二是强化披露要求。提高银行披露的风险计量和资本充足率信息的一致性。三是持续监测差异。比较不同模型计量同一资产组合的资本要求结果，分析原因、缓解差异。2014年，巴塞尔银行监管委员会还公布了大额风险暴露监管框架、银行对中央交易对手方债权的资本要求、交易对手信用风险简单计量方法、银行对基金股权投资的资本要求、资产证券化资本计量方法等一系列国际标准。

（3）提升风险管理水平。2014年，金融稳定理事会基于风险治理国际评估所反映的经验教训，推出一系列旨在推动银行业提升风险管理水平的原则和指引，包括有效风险偏好框架原则、监管当局促进金融机构加强风险文化的指引等，还发布了对部分国家实施稳健薪酬原则情况的调查报告。巴塞尔银行监管委员会发布了关于资本规划程序基本要素指引、识别和处置有问题银行的监管指引以及用于指导跨境跨业监管合作的提高监管联席会议制度有效性指引。此外，还结合近年新出现的问题修订了有关加强银行公司治理的指导原则，发布了关于国际银行业实施操作风险稳健原则情况的调查报告。

（4）解决“大而不倒”问题。按照二十国集团领导人的要求，金融稳定理事会重点从合理评估金融机构的系统重要性、增强吸收损失能力、加大监管强度、完善风险处置机制等方面开展工作。一是识别系统重要性金融机构。巴塞尔银行监管委员会采用2013年底数据，确定了30家全球系统重要性银行，其中：美国8家，法国4家，英国4家，中国3家，日本3家，瑞士2家，西班牙2家，德国、意大利、荷兰和瑞典各1家。这30家银行须按照全球系统重要性程度计提1%~2.5%的附加资本。二是提高总损失吸收能力（TLAC）。要求全球系统重要性银行通过将部分或全部银行债务转换为普通股或实施减记方式，使债权人采取“自救”措施承担银行倒闭带来的损失，以避免政府救助。按照公开发布的征求意见方案，包括资本在内的总损失吸收能力的最低标准将根据2015年的定量测算结果确定，总部设在新兴市场国家的全球系统重要性银行在初期将不适用这一要求。三是提高监管强度。主要是在风险偏好构建、风险文化培育以及风险识别和管理方面提出更高的监管要求，同时提升对全球系统重要性银行的压力测试要求，密切关注其在极端压力情景下的损失情况和资本缺口。四是推动制定有效的处置计划。金融稳定理事会2011年11月印发《金融机构有效处置框架的关键要素》，提出了系统重要性银行处置框架要点，并在2014年10月印发的修改稿中进行了完善。

（5）改进影子银行监管。金融稳定理事会提出监管当局之间加强影子银行信息共享的建议，并研究将影子银行按照五类经济功能进行分类并设置不同的监测指标。这五类经济功能包括：集合类投资（例如证券投资基金、对冲基金、私募股权基金、信托投资机构等）、依赖短期批发融资对外发放贷款（例如财务公司、融资租赁公司、保理公司、消费信贷机构等）、证券经纪（券商、融资融券公司、货币经纪公司等）、融资性担保（担保公司、按揭保险类机构等）、资产证券化（各类相关实体）。

（6）加强金融基础设施建设。金融稳定理事会就完善场外衍生品市场（法人统一编码，合约标准化，加强中央清算)、降低对评级机构的依赖（减少对外部评级结果的援引，鼓励机构强化自身信用风险评估代替外部评级)、改革金融基准利率形成机制（解决LIBOR等体系设计缺陷）等方面推进了改革进程。

资料来源：中国银行业监督管理委员会. 中国银行业监督管理委员会2014年报［EB/OL］.［2015-07-20］. http：//www.cbrc.gov.cn.

§7.4　商业银行的经济资本管理

风险与收益总是结伴而行，商业银行自诞生之日起，就在不断探求战胜风险的技巧。经济资本（economic capital，EC）理念的出现，无疑增强了商业银行驾驭风险的能力。经济资本这一概念最早起源于1978年美国信孚银行创造的风险调整后的资本收益率模型。所谓经济资本，是指银行决定持有用来支持其业务发展和抵御风险并为债权人提供“目标清偿能力”的资本，在数量上与银行承担的非预期损失相对应。简单地说，经济资本是根据银行所承担的风险计算的最低资本需要，用以衡量和防御银行实际承担的、超出预计损失的那部分损失，是防止银行倒闭风险的最后防线。它是人们为了风险管理的需要而创造的一个虚拟的概念，而不是一个现实的财务概念，不能在资产负债表上直接反映出来，与监管视角的监管资本（regulation capital，RC）和司库视角的账面资本（book capital，BC）有着截然不同的内涵。

7.4.1　商业银行经济资本管理的作用

从经济资本的内涵中，可以看出经济资本的管理突破了以往资本管理仅局限资本的会计定义，将资本管理在银行经营管理中作用大大提升，甚至从某种意义上讲，可以更多地将经济资本理解为一种风险管理的技术或工具，它的引入在资本监管、绩效考评、风险控制和经营理念等方面激起了商业银行经营管理的一场革命。

1.经济资本管理可以充分实现资本与风险的匹配，释放闲置资本，提高资本创造价值的能力

经济资本使资源优化配置。由于持有资本等同于抽走了业务发展资金，商业银行必须精确计量风险和所需资本，以释放闲置资本，保证资本的最优配置，提高商业银行效益。经济资本管理体系可以根据对商业银行内各业务部门的风险调整的绩效测量，在各部门间进行风险资本限额分配，并根据风险调整后的绩效评估对经济资本的分配进行动态调整，从而保证资源最优配置，提高盈利水平。

2.经济资本管理是对资本充足性监管的合理修正与有益补充

巴塞尔银行监管委员会制定的商业银行资本充足率标准，虽然有其重要的意义，但这种“一刀切”的硬性规定抹杀了银行之间的个性和差异，尤其是在风险控制方面。客观上讲，监管资本并不能完全代表银行实际吸收非预期损失的能力，并且监管规定不一定真实反映特定银行的风险特征。对于那些优质的商业银行而言，

8%的资本充足率要求显得过于保守，无异于束缚了其逐利空间，因为在其高效的风险监控系统下，无需8%的资本充足率就能完全覆盖其风险暴露；相反，对于有些劣质的商业银行而言，由于风险监控系统运行的低效率，甚至更高的资本充足率也可能无法有效覆盖风险头寸。而经济资本用灵活和自由的理念体现出了银行与银行之间的异质性。它是为承担风险暴露真正需要的资本，完全反映了银行自身的风险特征。在经济资本理念的指导下，监管部门真正应该做的是尝试让商业银行根据自身的具体情况自行量体裁衣，实现自我监管。

经济资本理念在强调对债权人负责的同时也兼顾了商业银行自身的效率，将安全性和盈利性结合起来，从而保证了资本得以最有效地运用以获得最佳的收益，并通过提高优质银行的效率而提高了整个银行体系的效率，通过增加劣质银行的安全性而增强了整个银行体系的安全性。

3.经济资本管理能够更好地将业务发展与风险控制有机结合，提高风险管理的质量

风险控制对于负债经营的商业银行来说显得至关重要，它是商业银行正常运营的保障。然而，商业银行往往在强调业务发展的同时却忽视了对风险的关注和有效制约，片面追求业务量和账面利润的增长，使得风险控制极为被动。经济资本管理追求的是实现业务发展和风险控制动机的相容性，通过科学的绩效标准使当事人的行为动机不再是单一的利润标准或风险标准，而是二者的融合。这样做的一个最大好处，就是将事后被动的风险处理工作提到事前来做，不是被动地去适应风险，而是主动地去选择风险。换句话说，商业银行实行经济资本的管理不仅强化了风险管理，还提高了风险管理的质量。

首先，由于经济资本注重风险的模型化和定量计算，以严密的模型为依托，使风险计量更为谨慎、周密，因此，经济资本提高了风险管理的精密度。其次，经济资本直接反映商业银行的风险状况。它可以方便地进行分解、合并，清楚地显示各部门和各项业务的风险水平，增强风险防范的主动性。再次，经济资本作为一种虚拟资本，当它在数量上接近或超过可用资本时，说明它的风险水平接近或超过其实际承受能力，这时要么通过一些途径增加实际资本，要么控制其风险承担行为。最后，经济资本参与业务战略规划。在制定战略规划时，不仅要考虑业务的发展，而且还要考虑业务发展与所面临的风险变化之间的关系，提高业务发展规划制定的科学性，推动商业银行持续健康发展。

4.经济资本管理可以优化商业银行的绩效评估

无论是股东评价商业银行业绩，还是商业银行管理者内部的绩效考核，不仅要考虑经营收益本身，还要考虑这些成果是以何种风险为代价取得的。将这些风险转换为成本，再与所取得的收益比较，才能科学地衡量一种产品、一个单位、一个事业部的业绩表现，从而精确体现出为股东创造的价值。通过经济资本管理，即在经济资本分配的基础上，以风险调整后的资本利润率指标对各部门和各项业务进行评价，既考察了其盈利能力，又充分考虑了该盈利能力背后承担的风险，使商业银行

的绩效评估更科学。

7.4.2　经济资本管理的内容

经济资本管理（economic capital management）是商业银行建立资本制约机制，控制经济资本的合理、适度增长，并提高资本回报率水平，有效降低经营风险的一种全面管理。依据经济资本的内涵，其实质就是全面控制风险。实施经济资本的配置是商业银行经济资本管理的重要内容，是银行主动运用经济资本进行指导战略和业务决策的体现。

经济资本配置是指在理论上或形式上计算支持一项业务或一个部门所需要的资本额（即经济资本额），再对全行经济资本的总体水平进行评估，综合考虑信用评级、监管当局规定、股东收益和经营中承担的风险等因素，在资本充足率的总体规划之下，制定经济资本目标，将经济资本在各个机构、各项业务中进行合理配置，使业务发展与银行的资本充足水平相适应。这里包括两方面的内容：一是根据银行资本实力、股东目标与偏好、监管要求，确定整个机构的总体风险水平以及相应的抵御风险损失的风险资本限额；二是根据银行内各业务部门的风险调整的绩效测量，在各部门间进行风险资本限额分配，并根据风险调整后的绩效评估对经济资本分配进行动态调整。经济资本配置的目的在于构建一个与银行的总体风险战略和股东目标相一致的业务风险组合。

资本配置并非完全等同于资本的实际投入，因为经济资本量表现的是风险量，所以在银行内部各部门以及各业务之间的资本配置实质上是风险限额的分配。由此可以得出，经济资本配置的核心是对商业银行风险的准确量化。准确量化商业银行风险水平，需要研究风险评价模型，积累违约概率（PD）、违约损失率（LGD）、违约风险暴露额（EAD）和期限（M）等风险要素的历史数据。同时，风险的概念也要由主要的信用风险扩展到市场风险、操作风险乃至全部。风险管理不再是静态的事后计量的资产总量、结构的概念，而是动态的、可提前观测的表内外风险、信贷、非信贷资产风险的概念。推动经济资本的管理必然会促进银行内部评级法等风险管理技术的发展，进而带动全行风险管理水平的进一步提高。

关于如何进行经济资本的配置，西方现代商业银行主要采用的有系数法、收入变动法和资本变动法。我国商业银行目前主要采用的是系数法，其基本思路是对于银行的每一种资产，都给予配额一定的经济资本，即经济资本是资产属性（指余额、期限、资产质量等）的函数，用公式表示为：经济资本= f（资产属性）= f（余额，期限，质量），同时给每一类资产确定一个经济资本分配系数，即：经济资本=资产余额×经济资本分配系数。根据资产对象的不同，系数分别可在交易基础上以及资产组合基础上测算得到。

专栏7-2

中国商业银行资本管理存在的问题

建立在资本至上基础上的资本约束思想成为国际银行业新的价值取向，在不断的实践中确立了以资本约束为条件的银行经营管理体系。2004年3月1日，中国银监会借鉴新《巴塞尔协议》，颁布了适合中国国情的《商业银行资本充足率管理办法》，要求中国商业银行在2007年1月1日前达到最低资本要求。近几年，国家通过发行特别国债和动用外汇储备以及财政注资等方式使资本充足率水平显著提高，到2011年底，工、中、建、交四家银行资本充足率均超过12%。进一步分析中国商业银行的资本状况，可以发现存在几个突出的问题：

（1）中国商业银行资本仍然存在严重短缺的问题，随着经济的发展和竞争的加剧，资本缺口可能会进一步拉大。中国银行业存在速度情结和规模偏好，信贷规模一直保持较快的增长速度，属于规模扩张型发展。由于公司业务在中国银行业务中比重较大，所形成的业务结构不合理导致了银行资本较大的消耗。从未来发展来看，中国经济体系对银行的依赖程度依然很高，而资本市场难以完全满足企业融资的需要，随着信贷扩张和竞争加剧，在相当长的一段时间内，中国银行业仍面临较大的资本压力。

（2）中国商业银行自我筹集资本的能力不强，具有体制依赖性。国际先进银行一般比较注重通过自身积累增加资本，留存收益在它们的资本来源中占据重要的地位。一般在美国银行业的资本结构中，未分配利润和盈余公积金占比达30%～40%，资本公积金占比达30%～40%，次级债券占比约10%，普通股和优先股占比约10%。这种资本结构是由于美国银行业具有较强的盈利能力。中国银行业较少依靠自身利润增加留存收益、提高资本。国有银行因历史原因和国家控股的特点，等同于国家提供免费保险，不存在破产的担忧，对资本功能的认识不足，保持资本充足的内在动力欠缺。

如图7-1所示，根据Buser、Chen和Kane（1981）提出的观点，在政府提供免费保险的条件下，政府的免费保险相当于增加了银行的价值，对银行债务所提供的免费保险会降低负债银行的破产成本，从而导致银行股权资本比率的下降。图中的曲线V_F（有免费保险时的银行价值）和V（没有保险时的银行价值）之间的垂直距离代表在任意的资本结构下（用银行的存款资产比率衡量），银行所获得的免费保险的价值。这可以解释为何我国银行业资本充足率低而依然能够正常运营。

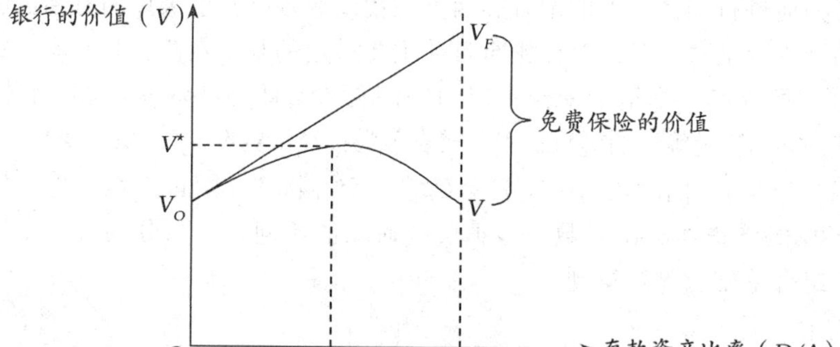

图7-1 免费保险对银行价值的影响

（3）中国商业银行资本补充方式具有较大的限制。首先从可供选择的补充方式来看，存在一定的限制。虽然2004年以来，银监会颁布了一系列有关银行资本补充的管理办法和通知，但整体看来，与《巴塞尔协议》的相关规定仍存在一些区别，见表7-3。

表7-3　　中国银行资本补充规定与《巴塞尔协议》内容的比较

比较	二级下层资本	二级上层资本	一级资本
《巴塞尔协议》	●注明年期的次级债券，年期不得低于5年，可以在到期日之前按5年分期摊销 ●不可以推迟利息的支付 ●进级空间有限	●永久（或长期）次级债券 ●累计递延利息 ●进级空间有限	●以股票支付 ●保留盈余 ●少数股东权益 ●具有吸收损失特征的永久非累积混合型证券
中国资本监管规定	●次级债券，年期不低于5年，在到期日前可按4年分期摊销 ●混合资本债券	●优先股（无法律依据） ●次级可转换债券 ●没有对递延利息做出说明	●以普通股支付 ●保留盈余 ●少数股东权益

可见，首先，我国在监管资本方面只允许银行发行次级债券、可转换债券、优先股，并且还有一定的限制，而未包括混合型一级资本证券。这与国际资本市场混合型资本证券发展迅速趋势很不相符（混合型一级资本证券的好处在于筹集成本较低，发行方式灵活，容易筹集和返还，可以满足银行多层次的资本需求）。其次，我国银行在资本市场上融资受到多方面的限制。比如发债与增资扩股不能在同一年；如果资本充足率不符合要求，银行通过定向增发募集资本的可能性极小；只有在核心资本充足率不低于总资本的50%时才可以私募方式发行次级债券或募集次级定期债务。这就造成银行只能通过股本融资来补充资本金，而股本融资的成本昂贵，筹集时间长，一旦不需要又很难返还。最后，中国资本市场不够成熟，容量有限。由于中国资本市场存在一定的再融资恐惧，只要上市公司向市场公布增发、配股，或者发行可转债和次级债，股价就会出现非理性下跌。同时，资本市场规模有限，难以承担包括银行资本在内的“输血”功能。

（4）资本饥渴压力导致银行在资本结构安排时考虑的是融资速度与规模的便利性，而对融资方式成本收益的比较关注不够。国内银行目前仍是规模扩张式发展，在快速发展过程中为满足资本监管要求对各项资本均处于饥渴状态，加之融资受到各种限制，其考虑的首要问题就是尽快、尽可能地获取资本，而对不同资本获取方式的效率差异和成本差异的比较缺乏动力。

★ 本章小结

1.资本管理是商业银行经营管理的基础和保证。它主要包括确定资本规模、组织资本来源和有效配置资本三方面的内容。资本规模的确定主要受到银行自身经营与信誉的影响和宏观经济形势及相关法律规定的制约。组织资本来源主要考虑资本成本、管理人员对财务风险所持的态度、银行的信用等级、盈利能力、监管机构的要求五个因素。有效配置资本要求银行平衡风险收益，合理配置资产和资源。

2.资本管理具有一般性和特殊性功能。从司库、监管者、商业银行内部风险管理者以及股东四个不同的视角来分析资本管理，可以看出四个主体各有不同的侧重，也有交叉和重叠。将其结合形成资本管理的一个思路。

3.商业银行筹集资本前先要制订合理的资本计划，考虑银行总体的发展目标和财务状况，确定资本筹集的来源和具体途径。途径来自两方面：内源性融资和外源性融资。内源性融资有利有弊。外源性融资主要包括股权融资和债权融资，具体方式各有优劣。

4.金融管理当局对于银行的资本充足性进行监管。1987年《巴塞尔协议》的出台为各银行提供了资本管理的参考。新协议在原来的基础上确定了最低资本要求、外部监管和市场约束三大支柱，在内容上有很大创新。中国根据《巴塞尔协议》建立了自己的资本管理准则。

5.商业银行保证资本充足率，可以实施增加资本的“分子策略”和缩减风险资产总额的“分母策略”两种策略。分子策略包括有效筹资与优化资本结构；分母策略包括缩小资产规模和降低银行风险。也可以同时采取分子分母综合策略来提高资本充足度。

6.经济资本管理能提升资本管理在银行经营管理中的作用，实施经济资本管理意义重大。配置经济资本是经济资本管理的重要内容。

★ 综合训练

7.1 单项选择题

1.《巴塞尔协议》规定商业银行核心资本对风险资产之比不得低于（　　）。

A.3%　　B.4%　　C.6%　　D.8%

2.商业银行外源融资方式不包括（　　）。

A.资本溢价　　B.配股　　C.次级债　　D.混合型权益工具

3.属于商业银行保证资本充足度的分母策略包括（　　）。

A.缩小资本规模　　B.降低银行风险　　C.有效筹资　　D.优化资本结构

4.商业银行内源融资的好处不包括（　　）。

A.资本成本较低　　B.原股东的控股权不会被削弱

C.受股利分配政策的影响　　D.没有支付股息和利息的负担

5.《巴塞尔协议》规定商业银行的资本与风险资产之比不得低于（　　）。

A.3%　　B.4%　　C.6%　　D.8%

7.2　多项选择题

1.商业银行资本管理的主要内容包括（　　）。

A.资本规模的确定　　B.资本来源的组织

C.资本的有效配置　　D.资本计划

2.属于商业银行内源融资渠道的有（　　）。

A.内部留存收益　　B.资本性票据

C.股本溢价　　D.法人资产重估增值

3.商业银行保证资本充足度的分子策略包括（　　）。

A.缩小资产规模　B.降低银行风险　C.有效筹资　　D.优化资本结构

4.新《巴塞尔协议》的三大支柱是指（　　）。

A.新的风险衡量模型　　B.最低资本要求

C.外部监管　　D.市场约束

5.新《巴塞尔协议》在内容上的更新有（　　）。

A.监管框架更完善与科学　　B.风险权重的计量更准确

C.风险认识更全面　　D.内部评级法

7.3　思考题

1.简述商业银行如何进行资本管理。

2.商业银行的外源融资方式的优缺点是什么？

3.商业银行资本管理的功能有哪些？

4.商业银行保证资本充足度的分子、分母策略是什么？

5.简述商业银行经济资本管理的内容。

★ 本章参考文献

[1] 马腾. 银行资本管理 [M]. 王洪，等，译. 北京：机械工业出版社，2004.

[2] 庄毓敏. 商业银行业务与经营 [M]. 北京：中国人民大学出版社，2014.

[3] 李志辉. 商业银行经营与管理 [M]. 北京：中国金融出版社，2015.

[4] 米什金，爱金斯. 金融市场与金融机构 [M]. 王青松，等，译. 北京：北京大学出版社，2013.

[5]《中华人民共和国银行业监督管理法》.

[6]《中华人民共和国商业银行法》.

第8章

商业银行的资产负债管理

★ 导读

商业银行资产负债管理是一种全方位的管理方法，商业银行开展资产负债管理的历史悠久，为了在持续变化的环境中追求利润最大化，商业银行不断创新资产负债管理的技术和方法，积累了丰富的实践经验，同时，也形成了一套较为系统的理论体系。时至今日，资产负债管理已成为现代商业银行普遍使用的经营管理机制和风险管理手段。那么究竟如何理解商业银行资产负债管理的内涵？资产负债管理从资产管理、负债管理到资产负债综合管理的演进是怎样的？其中有何启示？在商业银行资产负债管理的具体实施中，有哪些传统的管理技术与方法？在商业银行的演变与发展过程中，又出现了哪些新型的管理技术与方法？本章将针对这些问题进行概括与分析，对商业银行资产负债管理进行较为全面的剖析。

★ 关键概念

资产负债管理　商业性贷款理论　可转换理论　预期收入理论　资产负债管理理论　利率敏感性　缺口管理　资产负债比例管理　久期

商业银行的资产负债管理是从资产和负债两个方面进行综合平衡管理，综合运用表内外业务工具，动态优化调整资产负债表内及表外各项业务的品种、数量和期限，以实现银行利润和价值的最大化。

§8.1　商业银行资产负债管理概述

资产负债管理来源于商业银行的经营管理实践，是商业银行适应社会、经济和金融环境的变化，追求收益最大化的产物。同时，商业银行在资产负债管理方面积累的实践经验已上升到理论层面，形成了较为系统的理论体系。随着商业银行业务种类的多元化和复杂化，资产负债管理的具体内容和技术方法在创新中仍将不断发展。资产负债管理已成为商业银行经营管理的重要内容和手段。

8.1.1　商业银行资产负债管理的内涵

1.商业银行资产负债管理的含义

商业银行资产负债管理的含义有广义和狭义之分。广义的资产负债管理是一种全方位的管理方法，它从资产和负债两个方面进行综合平衡管理，从银行经营的流动性、安全性和盈利性的基本要求出发，综合运用表内外业务工具，动态优化调整资产负债表内及表外各项业务的品种、数量和期限，以实现银行利润和价值的最大化。狭义的资产负债管理主要指其中的净利差管理，即在利率变动的环境中，控制利息收入与利息支出的差额，使其大小及变化与银行总的风险收益目标相一致，其核心是针对利率风险的管理。正确理解资产负债管理的含义需要明确以下几点：

（1）资产负债管理是资产管理和负债管理的补充和完善。资产负债管理并非不重视资产或负债的单项管理，而是在单项管理的基础上更强调从整体的角度、运用联系的观点对银行资产负债进行统一的协调与控制。

（2）资产负债管理是一种综合管理。资产负债管理不仅对资产负债表内各项目的总量和结构进行管理，而且也对表外各项目的总量和结构进行安排和控制，是对表内、表外各项目的综合管理。

（3）资产负债管理是风险管理的具体措施和载体。从广义的资产负债管理来看，它实质上就是风险管理，因为广义的资产负债管理包含了对银行风险组合中的资产业务风险、负债业务风险、资本金业务风险、表外业务风险等的管理。但是风险管理并不等同于广义的资产负债管理，前者的含义要比后者更宽、更广，因为风险管理除了对三种主要的风险即信用风险、利率风险和流动性风险的管理以外，还涉及对其他风险如法律风险、操作风险、国家风险和转移风险等的管理。狭义的资产负债管理是对利率风险的管理，它属于风险管理的一部分。

（4）资产负债管理已成为各国金融监管的重要内容。资产负债管理不仅仅是商业银行所采用的一种科学的自律性经营管理方法，而且也纳入了各国金融监管当局对商业银行的监管内容，特别是近几十年来已发展成为商业银行自律和监管当局外部监管的重要结合点。从资产负债的角度对商业银行进行监管主要有两个方面：一是资本充足率监管；二是流动性监管。

2.商业银行资产负债管理的目标

广义资产负债管理的具体目标，随着时间衡量的长短而有所不同。从短期（一般在一年以内）看，其目标是使一些经营指标，如净利息收入（NII）或每股收益（EPS）最大化；从长期（一般在一年以上）看，其目标是使银行净值（NW）或股本的市场价值（MV）最大化。从商业银行的战略计划来看，资产负债管理的长期目标也就是保持资产收益率（ROA）和股本收益率（ROE）处于一个较高的、有竞争力的水平。短期目标寓于长期目标之中，长期目标是短期目标的延伸。

由于狭义资产负债管理的重点在于管理利率风险，因此，实现利率风险最小化是狭义资产负债管理的目标，但利率风险最小并不绝对是商业银行经营管理的最佳结果，它必须存在一个基本的前提，就是应与银行的盈利挂钩。或者说，在一定利率风险水平上的利润最大化才是狭义资产负债管理追求的目标，衡量目标实现程度的具体指标是净利息收入（NII）或净利息利润率（NIM）及其波动性。一般而言，利率、流动性和提前偿还情况是狭义资产负债管理关注的关键变量。

从逻辑关系来看，狭义资产负债管理的目标从属和服务于广义资产负债管理目标。同时，由于净利息收入是资产负债综合作用的结果，也是银行盈利的主要源泉或者说是银行业的生存根本，因此，狭义资产负债管理在整个资产负债管理中处于核心地位，其目标也必然是整个资产负债管理的核心目标之一。

3.商业银行资产负债管理的原则

（1）对称性原则。该原则包括资产负债的规模对称、结构对称和速度对称。其中，规模对称是指商业银行的资产规模与负债规模要互相对称、统一平衡。这种对称并非是简单的对等，而是一种建立在合理经济增长基础上的动态平衡。结构对称是商业银行的长期负债主要用于长期资产，短期负债一般用于短期资产，但可以把其中的长期稳定部分用于长期资产。速度对称又叫偿还期对称，银行资金的分配应根据资金来源的流通速度来决定。也就是说，银行资产和负债的偿还期应保持一定程度的对称关系。

（2）目标互补性原则。该原则认为商业银行安全性、流动性和盈利性三性的均衡不是绝对的平衡，而是可以互相补充的。如在一定的经济条件和经营环境中，流动性和安全性的降低可通过盈利性的提高来补偿。根据这个原理，商业银行在经营实践中就不必固守某一个目标，单纯根据某一个目标（如利润）来考虑资产分配，而应将安全性、流动性和盈利性结合起来进行综合平衡，以保证银行经营目标的实现，力图使最终达到的总效用最大。

（3）分散化原则。其中，资产分散化即银行的资产要在资产种类和客户集中度两个方面实现适当分散化，以避免信用风险、市场风险，减少坏账损失。负债分散化即强调负债途径的多样化。

8.1.2　商业银行资产负债管理的主要内容

在经营管理实践中，资产负债管理所包含的具体内容非常丰富，商业银行通过安排和实施诸多具体管理内容，实现资产负债管理的短期目标和长期目标。辛基（Joseph F. Sinkey Jr.）把广义资产负债管理的内容概括为三个层次，见表8-1。

表8-1　　资产负债管理的主要内容框架

第一层次（总体管理）	
资产管理	负债管理 资本金管理
第二层次（具体管理）	
储备头寸管理 流动性管理 投资管理 贷款管理 固定资产管理	储备头寸负债管理 总负债管理或贷款头寸负债管理 长期债券管理 资本金管理
第三层次（目标与政策）	
利润=利息收入－利息成本－贷款损失准备金＋非利息收入－非利息支出－税收 达到资产负债管理目标的政策： 1.利差管理 2.非利息投入和支出的控制 3.流动性管理 4.资本金管理 5.税收管理 6.资产负债表外业务管理	

上述资产负债管理的主要内容框架说明，资产负债管理由总体管理、具体管理、目标与政策三个层次的内容构成。第一层次的总体管理是按资产负债表的三大内容分为资产管理、负债管理和资本金管理；第二层次的具体管理细化了第一层次的总体管理，涉及资产负债表各项具体组成项目的管理；而第一和第二层次的管理都需要第三层次各项政策的配合，因为这些政策都会影响到商业银行的利润状况，借助于利差管理、非利息投入和支出的控制、流动性管理、资本金管理、税收管理、表外业务管理等各项政策，统筹安排和控制资产负债表内及表外各项目的总量和结构，并且在利率、汇率等市场条件不断变化的情况下，对表内外各项目的再定价做出相应预测、计划和调整，从而实现资产负债管理的目标。

§8.2 商业银行资产负债管理的演进过程

广义的资产负债管理大致可以划分为三个发展阶段，依次是资产管理阶段、负债管理阶段和资产负债管理阶段。在不同阶段，商业银行所面临的时代背景和业务环境不断发生变化，商业银行经营管理的主流理论和具体实践也在持续进行着适应性变革，循序渐进，并各具特色。

8.2.1 资产管理阶段

从现代银行业产生之初到20世纪60年代大约200多年的时间里，资产管理理论一直占据着统治地位，资金运用是商业银行经营管理的重点。资产管理理论认为，由于银行资金的来源大多是活期存款，提存的主动权在客户手中，银行管理起不了决定作用；但是银行掌握着资金运用的主动权，于是银行侧重于资产管理，争取通过对资产的优化组合，来实现经营目标。资产管理理论在实践中先后产生了商业性贷款理论、可转换理论、预期收入理论等。

1.商业性贷款理论

商业性贷款理论又称真实票据理论，它的产生早于中央银行的产生。在银行业发展的早期，商业银行的主要资金来源是吸收存款，由于不存在中央银行作为“银行的银行”执行“最后贷款人”的职能，因此，贷款的按时偿还对于保证商业银行经营的流动性、安全性至关重要，是生存的根本之道。

商业性贷款理论从当时商业银行的资金来源主要是活期存款这一客观现实出发，认为存款有随时被提取的可能，因此，从保持银行资产流动性的角度考虑，商业银行只应发放短期的、与商品周转相联系或与生产物资储备相适应的自偿性贷款。之所以作这种考虑，是因为如果贷款是以商业行为为基础，并有真实的商业票据为保证，那么，一旦企业到期不能偿还贷款，银行可以处理用作抵押的票据，从而收回贷款。

该理论不仅在自由竞争条件下对稳定商业银行的经营起到了积极作用，而且，对银行的经营方针有着深远的影响。回顾历史，该理论作为最早的资产管理理论，其局限性主要在于：一是它忽略了短期商业贷款以外的消费信贷及工业设备、生产资料贷款等其他种类的贷款需求，使得商业银行资产业务极为单一，不利于银行的发展。二是它认为存款人同时提取存款的可能性非常大，所以强调资产（主要是贷款）短期的高流动性与自偿性，而实际根据“金匠法则”的基本原理，在存款人的信心没有出现大的变化时，客户的存款与取款业务经常是同时发生的，所以商业银行的存款一般有比较稳定的余额。三是在经济萧条时期，即使是短期性的商业贷款，也会因为企业无法找到商品的买主而不能按时偿还贷款，因此，即使商业银行完全秉承这一理论也会出现流动性困难。

2.可转换理论

在第一次世界大战中，美国大量发行公债，政府债券由战前的10亿美元猛增到战后的260亿美元，这大大促进了国债市场的发展，金融市场日趋多样化。由于政府公债是在二级市场上最容易变现的盈利资产，所以当时的银行就大量购买政府公债，使它成为保持银行流动性的重要资产，而指导银行做出这种选择的原因是银行对流动性问题有了新的认识，并在此基础上产生了可转换理论。

1918年，H.G.莫尔顿（Moulton）提出了可转换理论。**可转换理论认为，商业银行可以将资金的一部分投入具备二级市场条件的证券，而只要这些证券能够随时出售并转换为现金，银行就具备较为充足的流动性，因此，银行的贷款也就不一定局限于短期和自偿性的。**

可转换理论的出现，使商业银行的资产范围不再局限于短期的收益贷款，业务范围也同时扩大，经营管理更加灵活多样，在这个意义上，它比商业性贷款理论前进了一步。但它也存在局限性，这主要表现在：第一，流动资产的价格受市场波动的影响较大，当市场价格大幅下跌时，银行难保不受损失；第二，当发生经济危机时，市场上证券的抛售量可能大大超过购买量，商业银行持有的证券可能难以售出，达不到保持流动性的目的。

3.预期收入理论

第二次世界大战以后，美国的战时经济逐步转入平时经济，企业的生产设备急需更新，对长期贷款、设备贷款的需求猛增，商业银行可以获取更高的收益，于是商业银行开始逐步减少资产组合中的证券投资，增加长期贷款，预期收入理论的提出就是基于这种时代背景。

预期收入理论是由赫伯特·V.普罗克诺（Herbert V. Prochow）于1949年提出的，该理论认为，无论是证券还是贷款的变现能力，都是以未来的收入预期为基础的，即使是长期贷款，只要贷款人有稳定的未来预期收入作保证，就不至于影响银行的流动性。这种理论在防范流动性风险时所强调的不是贷款的自偿性和资产的可转换性，而是贷款人的预期收入。只要商业银行能够根据贷款人的预期收入来安排贷款的到期日或采用分期偿还的方式，灵活调度资金，维持适度的流动性，就可以基本应付存款的提取或新贷款的需求。

预期收入理论指出了银行资产具有流动性的根本条件，为银行业务范围的进一步扩大提供了理论依据，从而使银行资产结构发生了质的变化。根据这种理论，商业银行开始经营中长期贷款、设备贷款、消费者分期付款贷款和房地产抵押贷款等业务，并为商业银行业务的综合化和多元化奠定了基础。

这一理论的缺陷在于：它把预期收入作为商业银行资产业务经营的标准，而贷款的预期收入状况是银行自己预测的，难免带有主观随意性，银行很可能因发生预测偏差而做出错误决策，尤其是在贷款期限较长时，即使在贷款初期商业银行对贷款人预期收入的预测是正确的，经过一定时期以后，也可能会因生产经营状况的变化而变得不正确。

以上三种资产管理理论是一种相互补充的关系，反映了商业银行资产管理不断发展和完善的内在过程，推动了商业银行的资产业务日趋多样化。以这些理论为指导所展开的各项资产业务目前仍属于银行最基本的业务类型，而且它们所侧重管理的流动性风险，到目前为止仍然是对商业银行生存最具威胁的风险。

8.2.2 负债管理阶段

从20世纪60年代开始，西方商业银行经营管理就面临着经济环境的巨大变化。60年代初期，西方各国经济相对繁荣，社会生产和流通的巨大发展要求商业银行提供大量的中长期建设贷款，为了满足这些迅速增加的贷款需求，维持与客户的良好关系，商业银行必须不断增加存款数量，而吸引存款的有效途径便是提高存款利率，但监管当局为了防止银行业采取高利率政策进行过度竞争，推出了各种限制存款利率的法规，这使得商业银行无法通过提高存款利率来吸引资金。因此，面对资金来源不足的窘境，商业银行不得不以金融创新的方式去获取新的资金来源。而此时，由于欧洲货币市场的兴起和资金融通非中介化的现象为商业银行从非存款渠道获取资金创造了条件，于是出现了可转换大额定期存单、欧洲美元贷款、同业拆借资金等新型融资方式，负债管理理论应运而生，在随后的60年代和70年代，该理论是西方商业银行经营管理的主要指导思想。

负债管理理论主张以借入资金的办法来保持商业银行的流动性，在此基础上增加银行的收益。该理论认为，商业银行的流动性不仅可以通过加强对资产的管理获得，向外部借款也可提供流动性，只要具有足够的借款能力，商业银行的流动性就能获得保证；而且，只要能够对负债业务进行有效管理，商业银行就无需储存大量高流动性的资产，可以把更多的资金投入到能够带来更高收益的中长期贷款和其他投资上，从而提高商业银行的收益。负债管理理论意味着商业银行经营管理思想的创新，它变被动的存款观念为主动的借款观念，为银行找到了保持流动性的新方法。而且，商业银行可以根据资产的需要调整和组织负债，以主动负债的办法适应或支持资产，为银行扩大业务范围和规模提供了条件。

负债管理理论也存在明显的缺陷：首先，提高了商业银行的融资成本。通过发行大额定期存单、同业拆借和回购协议借款以及利用欧洲美元贷款等方式融入的资金，一般需要支付高于普通存款的利息。其次，增加了商业银行的经营风险。这主要因为：一是在市场资金普遍紧张的情况下，无论银行怎样努力可能也难以借到所需款项，以负债管理提供流动性的方式就无法得到保障；二是负债管理提高了银行资金的成本，迫使银行寻求高收益的投资项目，其结果就只能接受高风险。最后，负债管理往往使商业银行不注重补充自有资本，资本充足率下降，不利于银行的稳健经营。许多银行过多地依靠负债管理来增加投资和放款，以致于没有足够多的流动资产应付突然出现的提现需要。

8.2.3　资产负债管理阶段

20世纪70年代末期，商业银行经营的国际环境发生了剧烈变化，市场利率大幅波动，1974年利率水平达到两位数，70年代中后期出现了滞胀。在这种背景下，维持一定比例的资产以随时准备支付的做法可能会给商业银行带来较大的损失，而依靠负债维持流动性和扩大商业银行经营规模的做法也越来越不现实，这客观上要求商业银行要从资产业务和负债业务两个方面入手进行经营管理；而随着80年代金融"自由化"浪潮的出现，政府对金融机构尤其是商业银行的限制开始逐步取消，商业银行的业务范围越来越大，在提高银行业竞争水平的同时，打破了银行历来短筹长用、靠扩大业务量增加收益的传统经营格局，商业银行在资产和负债结构上发生了质的变化，这使银行越来越注重资产与负债之间的匹配以防范风险。

20世纪80年代初期，资产负债管理逐步形成了一套较为完善的理论。**资产负债管理理论总结了资产管理和负债管理的优缺点，是对资产管理理论和负债管理理论的突破，强调从总体上协调资产与负债的矛盾，并围绕解决这一矛盾关键因素——利率，建立了一整套的防御体系，通过资产结构与负债结构的全面调整，实现商业银行流动性、安全性和盈利性管理目标的均衡发展。**

资产负债管理的理论思想更多地蕴含于资产负债管理的各项技术和方法之中。这是因为，商业银行在开展资产负债管理过程中，需要借助一整套的技术和方法体系，正确地认识商业银行资产与负债的匹配情况，同时采取有针对性的方法来实现银行资产与负债的匹配。由于银行业务种类的日趋多元化、复杂化，金融创新活动的日新月异以及金融监管的国际化等因素的共同作用，商业银行资产负债管理所使用的技术与方法是在不断更新和进步的，这表现在两方面：一是随着商业银行经营管理理论的发展、理论界和实际工作者对资产负债管理重要性的认识和管理的侧重点的演化而不断进步；二是随着金融工具和金融管理方法的不断创新而不断进步。

商业银行在经营管理实践中不断采用和发展了各种资产负债管理方法。商业银行资产负债管理最初侧重于商业银行流动性风险，资产负债管理的技术主要是防止出现因资产的长期性与负债的短期性导致的资产与负债在到期日上不匹配，降低银行经营风险。这一时期的资产负债管理方法主要有资金集中法、资金分配法以及线性规划法等。

在20世纪80年代美国发生储贷危机，大批储蓄贷款协会破产和重组的主要原因就在于其资产（中长期房地产贷款）与负债（短期储蓄）之间的期限不匹配导致的利率风险，在利率迅速上升过程中，商业银行融资成本迅速上涨，最终导致储贷协会难以承受而出现破产。此后，商业银行资产负债期限不匹配引发的利率风险的管理成为资产负债管理的核心问题，商业银行进一步发展了资产负债管理的策略，在外部环境尤其是市场利率发生变动时，通过随时调整自己的资产组合和负债组合来响应外部环境的变化，也就是所谓资产负债表的平衡和重组，到目前为止，利率风险管理技术一直是研究资产负债管理技术和方法所关注的核心问题。这一阶段主要有利差管理法、利率敏感性缺口分析技术、久期缺口管理技术、衍生工具管理技术、资产证券化管理技术、计算机模拟管理技术，这些管理技术方法中除利率敏感性缺口分析技术之外都是属于在现代金融工程技术基础上发展起来的新管理技术方法，因此，一般将这些管理技术方法作为资产负债管理的现代技术方法，而将利率敏感性缺口技术以及之前产生的资产负债管理技术方法作为商业银行资产负债管理的传统方法。另外，资产负债比例管理方法虽然是巴塞尔银行监管委员会近年来的主要监管要求，但是其主要思想及方法都是传统的，因此也属于商业银行资产负债管理的传统技术方法。

8.2.4 中国商业银行资产负债管理的历史演进

1.我国商业银行资产负债比例管理的萌芽期

这一时期从20世纪80年代初至80年代中期。随着金融改革的发展，我国商业银行的信贷资金管理开始有了资金来源制约资金运用的观念。一些银行从自身经营管理实践出发，提出了“总量比例控制”、“总量平衡、结构对称”和“经营目标管理”的资产负债管理的最初构想。在此发展过程中，西方商业银行资产负债管理理论的传入以及《巴塞尔协议》的公布起了推动作用。尤其是80年代中期以后，我国陆续重建或新建了一些股份制和公司全资附属商业银行，这些商业银行没有历史包袱，按新机制运作，它们积极借鉴国外的经验和做法，率先采用了资产负债比例方法进行管理。

2.我国商业银行资产负债比例管理的试运行期

这一时期从20世纪80年代中后期至90年代初期。1987年，交通银行率先开始实行资产负债比例管理。1987年2月13日，中国人民银行在《关于贯彻执行国务院〈关于重新组建交通银行的通知〉的通知》中规定，交通银行在业务经营上必须建立自我控制制度，严格规定和切实遵守贷款与资本金、吸入存款之间的合理比例，严格规定和切实遵守中长期贷款与贷款总额之间的合理比例。交通银行初期的比例管理比较原始，自控性比例指标中缺乏资本率和资本充足率等重要的资产负债比例。中国工商银行1989年开始在系统内一些分支机构广泛试行资产负债比例管理。中国建设银行1990年开始在大连市分行试行资产负债比例管理，随后逐渐扩大试点面。这一时期，资产负债比例管理的试点大多局限在基层行，方法大多是存贷比例挂钩、资金自求平衡、指标监控考核等方面的要求。

3.全面推行资产负债比例管理时期

1994年2月，中国人民银行《关于对商业银行实行资产负债比例管理的通知》（简称为“94通知”），标志着资产负债比例管理在我国商业银行业的全面实施。该通知根据国际惯例和我国当时实际情况规定了9项指标，除了没有列入《巴塞尔协议》中规定可作为商业银行附属资本的混合资本工具和长期次级债务外，在资本充足率规定上基本援引了《巴塞尔协议》的内容：总资本充足率要求不低于8%，核心资本充足率不低于4%。其他指标包括存贷款比例、中长期贷款比例、资产流动性、备付金比例和单个贷款比例等也做了相应规定。这使国内商业银行正式将资产负债比例列入到日常经营管理中。

各商业银行视情况增设了一些效益性方面的比例指标。例如，中国工商银行的资产利润比例（即当年利润总额与经营资产总额之比），负债成本比例（即当年成本总额与负债总额之比）、应收利息比例（即应收未收利息与利息收入总额之比）；交通银行设立了经营收益率（即总利润与资产总额之比），相当于国外的资产收益率等指标。1996年12月，中国人民银行又公布了“96通知”，对“94通知”规定的资产负债比例指标进行了修订，新的指标分为监控性指标和监测性指标，并把外汇业务、表外项目纳入考核体系，以便完整、真实地反映商业银行所面临的经营风险。从1998年1月1日起，人民银行取消了对商业银行信贷规模的限额控制，同时发布的《贷款风险分类指导原则》依照国际惯例，将贷款分为正常、关注、次级、可疑和损失五类。在此之后，各商业银行加强了自律性的资产负债比例管理，使得资产负债结构逐步趋向合理，经济效益有所提高，促使我国商业银行向真正意义上的资产负债比例管理大步迈进。

4.我国商业银行资产负债管理现状

随着经济体制和金融体制改革的深化，经济运行和银行经营的市场化程度越来越高，在市场化过程中，为了适应经营环境的变化，我国商业银行在资产负债管理结构上呈现如下的调整趋势：

首先，银行逐步开展证券投资业务，投资于国债的资金不断增加，国债资产在全部资产组合结构中开始占有一定比重。银行投资于国债、增加国债资产与投资环境变化有关。1998年以来，国家为了刺激经济，实行积极的财政政策，大量发行国债，导致国债规模迅速扩大。同时为了增强国债的流动性，政府开放和逐步完善了国债交易的二级市场，从而为商业银行投资于国债创造了前提条件，加上国债的安全性程度高，效益稳定，二级市场又提供了流动性，由此刺激了商业银行介入国债市场的积极性。

其次，在贷款组合结构方面，商业银行开始大幅度增加对个人的消费性贷款。住房按揭贷款、汽车金融、信用卡贷款等都有发展，特别是住房按揭贷款增长速度相当快，贷款规模迅速扩大，在贷款组合结构中已经占有一定比重，这是中国商业银行资产组合结构调整的重要举措。住房制度的改革导致住房需求迅猛上升，带动了住房金融的发展。同时随着中国资本市场的发展，特别是在2000年以后，很多传统的银行优良客户开始转向资本市场融资，通过发行股票筹措资金，导致客户在一定程度上流失，出现贷款发放困难的情况。于是银行开始转向以住房按揭为重点的个人消费性贷款。由于住房按揭贷款是以购房作为抵押、银行按房产价值的一定比例所发放的贷款，贷款风险相对较小，属于优质资产，且收益稳定，银行比较愿意发放此类贷款。

最后，在贷款的期限结构方面，我国商业银行根据信贷市场的需求，逐步扩大固定资产投资贷款，使其在银行资产组合中的比重不断上升。如果加入住房按揭贷款的中长期特点考虑，则中长期贷款在全部贷款中已占有较大比重。中长期贷款比重加大势必会影响银行经营的流动性，使资产与负债的协调和统一发生困难。但自经济体制和金融体制改革以来，银行同业拆借市场发展迅速，商业银行通过同业拆借市场调度头寸，在一定程度上缓解了经营流动性的困境。

§8.3　商业银行资产负债管理的传统技术方法

一般而言，商业银行资产负债管理的传统技术方法都是从银行资产负债表内业务入手管理的，而商业银行资产负债管理的现代技术方法则主要是从资产负债表外业务入手的，只有久期缺口管理技术虽然属于现代技术方法，但也是从资产负债表内业务着手管理商业银行资产负债的。商业银行资产负债管理的传统管理技术方法主要包括资金集中法、资金分配法、线性规划法、利差管理法、利率敏感性缺口分析以及资产负债比例管理等。

8.3.1　资金集中法

资金集中法，也叫资金总库法。银行的资金来源是多种多样的，有活期存款、定期存款、储蓄存款、自有资本，这些资金来源有不同的特性。这种资产负债管理方法不考虑商业银行各种资金来源的性质，不论是活期存款还是定期存款，不论是借入资金还是资本金，都把它们集中起来，形成一个观念上的资金总库，统一按照商业银行资金需求的轻重缓急进行优先权排队，然后进行资金分配：资金分配的顺序首先用于一级准备，一级准备主要是由现金、同业短期拆借及期限非常短的国债构成；其次用于二级准备，即流动性比较高的短期证券；再次用于发放贷款；再其次在满足正常贷款需求后投资于证券；最后用于固定资产贷款（见图8-1）。商业银行的流动性资产是由一级准备和二级准备所构成的，其中，一级准备主要用来满足日常即付的可预期的现金提取和贷款需求以及不可预期的意外提存。二级准备用来满足短期（一年以内）但不是即付的或不可预期的流动性需求。

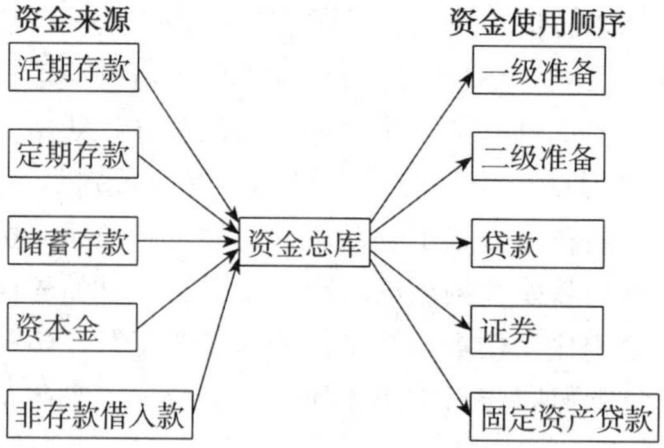

图8-1　资金集中法

资金集中法可以按照银行整体资金供给与需求情况对商业银行拥有的所有资金进行分配，能够按照轻重缓急满足商业银行的各项资金需求，使商业银行的所有资金得到更为充分的利用，并且这一方法简单易懂，管理成本低。

但是，资金集中法具有明显的缺陷，主要表现在：适用于业务规模比较小的商业银行；对每一优先权应占的资金比例管理上缺乏灵活性；没有分析各种资金来源的边际收益率和流动性的具体情况；过分看重银行的流动性而忽视了盈利性。

8.3.2　资金分配法

资金分配法也叫资金转换法，这种方法的核心思想是根据流动性的不同在商业银行资产和负债项目之间建立对应关系，主要是根据不同资金来源的流动性来决定资金的分配方向和分配比例，并使这些资金来源的流通速度和周转率与相应的资产期限相适应，即银行的资产与负债的偿还期应保持高度的对称关系。

资金分配法主要是遵循资产负债对冲原理，其含义是：商业银行应当使用长期的稳定来源的资金投资于长期的或永久性的资产，而短期资金来源只能用于短期投资；对于采用浮动利率的金融工具来筹资和投资时，则要求有关的资产和负债可以在相近的时点调整利率。因此，在使用资金分配法进行资产负债管理之时，要使得那些具有较低周转率的存款主要分配到相对长期、收益高的资产上；反之，周转率较高的存款则主要分配到短期的、流动性高的资产项目上。

具体而言，商业银行活期存款流动性高且法定准备金率也较高，因此大部分需要作为现金资产及一级准备，小部分作为二级准备，只有长期稳定不动的余额才可拿出一部分用于发放贷款；定期、储蓄存款的流动性较低，要求的法定准备金率低，可将小部分作为一级或二级准备，大部分用于贷款和投资于证券；银行资本金一般不要求法定准备金，且周转率极低，稳定性最强，应主要用于中长期贷款、建筑物和设备等固定资产贷款，如图 8-2 所示。遵循这一原理的经营方针可以保护银行的流动性，资产收益的现金流入正好可用来应付负债到期的现金流出。

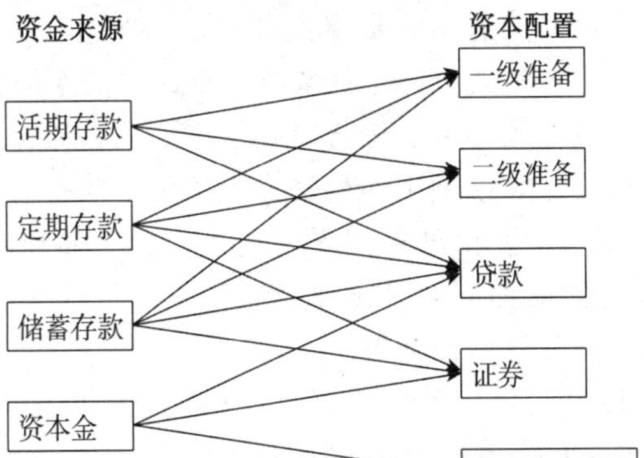

图 8-2　资金分配法

具体运用这种方法时，常在一家银行内设立几个“流动性-利润性中心”来分配它所获得的各种资金，因此，就可能有“活期存款银行”“资本金银行”等存在于商业银行之中。一旦确立了这些中心，管理人员就每一中心所获资金的配置问题制定出政策。如活期存款中心就应把中心吸收资金的较大比率放在第一准备上，然后，剩下的大量资金主要投在短期政府证券上作为第二准备，而把相当小的一部分放到贷款上，而且主要是放在短期商业贷款上。

20世纪50年代和60年代，西方发达国家出现了较长时期的经济繁荣，商业银行的定期存款和储蓄存款大幅增加，应付客户提存的流动性需求降低，为了更好地利用资金，资金分配法得以产生并发展起来。

资金分配法的优点是：它通过对称原则来确定各种资金来源应保持的流动性的合理比重，从而减少了银行对现金资产和短期证券的持有，提高了银行收益资产的比重。同时，还可以降低利率风险，因为可在相近的时点根据负债成本的变化调整资产的收益，并且这一方法相对简单，容易操作。

资金分配法的主要缺陷是：该方法以资金的周转率作为判断资金流动性的标准，没有区分特定存款的周转率与该存款的最低存款余额之间的关系。其实，虽然活期存款一年可能周转许多次，但是活期存款作为一个整体，它们的平均最低存款余额却可能是相当稳定的。另外，它与资金集中法一样，在实现资产负债的管理中都倾向于从资产管理角度出发，实际意味着它是完全接受现有的负债结构和水平，通过调整资产负债表的资产方项目，来实现银行的流动性、安全性和盈利性经营方针。同时，资金分配法比较死板，没有考虑存款和贷款的季节性变化。

8.3.3 线性规划法

线性规划法是指通过确立目标函数以及一系列的约束条件求得目标函数值最优时的各个变量值，从而确定各项资产负债分配方法的管理办法，也就是说，通过建立目标函数模型来确定银行的资产分配。

在运用线性规划法时一般有四个步骤：

（1）建立目标函数。一般选择一个能够近似反映“股东财富最大化”的指标作为目标函数，例如各类资产收益率、银行净收益率、税后利润等。

（2）选择模型中的变量。模型中的变量分为预测变量和决策变量两种类型。预测变量是银行不能控制、主要由外部因素决定的变量，如利率、存款和贷款种类等；决策变量是指银行能够控制并且想要对其数额进行优化配置的资产和负债项目，如同业拆借、国库券、资本债券等。

（3）确定约束条件。约束条件包括法律法规规定的各种指标、比率，如法定存款准备金，资金充足率等；银行根据自身安全性、流动性情况确定的控制指标，如银行自定的二级储备比率等；客观存在的限制条件，如可贷资金总量的限制等。

(4) 对线性规划模型求解。建立模型后，将各项数值输入计算机进行运算，求出使股东财富最大化的各项资金分配方法。

8.3.4 利差管理法

商业银行资产负债利差管理法是在同时考虑商业银行资产的收益率与负债的利率的情况之后，通过分析商业银行资产业务与负债业务的利差大小以及影响利差的因素，从而为商业银行应对利率变动做出预案，有利于银行实施资产负债管理，降低资产负债的利率风险，提高银行总体收益。

商业银行利差又称净利息收入，是银行利息收入（包括投资收益率）与利息支出的差额。商业银行的利差有两种表示方法：绝对利差和相对利差（即利差率）。绝对利差是指商业银行利息收入（包括投资收益率）与利息支出的绝对差额，它能帮助银行估算净利息收入总额能否抵消其他费用开支，从而估计银行的盈利状况；相对利差是指银行利息收入（包括投资收益率）与利息支出的差额与利息支出的比值，主要用于银行估计其资产、负债业务利差的变化情况与未来发展趋势，并且也可以用于不同银行间经营管理情况的比较。

由于利差是商业银行利润的主要来源，而利差对利率变动的敏感性或波动性则构成了银行的风险，因此利差的大小及变化决定了银行总的风险-收益状况。商业银行利差的大小受银行内、外部因素的共同影响和制约，内部因素包括银行资产负债的结构、贷款的质量及偿还期、吸收存款及借入款的成本和偿还期等。外部因素指宏观经济形势、资金供求情况、市场利率水平、区域和全国范围内金融机构的竞争状况等。

商业银行利用利差技术进行银行资产负债管理时，主要采用利差的“差异分析法”和“利率周期管理法”分析各种因素对利差的影响以及商业银行如何管理利差。

差异分析法主要是分析市场利率、银行资产负债总量及组合三类因素的变动对商业银行利差的影响程度的方法，具体分析时，首先要假设其中两个因素不变，只改变第三个因素，然后观察第三个因素对利差的影响，依此类推。一般而言，市场利率如果是所有期限利率同向、同幅度变动的话，市场利率的变动对商业银行的净利差是不存在影响的，但是，市场利率的变动经常是长短期利率不同向，变动幅度也不相同。因此，当长期利率下降、短期利率上升时，银行净利差收窄，当长期利率上涨、短期利率下降时，银行净利差放宽。商业银行资产业务的收益率增加而负债业务利率不变甚至降低时，商业银行净利差放宽；反之，商业银行负债业务利率增加而资产业务收益率下降时，商业银行净利差收窄。

利率周期管理法是在对市场利率周期及其对银行净利差的影响具有充分认识之后，商业银行就要根据利率的周期性变化，不断地调整资产负债结构，从而实现银行资产业务与负债业务利差的最大化，并使之保持相对稳定。

商业银行利差管理法的出现是在商业银行意识到银行资产负债不匹配会对银行净利差产生影响之后出现的，是商业银行资产负债管理的尝试，它的出现使得商业银行资产负债管理的目标从流动性风险转移到利率风险上，是资产负债管理的一大进步。该方法可以使商业银行对影响其净利差变动的主要因素保持清醒的认识并且随时加以调整，从而降低从商业银行资产负债综合角度考虑产生的风险，提高商业银行收益水平，并且为利率敏感性技术的产生及发展奠定了基础。

但商业银行利差管理法也具有不足之处，主要是较为刻板地分析商业银行净利差的直接影响因素，没有涉及商业银行资产业务、负债业务的内部结构对银行净利差的影响。

8.3.5 利率敏感性缺口分析

商业银行为了实现资产与负债的匹配，在历史上曾经严格地遵循对冲原理来管理自己的资产和负债，在贷款业务上比较侧重于短期的工商贷款和消费贷款，以此降低利率风险。但是，随着金融创新和金融管制的放松，商业银行的业务渗透到传统上以房地产贷款为主营业务的其他类型金融机构的领域，这就使银行难以严格地遵守对冲原理管理资产和负债。因此，商业银行需要从利率变动对资产与负债的双重影响来进行商业银行资产负债管理，这就产生了商业银行资产负债管理的重要技术方法——利率敏感性分析，与此相应也出现了资产负债管理的缺口管理方法。

1.利率敏感性资产和负债

利率敏感性是指当市场利率发生变化时，不同种类、不同期限的资产和负债所受到的影响程度。

利率敏感性资产（负债）是指在计划期内，那些对市场利率变动比较敏感的资产和负债，或者说这些资产与负债的市场价值（资产的收益率与负债的成本）会随着市场利率的变动而产生较大的影响。

利率不敏感资产（负债）是指有些资产和负债的价格（即资产的收益率和负债的成本）根本不受市场利率变动的影响，例如，利率变动不会影响那些不生息的资产和不计息的负债。另外，在一定计划期内，利率固定的资产和负债虽然计息，但其利息收入或支出在计划期内并不受利率变动的影响，这些资产和负债也被称为利率不敏感资产和利率不敏感负债。

对于不同的商业银行，由于它们选择计划期的长短不一样，因此，对同类资产或负债的利率敏感性测度可能不一样。例如，如果有一家小规模的商业银行，它的负债主要是不可转让的小额定期储蓄存款，而存款利率只是每年调整一次，那么，这家小银行会把1年作为测算利率敏感性的计划期。对于大银行而言，在它们的负债构成中则会有大量的可转让定期存单、回购协议等，这些负债可以在很短的时间内调整利率，所以大银行会选择较短的计划期，例如，3个月，那么，在3个月的计划期内，因不受利率变动影响，不可转让的小额定期储蓄存款则成为利率不相关负债。由于只有利率敏感性资产与负债会受到市场利率变动的影响，因此，我们通过资产负债管理分析控制商业银行利率风险时，将只考虑利率敏感性资产和利率敏感性负债。

2.利率敏感性缺口和利率敏感性系数

衡量商业银行资产负债的利率风险可以用利率敏感性缺口指标，利率敏感性缺口是指银行的资产或负债暴露在利率风险下的敞口头寸，它等于利率敏感性资产减去利率敏感性负债，即：

$$利率敏感性缺口 = 利率敏感性资产 - 利率敏感性负债$$

利率敏感性缺口的绝对值越大，银行承受利率风险的净头寸就越大。如果缺口大于0，则称为正缺口，此时，当利率上升时，正缺口对商业银行的影响是积极的，银行资产收益的增长要快于负债成本的增加，银行收益会增加；但利率下跌时，正缺口对商业银行资产负债的影响是消极的，银行资产收益的损失也会比负债成本的降低要快，银行将面临损失。如果缺口小于0，则称为负缺口，上述所有的情况都要反过来。如果缺口为0，则说明银行资产负债的期限和利率匹配程度较高，计划期内的市场利率波动对银行的利息收支现金流不产生影响。

利率敏感性缺口可以用于衡量银行净利息收入对市场利率的敏感程度，当利率变动时，缺口数值的大小将直接影响到银行净利息收入。假定借款、贷款利率幅度一致，那么，净利息收入的变化就可以由下式计算得出：

$$净利息收入变动 = 利率变动 \times 利率敏感性缺口$$

举例如下：A银行在未来3个月的利率敏感性资产为2 000万元，而利率敏感性负债为1 000万元，那么，该银行的利率敏感性缺口为正缺口，数值为1 000万元。如果未来3个月内市场利率上升，该银行的净利息收入就会增加；反之，该银行的净利息收入就会下降。假设市场利率上涨1%，A银行的净利息收入将增加10万元（1 000×1%）。

另外，也可以用利率敏感性系数来衡量商业银行的利率风险。利率敏感性系数为利率敏感性资产与利率敏感性负债之比，即：

$$利率敏感性系数 = \frac{利率敏感性资产}{利率敏感性负债}$$

利率敏感性缺口大于0时，利率敏感性系数>1；利率敏感性缺口小于0时，利率敏感性系数<1；利率敏感性缺口等于0时，利率敏感性系数 = 1。利率敏感性缺口和利率敏感性系数表达的分析结果类似，两者所不同的是，前者属于绝对量指标，是以金额表示的；后者属于相对量指标，是以比率表示的，可以用于横向比较。

需要明确的是，利率敏感性缺口和系数的大小同样与资产负债管理计划期的选择有密切关系。对同一家商业银行，计划期长短不一样，计算出来的利率敏感性缺口和系数也会不相同。

3.利率敏感性缺口管理

利率敏感性缺口管理是指通过分析、监控、调整计划期内商业银行资产和负债对利率变动的敏感性缺口的大小来进行资产负债的综合管理，主要目的是降低商业银行资产负债的市场利率风险。运用利率敏感性缺口管理技术的首要步骤是分析银行资产和负债的利率特性。运用利率敏感性分析来测算银行面临的利率风险简便易行，20世纪80年代以前，利率敏感性分析作为缺口管理中衡量利率风险的工具曾得到广泛应用。下面是学者吴念鲁总结的某银行利用利率敏感性缺口进行管理的例子，见表8-2。

表8-2　**未来需重新确定利率的资产负债额**　单位：百万元

资产和负债项目	7天	30天	31～90天	91～360天	1年以上	总计
资产						
现金和存放同业	100	–	–	–	–	100
可转让证券	200	50	80	110	460	900
工商贷款	750	150	220	170	210	1 500
不动产贷款	500	80	80	70	170	900
消费者贷款	150	30	60	130	130	500
银行建筑设备	–	–	–	–	200	200
总资产	1 700	310	440	480	1 170	4 100
负债和资本						
活期存款	800	100	–	–	–	900
储蓄存款	50	50	–	–	–	100
定期存款	100	200	450	150	300	1 200
同业拆借	300	100	–	–	–	400
大额定期存单	550	150	–	–	–	170
其他负债	–	–	–	–	100	100
资本	–	–	–	–	700	700
总负债	1 800	600	450	150	1 100	4 100
利率敏感性缺口	– 100	– 290	– 10	330	70	
累计缺口	– 100	– 390	– 400	– 70	0	
利率敏感系数	94.4%	51.7%	97.8%	320%	106.4%	
银行状况	负债敏感	负债敏感	负债敏感	资产敏感	资产敏感	
净利差缩减原因	利率上升	利率上升	利率上升	利率下降	利率下降	

假设利率敏感性资产可以获得的利息收益平均为10%，利率敏感性负债需要付出的平均成本为8%，固定利率资产的平均收益为11%，固定利率资产的平均成本为9%，如果利率稳定在此水平，银行在各时段的净利息收入和净利差见表8-3。

表8-3　　各时段银行的净利息收入和净利差（1）

项目	7天	30天	31～90天	91～360天	1年以上
净利息收入（百万元）	83.00	84.90	82.10	78.70	81.30
净利差（%）	2.02	2.07	2.00	1.92	1.98

注：计算方法以7天为例，其余各时段方法相同。

净利息收入 = 0.10×1 700 + 0.11×（4 100 − 1700）− 0.08×1 800 − 0.09×（4 100 − 1 800）
= 83（百万元）

净利差 = 83÷4 100×100% = 2.02%

假设利率敏感性资产和负债分别上升至12%和10%，结果则可见表8-4。

表8-4　　各时段银行的净利息收入和净利差（2）

项目	7天	30天	31～90天	91～360天	1年以上
净利息收入（百万元）	81.00	79.10	81.90	85.30	82.70
净利差（%）	1.98	1.93	2.00	2.08	2.02

这个例子说明，如果利率上调，会使商业银行90天内到期的资产和负债的净利息收入下降，净利差缩减，而商业银行90天以上到期的资产和负债的净利息收入上升，净利差扩大；如果利率下降，会使商业银行90天以上到期的资产和负债的净利息收入下降，净利差缩减，而商业银行90天内到期的资产和负债的净利息收入上升，净利差扩大。因此，商业银行资产和负债受到利息变动的影响较为明显，需要通过利率敏感性缺口管理技术方法进行资产负债管理以防范利率风险。

利率敏感性缺口管理抓住了沟通资产与负债之间内在联系的关键因素——利率，把管理重点放在根据不同资产和负债的利率特性所确定的利率敏感性缺口上，并根据利率周期的变化，及时地调整利率敏感性资产和利率敏感性负债的规模组合。它能够以部分带动全体，还能够根据市场情况的变化，采取积极有效的经营措施，从而使资产负债管理更富有灵活性、准备性和应变力。利率敏感性缺口管理的另一大优点是能够简单明了地衡量、表达出利率变动对净利息收入的影响程度，提高了资产负债管理的严密性，而且容易理解，计算也很容易，非常便于商业银行对利率风险的测定。正是由于利率敏感性缺口具有上述优点，利率敏感性缺口管理被视为银行经营管理领域内的一场变革，在20世纪80年代以前，它是商业银行评估和防范利率风险、进行资产负债管理时运用最为广泛和普遍的技术分析工具。

利率敏感性缺口管理在实际操作中也存在一些明显的弱点：一是商业银行资产负债管理的计划期对确定资产或者负债的利率敏感性具有很大差异，因此计划期的选择会对商业银行利率敏感性缺口管理造成很大障碍；二是要实现利率敏感性缺口的套利，需要具备预测市场利率在计划期内走势的能力；三是即使银行对利率变化预测准确，银行对利率敏感性资金缺口的控制也只有有限的灵活性，这是因为，银行能否灵活地调整资产负债结构受许多因素（如市场、制度因素等）

的限制；四是会带来信用风险，商业银行为达到利率敏感性缺口管理的目标，在资产负债表内项目上要作频繁调整，这可能会从总体上带来银行的信用风险；五是利率敏感性资产和利率敏感性负债的缺口分析是一种静态的分析方法，它没有考虑外部利率条件和内部资产负债结构连续变动的情况，因此，这种静态分析具有很大的局限性。

8.3.6 资产负债比例管理

资产负债比例管理主要是通过建立资产负债比例指标体系，以比例指标指导、监督、评价银行的资产和负债业务，促进资产负债管理水平的不断提高。

1.资产负债比例管理的基本原理

商业银行资产负债比例管理是指商业银行通过核算其资产业务与负债业务中一些产品的比例关系，按照统计结果及经验估计将这些比例控制在一定水平上，以达到限制商业银行相应业务风险过分扩大目的的资产负债管理方法。商业银行资产负债比例管理实际上是在对冲原理基础之上发展起来的，按照对冲原理的要求，商业银行资产业务与负债业务要符合期限对冲和利率对冲的要求，因此，商业银行的资产业务与负债业务之间实际是存在一定对应比例关系的，而且这些比例关系要处于合适水平，商业银行的各项业务才会协调发展。在此基础上，商业银行又借鉴会计分析方法，将一些会计核算中常用的指标引入商业银行的资产负债比例管理之中，从而使得比例管理的方法不断增强，管理的范围不断扩大，运用的指标体系不断完善。目前，资产负债比例管理已成为西方商业银行平衡其资产负债表中的各个项目、协调其资产负债业务的重要操作方法和过程。

2.商业银行资产负债比例管理的主要指标体系

西方商业银行常采用的资产负债比例主要指标体系由反映资产与负债关系的指标、反映资产结构的指标、反映资产质量的指标、反映负债结构的指标以及反映商业银行盈利性的指标等五大类指标构成，每类指标都是由多种不同的具体指标构成。

（1）反映资产与负债关系的比例

①资本充足率=资本期末净额/风险加权资产期末总额

②杠杆比率=资产期末总额/资本期末总额

③贷存比率=各项贷款期末余额/各项存款期末余额

④流动性资产与负债比率=流动性资产期末余额/流动性负债期末余额

⑤中长期贷款与定期存款比率=中长期贷款余额/定期存款余额

⑥呆账准备金与贷款比率=呆账准备金净额/各项贷款期末余额

（2）反映资产结构的比例

①各类贷款与资产比率=各类贷款期末余额/资产期末总额

②各类流动性资产与总资产比率=各类流动性资产期末余额/资产期末总额

（3）反映资产质量的比例

资产质量的比例一般指按照贷款五级分类分别计算的贷款报告期期末余额与资

产总额或各项贷款的报告期期末余额之比。

（4）反映负债结构的比例

①拆借资产率=净拆入资金余额/各项存款期末余额

②负债与资本比率=负债期末总额/资本期末总额

（5）反映盈利性的比例

①资本收益率=税后净收益期末总额/资本期末总额

②资产收益率=税后净收益期末总额/资产期末总额

③营运净收入率=（营运总收入期末总额－营运总支出期末总额）/资产期末总额

④每股利润=税后净收益期末总额/公开发行的普通股权份额

⑤生息资产率=生息资产期末总额/资产期末总额

上述指标体系中，对商业银行经营管理最具约束性的是资本充足率指标，这也是《巴塞尔协议》的核心要求，目前，国际大型商业银行都在银行监管机构的要求下，将这一指标作为其经营管理的一条不可逾越的“红线”。对这一指标的基本情况已经进行了介绍，在此不再叙述。另外，从 2008 年国际金融危机的情况看，商业银行的杠杆比率也是一个需要着重关注的问题。

3.资产负债比例管理的发展

随着商业银行风险管理水平和技术的发展，商业银行资产负债比例管理水平在不断提高，在计算各种比例时的资产、负债的核算技术也在不断细化，这主要表现在对银行资本比例监管方面，以风险为基础计量的风险资产的计算方法在不断发展，所考核的风险范围从利率风险扩大到信用风险、市场风险和操作风险，考核的方法也由简单的风险资产分档加权方式转变成风险模型法，使得风险因素的考虑不断深化，风险核算的合理性不断提高。

这种发展趋势实际是同时受到市场和银行监管当局两方面的共同推动。近 20 年来，随着信息技术的发展和金融市场的创新，银行风险管理和对风险的监管的演变明显加快，对市场风险和信用风险的管理趋于复杂，商业银行经营管理的复杂程度日益提高，旧《巴塞尔协议》中规定的简单的风险资产分档加权方式已经不能全面核算大型复杂银行的风险情况，商业银行业务活动的发展和市场的发展，都要求监管当局要在当今最先进的风险管理手段的基础上不断提高风险资产核算水平，风险监管已成为国际银行业监管的共识和发展方向。为此，在新《巴塞尔协议》中，监管当局在吸取业内最佳做法改进风险核算技术的同时，也鼓励银行机构不断加强和完善风险管理，不断提升风险核算水平。

4.《巴塞尔协议 III》关于资本监管的新发展

（1）提高最低核心资本充足率

《巴塞尔协议 III》提高了核心资本充足率，要求一级核心资本充足率由 4%提高到 6%，普通股最低标准由 2%提高到 4.5%。对于非股份制银行将建立合理的标准确保其资产质量，不再符合一级资本金要求的金融工具自 2013 年开始以每年 10%的速度退出。

（2）建立资本留存缓冲和逆周期资本缓冲

在最低资本充足率要求的基础上，《巴塞尔协议Ⅲ》首次提出2.5%的资本留存缓冲和银行可以根据自身情况建立0～2.5%的逆周期资本缓冲的要求。资本留存缓冲是由扣除递延税及其他项目后的普通股权益组成，目的在于使银行在危机时仍持有缓冲资金以确保“吸收”损失。逆周期资本缓冲则是作为资本留存缓冲的补充，目的在于防范由于信贷增速过快导致的系统性风险积累。

（3）引入流动性覆盖率和净稳定资金比率

全球银行缺乏流动性监管和统一的流动性监管标准是新一轮金融危机爆发的重要原因之一，因此《巴塞尔协议III》将流动性监管加入监管的目标体系中，并建立两个新指标来衡量。一是流动性覆盖率，用于衡量机构抵御短期流动性风险的能力。短期流动性风险诸如公共信用评级大幅下调、存款部分流失、无担保融资渠道干涸等严重情况的爆发突然性强，优质的流动性资产可以确保银行机构能坚持运营一个月左右。二是净稳定资金比率，通过度量银行较长期限内可使用的稳定资金来源对其资产业务发展的支持能力，以衡量银行机构在长期内抵御流动性风险的能力。

（4）引入杠杆率

高杠杆倍数是最广受诟病的引起金融危机爆发的原因，因为在高杠杆倍数的情况下，银行仍能保持符合监管要求的资本充足率，掩盖了杠杆倍数过高带来的风险。因此，《巴塞尔协议III》提出引入对杠杆比率的监管作为对资本充足率监管的补充：要求各成员国在同一时期对3%的一级杠杆率进行平行测试，基于测试结果，于2017年进行最终调整，并纳入《巴塞尔协议III》第一支柱部分。

（5）其他相关内容

除了上述4方面内容外，《巴塞尔协议III》为防止银行将大量高风险资产转移到表外业务逃避监管，规定了更为严格的高风险资产风险加权计算方法，将银行表外资产和资产证券化产品按照一定的系数换算成等价信贷产品。此外，《巴塞尔协议III》提出“系统重要性银行”概念，将业务规模较大、业务复杂程度较高、发生重大风险事件或经营失败会对整个银行体系带来系统性风险的银行定义为系统重要性银行。相较于其他标准，更大地提高了对系统重要性银行的监管标准，以确保其抗风险能力、降低因系统重要性银行暴露问题而引发大规模金融危机的概率。另外，《巴塞尔协议III》还建立应急资本机制，比如应急可转债等，确保当银行濒临倒闭时，可以通过债权人参与共同承担损失，使银行得以继续经营。

§8.4 商业银行资产负债管理的现代技术方法

在利用传统的资产负债管理技术时，商业银行只能通过对其资产或者负债的实际增加或者减少来实现风险管理目标，从而会产生实际的损失，导致较大的调整成本。另外，在商品价格和利率水平急剧波动的经济环境中，应用资产负债管理的传统技术方法管理会使得商业银行对资产和负债的调整频率加快，成本加大，并且可能会由于利率波动的加剧而来回调整银行资产负债期限，从而很多时候达不到管理商业银行资产负债利率风险的目的。因此，在20世纪80年代之后，商业银行资产负债管理的传统技术方法已经不适应现代商业银行经营管理的需要，一些更有针对性，方法更为科学、合理的商业银行资产负债管理的现代技术方法开始产生，并且在商业银行资产负债管理中发挥越来越重要的作用。

资产负债管理的现代技术方法可以从资产负债表内和资产负债表外两方面进行资产负债管理，通过资产负债表内业务进行管理的技术方法主要是久期缺口管理技术，通过资产负债表外业务进行管理的主要是资产证券化技术与衍生金融工具产品的运用，此外，还有对银行资产负债的未来发展进行模拟以帮助商业银行更好地认识其资产负债情况的资产负债计算机模拟技术。

8.4.1 久期技术与资产负债管理

为了实现商业银行资产负债管理的有效性，不能只测算商业银行的资产业务与负债业务在利率敏感性方面的大小，还要保持其资产与负债之间持有期间的一致性。在衡量商业银行资产负债持有期间的一致性过程中，引入了久期（duration）概念，从而开创了商业银行资产负债管理的新方法。

1.久期及其基本理论

一般说来，商业银行资产（或负债）的持有期间即通常所谓的资产（或负债）的“剩余到期期限”。但是，“剩余到期期限”这一概念还不足以准确刻画商业银行所拥有的资产和负债的风险特性及闭合程度。在“剩余到期期限”这一含义的基础上，至少还应该考虑到资产和负债两者之间在利率水平以及利率的发生频率等方面的差异。同样，不同的资产间（或不同的负债间）风险水平的对比也要同时考虑到“剩余到期期限”和“利率水平以及利率的发生频率等”几个层次因素的综合效应。由此，金融工程理论中就用“久期”概念来刻画某一资产或负债的风险特性。

久期又称“持续期”或“存续期”，是指有价证券的平均寿命，或距到期日（再定价日）的实际时间，具体是以所有预期现金流量的折现值为权重计算的一项金融工具或业务组合的加权平均偿付期，也可理解为金融工具各期现金流量抵补最初投入的平均时间，或者说是加权的现金流量现值与未加权的现值之比。

久期最早是在固定收益证券投资组合管理时使用的概念，是由麦考利（F.R. Macaulay）于1938年提出来的。久期可以从两个方面来理解：首先是从久期作为一个时间概念，即作为一个债券一系列未来收入的平均期限看，它实际反映了该债券或债券组合暴露在风险中的时间越长，风险越大，即如果债务工具的久期值越大（或者说越长），那么该债务工具对利率越敏感，如果债务工具的久期值相等，那么它们所面临的利率风险相同；其次，久期实质上是债券价格的利率弹性。这里要注意，债券的期限与它的久期不同，久期是将利率敏感性整合考虑的一种概念。到期日相同的债券对利率波动做出的反应可能会大相径庭，但久期相同的债券具有相同的收益率。例如，有两笔利率相同的5年期固定利率贷款，一笔到期后还本付息，另一笔每半年归还一半的本息。由于现金流量发生的时间不同，二者的久期也不同，前者的久期为5年，而后者的久期不到5年。

久期的形式有很多种，但一般在实际应用时主要使用麦考利久期和修正久期。麦考利久期的计算公式是：

$$D_m = \sum_{t=1}^{n} \frac{t \times CF_t}{f \times P}$$

其中：D_m 为麦考利久期；t 为第 t 期现金流量；n 为剩余付息的总次数；CF_t 为第 t 次现金流量的现值；f 为付息频率，即1年付息的次数；P 为债券的价格。

麦考利久期可以比较出两个不同久期的资产或者负债的利率风险大小，即久期长者，利率风险大，但是，它并不能核算二者利率风险到底相差多少。例如，10年期利率分别为5%和10%的两项金融资产（或负债）的麦考利久期分别为7.521和6.566，这只能说明利率为5%的金融资产久期比利率为10%的金融资产久期长，但并不能说明两者相差多少。因此，人们后来又引入修正久期的概念解决这一问题。修正久期的公式为：

$$D_r = \frac{D_m}{1+i}$$

其中：D_r 为修正久期；D_m 为麦考利久期；i 为到期收益率。

修正久期的经济含义就是一项金融资产的现值对利率的单位变化率，也就是在利率变化时，一项金融资产的一系列未来付款的现值变化有多快的度量。例如，在上面例子中，10年期利率分别为5%和10%的两项金融资产（或负债）的修正久期分别为7.163和5.969，因此，我们很容易知道，当利率变动很小时，比如降低0.1个百分点时，即上述两项金融资产（负债）的利率分别变成4.9%和9.9%时，其每单位的现值分别增加7.163和5.969个单位。由于修正久期是对麦考利久期的发展，是比麦考利久期更为精确和科学的度量利率风险的指标，比麦考利久期具有更为广泛的应用性，因此，一般所说的久期主要是指修正久期。

久期与金融资产的价格是怎样的关系呢？根据修正久期的经济含义，我们可知，在给定市场利率的变化后，资产价格的百分比变化与资产的久期成反比例变化。以公式表示则为：

$$\Delta P_0 / P_0 = -D\Delta i / (1+i)$$

其中：$\Delta P_0 / P_0$ 为金融资产价格的百分比变化；D 为金融资产的久期；Δi 为市场利率的变化。

久期具有非常重要的性质，即久期具有可加性：一项资产（负债）组合的久期是其中各项资产的久期的加权和，加权的权重即为各项资产在组合中的比重。

2.久期技术在商业银行资产负债管理中的应用

久期的概念也可用于商业银行的资产负债管理中，因为银行作为信用中介机构，其资产业务与负债业务分别可以看作包含了一系列现金流入和流出的过程，银行的净值为其资产现值与负债现值之差。由于久期能直接反映市场利率变化对银行资产价值和负债价值的影响程度，并且能够同时包括商业银行的价格风险和再投资风险，因此，使用久期技术管理商业银行资产负债，比单纯使用资产与负债的到期日更好。

商业银行管理者应用久期技术在管理商业银行资产负债时，可以根据利率的变化计算商业银行资产业务与负债业务的久期，并且测算两者的差额，即久期缺口，并且可以通过调整商业银行资产业务与负债业务的久期，对银行的久期缺口进行相应的调整，不断扩大或减少资产负债的久期，以达到银行的预期目标。

银行应用久期技术进行商业银行资产负债管理时可采取两种策略，即缺口管理策略和组合免疫策略。

（1）缺口管理策略

当市场利率变动时，不仅仅是各项利率敏感资产与负债的收益与支出会发生变化，利率不敏感资产与负债的市场价值也会不断变化，银行需要考虑整个银行的资产和负债所面对的风险，久期缺口管理可以用来分析银行的总体利率风险。

具体方法是先计算出商业银行每笔资产和每笔负债的久期，再根据每笔资产和负债在总资产或总负债中的权数，计算出银行总资产和总负债的加权平均久期。当市场利率变动时，资产和负债价值的变化可由下式表示：

$$\Delta V_A = -[D_A V_A/(1+i)] \times \Delta i$$

$$\Delta V_L = -[D_L V_L/(1+i)] \times \Delta i$$

其中：D_A、D_L 为总资产与总负债的平均久期；V_A、V_L 为总资产与总负债的初始值；Δi 为市场利率的变动。

当市场利率变动时，银行资产价值和负债价值的变动方向和市场利率变动的方向相反，而且银行资产与负债的久期越长，资产和负债价值变动的幅度越大，也就是利率风险越大。

久期缺口管理是银行通过对总资产和总负债久期缺口的调整，使银行资产与负债的差额即权益净值为正，银行权益净值的久期缺口应等于资产的加权平均久期减去负债的加权平均久期和负债资产现值比乘积的差额，以公式表示为：

$$D_{GAP} = D_A - \mu D_L$$

其中：D_{GAP} 为久期缺口；μ 为负债资产系数，即总负债/总资产$=V_L/V_A$（由于负债不能大于资产，故 $\mu<1$）。

另外，商业银行净值变化与资产负债的久期之间的关系可以表示为：

$$\Delta K/K = -D_{GAP} \times \{\Delta i/[(1+i)(1-\mu)]\}$$

其中：$\Delta K/K$ 为商业银行净值变化的百分比；Δi 为市场利率的变化；μ 为负债资产系数。

因此，商业银行净值变动、久期缺口与市场利率变动三者之间的关系可以表述为：当久期缺口为正值时，银行净值随利率上升而下降，随利率下降而上升；当久期缺口为零时，银行净值在利率变动时保持不变；当久期缺口为负值时，银行净值随市场利率上升而上升，随利率下降而下降。

商业银行资产负债的久期缺口管理法就是根据预测利率的变化，不断调整银行资产业务和负债业务的久期，以期达到理想目标。当资产久期比负债久期长时，利率上升将导致银行净值下降，此时应缩短银行资产的久期，扩大负债的久期。

商业银行在使用久期缺口管理时，就是根据上面的公式，在预测利率变化的基础上，确定商业银行资产负债相应的久期缺口的正负与大小，以达到增加银行收益或净值的目的。具体而言，如果预测利率将上升，商业银行的久期缺口应是负值，此时可以缩短商业银行资产的久期，或者是扩大商业银行负债的久期，或者同时操作，以实现资产负债管理的目的；相反，如果预测利率下降，可以通过相应的资产负债调整，使得商业银行久期缺口变成正值。

久期缺口管理法是商业银行资产负债管理的一种主动型策略，它的原理类似于利率敏感性缺口管理法，只是两者在具体计算上略有差异。久期缺口管理法比利率敏感性缺口管理法能够提供更多的产品，满足顾客的需要。然而，它也遇到利率敏感性差额管理的同样难题。而且，久期缺口也会随市场利率的变化而不断变化，因而难以掌握并加以对冲操作。正因为如此，随着商业银行资产负债管理的发展，商业银行的管理者开始只运用缺口管理法的一部分功能，即通过商业银行资产负债的组合免疫策略来消除银行资产与负债业务面临的部分利率风险。

（2）组合免疫策略

组合免疫（portfolio immunization）策略又称久期搭配法，是一种保守型策略，最早是由瑞定顿（F.M.Redington）在1995年提出的，它的原理是：持有这样一组有价证券，使投资者在持有这组有价证券的时期内，在再投资率和证券价格变化的情况下，投资期满时实际获得的年收益率不低于设计时的预期收益率。如果这组证券的久期等于持有期，则此组证券就消除了利率风险。

商业银行的资产负债管理同样可用组合免疫策略，通过将商业银行资产和负债的久期匹配起来，使资产与负债的价值在利率变动时的影响能够相互抵消，也就是说，资产负债的组合对利率波动变得不敏感，从而完全消除利率变化对商业银行资产负债管理目标的影响，固定住某一特定的资产负债的利差，实现利率风险免疫的目的。

这一管理办法的实质是使商业银行资产方和负债方的久期相对称，当利率波动造成资产市值变化时，可以通过再投资收益的增减加以抵消。也就是说，使收益率（利率）的变动所引起的商业银行资产价值的变化与负债的价值变化基本一致，即使资产与负债的差的利率敏感性变得最小，不管利率如何变化，银行的资产和负债之间基本是保持一致的趋势。这就可以化解商业银行的流动性风险、再投资风险和利率风险。比如，15年期固定利率抵押放款，若久期为4年，则银行可以发行4年期的大额定期存单（中间无利息支付）。这样，这部分资产和负债就不受利率变化的影响，为银行管理者进行其他决策创造了方便条件。

组合免疫是现代资产负债管理普遍采用的技术，它比资金缺口管理等传统的资产负债管理方法更能准确地反映出银行资产和负债所承担的利率风险，同时，久期的可加性又使银行在选择资产或负债方面具有很大的余地，非常有利于复合的投资组合的风险管理。同时，在利率市场化的环境下，预测市场利率的走势是非常困难的，世界上没有人能够事先确定利率的走向，因此，在利率波动面前，银行最明智的做法就是实行资产负债的组合免疫管理。

3.商业银行资产负债久期管理的优缺点

久期缺口法的真正价值在于它把商业银行资产负债管理的重点集中在更加广泛的利率风险上，使银行管理者同时注重利率风险的再投资风险和价格风险，并能准确估计利率变化对银行资产与负债的价值及银行净值的影响程度。因此，它比利率敏感性差额管理法更具有精确性。此外，久期管理法能使不同利率特点的各种金融工具进行横向比较，从而提供计算上的便利，并且随着银行信息系统的完善，久期缺口管理法计算便利性的优势不断显示出来，使银行的资产负债管理建立在更加科学、准确的基础上。因此，以久期为基础的久期缺口管理法成为商业银行资产负债管理的发展趋势。

尽管久期缺口管理法比之前的资产负债管理方法更具优越性，但它也存在许多缺陷，主要表现在：一是需要银行信息系统提供大量的有关现金流量的数据，预测银行未来所有的现金流量。然而，现金流量信息对大多数银行来说是有限的，因此，久期管理法不能作为商业银行的常规决策的一部分。二是久期随着时间的推移会发生变化，但这种变化对组合里的资产（负债）的影响是不一致的，并会使原来久期匹配的资产和负债变得不再匹配，因此，久期免疫策略只在短期内可靠。三是久期概念上有一个隐含假设前提，即当市场利率变化时，不同久期的资产（负债）的收益曲线平等移动，或者说在风险一定的条件下，相对前期收益率水平而言，不同久期的金融工具的收益率变化幅度相同。而研究表明，收益曲线的平行移动是罕见的。现实中短期金融工具的利率变动通常大于长期金融工具，并且由于违约风险不同，即使到期日相同的金融工具对利率变动的敏感性也不同。所以，只有在市场利率变化水平较小时，久期才能准确地反映利率对价格的影响，在20世纪80年代之后市场利率急剧波动的情况下，久期管理技术面临着困难。

久期管理技术所面临的困难表明，通过商业银行资产负债表内业务的调整实现银行资产与负债相匹配的方法已经很难做到，商业银行必须另辟蹊径，从银行资产负债表外着手调整商业银行资产负债水平，进而实现商业银行资产负债的匹配。

8.4.2　资产证券化与商业银行资产负债管理

在商业银行资产负债管理过程中，银行为了更好地实现其资产与负债的匹配，降低利率风险，需要运用利率敏感性技术和久期技术分析商业银行资产负债管理，如果资产久期大于负债久期，商业银行需要不断剥离久期长的资产，将某些信贷资产尤其是长期的住房抵押贷款提前收回，但这属于单方面撕毁合同的行为，很可能会遭到客户的抵制，并且也会影响商业银行的信誉，因此，商业银行资产负债管理实际难以操作。随着金融工程在资产定价技术方面的发展，20世纪60年代末期产生的一类金融创新业务满足了商业银行资产负债管理的需要，它通过将商业银行的信贷资产出售，调整商业银行信贷资产持有期限，从而帮助银行实现资产负债管理目标，提高银行信贷资产的流动性，降低商业银行信贷风险的暴露。这种金融创新就是资产证券化（asset securitization）。

1.资产证券化对商业银行资产负债管理的作用

资产证券化技术对商业银行具有重要作用，不仅能够起到对银行的资产与负债进行重整的功能，还可以提高银行资产的流动性，扩大银行的业务范围，增加银行收入来源。资产证券化技术在商业银行资产负债管理中的运用主要有以下几方面：

（1）资产证券化为实现商业银行资产的长期性与负债的相对短期性相匹配，提供了一个解决方案。资产证券化可以将久期较长的、流动性较差的贷款转化为可交易的证券，有利于商业银行尽快收回贷款资金，从而提高了商业银行信贷资产的流动性，缓解了商业银行“借短放长”造成的资产负债不匹配的问题。事实上，正是由于资产证券化的出现，商业银行才真正开始了资产负债表业务操作，也就是说商业银行才真正开始了资产负债管理。

（2）有利于帮助商业银行更好地进行资产负债比例管理，满足监管机构对银行资本金的要求。以新旧《巴塞尔协议》为首的银行监管规则都对商业银行的资本充足率进行了具体要求，商业银行一旦无法满足上述要求，会受到监管机构的处罚。因此，商业银行可以通过使用资产证券化技术，利用资产证券化的“真实出售”规则，将商业银行长期贷款等较高风险资产从银行资产负债表上剔除，从而降低了资本充足率的分母，提高银行资本充足率。

（3）通过资产证券化的风险转移功能，帮助商业银行从资产负债表中移走风险。银行信贷资产证券化的作用在于，银行将信贷资产的所有权及与此相关的违约风险和提前偿付风险转移给了第三方。事实上，假如没有追索权（即将证券化资产返还给发起人的权利），它可以移走伴随着贷款的所有风险。从这一角度看，证券化有助于实施风险的多样化，提高商业银行经营管理的稳定性。从2007年开始的次贷危机的实际情况看，商业银行如果只是通过资产证券化实现信贷资产的转移，即使发放再多的信用程度较低的次级贷款，也可以不受贷款大量违约产生的风险影响。

（4）资产证券化为商业银行带来一定的收入。通过资产证券化的信用增级技术，使得证券化之后发行的证券利率通常低于用于证券化的基础资产的收益率（比如贷款利率），从而增加商业银行收入，改善财务状况。不仅如此，资产证券化业务还成为商业银行重要的中间业务，商业银行通过为资产证券化提供相应受托服务而获得服务费收入。

2.资产证券化对商业银行经营管理的不利影响

（1）资产证券化虽然降低了银行资本充足率的要求，但它只是将证券化的资产由资产负债表内转移至表外，一般情况下，银行仍然要受到这些资产违约的追索权的限制，从而会承担这些资产的违约责任，同时，如果商业银行对证券化发行的证券进行担保，也将增加表外业务风险。

（2）资产证券化加速了金融“脱媒”现象，即大量资金不再通过商业银行间接融资进行，而是直接在资金供求方之间直接融通。主要原因在于：一方面，存款人不再将资金存入银行，因为购买资产担保证券可以在获得流动性的同时取得较高收益；另一方面，贷款用户也减少了贷款数量，因为它们可以用应收账款为担保发行资产支持证券（ABS）来融资。

（3）资产证券化技术将传统商业银行的部分功能加以分解，使大量非银行金融机构也能够提供传统银行的部分功能及替代产品，打破了传统银行的垄断地位，加剧了银行业的竞争。

上述不利影响之中，能够对资产负债管理产生不利影响的主要是转移到表外的信贷资产的追索权风险问题。对此，巴塞尔银行监管委员会也有清楚的认识，并在《巴塞尔协议III》中要求商业银行必须对资产证券化提出完善的处理方法，从而减少商业银行利用资本套利（capital arbitrage）逃避监管的行为。《巴塞尔协议III》要求商业银行必须按照一系列要求对证券化风险暴露采用监管当局规定的风险权重，尤其是在低质量和未评级的证券化资产的处理上更要注意，对于采用标准法的银行，未评级部分的证券化头寸必须从资本中扣除。

专栏8-1

次贷危机与资产证券化

美国住房抵押贷款市场是世界上最复杂、市场化程度最高的，它的提供主体、贷款利率情况等非常复杂，种类繁多，而根据借款人的信用质量，可将居民抵押贷款分为优质贷款（Prime）、超A贷款（Alt-A）以及次级贷款（Sub-prime）三类。这三类贷款中，优质贷款的借款人需要具有良好的信用品质，超A贷款和次级贷款借款人的信用记录要低于优质贷款，其中次级贷款的借款人信用记录水平最差。上述第一层次和第二层次的住房抵押贷款信用等级较高，也是商业银行房地产抵押贷款发放的重点，占到整个住房抵押贷款市场的大部分，也是进行抵押贷款证券化的主要贷款种类，次级贷款市场风险较大，商业银行一般情况下较少给予信贷支持。

那么，为什么风险较大的次级抵押贷款市场能够发展起来并且得到迅速发展呢？应该说，资产证券化在其中起到了明显作用。

为了提高住房抵押贷款的流动性，降低信贷风险，商业银行以及其他各种类型的住房抵押贷款提供机构普遍将住房抵押贷款打包之后进行证券化，自己只是赚取转手金融之中的中介服务费收入，这样，商业银行就可以通过资产证券化方式转移贷款业务的风险。但是，次级抵押贷款证券的市场评级不高，一般处于投资级（BBB）以下，市场投资者对于次级贷款证券化之后产生的次级抵押贷款证券的风险存在明显疑虑，只有一些能够承担较高风险的对冲基金愿意投资。因此，商业银行在开展抵押贷款证券化业务之时主要是使用较高信用等级的借款人所借的抵押贷款，但是由于受到收入水平及信用水平的限制，符合优质贷款条件的人员相对有限，因此，优质抵押贷款市场增长规模受到制约，同时，该类抵押贷款的利率较低，即使通过信用增级，证券化之后的收益水平也受到较大限制。

因此，为了解决次级抵押贷款证券的风险问题，提高次级抵押贷款证券的流动性，新一轮的资产证券化出现，一些特殊目的实体（SPV）购买了大量次级抵押贷款证券，并且将这些证券的现金流量进行重组后再次发行证券，这也就是债务抵押权益（CDO），并且在新发行的证券中，一部分证券（比如10%）是以该组次级抵押贷款证券所产生的较大部分现金流量（比如30%）为保证而发行的，这类证券的信用获得增级，评级一般会上升至投资级别以上，保证更强的甚至会被评为AAA级别。同时，为了更好地规避风险，还可以在CDO的基础上再次证券化、多次证券化，形成CDO的平方、CDO的立方……这样，市场上就产生了一系列以次级抵押贷款为基础的资产证券化产品，而且这些产品的信用等级普遍升高，市场投资者就增强了对这类证券的信心，投资者群体也扩大到商业银行、保险公司、公共基金、养老基金等机构投资者，CDO市场的需求加大，其所依赖的次级抵押贷款证券市场的需求也就越来越大，次级抵押贷款的迅速发展也具备了初步的条件。

与此同时，美国的宏观经济环境也有利于抵押贷款特别是次级抵押贷款市场的发展。20世纪90年代之后，美国的利息水平开始逐步降低，尤其是在2000年之后，为了应对互联网泡沫破灭给美国经济造成的影响，刺激经济的复苏，美联储更是加大了降息幅度，2001—2005年，美国联邦基金利率持续且大幅下调，由6%一直下调到1%左右，出现了美国历史上联邦基金利率的最低水平，这对美国房地产市场的发展产生了明显的带动作用，美国房地产价格出现快速增长，增长幅度普遍在一倍以上，这在美国规模如此巨大的房地产市场上是非常罕见的，因此，在美国房地产价格迅速上涨时期，房屋抵押物的价值也不断上涨，这样，只要购房人以充足的房产进行抵押，商业银行就愿意给予贷款，从而银行在开展抵押贷款业务时开始逐渐忽视贷款人的信用状况，并且随着次级抵押债券证券化的发展，银行可以非常容易地将这些贷款转移出去，不用承担贷款风险，因此，次级贷款市场迅速发展起来。20世纪90年代以来，次级抵押贷款出现了快速增长，从1994年的350亿美元、约占4.5%的美国家庭住房贷款总额，发展到2006年的6 000亿美元和20%。截至2007年上半年，美国次级贷款余额为1.5万亿美元，占住房贷款市场的份额增加到15%。

2006年底美国房屋抵押贷款市场构成如图8-3所示。

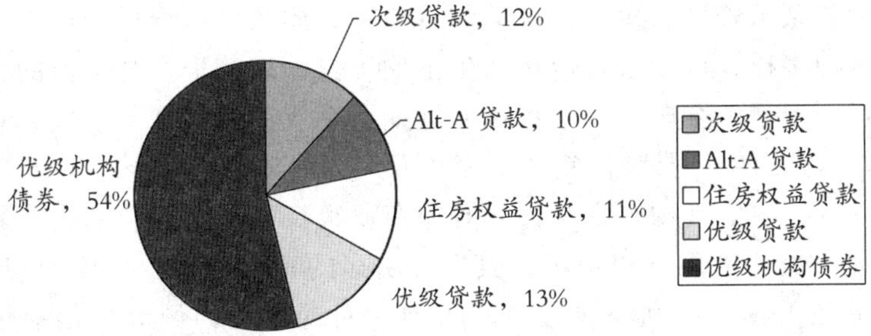

图8-3　2006年底美国房屋抵押贷款市场构成

但是，2007年，受到基础利率上调和房地产市场下跌的双重影响，次级抵押贷款市场产生巨大的危机。这是因为，在美国已实施证券化的次级抵押贷款中，大约75%属于可调整利率抵押贷款。这种可调整利率抵押贷款在生效2至3年后，会经历一个利率重新设定的过程，合同利率将从较低的初始利率调整为市场基准利率加上一定的风险溢价。从2004年6月到2006年6月，美联储连续17次上调联邦基准利率，基准利率从1%上调至5.25%。因此，基准利率上调导致次级抵押贷款借款人的还款压力不断上升。自2006年下半年以来房地产价格持续下跌，这使得次级抵押贷款借款人通过申请房屋重新贷款，用新申请贷款来偿还旧债的能力迅速下降，尤其是当房地产价值下跌到低于未偿还抵押贷款合同金额的水平，很多借款人就干脆直接违约，让贷款机构收回抵押房产，次级抵押贷款的违约率大幅上升，而以次级抵押贷款为基础资产的次级抵押证券也随之出现信用危机，价格大幅度缩水，次贷危机集中爆发，并且危机沿着证券化操作的路径层层扩散，从而伤及金融稳定和实体经济增长，演化成为全球性金融危机。

8.4.3　商业银行资产负债管理的衍生工具法

商业银行资产负债管理发展到一定阶段之后，随着商业银行规模的扩大和外部市场环境的剧烈变化，仅从资产负债表内着手进行商业银行资产负债的调整已经很难做到，因此，商业银行借鉴金融工程技术的最新成果，开始将远期、互换、期货、期权等衍生金融工具引入资产负债管理之中，通过这些衍生金融工具与商业银行拥有的基础资产之间的关联性，采取对冲方法降低商业银行资产业务与负债业务的风险头寸暴露，从而降低资产负债的利率风险和流动性风险。这就产生了商业银行资产负债管理的衍生工具法。

衍生金融工具（derivatives）又称派生产品，它是一种金融合约，其价值取决于一种或多种标的资产或指数的价值变动。衍生金融工具在商业银行资产负债管理之中的应用，突破了以往的资产负债管理技术通过表内资产业务与负债业务的调整控制风险的局限性，商业银行可以通过应用衍生金融工具，直接构筑一项资产（或负债）的头寸来临时性地替代银行暴露在风险之中的未来另一项资产（或负债）的头寸，或者是使用衍生金融工具构筑一项头寸来保护现有的必须保持的某项资产（负债）头寸的价值，直到其可以变现。衍生金融工具的种类也是多种多样，商业银行应用衍生金融工具管理其资产与负债的过程中，主要使用的是利率衍生金融工具，如利率远期、利率期货、利率期权、利率互换等以及由这些基本衍生工具加以复合或变化而形成的复合衍生金融工具等。

使用衍生金融工具构筑临时头寸对冲商业银行资产负债利率头寸暴露，与其他类型的资产负债管理方法相比，表现出明显的比较优势，主要表现在：第一，使用衍生金融工具对冲利率风险时，可通过对冲比率的调节和工程化的设计安排，将商业银行面临的利率风险头寸暴露水平调节到符合投资者风险偏好和承受能力的程度；第二，使用衍生金融工具属于资产负债表外业务，不影响商业银行资产负债表内的实际业务情况，从而不会遇到客户的压力以及相应资产的流动性风险；第三，商业银行可根据所持有的资产负债的变动情况，随时调整临时构筑的用于对冲的衍生产品头寸，便于资产负债业务的动态管理；第四，衍生工具交易具有财务杠杆，买卖衍生工具只需要付出较小的费用，而在最后实际平仓时一般只进行差额结算，动用的资金很少，这可以降低银行资产负债管理的成本；第五，衍生金融工具的交易具有高度的灵活性，场内的衍生交易头寸可以由交易者随时根据需要抛补，场外交易则多为投资者“量身定制”，这种灵活性是传统金融工具无法相比的。

当然，使用衍生金融工具管理银行资产负债时也存在明显的局限性：第一，衍生工具具有双重作用，既可通过套期保值技术管理银行资产负债利率风险头寸的暴露程度，也可以用于投机获利，由于衍生工具具有杠杆效应，当用于投机获利时会表现出更大的风险；第二，利用衍生金融工具的套期保值技术对冲银行资产负债利率风险头寸的暴露过程中会产生基差风险，原因是现货价格和套期保值工具价格之间并非完全相关，虽然某一现货价格的波动风险理论上可以被精心设计的衍生工具完全对冲，但投资者所能实际购买到的只是与标的资产存在近似的、价格波动相关系数较高的衍生产品，从而现货价格和衍生金融工具价格的变动不能完全一致，以致不能完全对冲掉相应风险。

8.4.4 计算机模拟管理法与商业银行资产负债管理

计算机模拟管理法是一种利用大量数据资料，在一系列的前提假设条件下，通过一些模型化技术编制成商业银行资产负债的计算机模拟软件，并且通过运行计算机模拟软件，产生对商业银行资产负债及其利率风险暴露情况的未来预测的动态结果，为资产负债管理提供决策上的依据。

计算机模拟管理法与商业银行其他类型的资产负债管理的技术方法相比存在明显的不同：一是计算机模拟管理法与其他管理方法的思路完全不同，前者是通过更好地预测商业银行资产负债的未来发展情况进行管理的，而后者一般是通过各种技术方法，对商业银行资产负债业务的利率风险头寸暴露进行研究并采取措施加以管理的方法，两者所采用的分析技术也完全不同；二是计算机模拟管理法能够产生对商业银行资产负债未来情况预测的动态结果，而其他的管理技术方法主要是应用该方法对银行资产负债匹配情况进行一次性管理而产生的静态结果。正因为计算机模拟管理法是一种动态资产负债管理方法，因此，它比起其他的资产负债管理技术方法来，需要更多的有关管理者行为、银行贷款需求及存款波动利率变动趋势等方面的假设。

计算机模拟管理技术需要商业银行先对其资产负债的情况建立一定的模型，并且能够模拟银行经营管理的现实情况，一般的模型技术主要有以情景为基础的收益预测模型、期权调整利差模型以及使用VAR技术中的历史模拟法或者蒙特卡洛法等对银行的资产负债进行模拟。

计算机模拟管理法最主要的优势在于，它是一种动态管理技术，有助于银行管理者预测未来事件的发生并预先采取措施，以抵消这些事件的不利影响，而且计算机模拟管理的运行结果很容易为银行管理者所掌握并比较优劣，并且这种方法是一种事前控制的方法，可以用于商业银行资产负债管理的预测，因此，它能够比其他的管理方法更为准确地衡量并控制利率风险。

但计算机模拟管理法也存在许多缺陷，从而大大限制了这一方法的应用，计算机模拟管理法最突出的两个缺陷是：它比起商业银行其他的资产负债管理技术来，需要较高的运行费用，并且基本无法衡量商业银行当前所面临的利率风险。另外，计算机模拟管理方法依赖于一定的模拟模型，需要事先设定一系列的假定，并且需要大量的数据资料，模型的不健全、错误或相互矛盾的假定、数据的失真或不全等都会使计算机模拟管理法的准确性大打折扣，因此它在商业银行资产负债管理上的运用不是很普遍。

专栏8-2

德意志银行资产负债管理中的压力测试方法

压力测试可以用来预测突发小概率事件等极端不利情况下银行可能遭受的损失，从而评估银行在极端不利情况下的承受能力，主要采用敏感性分析和情景分析方法进行模拟。我们来看一下德意志银行流动性风险压力测试的一些信息。

德意志银行跟踪未来8周内每种货币和每种产品的合同现金流，并且将相关的压力情景运用于表内外产品所造成的所有潜在风险因素。德意志银行认为未来8周的时间段是流动性危机中最为关键的时期。除此之外，银行还会按季度分析未来12个月内压力情景的影响，流动性压力测试是银行应急融资计划的基础，它评估了银行在极端情况下产生充足现金流的能力，在银行指定流动性风险目标头寸时，是非常重要的考虑因素。截至2009年末，德意志银行还引入了新的压力情景：将银行评级下调多个档次和系统性市场冲击结合起来。在每种压力情景下，银行都假设对客户所有的到期贷款都将续期，而银行的负债会出现部分流失，所以银行会出现融资缺口。随后，银行针对由此产生的融资缺口设计相应的应对措施，包括银行的现金余额、未被抵押的资产和银行的战略性流动储备。压力情景是建立在历史场景的基础上，如1987年股市崩盘、20世纪90年代美国的流动性紧缩和“9·11”恐怖袭击等事件，并结合了流动性危机的案例研究和各种假设事件。

资料来源：张晓艳. 商业银行管理［M］. 北京：中国金融出版社，2013：606~607.

专栏8-3

我国主要上市商业银行资产负债结构指标数据

表8-5列示了2015年我国主要上市商业银行资产负债结构指标数据。

表8-5　我国主要上市商业银行资产负债结构指标数据（2015）

银行名称	资产负债率	信贷规模①	非利息收入占比	存贷款比率	流动性比率	流动性覆盖率
中国工商银行	0.92	11 933 466	27.2%	71.4%	35.5%	145.1%
中国建设银行	0.92	10 485 140	24.4%	69.8%	44.2%	132.9%
中国农业银行	0.93	8 909 918	18.7%	69.3%	44.5%	127.5%
中国银行	0.92	8 935 195	30.7%	76.2%	48.6%	119.3%
交通银行	0.92	3 722 006	25.6%	74.1%	42.9%	115.6%
招商银行	0.93	2 824 286	32.1%	73.9%	65.7%	119.7%
兴业银行	0.94	1 779 408	22.4%	67.6%	55.6%	–
中信银行	0.94	2 528 780	28.0%	75.6%	42.5%	87.8%
上海浦东发展银行	0.94	2 245 518	22.9%	76.0%	34.1%	78.3%
中国民生银行	0.93	2 048 048	39.0%	71.0%	44.7%	88.2%
中国光大银行	0.93	1 513 543	28.7%	74.9%	54.9%	84.8%
平安银行	0.94	1 216 138	31.3%	69.0%	52.1%	140.8%
华夏银行	0.94	1 069 172	13.2%	75.3%	39.1%	75.5%
北京银行	0.94	775 390	18.8%	75.8%	34.8%	90.1%
南京银行	0.93	504 197	17.5%	50.7%	55.4%	119.5%
宁波银行	0.94	255 688	20.0%	63.7%	42.4%	100.3%

①：信贷规模采用的是资产负债表中的贷款总余额，单位为人民币百万元。

资料来源：根据各上市银行2015年年报及官网信息整理.

★ 本章小结

1. 商业银行资产负债管理具有特定的内涵。广义的资产负债管理是一种全方位的管理方法，它从资产和负债两个方面进行综合平衡管理，综合运用表内外业务工具，动态优化调整资产负债表内及表外各项业务的品种、数量和期限，以实现银行利润和价值的最大化。狭义的资产负债管理主要指其中的净利差管理。就目标而言，广义资产负债管理追求安全性、流动性、盈利性均衡发展；狭义资产负债管理追求一定利率风险水平上的利润最大化。

2.资产负债管理可以划分为资产管理、负债管理和资产负债综合管理三个发展阶段。从现代银行业产生之初到20世纪60年代，资产管理理论占据着统治地位，它包括商业性贷款理论、可转换理论、预期收入理论等，资产管理推动了银行资产业务日趋多样化，侧重于管理流动性风险。20世纪60年代和70年代，负债管理理论是西方商业银行经营管理的主要指导思想，它变被动的存款观念为主动的借款观念，为银行扩大业务范围和规模提供了条件。20世纪80年代以后，资产负债管理逐步成为银行经营管理的主流思想和核心策略，它克服了资产管理和负债管理的缺陷，借助于多样化的技术方法，从总体上协调商业银行资产与负债的矛盾，提高了商业银行的灵活性和应变能力。

3.以金融工程技术的运用为区分，商业银行资产负债管理技术方法区分为传统管理方法与现代管理方法，其中，传统的管理方法着重从资产负债表内业务研究商业银行资产负债的匹配，而现代的管理方法更侧重于从资产负债表外业务着手管理银行资产负债业务。

4.商业银行传统资产负债管理方法主要有资金集中法、资金分配法、利差管理法、利率敏感性缺口分析以及资产负债比例管理法等，其中前两种主要是从资产管理的角度入手分析商业银行资产负债的，而后面三种则是对银行资产负债进行全面分析的技术方法。利率敏感性缺口分析从银行资产与负债对市场利率的敏感性入手，提出了敏感性缺口管理方法，具有较强的实用性，资产负债比例管理法则主要是满足银行监管机构提出的各项资产负债之间的比例关系的管理方法。

5.商业银行资产负债的现代方法主要有久期管理技术、资产证券化方法、衍生金融工具应用以及计算机模拟技术等。久期作为衡量资产负债利率风险的重要方法，将资产的到期期限与收益率联系在一起，从而更好地衡量商业银行资产负债业务的利率风险暴露情况，并且以缺口管理的方式加以反映和管理，实现商业银行资产与负债的利率免疫。资产证券化作为重要的金融创新，能够将商业银行信贷资产转移到商业银行资产负债表外，从而实现了商业银行资产负债的匹配。衍生金融工具的应用，能够增强商业银行资产负债管理的灵活性，简化了商业银行资产负债管理的流程。

★ 综合训练

8.1　单项选择题

1.一般而言，衡量狭义资产负债管理目标实现程度的具体指标是（　　）。

A.每股收益及其波动性　　　　B.资产收益率及其波动性

C.股本收益率及其波动性　　　　D.净利息利润率及其波动性

2.（　　）主要是遵循资产负债对冲原理，强调银行的资产与负债的偿还期应保持高度的对称关系。

A.资金集中法　　B.资金分配法

C.资产负债比例法　　D.资产负债利差管理法

3.在给定市场利率的变化后，资产价格的百分比变化与资产的久期（　　）。

A.成正比例变化　　B.不变化

C.成反比例变化　　D.变化方向不确定

4.计算机模拟管理技术是一种（　　）。

A.静态资产负债管理方法　　B.事前资产负债管理方法

C.事中资产负债管理方法　　D.事后资产负债管理方法

8.2　多项选择题

1.根据广义资产负债管理的内容框架，为实现资产负债管理的目标，商业银行至少需要在（　　）领域实施相应政策。

A.利差管理　　B.表外业务管理　　C.资本金管理

D.税收管理　　E.流动性管理

2.商业银行资产管理通过对资产的优化组合，来协调流动性、安全性、盈利性之间的矛盾，资产管理代表性的理论主要有（　　）。

A.真实票据理论　　B.主动借款理论　　C.商业性贷款理论

D.预期收入理论　　E.可转换理论

3.利率敏感性分析认为，当利率上升时，如果商业银行处于（　　）状态，那么，该银行的净利息收入会增加。

A.正缺口　　B.负缺口　　C.零缺口

D.利率敏感性系数大于1　　E.利率敏感性系数等于1

4.在资产负债比例管理中，（　　）属于反映资产与负债关系的指标。

A.拆借资产率　　B.资本充足率　　C.贷款与资产比率

D.杠杆比率　　E.资本收益率

5.资产证券化技术（　　）。

A.可以通过资产业务的减少实现银行资产负债的匹配

B.可以通过负债业务的增加实现银行资产负债的匹配

C.有利于提高商业银行资本充足率

D.可以从商业银行资产负债表中移走风险

E.是一种从资产负债表内业务着手管理银行资产负债的方法

8.3　思考题

1.如何正确地理解资产负债管理的含义？

2.分阶段简述资产负债管理的演进历程。

3.简述利率敏感性技术及其在资产负债管理中的具体应用。

4.分析久期技术在资产负债管理中的具体应用及其优缺点。

5.评价资产证券化对商业银行经营管理的作用和影响。

6.结合现实情况，分析我国商业银行资产负债管理的现状及发展趋势。

★ 本章参考文献

[1] YAYO G, BARTH J.The Savings and Loan Crisis: Lessons From a Regulatory Failure, the Fifth in the Milken Institute Series on Financial Innovation and Economic Growth [M]. Amsterdam: Kluwer Academic Publishers, 2004.

[2] 加德纳，米尔斯，库珀曼. 金融机构管理资产/负债方法 [M]. 刘百花，等. 译. 北京：中信出版社，2005.

[3] 巴塞尔银行监管委员会. 巴塞尔银行监管委员会文献汇编 [M]. 中国人民银行，译. 北京：中国金融出版社，2010.

[4] 吴念鲁. 商业银行经营管理学 [M]. 北京：高等教育出版社，2004.

[5] 张明. 次贷危机的传导机制 [J]. 国际经济评论，2008 (7-8).

[6] 高莹，张瑞德，刘洋. 商业银行资产负债管理模型的应用研究 [J]. 经济研究导刊，2007 (8).

[7] 张晓艳. 商业银行管理 [M]. 北京：中国金融出版社，2013.

第9章

商业银行的风险管理

★ 导读

商业银行是高风险的金融企业，商业银行经营管理中的核心内容就是如何通过科学有效的风险管理，运用人员智慧和各种技术手段使得商业银行趋利避害，获得持续稳健的发展。那么，商业银行所面临的风险主要有哪些类别？如何识别风险、计量风险并给出相应的管理方案？本章将对上述问题进行简明的梳理，试图获得有关商业银行风险管理的基本框架和实施路径，特别针对商业银行的信用风险、市场风险、流动性风险和操作风险的管理给出基本的管理思路和方法。

★ 关键概念

商业银行风险　系统性风险　信用风险　市场风险　流动性风险　操作风险　国家风险　声誉风险　法律风险　战略风险　风险偏好　风险识别　VAR

伴随计算机技术的发展和量化管理的强化，商业银行的风险管理已越来越依赖数据的收集与模型的运用。反思数据的参考价值和模型的局限性，风险管理又不能过于倚重量化处理。究竟怎样的风险管理是科学而有效的呢？从商业银行面临的各种风险出发，经过风险识别、风险衡量、风险监测到风险控制，运用恰当的技术手段，最大限度地处理好风险与收益的匹配，将损失的不确定性降至最低，这样的过程需要商业银行调动所有的人力、物力、财力，协同作战。因此，商业银行的风险管理需要贯穿其经营管理的始终，不可有丝毫懈怠。

§9.1　商业银行风险管理概述

9.1.1　商业银行面临的风险

商业银行是高风险的金融企业，业务经营的同时伴随着各种各样的风险，这些风险有的来自于具体的业务对象，有的来自于市场变化，有的来自于商业银行自身的制度缺陷或人员素质。风险所意味的不确定性，既可能为商业银行带来收益的机会，也可能为商业银行带来损失的隐患。因此，商业银行经营管理中的核心内容就是如何通过科学有效的风险管理，运用人员智慧和各种技术手段使得商业银行趋利避害，获得持续稳健的发展。

1.商业银行风险的内涵

（1）如何理解“风险”

“风险”（risk）一词本身是中性的，即风险本身并无好坏之分，它来源于对未来结果的不可知性。依据上述定义，正确理解风险应涵盖以下三点：①风险是不确定性。不确定性可以被认为是一个或几个事件（结果）发生的概率分布，每一个事件的发生都应该对应着一定的概率。数理统计学从统计学的正态分布的角度分析，认为“不确定性”包括盈余的不确定性和亏损的不确定性两方面的内容，否则风险在统计学上是无法计算的。但计量结果毕竟只是一定的概率，风险的不确定性依然存在。②充分理解风险与收益的关系。风险既是损失的来源，同时也是盈利的基础。充分理解风险与收益的关系，有助于对损失可能性和盈利可能性的平衡管理，防止过度关注损失的可能而忽视机构的盈利和发展。③关注风险是损失的可能性。损失的发生往往是惨痛甚至致命的，哪怕盈利的机会减少一些，也应该强调对损失的防范与处理。关注风险是损失的可能性这一点有利于企业注重规避、转移或分散风险的技术和手段，强化企业在安全运营基础上的利益诉求。

（2）商业银行风险的定义与特征

依据风险的定义，商业银行风险是指商业银行业务经营过程中由于各种因素导致的对未来结果的不确定性。其主要特征包括：

①客观性。在市场经济条件下，由于市场信息的不对称性，市场经济主体的决策往往是不及时、不全面和不可靠的，有时甚至是错误的，客观上可能导致银行运

行中的风险产生。信用中介活动的复杂性和信用对象的复杂性，导致信用关系的期限结构、数量供求、信贷关系演变为相互交织、相互联系的关系，某些环节发生脱节，都会使金融业务活动自始至终存在风险。

②隐蔽性。商业银行风险是普遍存在的，但又是隐蔽的。风险在没有暴露以前，由于信用有借有还的特点使许多潜在损失或不利因素为这种信用关系所掩盖。商业银行通过借新还旧，或者通过同业拆借增强支付能力，或者内部监管失职及缺乏连续性，使得风险被隐藏下来。只有风险聚集到一定程度，超过银行机构所能承受的范围，才以风险损失等形式暴露出来。

③扩散性。银行业作为储蓄和投资的中介组织，既向社会提供信用中介服务，又同时具有信用创造功能，在保证存款支付兑付的同时，通过贷款可以派生存款，这就使得银行风险具有不同于其他经济风险的一个最显著的特征，即银行机构发生风险损失或经营失败，不仅影响其自身的生存和发展，更严重的是导致更多的储蓄者、存款者、投资者和借款者的损失和失败，进而对整个社会经济产生广泛的影响，具有极大的扩散性。

④可控性。尽管商业银行风险是客观的，但它是可控的：可以按照一定的方法、程序对风险进行事前的识别和预测、事中的防范和事后的化解；可以根据现代科技信息手段和概率统计，建立各项银行风险的技术参数，为控制风险提供技术手段；可以通过建立良好的制度体系，规范金融主体的行为，调节金融关系，使金融行为主体受到约束，进而在一定程度上提高银行风险的可控性。

⑤可测性。在商业银行经营管理过程中，可以就风险发生的可能性和损失严重程度进行定量或定性的估计和判断，以便于采取相应的处置措施。风险的损失性使人们对风险进行管理成为必要，风险的客观性和不确定性增加了管理的难度，而风险的可控性和可测性则为人们对风险进行管理提供了可能性和方法。

2.商业银行风险的主要类型

商业银行风险依据不同的标准可以划分为不同的种类。按商业银行业务的种类可以划分为资产业务风险、负债业务风险、表外业务风险和外汇业务风险；按风险是否能够量化可以划分为可量化风险和不可量化风险；按风险的影响范围可划分为系统性风险和非系统性风险；按风险产生的主要原因和特点可以划分为信用风险、市场风险、操作风险、流动性风险、国家风险、声誉风险、法律风险、战略风险。这里主要介绍后两类。

（1）按风险的影响范围可划分为系统性风险和非系统性风险

系统性风险是指由于全局性事件引起的投资收益变动的不确定性。系统性风险对所有企业、投资者者和金融资产种类均产生影响，因而通过多样化投资不能抵御这样的风险。系统性风险也被称为不可分散风险。系统性风险发生时最为典型的特征是风险的溢出和传染，另一个重要特征就是风险和收益的不对称性。与个别风险的管理相比，对系统性风险的管理更艰难、更复杂。系统性风险主要是由政治、经济及社会环境等宏观因素造成的，如世界经济或某国经济发生严重危机、持续高涨的通货膨胀、特大自然灾害等，风险造成的后果带有普遍性。系统性风险主要包括政策风险、利率风险、购买力风险等。其中，政策风险是由政府的经济政策和管理措施变化引起市场整体的波动。利率风险是受市场利率水平变动的影响。购买力风险是由于物价的变化导致了资金实际购买力的不确定性。系统性风险是无法消除的，商业银行无法通过多样化的投资组合进行防范，但可以通过控制资金投入比例等方式，减弱系统性风险的影响。

非系统性风险是商业银行自身或自己的业务对象等各种因素造成的不确定性。非系统性风险可以通过分散投资加以规避，因此又被称为可分散风险。非系统性风险有三个特点：一是由个别银行面临的特殊因素引起；二是只影响个别银行的收益；三是可以通过投资多样化来规避。

（2）按风险产生的主要原因和特点来划分主要有八类风险

一是**信用风险，又称为违约风险，指债务人或交易对手未能履行合同所规定的义务或信用质量发生变化，从而给银行带来损失的可能性。**对大多数银行来说，信用风险几乎存在于银行的所有业务中。信用风险是银行最为复杂的风险种类，也是银行面临的最主要的风险。

二是**市场风险，指因市场价格（包括利率、汇率、股票价格和商品价格）的不利变动而使银行表内和表外业务发生损失的风险。**市场风险包括利率风险、汇率风险、股票价格风险和商品价格风险四大类。

三是**流动性风险，指无法在不增加成本或资产价值不发生损失的条件下及时满足客户的流动性需求，从而使银行遭受损失的可能性。**流动性风险包括资产流动性风险和负债流动性风险。资产流动性风险是指资产到期不能如期足额收回，不能满足到期负债的偿还和新的合理贷款及其他融资需要，从而给银行带来损失的可能性。负债流动性风险是指银行过去筹集的资金特别是存款资金由于内外因素的变化而发生不规则波动，受到冲击并引发相关损失的可能性。

四是**操作风险，指由不完善或有问题的内部程序、人员及系统或外部事件所造成损失的风险。**操作风险可以分为人员、系统、流程和外部事件所引发的四类风险。这四类风险又有七种表现形式：内部欺诈，外部欺诈，聘用员工的做法和工作场所的安全性有问题，客户、产品及业务做法有问题，实物资产损坏，业务中断和系统失灵，执行、交割及流程管理不完善。操作风险存在于银行业务和管理的各个方面，并且具有可转化性，即可以转化为市场风险、信用风险等其他风险。

五是**国家风险，指经济主体在与非本国居民进行国际经济与金融往来中，由于他国经济、政治和社会等方面的变化而遭受损失的可能性。**国家风险通常是由债务人所在国家的行为引起的，超出了债权人的控制范围。国家风险可分为政治风险、社会风险和经济风险三类。政治风险是指商业银行受特定国家的政治原因限制，不能把在该国的贷款等汇回本国而遭受损失的风险。政治风险包括政权风险、政局风险、政策风险和对外关系风险等多个方面。社会风险是指由于经济或非经济因素造成特定国家的社会环境不稳定，从而使贷款商业银行不能把在该国的贷款汇回本国而遭受损失的风险。经济风险是指境外商业银行仅仅受特定国家直接或间接经济因素的限制，而不能把在该国的贷款等汇回本国而遭受损失的风险。国家风险有两个特点：一是国家风险发生在国际经济金融活动中，在同一个国家范围内的经济金融活动不存在国家风险；二是在国际经济金融活动中，不论是政府、银行、企业，还是个人，都可能遭受国家风险所带来的损失。

六是**声誉风险，指由于意外事件、银行的政策调整、市场表现或日常经营活动所产生的负面结果，可能对银行的声誉造成损失的风险。**声誉是商业银行所有的利益持有者通过持续努力、长期信任建立起来的宝贵的无形资产。几乎所有的风险都可能影响银行声誉。管理声誉风险的最好办法就是：强化全面风险管理意识，改善公司治理，并预先做好应对声誉危机的准备；确保其他主要风险被正确识别、优先排序，并得到有效管理。

七是**法律风险，指银行在日常经营活动中，因为无法满足或违反相关的商业准则和法律要求，导致不能履行合同、发生争议或诉讼或其他法律纠纷，而可能给银行造成经济损失的风险。**

八是**战略风险，指银行在追求短期商业目的和长期发展目标的系统化管理过程中，不适当的未来发展规划和战略决策可能威胁银行未来发展的潜在风险。**战略风险主要来自四个方面：银行战略目标的整体兼容性；为实现这些目标而制定的经营战略；为这些目标而动用的资源；战略实施过程的质量。

3.商业银行风险之间的转化与传染

风险传导是风险扩散、扩大化的一种机制形式。银行风险既可以在银行体系内传导，也可以在金融体系内传导，甚至可以向实体经济传导，它是银行危机和金融危机的重要来源之一。

首先，商业银行多种风险类型之间存在一定的内在联动性，一旦某一种风险或某几种风险产生，如果得不到及时控制，就会通过内部操作流程在商业银行内部传导，而已经转化为损失的风险则在银行的资产负债表和经营利润上不断累积，当承担风险所获报酬已经无法覆盖这部分风险时，银行的资本金就会遭受损失，直至进入破产程序，风险和损失开始不受控制地大规模扩散。其次，银行风险也会通过银行机构在金融体系内传导，它是银行危机和金融危机的重要来源。金融机构之间有着广泛而复杂的业务联系和资金往来，使得金融风险的传导几乎无法避免。如果哪家金融机构的资产价格出现贬值和损失，则该金融机构的金融困难很容易向整个金融体系蔓延，甚至有可能最终形成大规模的金融动荡。金融体系在信息不完备或信息不对称情况下的预期会产生“羊群效应”，某个金融机构的困难本不会对整个金融市场形成威胁，但如果大多数人都将其当作市场恶化的信号，则整个市场会真的恶化从而对其他金融机构造成影响。最后，银行风险还会通过银行体系和金融市场向实体经济传导。

需要注意的是：商业银行随着业务的发展、人员或机构的调整以及外部环境的变化，其所面临的风险也是在不断变化的，这就需要特别关注各种风险之间转化或叠加以及传导。因此，对于商业银行的风险管理一定要强调是动态的、连续的、全面的，并且是融入到商业银行经营管理方方面面的。

9.1.2　商业银行风险管理的基本框架

如何建立并实施有效的风险管理是商业银行经营管理的核心内容。商业银行的风险管理大体涵盖风险识别、风险计算、风险监测、风险控制四个方面，此外还包括风险管理机构的组织设计、职能定位以及相关技术方法的创新与应用。商业银行风险管理的目标不是消除风险，而是通过主动的风险管理过程实现风险与收益的平衡。

一个完整、全面的风险管理框架包括四个组成部分：风险战略、管理流程、基础设施和环境，如图9-1所示。风险战略设定了银行风险管理的最终目标和基本方法，包括业务目标、风险偏好、风险的防范以及对风险管理政策的解释。管理流程就是一个完整的风险管理过程所包括的各个环节，即风险管理的日常活动和决策。基础设施是指商业银行进行风险管理活动赖以开展的各种保障和基础资源，如风险管理政策、风险管理人员、风险管理组织结构以及数据信息。环境包括商业银行的风险文化和其他相关的外部因素。

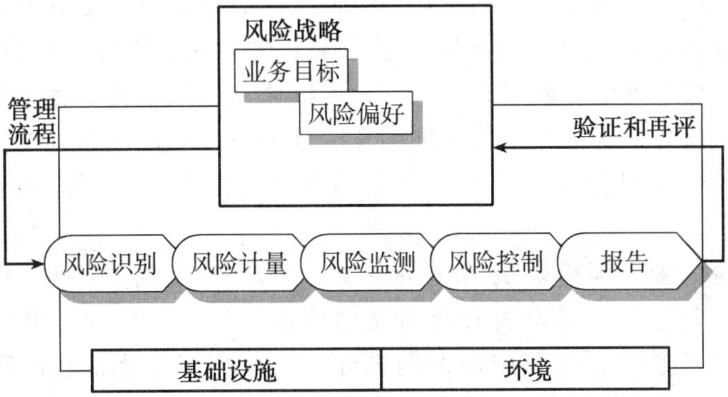

图9-1　风险管理框架

1.风险战略

风险管理从制定风险战略开始。具体而言，风险战略包括业务目标和风险偏好。

（1）业务目标。银行的业务目标也称为业务发展战略，具体指银行的业务发展重点、目标市场份额以及新产品、新业务。通过业务目标，可以看出银行的风险偏好：愿意或准备接受哪类业务中的风险，哪些是可以承担的风险，哪些是不可承担的风险。

（2）风险偏好。风险偏好是风险战略的核心内容。所谓风险偏好，是指银行的风险承受能力。简单来说，就是对“银行准备接受什么风险”和“在多大程度上接受这些风险”等问题的回答。根据国际银行业的一般做法，将银行的业务目标和风险管理水平结合在一起，加上银行的价值导向就可得出其风险偏好。银行可以通过对已有风险偏好进行定性和定量分析来判断其是否恰当，以及如何进行修正等问题。

2.管理流程

所谓风险管理流程，就是风险管理活动从开始到结束所经历的完整过程。一个完整有效的风险流程应包括风险识别、风险计算、风险监测、风险控制以及风险报告。

（1）风险识别。适时、准确地识别风险是风险管理的最基本要求。**风险识别包括感知风险和分析风险两个环节：感知风险是通过系统化的方法发现商业银行所面临的风险种类、性质；分析风险是深入理解各种风险内在的风险因素。**该过程应当注意以下方面：潜在风险的整体情况；银行运行所处的内外部环境；银行的战略目标；银行提供的产品和服务；银行的独特环境因素；内外部的变化以及变化的速度。制作风险清单是商业银行识别风险最基本、最常用的方法。它是指采用类似于备忘录的形式，将商业银行所面临的风险逐一列举，并联系经营活动对这些风险进行深入理解和分析。此外，常用的风险识别方法还有专家调查列举法、资产财务状况分析法、情景分析法等。

（2）风险计量。风险计量或量化是全面风险管理、资本监管和经济资本配置得以有效实施的基础。准确的风险计量结果是建立在卓越的风险模型基础上的，需要开发一系列准确的、能够在未来一定时间限度内满足商业银行风险管理需要的数量模型。商业银行应当根据不同的业务性质、规模和复杂程度，对不同类别的风险选择适当的计量方法，基于合理的假设前提和参数，将承担的所有风险量化。

（3）风险监测。风险监测的作用在于：一是对银行面临的所有风险的定性和定量评估进行监测，监测各种可量化的关键风险指标以及不可量化的风险因素的变化和发展趋势；二是确保控制充分，风险管理系统正常运行。报告商业银行所有风险的定性或定量评估结果，并随时关注所采取的风险控制措施的实施质量与效果。内部审计部门或其他有资格的部门应该实施定期的检查，分析控制环境、检测已实施的控制的有效性，从而确保业务运作在有效的控制下展开。

（4）风险控制。风险控制是对经过识别和计量的风险采取分散、对冲、转移、规避和补偿等措施，进行有效管理和控制的过程。风险控制措施应当实现以下目标：风险管理战略和策略符合经营目标的要求；所采取的具体措施符合风险管理战略和策略的要求，并在成本和收益基础上保持有效性；通过对风险诱因的分析，发现管理中存在的问题，以完善风险管理程序。商业银行应该充分了解所有风险，建立和完善风险控制机制，对于不了解或无把握控制风险的业务，应该采取审慎态度。

（5）风险报告。风险报告过程应该涵盖诸如银行面临的风险或潜在风险、风险事件以及有意识的补救措施、已实施措施的有效性、管理风险暴露的详细计划、风险即将明确发生的压力领域、为管理操作风险而采取步骤的状态等方面的信息。同时，这些信息应该满足以下要求：使高级管理层和经营者能够确定风险管理职责的委派是有效的，并且他们对风险管理的要求得到了满足；使整体风险预测能够与银行的风险战略和偏好相比较，得到评定；使关键风险指标得到监控，可以判断出采取措施的需要；使业务单元能够确定对关键风险控制的成功实施，有关信息得到了传递。

3.基础设施

风险管理基础设施是构成风险管理框架的基础，是风险管理活动赖以开展的前提条件，为风险管理过程提供组织的、数据的、方法的、操作的和系统的支持。具体来看，风险管理的基础设施包括以下内容：第一，一个完整且权责明确的风险管理组织结构，图9-2给出了一个风险管理组织结构的范例。第二，一套风险管理信息系统。为获得风险管理所需的信息，银行应该建立一套风险管理信息系统，其作用就在于提供损失数据库、风险指标收集与报告。因此，银行一方面要收集内部损失数据、风险诱因和风险指标；另一方面还应从外部收集数据信息。第三，一致的风险测量和管理办法。越来越多的银行开始采用量化方法来计量风险，并为其分配资本。但是，定性和定量相结合才是最佳选择，特别是在风险管理的起步阶段，定性方法甚至优于定量方法。同时，银行应当采取自上而下的方法来制定和完善风险管理政策和程序，这可以确保它们彼此保持一致，并充分反映银行的风险战略。

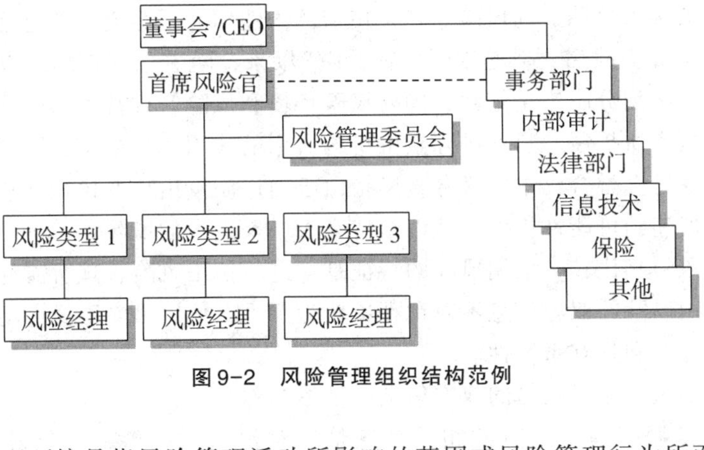

图9-2　风险管理组织结构范例

4.环境

风险管理环境是指风险管理活动所影响的范围或风险管理行为所面临的境况。首先，风险管理文化是风险管理环境的最重要的组成部分，当然还包括交流和沟通、责任与意识、人员培训等内容。风险管理文化可以被定义为银行在日常经营活动中对风险管理表现出的态度、价值观、目标和行为等。银行高层管理人员的行为和态度在很大程度上影响着银行的风险管理文化，如果风险管理得到高层管理人员的参与和支持，整个银行的风险管理文化会在更短的时间内形成。其次，风险管理环境的优劣与交流沟通有很大关系。银行的风险战略能够被清晰、准确地传达至各有关岗位将在很大程度上影响战略目标的实现。从更微观的层面来讲，如果一项风险政策或风险控制措施被相关岗位充分理解和执行，风险就可能被控制；如果被错误理解并执行，这些措施将起不到任何作用。再次，责任与意识也是风险管理环境的重要组成部分。商业银行应在银行内部培养员工的主人翁意识，让员工意识到风险管理是每个人的工作职责，每个员工都有义务防范、管理风险或大力配合这项工作。最后，风险管理环境还包括商业银行的外部环境，比如银行面临的竞争对手的状况、客户需求、外部监管要求等。

§9.2 商业银行的信用风险管理

20世纪90年代，由于世界范围内金融市场竞争加剧，金融产品的种类和规模也迅速扩张，商业银行为了提高利润，纷纷增加向较低等级的贷款对象发放贷款，并广泛涉足各类金融产品，这些经营行为引起信用风险的大量积累。有关商业银行的历史显示，在世界范围内，信用风险是引起其破产的主要原因。因此，信用风险管理对于商业银行来说无一例外地要予以充分重视。

9.2.1 信用风险管理概述

1.信用风险的特征

信用风险的基本含义是指借款人发生违约，不能按期还本付息而给贷款人造成的损失，又被称为信用违约风险。它是用借款人违约后现金流量的重置成本来衡量的。第二次世界大战后尤其是20世纪90年代以来，随着信用市场的空前发展，金融领域信用层级划分越来越细致，同时风险环境和风险管理技术不断演进，信用风险的概念外延有所扩展。目前国际金融机构所用的信用风险概念，既指债务人或交易对手未能履行金融合约中的义务，又指由于信用质量出现变化，导致具有市值的金融工具价值违约可能性扩大，从而给持有人带来损失的风险。

与市场风险相比较，信用风险的特征是，进行信用风险管理所需的数据往往较为缺乏，信用风险的双方信息不对称现象较为严重，信用风险不像市场风险那样通常服从正态分布和具有系统性。

（1）信用风险相互交易的双方信息严重不对称

贷款等信用交易中双方的相关信息是不对称的。在借款人获得银行贷款之前，信息不对称使银行很难判断借款人的实际信用状况。风险高的借款人申请贷款的积极性往往比风险低的借款人更高，通常采取更为进攻性的营销策略以获取银行贷款，结果是风险低的借款人反而无法获得贷款，此即通常所谓的逆向选择（adverse selection）问题。此外，借款人借款之后的资金运用银行通常难以掌控，借款人如果将用于低风险的贷款用于高风险领域，即引起道德风险（moral hazard）。逆向选择和道德风险均会大大增加银行信用风险的不对称性。

（2）信用风险管理所需数据相对缺乏

信用风险的数据来源较缺乏，数据可得性差，而且数量偏少。其原因：一是交易双方信息不对称，银行直接观察信用风险的变化比较困难；二是贷款持有期限一般较长，研究其违约状况所能观察的数据较少；三是贷款等信用产品一般不作市场重估，缺乏二级交易市场，流动性较为缺乏，信用变化在市场中得不到及时和连续的反映。这些因素导致信用风险定价模型有效性检验相对困难。

（3）信用风险的非系统性

信用风险多数情况下取决于借款人本身的一些行为，如借款用途、借款人的经营能力、财务状况、还款意愿等，而较少受到金融和经济危机等系统性因素的影响。由于信用风险存在这种非系统性特征，因此信用风险管理从理论上讲，当银行管理存在信用风险时应将投资分散化、多样化，防止信用风险集中。但是，在实践中由于客户信用关系、区域行业信息优势以及银行贷款业务的规模效应，银行信用风险分散化相当困难。

（4）信用风险不服从正态分布

信用风险与市场风险有着本质的不同。二者之间最为突出的差别是，在分析市场风险时，通常假设市场回报的分布是对称和服从正态分布的。市场价格的波动是以其期望为中心的，主要集中于相近的两侧，通常市场风险的收益分布相对来说是对称的，大致可以用正态分布曲线来描述。而对于信用资产组合来说，由于信用评级较少调升或调降，资产组合的价值变动相对较少，但是一旦发生违约，则价值变化巨大。这种违约的小概率事件以及贷款收益和损失的不对称，造成了信用风险概率分布出现更多偏离。因此，其分布通常是一个偏态分布，如图9-3所示。

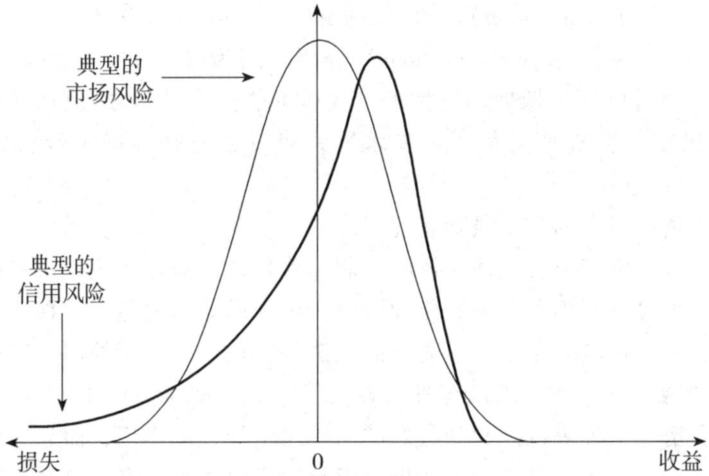

图9-3　信用风险和市场风险的概率分布特征

2.信用风险的来源

根据信用风险的概念，信用风险的主要来源：一是借款人对于贷款合约的违约，即传统上所谓的违约风险（credit default risk），指交易一方不愿或无力支付约定款项致使交易另一方遭受损失的可能性；二是信用质量等因素发生变化，所导致的银行未来现金流量的现值的减少，即信用利差风险（credit spread risk）。

对于证券市场价值的变化导致的信用风险，在国际金融市场上通常使用信用利差风险指标来衡量。该指标是指商业银行持有的证券与政府债券或市场无风险利率之间的差值。影响信用利差的因素有宏观因素，如商业周期变化。经济繁荣，企业现金流量状况趋好，履约能力强，利差收窄；反之，则利差扩大。影响信用利差的微观因素亦与企业现金流量状况和履约能力相互联系，这些因素基本涵盖在资信评级机构的考察范围之内，由于今天的信用评级市场相当发达，观察这些微观因素对于信用利差的影响可以通过资信评级机构的评级来进行。

对于以上两个信用风险来源，信用风险的管理方法各有进展。商业银行对前者实施的信用风险管理较为简单，而对后者的信用风险管理，则基于资产组合概念和理论发展出更为复杂的风险管理技术。

3.信用风险管理的基本方法

商业银行信用风险管理方法主要有两大类：

（1）商业银行基于单笔头寸暴露的信用风险管理

商业银行对基于单笔头寸暴露的信用风险控制不依赖于现代信用计量技术的发展，是银行在长期实践中形成的一套风险控制方法。

商业银行一般通过贷款“三查”、贷款担保和贷款定价来实现。其中，贷款“三查”指贷前审查、贷时审查和贷后检查，以此方式降低债务人违约水平。“三查”过程中考虑的潜在因素很多，经过长期经验积累，形成了多种方法，例如信贷5C法，将企业声誉（character）、资本（capital）、偿还能力（capacity）、抵押品（collateral）、商业周期（cycle conditions）等因素列为必须审查的因素。贷款担保是指商业银行通过保证、抵押、质押等方式尽可能提高借款方违约后的回收水平。贷款定价是指银行精确计量信用风险水平，对贷款进行准确定价，以减少预期损失。

（2）基于资产组合的信用风险管理

对于商业银行资产组合的信用风险控制，除采取分散化手段规避和吸收其非系统性风险外，也可以利用资产证券化和信用衍生产品等来避免、转移或消化其非系统性风险。在分散化策略之下，最简单的做法是实行信用额度控制，银行通过对区分资产组合的国别、业务、地区等进行授信管理，以此避免信用风险的过度集中；资产证券化和衍生工具等也能起到很好的信用风险管理的作用，而且其做法不会影响资产组合本身，更多的是利用市场中愿意承担风险的投资者来控制风险。

4.商业银行信用风险监管的演变

商业银行信用风险的衡量技术的发展不仅是其自身稳健经营的需要，同时也受到国际金融监管机构的推动。随着监管环境的变化，对信用风险的管理经历了四个阶段：

一是资本充足率指标控制。该方法是设定一个目标比率，比如8%，要求银行按此比率建立相应数量的资本金作为信用风险的准备金。

二是要求按风险权重确定风险。由于资本充足率指标控制方法忽略了违约可能性方面的变量，于是巴塞尔银行监管委员会在1988年制定了按照风险等级所作的信用风险分类，要求用风险权重来乘以名义资产，以此算出风险资本。这是第一次尝试要求银行提取风险资本。

三是利用外部或内部的信用评级。由于1988年巴塞尔银行监管委员会的风险权重设计不能阻止银行以营利为目的将其贷款组合由高等级资产转向低等级资产，银行风险继续大量积累，巴塞尔银行监管委员会于2004年开始订立《巴塞尔协议Ⅱ》，该协议于2008年7月形成最后文本。

《巴塞尔协议Ⅱ》提出了两种处理信用风险的办法：外部评级法（标准法）和内部评级法。标准法以1988年协议为基础，采用外部评级机构确定风险权重，使用对象是复杂程度不高的银行。采用外部评级机构，应该说比原来以经合组织成员为界限的分类办法更客观、更能反映实际风险水平，但对资信市场发展不足的国家来说较为困难。将内部评级法用于资本监管是《巴塞尔协议Ⅱ》的核心内容。该方法继承了1996年市场风险补充协议的创新之处，允许使用自己内部的计量数据确定资本要求。

内部评级法的核心是银行运用自己的内部模型来估计与敞口相关的违约概率，是信用风险计量中技术含量最高的部分。内部评级的四个主要要素是：违约概率(probability of default，PD)，指给定的时间段内借款人违约的可能性，是贷款发放前的“预先估计”；违约损失率（loss given default，LGD)，指违约后损失的金额与违约风险暴露之间的比例，它反映债务人违约给债权人造成损失的严重程度；风险暴露（risk exposure)，指银行在各种业务中容易受到风险因素影响的资产和负债的价值，或者说是暴露在风险中的头寸状况；有效期限（maturity，M)，指某一风险暴露的剩余到期时间。

四是通过银行内部的资产组合信贷模型来进行风险衡量和控制。《巴塞尔协议II》建议和允许使用一些内部计量模型来管理信用风险。

9.2.2　信用风险控制中的信用评级

商业银行在进行证券投资时必然面临证券发行人利息违约和本金在到期日不能全额归还的风险。通常而言，期限较长的证券潜在违约的可能性偏大，因此其信用风险也较大。但是，即使是商业票据等短期投资工具，信用风险也是存在的，因为市场中的确有短期投资工具发行人违约的情况发生。尽管事实上一些商业银行也雇用信用分析专家进行有关分析工作，但这样做成本高昂而且十分费时。因此，商业银行通常更多地采取名称确认（name recognition）和信用评级机构的信用评级来替代自身所做的信用分析。

为了尽可能控制信用风险，商业银行在投资前可以通过收集证券发行人的有关信息进行信用分析，然后决定投资与否。名称确认是指，商业银行更多倚赖市场知名度较好的证券发行人的名称及声誉，并认可其金融资质和市场地位，假设其违约风险非常低。但是，单纯这样做，在今天变化多端的金融市场中，也不完全可靠。一些著名机构破产倒闭发生之前，其市场地位和声誉对于准备展开投资业务的商业银行来说具有很大的吸引力。例如，1995年倒闭的巴林银行，1998年破产的长期资本管理公司，以及2008年倒闭的雷曼兄弟公司等一系列华尔街及全球金融机构，它们在破产倒闭前，信用评级水平都足以被市场认为良好甚至居于行业翘楚地位。因此，商业银行若纯粹倚赖名称确认，是不明智的，名称确认仅仅可以作为参考。

目前，国际金融市场上的信用评级一般是由专业的评级公司提供的。评级公司在接到准备发行债务证券机构的评级申请后开始开展工作。评级所需成本由证券发行人承担，这是因为评级公司的评级通常是证券发行的必要条件，评级有利于帮助发行人提高证券的外部影响力，同时也便于吸引投资者对其进行投资。

信用评级机构在做出评级后，其评级会被经常性回顾和更新，如果发行人的信用状况变差或出现改善，评级将随之调整。评级机构可能提前宣布对某一评级给予回顾，也有可能声明其回顾将可能导致评级提高或降低，以此提醒市场投资者哪些机构被置于信用观察名单。对于被列入信用观察名单的评级对象，评级机构将会建议投资者慎用当前评级。在金融市场上，评级机构的一些评级调整行为往往令投资者的投资行为发生改变。例如，2009年2月26日标准普尔调降处于经济衰退背景下美国十家寿险商的评级，立即使市场对其亏损扩大出现强烈预期，其发行的债券走势受到连累。

评级机构建立特定的符号系统来标识做出的评级。表9-1为公司债中的长期债务评级的评级分类。

表9-1　**公司债中的长期债务评级的评级分类**

穆迪（Moody）	标准普尔（S&P）、惠誉（Fitch）	含义
Aaa	AAA	最安全
Aa1	AA+	高质量、高级别
Aa2	AA	次一级
Aa3	AA-	再次一级
A1	A+	中级偏上
A2	A	次一级
A3	A	再次一级
Baa1	BBB	中级偏下
Baa2	BBB	—
Baa3	BBB-	—

评级机构定期出版评级变化表，即评级变动表（rating migration table，rating transition table），列出评级随着时间推移的变化情况，以便投资者评估借款人信用降级和信用升级的潜在可能性。

表9-2展示了一年内某一借款人的评级变化表（表内为假拟数据）。纵向第一栏显示年初评级大类，横向的第一栏显示年底评级大类。可以选定其中的数字来对该表进行解释。比如选取91.45来看，其含义为年初和年底均为AA评级，亦即借款人评级不会变动的概率为91.45%；选取1.50来看，其含义为年初评级为AA，到了年底评级上升为AAA的概率为1.50%；选取5.55来看，其含义为年初评级为AA，年底降级为A的概率为5.55%。

表9-2　**评级变化表**

年初评级	年底评级								
	AAA	AA	A	BBB	BB	B	CCC	D	合计
AAA	95.20	4.00	0.28	0.32	0.20	0.00	0.00	0.00	100
AA	1.50	91.45	5.55	0.38	0.62	0.05	0.35	0.10	100
A	0.45	3.55	90.00	5.85	0.05	0.04	0.02	0.04	100
BBB	0.15	0.40	5.00	88.45	5.45	0.60	0.05	0.35	100
BB	0.04	0.14	0.66	6.75	86.55	5.12	0.05	0.69	100
B	0.04	0.10	0.61	0.90	7.00	80.05	6.75	4.55	100
CCC	0.00	0.07	0.20	0.80	1.35	7.58	68.45	21.55	100

评级变动表列示了借款人信用级别在一定期限内的转移情况。该表可以根据历史上得到的企业信用级别变化资料计算出来。各大评级机构每年都会定期发布该表。该表提供的数据是基于采取盯市模式的信用风险计量模型。

9.2.3　信用风险管理的计量模型概要

20世纪90年代以来，公司倒闭的结构性增加、竞争加剧、金融衍生品的飞速发展、信息技术的快速进步等因素促使人们加强了对于信用风险的研究，新一代金融工程学家运用新的建模技术和分析方法建立了一些VAR技术的信用风险度量模型。目前国际上运用较多的现代信用风险度量模型主要有：J.P.摩根公司的信用计量术模型（credit metrics model）、KMV公司的信用监控模型（credit monitor model）、麦肯锡公司的宏观模拟模型（credit portfolio view）、瑞士信贷银行的信用风险附加法模型（credit risk+）、死亡率模型（mortality rate）等。

1.信用计量术模型

该模型由J.P.摩根公司于1997年推出，属于盯市类模型。模型的核心思想是组合价值的变化既受到债务人违约的影响，又受到债务人信用等级转移的影响。该模型通过求解信贷资产在信用品质变迁影响下的价值分布，计算信用风险的VAR值，即在给定的置信区间上、在给定的时间段内，信贷资产可能发生的最大价值损失。

（1）单笔贷款信贷风险测算。

第一步：通过构建概率转移矩阵计算借款人的期末信用等级转移概率 P 。转移概率可利用历史数据得到。

第二步：估算未来不同信用等级下的贷款远期价值。计算贷款的现值公式为：

$$\mu = R + \sum_{i=1}^{n-1} \frac{R}{(1 + r_i + s_i)} + \frac{R + F}{(1 + r_n + s_n)^n}$$

其中：R 为固定年利息；F 为贷款金额；n 为贷款剩余年限；r_i 为第 i 年远期零息票国库券利率（无风险利率）；S_i 为特定信用等级贷款的 i 年度信用风险价差。

第三步：得出贷款价值的实际分布。将第一步得出的概率及第二步得出的价值相结合，即可得到贷款价值在年末的非正态的实际分布。

均值为：

$$\mu \sum_{i=1}^{s} p_i u_i$$

标准差为：

$$\sigma = [\sum_{i=1}^{s} p_i(u_i^2 + \sigma_i^2) - \mu^2]^{1/2}$$

其中：σ_i 为各折现值的标准差。

第四步：求出VAR值。可利用信用等级转移概率和与之相对应的贷款价值表，近似地计算出不同置信度下的VAR值。

（2）贷款组合信贷风险测算。J.P.摩根公司将单项资产模型加以扩展，使之成为组合风险计量模型。与单项信贷资产风险的计算相比，计算组合资产风险时将各组合资产的相关性考虑进去，用各资产的联动概率替代单项资产的评级调整概率。

信用计量术模型属于盯市（market to market）模型，将组合管理理念引入信用风险管理领域，适用于商业信用、债券、贷款、贷款承诺、信用证以及市场工具（互换、远期等）等信贷资产组合的风险计量。但该模型对信用风险的评判很大程度上依赖于借款人的信用等级的变化，采用了蒙特卡罗模拟，运算量较大，需要重组人员和设备配备等，需要一定的适用条件。

2.KMV公司的信用监控模型

KMV模型的创新之处是，它把银行的贷款问题倒转过来，从借款企业股权持有者的角度考虑贷款偿还的激励问题。KMV模型没有使用Moody或S&P的统计数据来赋予违约概率，而是根据Merton在1974年提出的模型来推导每个债务人的实际违约概率——期望违约概率（expected default frequency，EDF），即违约概率是公司资本结构、资产收益波动率、资产现值等变量的函数，因此KMV模型主要是利用期权定价理论建立监控模型，用来对上市公司和上市银行的信用风险进行预测。

由于该模型所获取的数据来自股票市场的资料，而非企业的历史数据，因而更能反映企业当前的信用状况，前瞻性和预测性强。同时由于KMV模型建立在公司金融理论和期权理论的基础之上，有很强的理论基础作为背景，因此KMV模型被认为是对传统信用风险度量方法的一次重要革命。

但是，KMV模型仍然存在许多缺陷。首先，该模型只适用于上市公司的信用风险评估，对于一些股市不是有效市场的国家，上市公司的股票价格与公司的实际价值相背离，企业资产价值并不能够完全反映到股票市值中，从而影响了模型预测的精确性。其次，该模型着重于违约预测，忽视了企业信用等级的变化，只适于评估与企业资产价值直接联系的信贷资产（基本上只是贷款）的风险。最后，该模型基于资产价值服从正态分布的假设和实际不相符，模型不能够对长期债务的不同类型进行分辨。

从公司类客户授信业务管理来看，采取类似于上述模型一的四个操作环节，客户经理负责客户营销和授信申请；风险经理负责客户信用评级和授信业务审批（是在客户经理申请签字基础上的"双签"审批，大额授信按授权等级由更高级别的业务部门主管和风险部门主管"双签"审批）；授信审核人员负责付款前审核；后台支持部门负责办理贷款支用的法律、会计手续和贷后催收管理等服务支持等。此外，还设有专门的信贷风险部门，按5%～10%的比例，对已批准授信业务的审批流程和信贷政策标准执行情况（50人左右）进行持续的、不定期的信贷复查(credit review)。

从零售业务授信管理来看，具有高度标准化、流程化、自动化、专业化的特征，其信用卡贷款、消费者抵押贷款、小企业贷款的系统自动化决策所占比例分别达到99%、53%和35%。

§9.3　商业银行的市场风险管理

9.3.1　市场风险管理概述

1.市场风险的来源和市场风险管理的发展

市场风险是指由于利率、汇率、股价、商品价格、信贷利差等波动所引起的金融损失的可能性。对于商业银行来说，所有业务都面临着市场风险，资产价格和利率的波动都会导致银行的盈亏。巴塞尔银行监管委员会将商业银行的市场风险定义为由于市场价格波动而导致银行表内和表外头寸损失的风险，并将其划分为利率风险、汇率风险、股价风险和商品价格风险等。

商业银行的早期传统业务中贷款是主要资产，但是随着金融创新和银行业务的扩展，银行越来越多地涉足种类繁多的金融产品的投资，如债券、股票等。同时，银行也越来越多地涉足表外业务，尤其是衍生金融产品投资。这些金融产品的价格有些直接由市场定价，有些由较为复杂的模型进行定价，但是其价值最终都要取决于市场，而市场的不利走向会造成这些金融产品价格的或高或低甚至是异常惊人的损失。随着巴林银行和长期资本管理公司的破产等事件的发生，以及同期信息技术的快速进步使复杂计算较易完成，市场风险管理加速发展，一些金融机构开发出了为数不少的计量模型，市场风险管理的研究水平提高速度很快。例如，J.P.摩根公司的RiskMetrics模型，结合现代的VAR方法和资产组合理论，使市场风险的衡量更为精确，也更为关注各类资产之间的相关性，从而使银行市场风险管理更为进步。

尽管国外商业银行的市场风险管理结合现代金融理论的新进展取得了一定进步，但是2008年美国众多大型金融机构或破产或深陷危机，已经使得研究人员对于目前的风险管理及监管架构的功效产生怀疑。商业银行市场风险管理在加强监管的呼声中，既需要继承以往形成的成熟的管理技术，也需要从外部监管直至内部管理的各个层面探索和建构新的风险管理模式，并发展新的管理手段和技术。

2.市场风险的特点

与其他风险比较，市场风险最主要的特点是具有系统性，同时它较易计量。

（1）市场风险主要来自于整个经济体系，是由经济系统及其外围相关因素共同作用引起的。经济方面的因素包括利率、汇率、通货膨胀、货币政策、能源危机、经济周期循环等，政治方面的因素包括政权更迭、战争冲突等，社会方面的因素包括体制变革等。市场风险对市场上所有的资产持有者都有影响，只不过有些资产比另一些资产的敏感程度高一些。它无法通过分散投资来加以消除，商业银行一般主要采取套期保值或保险的方法来进行管理。

（2）相对信用风险和操作风险而言，虽然市场风险计量所需要的数据数量巨大，但是数据容易及时获得、质量高，因此较易计量。而且随着互联网及其他信息技术的发展，汇率、利率等经济数据的可获得性均得到很大的提高。

3.商业银行管理市场风险的账户分类

为了管理市场风险，商业银行一般将其账户划分为交易用途账户及非交易用途账户。

交易用途账户涵盖银行主动开展的以获取短期收益为目的的经营活动，是银行为了交易或规避交易账户其他项目的风险而持有的、可以自由交易的金融工具和商品头寸。以汇丰银行为例，该账户具体包括市场做市商持仓及其他账目中指定为按市值计价的持仓。

非交易用途账户涵盖不以交易为目的的各类业务，包括存贷款等传统业务，以及与这些相关联的衍生产品业务。例如，汇丰银行的非交易用途账户具体包括：为零售及公司业务进行利率管理而持有的仓位、可供出售和持有到期的金融投资。

商业银行通过使用经济资本指标描述和加总交易用途账户和非交易用途账户在内的所有市场风险。经济资本是指用于吸收风险暴露所遭受的非常严重的非预期损失所需要的资本数量。非常严重在这里的含义是指，经济资本水平有99.98%的概率吸收一年内银行遭受的总非预期损失。

9.3.2　市场风险的衡量：VAR方法之前的传统风险衡量工具简介

市场风险衡量技术的发展经历了一个渐进的发展过程。在VAR方法出现之前，商业银行的市场风险管理主要是敏感性分析，包括缺口分析和久期分析，具体内容可参考第8章相关论述，这里不再赘述。同时，随着金融研究领域的进展，资产组合理论也在市场风险管理领域逐渐发挥作用。这些分析和计量技术各有其侧重方向，与VAR方法比较，风险管理数据的整合性和量化水平相对较弱。

1.情景分析

情景分析设定不同情形，分别研究其损失或盈利的状况。为了应用情景分析，通常需要选择一组情景或路径，其中描述了相关变量如利率、汇率变化等在一段时间内的进展情况，然后依据不同情景设定现金流量及资产和负债的会计价值，继而以其结果来分析风险头寸。

情景分析法不易用到实践中，这是因为不易确认何种情景最为正确，这种确认缺乏可以普遍遵循的规则。在应用情景分析法时，必须确保所检验的各种情景都是合理的，没有自相矛盾之处，而且不含无法实践的一些假设条件，必须全面考虑变量之间的关系，还要尽可能将各种主要的情景包括在内。情景分析对于各种不同情景的可能性不予研究，因此对于何种情景更具实践上的重要性，需要依靠主观判断。情景分析的最终结果具有高度的主观性，分析效果在很大程度上有赖于分析人员的技能和其他方面。

2.资产选择理论

资产选择理论是关于投资主体在市场中的资产选择行为及其均衡条件的理论。资产选择理论把货币和各种证券及实物都视为资产，个人将以资产报酬和风险关系为原则，来抉择持有各种资产的数量和比例。最佳的资产结构应满足以下条件：各种资产的边际收益与边际成本（风险）相抵。

该理论运用于证券市场投资以推导出投资组合理论。投资组合理论是由马科维茨于1952年创立的，其权威性使马科维茨理论成了投资组合理论的代名词。该理论指出，一个资产组合，如果没有其他的组合与之处于相同的风险水平之下，提供更高的平均收益率，或者在同样的收益水平之下提供更小的风险，那么，该资产组合就被叫做有效资产组合。有效投资组合取决于两个因素，即E-V有效性。其中：E指投资的预期回报率，以收益的期望值表示；V指该种投资组合的风险程度，反映了收益的不确定性，以方差或均方差表示。马科维茨证明，通过投资收益不相关或反相关的证券，可以降低投资风险并得到更为稳定的收益。

投资组合理论为处理各种风险和研究风险之间的相关性提供了一个有用的分析框架。投资组合理论被各类投资者广泛应用，但是在如何处理数据方面存在困难。假设对一个组合配置新的资产，其无风险回报和预期的市场回报较易进行估值，但是其中用于计算新资产与现有组合资产相关性的Beta值较难予以估值。每一次配置进来新的资产，相应产生的每个Beta值都是特殊的。为了正确估计Beta系数，需要一个足够长的数据集以使统计过程变得可靠，而由于Beta与新资产进入之前的组合相关联，在理论上需要重估每一次之前的Beta值，因此使用资产选择方法进行市场风险管理，要求相当可观的数据和进行大量事务性的工作。实践中，资产选择理论的应用者通常希望避免这种负担，但是无论如何，总是会出现缺少数据的情况，有时会影响Beta的准确估值。

9.3.3 市场风险的衡量：VAR方法

20世纪70年代和80年代，随着机构规模扩大和业务复杂程度提高，整体控制风险的能力愈显重要，这时开始有一些大型金融机构尝试采取内部模型来衡量和加总机构的整体风险。其中最为有名的是J.P.摩根公司基于资产组合理论开发的风险控制模型，由此开始诞生VAR（value at risk，风险价值或在险价值）概念。该模型在1990年前后趋于成熟，1993年开始受到市场较为普遍的欢迎。同期也有一些其他机构，或基于资产组合理论，或基于蒙特卡洛模拟技术，或基于历史模拟法开发出了一些趋向从整体上控制风险的技术，但由于巴塞尔银行监管委员会的提倡，VAR在金融业领域得到了最为普遍的应用。

1.VAR的定义

VAR是指在给定的概率水平下，在一定的时间内，持有一种证券或资产组合可能遭受的最大损失。对于商业银行来说，VAR的目标是在概率给定情况下，银行投资组合价值在下一阶段最多可能损失多少。

风险价值方法的步骤：第一，确定影响资产组合价值的市场因素变量，例如，利率、汇率、商品价格等；第二，确定这些变量的分布或随机过程，例如，正态分布；第三，将资产组合的市场价值表达成这些变量及其相关系数的函数；第四，选择某种方法来预测这些市场因素的变化，通过函数得到资产组合的市场价值的改变量，即风险价值。

VAR不仅能计算单个金融工具的风险，更重要的是能够在事前计算由多个金融工具组成的投资组合风险，考虑到了组合内不同风险因子之间的相关性，把银行的全部资产组合风险概括为一个简单明了的词——潜在亏损，提高了风险的透明度。VAR提供了对风险的总体测度，用一个数值就可以反映出在给定的置信水平下单个风险敞口所可能遭受的重大损失，使没有任何专业背景的投资者、管理者和监管者都可以通过VAR值对金融风险进行全面和持续的研判。因此，在《巴塞尔协议Ⅱ》中更得到进一步的推广，在《巴塞尔协议Ⅲ》中依然保留，成为现代金融风险管理的国际标准和理论基础。

2.VAR模型概述

建立VAR模型的技术方法、假设前提及参数设置可有多种选择。商业银行在实施风险管理时通常需要根据本行的风险管理目标及技术条件自行设定。

建立VAR模型必须首先确定以下三个系数：一是持有期的长短；二是置信区间的大小；三是观察期间。

（1）置信水平（confidence level）。不同的置信水平在一定程度上反映出金融机构对风险的不同偏好。选择较大的置信水平意味着其对风险比较厌恶，希望能得到把握性较大的预测结果，希望VAR模型对于极端事件的预测准确性较高。作为金融监管部门的巴塞尔银行监管委员会则要求采用99%的置信区间，这与其稳健的风格是一致的。

（2）持有期（horizon）。持有期的选择应依场合而定。银行的交易平台每天都要计算交易的盈亏，交易账户中的头寸往往流动性较高，管理人员的交易管理较为活跃，因此每天计算交易组合的VAR值就非常有意义。从银行总体的风险管理看，持有期长短的选择取决于资产组合调整的频度及进行相应头寸清算的可能速度。巴塞尔银行监管委员会在这方面采取了比较保守和稳健的姿态，要求银行以两周即10个营业日为持有期限。

（3）观察期间（observation period）。观察期间是对给定持有期限的回报的波动性和关联性考察的整体时间长度，是整个数据选取的时间范围，有时又称数据窗口（data window）。如选择对某资产组合在未来6个月，或是1年的观察期间内，考察其每周回报率的波动性。观察期的选择要在历史数据的可能性和市场发生结构性变化的危险性之间进行权衡。为克服商业周期的影响，历史数据跨越的观察期越长越好，但是观察期越长，收购兼并等市场结构性变化的可能性越大，历史数据因而越难以反映现实和未来的情况。巴塞尔银行监管委员会目前要求的观察期间为1年。

3.VAR模型的计算方法简介

VAR有别于传统市场风险计量手段的是，它是基于统计分析基础上的风险管理技术，考虑了金融资产对来源于利率、汇率、股价、商品价格等基础性金融变量变化的风险敞口和市场逆向变化的可能性，是对市场风险的总结性评估。根据资产组合价值变化的统计分布图，可以直观找到与置信水平相对应的VAR值。

VAR的计算方法主要有方差-协方差法、历史模拟法、蒙特卡罗模拟法和应力测试。巴塞尔银行监管委员会允许商业银行在以下三种方法中选择一种作为其VAR的计算方法：

（1）方差-协方差法（VARiance-CoVARiance Method，亦称Model-building）。该方法的基础是马科维茨理论。这种方法假定市场变量百分比变化服从特定分布（通常为多元正态分布），当投资组合价值变化与市场变量百分比变化呈某种线性关系时，VAR的准确值可以很快被计算出来。

（2）历史模拟法（historical simulation method）。该方法假定历史可重复，以历史真实数据为依据预测将来。该方法首先选定影响交易组合的风险源，这些风险源可能是汇率、利率等，然后需要收集这些风险源在最近一段时间的历史数据。之后通过这些数据得出研究对象每天价值的概率变化图，最终求得研究对象变化分布对应于1%的分位数。由于该方法比较直观，不需要估计波动性和相关性，能够计算置信水平，计算出的结果说服力也较强，适合应用于大规模和复杂的资产组合，许多大银行更倾向于采用这种方法度量风险。

（3）蒙特卡洛模拟法（monte carlo simulation method，亦称 random simulation method）。该方法用研究对象的历史参数产生研究对象未来波动的可能路径。其原理和历史模拟法类似，相异处在于，所用数据不是历史观测值，而是通过模拟研究对象的随机变化来计算几千个不同场景下的收益率。

4.VAR模型的局限性

尽管VAR模型得到了广泛应用，但是针对该模型的批评和质疑也一直持续不断，该模型的缺陷和不足正在被很多研究者所重视。

（1）VAR对金融资产或投资组合的风险计算方法是依据过去的收益特征进行统计分析来预测其价格的波动性和相关性，从而估计可能的最大损失。这是自然科学方法在社会科学领域的应用，因此必须十分小心，因为单纯依据风险可能造成损失的客观概率，只关注风险的统计特征，并不是系统的风险管理的全部。概率不能反映经济主体本身对于面临的风险的意愿或态度，不能决定经济主体在面临一定量的风险时愿意承受和应该规避的风险的份额。

（2）运用数理统计方法计量分析、利用模型进行分析和预测时要有足够的历史数据，如果数据库整体上不能满足风险计量的数据要求，则很难得到正确的结论。VAR主要适用于正常市场条件下对市场风险的测量，对于非正常市场条件下的市场风险测量存在模型风险。如果市场出现极端情况，历史数据变得稀少，资产价格的相关性被切断，或是因为金融市场不够规范，在金融市场的风险来自人为因素、市场外因素的情况下，便无法测量此时的市场风险。

20世纪90年代以来，金融发展呈现出来的一些特点使VAR的应用受到严重限制：一是整个金融市场的业务联系越来越紧密，通过资产证券化被转移出去的风险又在另一个时间由于其成为其他金融机构的交易对手而转回银行的资产负债表中，交易的连带性急剧增强；二是市场出现巨幅动荡的次数非常少，持续时间相对也短；三是呈现几何数量级增长的金融产品交易时间非常之短，历史数据相当缺乏。在此情况下，如果采用有限的历史数据进行VAR模型的推导，将会明显低估连续出现的极端市场状况对于资产组合风险的影响，而在极端状况下市场的从众行为大量发生，急速加剧价格波动，金融资产之间的相关性大幅上升，反而使金融机构的风险显著扩大。

专栏9-1

市场风险管理实践：德意志银行

德意志银行将市场风险分为四类：利率风险、股价风险、汇率风险和商品价格风险。德意志银行综合运用风险敏感性、VAR、压力测试和经济资本来管理市场风险并设立风险限额。VAR方法是管理交易投资组合市场风险的主要方法，其主要使用经济资本指标加总所有市场风险，包括交易和非交易投资组合。

1.德意志银行的VAR分析

德意志银行每天计算VAR值对正常市场情况下潜在的最大损失进行预测。交易业务的VAR披露是根据内部的VAR模型计量的。德意志银行计算的VAR值同时为内部报告和监管报告使用，VAR方法的置信度为99%，符合《巴塞尔协议》标准。德意志银行的VAR模型设计时考虑了正常市场状态下的所有主要风险因素，这些因素包括利率、股价、汇率、商品价格及其波动性。VAR模型包含了投资组合中风险因素的线性及非线性影响。VAR计算所需要的统计参数是基于261个交易日的权重相同的统计数据。

德意志银行运用蒙特卡洛模拟技术，假定风险因素的变化服从正态或对数正态分布。2007年德意志银行运用方差-协方差方法对所有风险因素进行协整处理，部分投资组合的特定利率风险也包含进蒙特卡洛模拟中。为了确定总VAR值，德意志银行采用各种相关的市场风险因素的历史观察值。在加总普通市场风险和特定市场风险时，德意志银行假定这些风险的相关度为零。

2.压力测试和经济资本

为了计算出极端市场情况下VAR值未覆盖的可能损失值，德意志银行对市场风险进行了压力测试。不同金融产品的相关风险因素都包含在压力测试之中，压力测试假定历史上最坏的情形出现时市场和流动性的结构变化。通过加总压力情形下的损失来计算极端市场情形下经济资本的需求。经济资本方法考虑到流动性波动对市场特定资产价格的影响，特别是复杂的结构性金融产品。

德意志银行的压力测试情形包括：（1）工业化国家利率、股价、汇率和商品价格波动的风险，包括交易和非交易证券和投资、交易账户衍生品投资组合及众多基础风险；（2）新兴市场风险，包括股价下跌、利率上升和货币贬值风险；（3）工业化国家与新兴市场国家的债券、信用衍生品和交易贷款之间的信用利差波动风险；（4）工业化国家股票、债券的承保风险。

3.市场风险模型的局限

德意志银行的VAR分析考虑到了方法本身的局限，这些局限主要表现在：（1）使用历史数据来推测未来难以预测所有潜在极端事件，尤其是严重的自然灾害；（2）假定风险因素波动服从正态分布或对数正态分布与现实并不完全一致，容易导致对市场极端波动概率的低估；（3）VAR模型假定所有头寸在1天内可以清算或对冲，没有考虑市场流动性枯竭的风险；（4）计算VAR值是针对交易账户投资组合的收盘价进行的，对于交易日内的风险暴露并不适合。此外，德意志银行还考虑到，运用99%的置信水平计算的VAR对超过这一置信度的损失无法预测，而由于VAR无法反映风险因素对投资头寸的复杂影响，因而可能低估潜在的损失。

§9.4　商业银行的流动性风险管理

9.4.1　流动性风险与流动性管理概述

1.流动性风险含义与类型

所谓流动性风险，就是商业银行缺乏足够的流动性储备来随时应付即期负债的支付或满足贷款需求，从而有可能引发挤兑风潮或银行信誉丧失。这种可能性一旦转化为现实，商业银行的损失和在社会上的恶劣影响就难以弥补和消除，这会使银行的生存和发展受到威胁，严重时会导致银行的破产。综观银行危机的历史，不管危机的起因是什么，危机的表现形式必然是流动性不足进而陷入困境或破产。流动性风险一般表现为：不能及时满足存款人的提现要求；信贷资金严重不足，无法满足合格借款人的需要；投资业务萎缩且不能以有效的主动性负债解决资金来源；在市场条件极为不利的情况下，被迫低价出卖资产或高价购买债务。

（1）根据流动性风险的具体表现形式，流动性风险可划分为：再融资风险、偿还风险、提前支取风险。其中：再融资风险是由于资产负债的成熟期不相匹配而引起的。银行一般借入大量短期存款，然后向其贷款客户长期放贷，造成资产负债到期日的不一致。偿还风险主要是指银行信贷业务中贷款延期偿还的可能性。由于贷款客户不按照合约规定及时偿还本金和利息，银行将不得不通过流动性储备，满足其他客户存款提取或贷款的需求。提前支取风险是指大额银行存款的非预期提取与信贷额度的非预期使用。

（2）根据流动性风险发生在资产方还是负债方，流动性风险可划分为：资产流动性风险和负债流动性风险。资产流动性风险包括偿还期风险与信贷额度的非预期使用，负债流动性风险包括再融资风险与大额存款的提前支取。

（3）根据流动性风险所造成危害程度的不同，可以将其分为以下几种情况：一是银行的一切经营活动正常。信贷资金市场正常运转，银行本身并无严重问题发生。这种情况的流动性风险，是由银行本身资产和负债的经营特点所决定的，是日常经营活动面临的必然问题。二是银行本身出现危机，比如出现大量的坏账。亚洲金融危机的深刻教训之一就是巨额不良贷款成为银行陷入支付危机的重要原因。三是银行业整体出现危机。第一种情况又称为经营性流动性风险，后两种称为危机性流动性风险。对于后两种情况的流动性风险，尽管它是商业银行破产倒闭的直接原因，但它往往是由其他风险——信贷风险、利率风险、操作风险等所致，表现为一种派生风险。如果流动性风险之外的风险不累积到一定的程度，大多可以使银行在危险的境况下继续经营，甚至可能起死回生。流动性风险一旦出现，将直接导致客户挤兑，如果缺乏外援的支持，银行面临的将是破产倒闭，因此危害极大。

2.流动性风险管理的理解

流动性对商业银行来说非常重要，流动性风险管理历来被商业银行视为重中之重。商业银行的经营管理由早期的资产管理理论过渡到负债管理理论、资产负债综合管理理论三个阶段，在每个发展阶段，无不重视流动性风险管理。20世纪60年代以前的资产管理理论强调流动性为先的管理理念，主张以资产的流动性维持银行的流动性。20世纪60年代和70年代前半期的负债管理理论强调银行可以通过主动负债即通过从市场上借入资金来满足银行流动性需求。20世纪70年代中期产生的资产负债综合管理理论在继承资产管理理论和负债管理理论优点的基础上，重新科学地认识了流动性的地位，指出流动性既是安全性的重要保证，又是实现盈利性的有效途径，是“三性”统一的桥梁。

3.商业银行进行流动性管理的原则

从商业银行经营的安全性出发，流动性应当是越高越好，然而实际上，过高的流动性又会影响银行的盈利水平，也是银行流动性管理必须面对的问题。由于银行解决流动性问题时会产生一定成本，例如，吸收资金的利息，为获取流动性资金所花费的时间及其他费用，为获得盈利性售出盈利性资产时必须放弃未来盈利的机会成本。所以，银行流动性管理的原则是适度，即在银行流动性管理中，一方面要考虑各种成本，另一方面要考虑流动性需求的迫切性，主要反映在以下几个方面：(1）在一定时点上，银行的流动性需求很少等于流动性供给，因此，银行必须不断地处理流动性赤字和流动性盈余的问题。(2）银行用于满足流动性需求占用的准备资源越多，预期的盈利能力就越小。因此，为了实现这一要求，银行可以在资产和负债两个方面进行操作。要寻找到在银行经营中流动性和盈利性之间的平衡点。(3）银行的流动性管理是银行经营中的永恒主题。流动性管理的决策过程不能脱离银行其他的服务。

9.4.2　商业银行流动性风险管理的指标与方法

1.银行流动性风险管理的监测指标

商业银行可以根据资产负债表的有关数据，运用流动性风险管理的监测指标，来衡量和预警商业银行流动性状况，见表9-3。

表9-3　**商业银行流动性风险管理的监测指标**

资产流动性指标	负债流动性指标	市场信号指标
现金状况指标（+） 流动性证券指标（+） 净联邦头寸比率（+） 能力比率（-） 担保证券比率（-）	游资比率（+） 短期投资对敏感性负债比率（+） 经纪人存款比率（-） 核心存款比率（+） 存款结构比率（-）	公众的信心、股票价格 商业银行发行债务工具的风险溢价、资信评级 资产售出时的损失 履行对客户的承诺 向中央银行借款的情况

注：表内（+）代表与流动性正相关；表内（-）代表与流动性负相关。

2.流动性风险管理的主要方法

不同的流动性需求来源和供给来源，共同决定了每家银行在任何一个时刻的净流动头寸。进行流动性风险管理首先需要了解商业银行流动性需求来源和供给来源（表9-4）有哪些，在此基础上分别从资产和负债两个角度入手。

表9-4　**银行的流动性需求和供给**

流动性资金供给来源	流动性资金需求来源
客户存款	客户提取存款
非存款服务收入	贷款客户的信贷要求
客户偿还贷款	偿还存款以外的借款
出售银行资产	提供服务时产生的各种费用
从货币市场上借款	向股东发放现金红利

资料来源：罗斯．商业银行管理［M］．刘园，等．译．北京：机械工业出版社，2012.

（1）资产流动性管理的主要方法

资产流动性管理的实质是通过持有流动性资产，如现金和可销售证券来储存流动性。当需要流动性时，选择性出售流动性资产，收回现金，满足银行的现金需求。由于是通过把非现金资产转换成现金而筹集流动性资金，所以这种管理被称作资产转换战略。

从实际操作看，保持适度流动性的方法主要是保持分层次的准备资产。准备资产是指银行所持有的现金资产和短期有价证券，其中现金资产是银行全部资产中货币性最强的部分，具有十足的流动性，因此，可将其作为应付流动性需要的第一准备或一级准备。短期有价证券与现金资产相比，有一定的利息收入，但其流动性不如现金资产。与其他银行资产相比，其流动性比较高，变现速度快，而且在变现中的损失也较小。如果银行所持有的现金资产不足以应付流动性需要，银行就可以迅速地出售这部分资产，用取得的现金来满足流动性需要。因此，短期证券就成为应付流动需求的第二准备或二级准备。一级准备加上二级准备就是银行总准备。银行总准备减去法定准备金，就是银行的超额准备金。

不过需要注意，在一级准备中，在中央银行的存款的相当大部分是用于满足法定准备金要求的。法定准备金是不能用来向外支付的，所以，不能提供流动性。实际能够提供流动性的主要是超额准备金。正因为如此，超额准备金的多少，反映了银行资产流动性的强弱。

商业银行除了建立分层次的准备金之外，还通过资产结构的恰当安排来解决流动性问题。商业银行根据经济情况的变化、客户资金运动的规律，来预测一定时期的流动性需要，合理安排资产的期限结构，使放款和投资的各种不同到期日，与不同时期的流动性需要相适应，既保证银行经营所需的流动性需要，又能获得最大利润。当然，这种资产结构安排，受客户的资金需要制约很大（特别是放款），只能作为解决流动性问题的一个选择加以利用。

（2）负债流动性管理的主要方法

负债管理的实质是通过流动性购买，如货币市场借款来借入流动性。采用负债管理的银行只有在确实需要资金时，才去选择借款。所以，商业银行保持其负债流动性的主要策略是增加主动型负债。这与以资产形式储存流动性是不同的。

从负债方面看，银行可以用来安排满足现金支付需要的途径是，向中央银行借款、向中央银行再贴现、发行大面额可转换存单、同业拆借、利用回购协议等。这些资金来源的成本相对比较低，一般都低于银行贷款和投资的收益，不会造成银行为增加流动性而减少贷款和投资，也就是说不会改变原有的资产结构。这种管理技巧常常被银行广泛使用。

需要特别指出的是：流动性风险因其综合性和易与其他风险结合的特点，流动性风险的管理既需要有针对性的管理，又要注意与其他风险管理的融合与伴随。比如，商业银行应审慎评估市场风险、信用风险、操作风险等对资产负债业务流动性的影响，密切关注不同风险间的转化和传递。一般而言，流动性风险管理往往与资产负债管理相融合，在银行确定资产负债结构时主要考虑的内容之一就是流动性风险管理，比如，如何加强资产的流动性和融资来源的稳定性。因此，资产负债管理的诸多技术与方法都可应用在流动性管理上，比如敏感性分析、缺口管理等，这些内容可参考第8章的介绍。

（3）压力测试

商业银行流动性管理应通过压力测试分析银行承受压力的能力，考虑并预防未来可能的流动性危机，以提高在流动性压力情况下履行其支付义务的能力。商业银行应针对影响单个银行或整个银行业的各种情景每年至少进行一次常规压力测试。在必要时应针对未来可能发生的压力情景进行临时性、专门性压力测试，并根据压力测试结果对流动性管理策略、政策和限额进行调整，建立有效的应急预案。

压力测试一般要采取如下步骤：一是考察特定时期内发生的最大损失额，将其与银行内部风险评估系统所估计的损失进行比较；二是模拟极端的压力情境，比如用过去所发生的重大波动来对当前的投资组合进行测试；三是将银行当前的头寸与极端状况进行比较，判断银行现实承担压力的能力；四是设计未来发展中对银行最不利的环境以测试用户可能存在的脆弱性。

商业银行可以针对单个机构和整个市场设定不同的压力情景。具体压力情景设立可结合银行本身业务特点、复杂程度，针对流动性风险集中的产品、客户和市场设定情景实施压力测试。针对单个机构压力情景的假设条件主要包括：流动性资产价值的侵蚀；零售存款的大量流失；批发性融资来源的可获得性下降；融资期限的缩短；交易对手要求追加保证金或担保；与新开发的复杂产品和交易相关的流动性损耗；信用评级下调；母行出现流动性危机的影响。针对整个市场压力情景的假设条件包括但不限于：市场流动性的突然下降；对外汇可兑换性以及进入外汇市场的限制的变化；对中央银行融资工具的渠道的变化；银行支付结算系统的突然崩溃。

商业银行压力测试应基于专业判断，并在可能情况下，对以往影响银行或市场的类似流动性危机情景进行回溯分析。注意全面考虑影响流动性风险的各种因素，大体包括以下内容：假设情景对银行自身以及对所在集团的影响；政治风险、国家风险和汇兑等限制；资产变现时间及折让程度。商业银行应确保不同压力测试情况下在最短生存时间内现金净流量为正值。如果压力测试结果为负值，商业银行应立即采取有效措施提高银行流动性水平。

需要指出的是，压力测试不仅仅针对流动性风险，它还可以运用在银行面对的市场风险以及整体风险管理的系统性能力测试上。压力测试虽然针对的是极端情况，却是对计量模型定量分析的有益补充。

§9.5 商业银行的操作风险管理

9.5.1 商业银行操作风险概述

操作风险的界定主要涵盖广义和狭义两个角度。广义的操作风险是指所有不能被归类为市场风险或信用风险的风险；狭义的操作风险是指只与金融机构运营相关的风险。广义的定义曾被一些银行采用，但由于所包含的范围太广，给银行在实践中对操作风险的识别和度量带来了许多困难，后来逐渐被狭义的定义所替代。具体界定狭义角度的操作风险，现实中存在一些具有多数共识的观点，比如，英国银行家协会的定义是：操作风险与人为失误、不完备的程序和控制、欺诈、犯罪活动相联系，它是由技术缺陷和系统崩溃引起的。又如，在新《巴塞尔协议》中，巴塞尔银行监管委员会将操作风险定义为由不完善或有问题的内部程序、人员及系统或外部事件所造成损失的风险，并指出此定义包括法律风险，但不包括策略风险和声誉风险。

1.商业银行操作风险的特征

与信用风险、市场风险相比，操作风险具有以下几个显著特征：

（1）内生性。除自然灾害以及外部冲击等一些不可预测的外部事件外，大部分操作风险是一种内生性风险，而信用风险和市场风险主要是外生性风险。

（2）广泛性。操作风险具有普遍性，其发生的可能性遍布银行的所有业务环节，涵盖所有的部门，既包括那些发生频率高、造成损失相对较小的日常业务流程处理上的小错误，也包括那些发生频率低但造成的损失相对大的自然灾害、严重欺诈等。

（3）高不确定性、难测量性。与市场风险和信用风险的量化技术相比，操作风险的量化技术进展比较缓慢，连国际先进银行对操作风险的管理也仍主要集中在定性管理上。这是由于通常可以监测和识别的操作风险因素，与由此可能导致的损失规模、频率之间不存在直接联系，因而银行的风险管理部门难以确定哪些因素对于操作风险管理来说是最重要的。

（4）不对称性。对于信用风险和市场风险而言，风险与报酬往往存在一一对应的关系，是一种投资风险或带有投机性的风险。相反，操作风险是一种纯粹的风险，承担这种风险往往不能带来任何收入。

（5）“肥尾”性。市场风险和信用风险的损失分布基本呈现正态分布，而操作风险的损失分布则呈现出明显的“肥尾”特征，即某些操作风险发生的概率很小，但是一旦发生便会给商业银行带来巨大的损失。操作风险损失分布如图9-4所示。

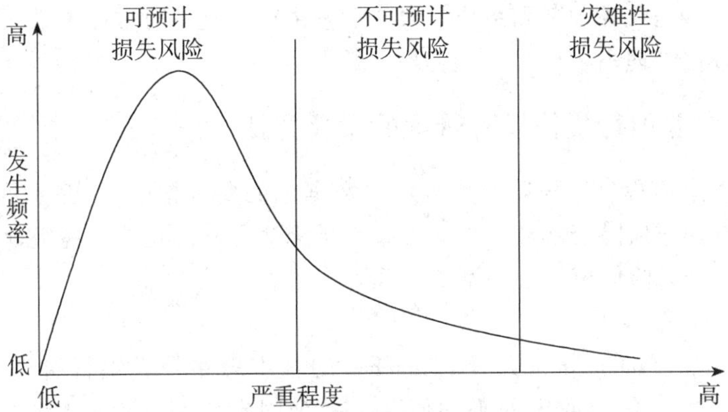

图9-4　操作风险损失分布

2.商业银行操作风险的类型

实现对操作风险的合理分类，是操作风险管理上的一大进展。在明确操作风险分类的前提下，对操作风险损失原因进行分析，将操作风险诱因和相应的银行经营管理活动联系起来，为操作风险的控制和管理提供支持。依据不同的角度，操作风险可以分为不同的类型。

（1）从广义的角度看，操作风险可分为操作性杠杆风险和操作性失误风险。前者是指外部因素、外部冲击引发的操作风险，包括政治和经济政策方面的变动、监管和法律环境的调整、竞争者的行为和特性的变化。后者是指由于银行内部因素引起的风险，内部因素主要包括处理流程、信息系统、人事等方面的失误。

（2）从操作风险的发生频率以及导致的损失程度，可分为以下几种类型：

①高频率-高损失类型。理论上此类型的风险有存在的可能，但实际中发生的概率很小，因为商业银行作为“理性的经济人”，往往会通过内部的风险控制机制将此类风险转化为其他几种类型。

②低频率-高损失类型。此类风险导致的损失巨大，银行当期的营业利润往往不能完全弥补这些损失。在极端情况下，甚至引起银行的破产倒闭。

③低频率-低损失类型。此类风险造成的损失和发生的频率都很小，因此管理上可以忽略不计。

④高频率-低损失类型。此类风险是由于银行在日常营运中经常发生失误（错误）而造成损失的风险。

（3）从操作风险发生的原因来看，操作风险具体分为七大类：一是内部欺诈，即机构内部人员参与的故意欺骗、盗用财产或违反规则、法律、公司政策的行为；二是外部欺诈，即第三方的故意欺骗、盗用财产、违反法律的行为；三是雇员活动和工作场所安全问题，包括由个人伤害、赔偿金支付或差别及歧视事件引起的违反与雇员健康或安全相关的法律或协议的行为；四是客户、产品和业务活动问题，即无意识或由于疏忽未能履行对特定客户的专业服务，或者由于产品的性质或设计产生类似结果；五是对固定资产的破坏，即由于自然灾害或其他事件造成的实物资产损失或损坏；六是业务中断和系统错误；七是由于与交易对方的关系而产生的交易过程错误或过程管理不善。

9.5.2 商业银行操作风险管理的量化方法

按照模型繁简程度、风险敏感度和对数据量的要求精度，《巴塞尔协议II》提供了三种计算操作风险资本金的方法：基本指标法、标准化法、高级计量法。三种方法在复杂性和风险敏感度方面渐次加强。

1.基本指标法

基本指标法（basic indicator approach）的基本思路是，银行所需要的操作风险资本应等于前三年总收入的平均值乘上一个固定比例（用α表示），计算公式如下：

$$K_{BLA} = GI \times \alpha$$

其中：K_{BLA} 为该方法下的操作风险资本要求；GI 为前三年银行总收入的平均值；α 由巴塞尔银行监管委员会设定，一般为15%。

基本指标法对于总收入的定义是：净利息收入加上非利息收入，包括所有的计提准备，但是不包括银行账户上出售证券实现的利润与损失，此外也不包括特殊项目以及保险收入。

基本指标法的优势是易于操作，几乎所有的银行都可以采用这种方法计算操作风险资本金，但是用这种方法计算出的风险资本金一般较高，而且各银行使用统一的α，这样具有不同风险特征和风险管理状况的银行每单位的总收入被要求配置相同的资本，无法实现监管与激励的相容。因此，巴塞尔银行监管委员会建议基本指标法的适用范围是小型的、业务范围限于某一国家或地区的商业银行，对于业务复杂、规模庞大的国际活跃银行，巴塞尔银行监管委员会建议选用高级计量法。

2.标准法

在标准法（standardized approach）下，银行业务活动被划分为8个标准的业务类型。每个业务类型的风险资本金要求就是该类别的风险暴露指标与其适用的系数 β 的乘积。将所有业务类操作风险资本金要求进行加总，即为整个银行的操作风险资本要求，其计算公式如下：

$$K_{SA} = \sum_{i=1}^{8} GI_i \times \beta_i$$

其中：K_{SA} 为标准法计算的资本要求；GI_i 为第个业务部门的风险暴露指标；β_i 为巴塞尔银行监管委员会设定的系数，反映的是第 i 个业务部门的总收入与资本要求之间的关系，各业务部门的值见表9-5。

表9-5　　《巴塞尔协议Ⅱ》建议采用的业务种类及指标

业务单元	业务类别	指标	系数 β（%）
投资银行业务	公司金融	总收入	18
	交易和销售	总收入	18
	零售银行业务	年平均资产	12
银行业务	商业银行业务	年平均资产	15
	支付与结算业务	年结算流量	18
	代理和保管业务	保管资产总值	15
其他	资产管理	管理金总额	12
	零售经纪	总收入	12

与基本指标法相比，标准法对业务类别进行了区分，反映了不同业务类别风险特征的差异。但是，即使是同一业务类别，不同事故类型的风险分布也是不同的，使用同样的 β 值与事实不符。此外，与基本指标法一样，该方法下的监管资本计算也无法反映各个银行自身的操作风险特征，在使用上有一定的局限性。

3.高级计量法

高级计量法（advanced measurement approach）是指银行用定量和定性标准，通过内部操作风险计量系统计算操作风险资本的方法。采用此方法的银行风险管理水平和技术较高，因此要求较低的操作风险资本。但是由于该方法建立在操作损失事件的基础上，因而损失数据库的建立至关重要。高级计量法比较灵活，有许多计量模型，主要包括内部度量法（internal measurement approach，IMA）、损失分布法（loss distribution approach，LDa）、极值理论法（extreme value theory approach，EVT approach）和平衡记分卡法（scorecard approach，SCA）。

商业银行的风险管理是其经营管理的核心内容，贯穿银行运营的方方面面。这里最后给出一个商业银行风险分析报告的纲要建议，试图对本章分析进行一个简要的概括。

专栏9-2

商业银行风险分析报告纲要（基本模式）

一、管理层总结和建议

二、机构发展和规制概览

三、银行风险管理文化概览

（一）历史背景和一般信息

（二）集团和组织结构

（三）会计系统、管理信息和内部控制

（四）信息技术

（五）风险管理文化和决策制定过程

四、公司治理

（一）股东/所有权

（二）董事会/监事会

（三）管理层

（四）内部审计委员会

（五）外部审计员

五、资产负债表结构和既有变化

六、利润表结构和既有变化

七、资本充足率

八、各类风险管理（一）信用风险管理

信用风险管理的政策、系统以及程序

—借款者一览

—贷款到期期限

—信贷产品

—贷款的行业分析

—对个人和关联方的大额风险暴露

—贷款分类及准备金

—关联贷款

（二）市场风险管理

（三）流动性风险管理

（四）操作风险管理

注：每一类风险都需要划分细项的管理并明确几个问题，即：发生了什么？为何会发生？趋势或所见事实的影响是什么？反应怎样？如何处理？

最后：结论与建议。

★ 本章小结

1．商业银行风险是指商业银行业务经营过程中由于各种因素导致的对未来结果的不确定性。其主要特征包括客观性、隐蔽性、扩散性、可控性。按风险产生的主要原因和特点可以划分为信用风险、市场风险、操作风险、流动性风险、国家风险、声誉风险、法律风险、战略风险。

2．商业银行的风险管理大体涵盖风险识别、风险计算、风险监测、风险控制四个方面，此外还包括风险管理机构的组织设计、职能定位以及相关技术方法的创新与应用。商业银行风险管理的目标不是消除风险，而是通过主动的风险管理过程实现风险与收益的平衡。一个完整、全面的风险管理框架包括四个组成部分：风险战略、管理流程、基础设施和环境。

3．信用风险是指借款人发生违约，不能按期还本付息而给贷款人造成的损失。信用风险的特征是数据往往较为缺乏、信息不对称现象较为严重，通常不服从正态分布和不具有系统性。基于单笔头寸暴露的信用风险控制一般通过贷款“三查”、贷款担保和贷款定价来实现。对于商业银行资产组合的信用风险控制多采取分散化手段或利用资产证券化和信用衍生产品等来避免、转移或消化。

4.市场风险是指由于利率、汇率、股价、商品价格、信贷利差等波动所引起的金融损失的可能性。与其他风险比较，市场风险最主要的特点是具有系统性、较易计量。商业银行的市场风险管理主要是敏感性分析，包括缺口分析、久期分析和资产组合理论。这些分析和计量技术各有其侧重方向，与VAR方法比较，风险管理数据的整合性和量化水平相对较弱。对于商业银行来说，VAR的目标是在概率给定情况下，银行投资组合价值在下一阶段最多可能损失多少。建立VAR模型，必须首先确定以下三个系数：一是持有期间的长短；二是置信区间的大小；三是观察期间。

5.流动性风险是商业银行缺乏足够的流动性储备来随时应付即期负债的支付或满足贷款需求，从而引发挤兑风潮或银行信誉丧失的可能性。流动性风险因其综合性和易与其他风险结合的特点，管理既需要有针对性，又要注意与其他风险管理的融合与伴随。商业银行进行全面的流动性风险管理的两种重要的手段：一是现金流量管理；二是有效的压力测试。

6.操作风险是由不完善或有问题的内部程序、人员及系统或外部事件所造成损失的风险。操作风险具有内生性、广泛性、高不确定性、难测量性、对称性和“肥尾”性等特征。《巴塞尔协议Ⅱ》提供了三种计算操作风险资本金的方法：基本指标法、标准化法、高级计量法。三种方法在复杂性和风险敏感度方面渐次加强。

★ 综合训练

9.1　单项选择题

1.久期是（　　）所计算的未来现金流量的平均到期期限，用以衡量包括债券和其他固定受益证券在内的金融工具的有效到期期限。

A.以未来收益的现值为权重　　B.以现在收益的终值为权重

C.以未来收益的现值为均值　　D.以现在收益的终值为均值

2.根据流动性风险发生在资产方还是负债方，流动性风险可划分为资产流动性风险和（　　）。

A.再融资风险　　B.偿还风险

C.负债流动性风险　　D.提前支取风险

3.按风险产生的主要原因和特点来划分风险主要有八类，以下不属于这八类风险的是（　　）。

A.信用风险、市场风险　　B.流动性风险、操作风险

C.国家风险、声誉风险　　D.系统性风险和非系统性风险

4.以下不属于信用风险特征的是（　　）。

A．信用风险相互交易的双方信息严重不对称

B．信用风险管理所需数据相对缺乏

C．信用风险的非系统性

D．信用风险服从正态分布

5．根据发生频率以及导致的损失程度，操作风险可分为四种类型，以下不属于这种分类的是（　　）。

A．高频率-高损失类型　　B．低频率-高收益类型

C．低频率-低损失类型　　D．高频率-低损失类型

9.2　多项选择题

1．依据风险的定义，商业银行风险是指商业银行业务经营过程中由于各种因素导致的对未来结果的不确定性。其主要特征包括（　　）。

A．客观性　　B．隐蔽性　　C．扩散性

D．可控性　　E．可测性

2．一个完整有效的风险流程应包括（　　）。

A．风险识别　　B．风险计算　　C．风险监测

D．风险控制　　E．风险报告

3．商业银行操作风险计量的原则包括（　　）。

A．客观性　　B．一致性　　C．操作性

D．透明性　　E．整体性

4．建立VAR模型，必须首先确定的三个系数是（　　）。

A．观测主体的大小　　B．持有期间的长短　　C．置信区间的大小

D．观察期间　　E．检验条件

5．商业银行操作风险的特征包括（　　）。

A．内生性　　B．广泛性　　C．高不确定性、难测量性

D．不对称性　　E．“肥尾”性

9.3　思考题

1．简述VAR方法之前的传统风险衡量工具。

2．如何理解风险？

3．阐述信用风险的来源和管理方法。

4．简述久期的相关理论。

5．简述银行操作风险的相关理论。

★ 本章参考文献

[1] 德瑞克．金融服务运营风险管理手册［M］．查萍，译．北京：中信出版社，2004.

[2] 希勒．金融新秩序：管理21世纪的风险［M］．郭艳，胡波，译．北京：中国人民大学出版社，2004.

[3] 多德. 竞争与金融 [M]. 丁新娅，等，译. 北京：中国人民大学出版社，2004.

[4] 迪万纳. 金融服务大变革：重塑价值体系 [M]. 覃东海，郑英，译. 北京：中国金融出版社，2005.

[5] 莫利纽克斯，沙姆洛克. 金融创新 [M]. 冯健，等，译. 北京：中国人民大学出版社，2003.

[6] 顾京圃. 中国商业银行操作风险管理 [M]. 北京：中国金融出版社，2006.

[7] 亚历山大. 商业银行操作风险 [M]. 陈林龙，等，译. 北京：中国金融出版社，2005.

[8]《巴塞尔协议Ⅲ》英文版. 巴塞尔委员会2010年12月发布.

第10章

商业银行的内部控制

★ 导读

随着经济、金融的深化，商业银行经营环境的不确定性进一步增强，所面临的风险呈现出多样化、复杂化的特点。同时，商业银行所面临的金融监管也不断加强，要求比以前更加严格。所有这些，都促使商业银行必须不断提升内部控制力，以保证整个运行机体能够按照商业银行经营管理的原则，始终保持正确的运行方向和运行轨道，以获得最佳的运行效率和运行质量，从而实现经营管理目标。因此，建立和完善内部控制制度和体系是商业银行顺利开展各项经营管理活动的保障。那么，商业银行的内部控制究竟是如何建立起来的？其框架是怎样构成的？具体涵盖哪些内容？内部控制与风险管理之间是何种关系？本章将在商业银行内部控制演进发展的基础上，归纳总结商业银行内部控制的主要构成与基本框架，并且结合国际金融危机中大型商业银行内部控制的经验教训，指出建立以风险管理为导向的内部控制体系的重要性。

★ 关键概念

商业银行内部控制　内部控制结构

现代商业银行经营管理理论和实践表明，商业银行的一切管理工作，都是从建立和健全内部控制开始的，银行的一切经营活动，都无法游离于内部控制之外。因此，内部控制在现代商业银行管理中居于战略地位。尤其是商业银行特殊的经营对象——货币资金和特殊的经营方式——信用中介，二者决定了商业银行经营活动“高负债”、“高风险”的基本特征及其在国民经济体系中的特殊地位。建立不断完善的内部控制，既是商业银行在追求自身经济利益过程中安全稳健运行的可靠保证，更关系到保障存款人利益，保障市场体系正常有序地运行和国民经济持续协调发展。如何建立规范、系统、可靠的商业银行内部控制体系，有效地预防商业银行面临的巨大风险，已经成为银行家和金融理论家的一个重大课题。

§10.1　商业银行内部控制概述

商业银行内部控制是银行内部管理的范畴，是一种自律行为，是指商业银行为了完成既定的工作目标，防范和管理风险，对各职能部门及其工作人员从事的业务活动及后台服务活动进行风险控制、制度管理和相互制约的制度、方法、措施和流程建设的总称。

10.1.1　商业银行内部控制的演进与发展

商业银行内部控制是在借鉴企业内部控制理论和实践的基础上，结合商业银行区别于一般企业的特性，加以整合与改造之后形成的，并伴随宏观经济形势、金融环境、市场情况的变化而不断地调整与完善的。根据对商业银行内部控制发展阶段的不同，可将其分为以下五个阶段：

1.内部牵制阶段

内部控制思想的萌芽早在5 000多年前就出现了。苏美尔文化的史料记载中，会计账簿数字边的标记、古埃及谷物入仓时的职务分离、我国周朝留下的记录——“一毫财赋之出入，数人之耳目通焉”等，均反映了内部控制的基本原理，此时主要是提出了一些内部牵制的思想。在商业银行业务逐步开展起来之后，一些贯彻内部牵制的方法也被用于商业银行内部控制之中，而此时这些原则和方法是作为商业银行经营管理的基本工作原则而确定下来的，并没有明确为商业银行内部控制的内容，可以说，这一阶段为商业银行内部控制理论的产生和发展奠定了基础，是商业银行内部控制的启蒙阶段。在此阶段，商业银行内部控制的着眼点在于建立明确的职责分工体系，制定相应的业务流程，并且要建立对业务记录的交叉检查或交叉控制，其最主要的目的在于查错防弊。此阶段商业银行内部控制采用的主要方法是实物制衡、程序制衡、体制制衡和簿记制衡等。实物制衡是指重要物品的使用要有两人共同负责，例如，将保险柜的钥匙由两人共同掌管，就是最集中的体现。程序制衡是指通过对工作程序的设计，使得一项重要业务不通过几个人交接，工作流程就无法正常进行下去。体制制衡是指在工作体制上，重要的业务实现双人双岗控制，例如会计与出纳的分离就是体制制衡的表现。簿记制衡是指对重要业务要建立基本工作单长期保存备查的制度，同时，在会计核算时也采用可以相互核对的复式记账的方式。这些基本的制衡方法到现在仍然被使用。商业银行内部牵制制度是基于两个基本设想：一是两个或两个以上的人或部门无意识地犯同样错误的机会是很小的；二是两个或两个以上的人或部门有意识地合伙舞弊的可能性大大低于单独一个人或部门舞弊的可能性。内部牵制是内部控制的原始形态，其确实能有效地减少错误和舞弊行为。

2. 内部会计控制与管理控制阶段

1929—1933年美国股市大崩溃之后，为了有效控制股票市场存在的内幕交易、欺诈和操纵行为，美国出台了《证券法》和《证券交易法》，后者第一次提出了企业内部会计控制的概念。而在1949年AICPA第一次正式提出内部控制的定义之后，会计在企业内部控制中的地位和作用成为企业内部管理研究的重点内容，但它也突破了权力制衡阶段其作为财务会计部门工作一部分的局限，使内部控制扩大到企业和银行内部各个领域。此后，内部控制的内容也发生了变化，从内部牵制时期的账户核对和职务分离逐步演变为由组织机构、岗位职责、人员条件、业务处理程序、检查标准和内部审计等要素构成的较为严密的内部控制系统。但是，仅从会计角度认识内部控制存在明显局限性，因此，1958年10月，AICPA发布的审计程序公告第29号《独立审计人员评价内部控制的范围》重新对内部控制进行了定义，将内部控制划分为会计控制和管理控制两个要素。内部会计控制的方法和程序与财产安全和财物记录可靠性有直接的联系；而内部管理控制主要与经营效率和贯彻管理方针有关，通常只与财务记录有间接关系。这种划分只是从会计角度进行的简单分类，并没有阐明其对内部控制的影响以及要素之间的相互影响和制约关系。1972年，AICPA发布的《审计准则公告》（第1号）给管理控制重新定义如下："管理控制包括但不限于确保交易由管理当局授权的组织结构、程序及有关记录。这种授权是与实现组织目标这个责任相联系的管理功能，并且是建立交易的会计控制的起点。"此时将管理控制与会计控制并列起来作为商业银行内部控制的重要方面看待。

在这一阶段，商业银行内部控制的基本内容和方法都已经得以建立，商业银行已经初步建立起来了以内部牵制为主要方式的会计控制和管理控制两大子系统。其中，会计控制主要包括授权和批准制度，从事财务记录和簿记与从事经营或财产保管职务分离，财产的实物控制等；管理控制包括统计分析、业绩报告、雇员培训计划和质量控制等。

3. 内部控制结构阶段

20世纪80年代以后，一些专家将系统论方法引入内部控制的理论研究中，从而产生了内部控制结构的概念。1988年5月，AICPA发布了第55号审计准则公告——《财务报表审计中内部控制结构的考虑》。第55号审计准则公告以"内部控制结构"的概念取代了"内部控制制度"，该公告认为"经营组织内部控制结构包括为提供取得组织特定目标的合理保证而建立的各种政策和程序”，并指出组织内部控制结构包括三个组成要素：一是控制环境，即对建立、加强或削弱特定政策和程序效率发生影响的各种因素；二是会计系统，即汇总、分析、分类、记录、报告公司交易，并保持对相关资产与负债的受托责任而建立的方法和记录；三是控制程序，即为合理保证公司目标的实现而建立的政策和程序。

内部控制结构的出现，使得组织内部控制的研究重点逐步从内部控制的一般含义向具体内容、从内部控制的理论研究向实际运用方向发展，使内部控制的内容更实在、条理更清楚、实践性大为增强，人们对内部控制的认识也更加深化了。此时内部控制研究从“制度二分法”步入“结构分析法”阶段，其带来了内部控制理论研究和实践的重大变革，成为内部控制发展史上的重要阶段。使得内部控制研究由点、线、面发展成为三维立体结构，真正建立了一种科学研究体系，因此，虽然内部控制结构研究很快就被内部控制整体框架研究所取代，存在时间不长，但是，内部控制结构理论作为联结内部控制制度理论与内部控制整体框架理论之间的关键环节，仍然应该划分为组织内部控制研究的重要阶段。

4.内部控制整体框架阶段

1992年9月，COSO委员会发布了指导内部控制实践的纲领性文件COSO研究报告：《内部控制——整体框架》，并于1994年作了修改。该报告重新定义了组织内部控制的相关问题，开启了内部控制研究和实践的新局面，使内部控制研究进入整体框架阶段。COSO报告中从组织内部控制整体框架角度提出了内部控制的最新定义，明确了内部控制的各个组成部分，阐明了组织内部控制的目标和董事会、高级管理层及员工在内部控制中的角色和责任，提出了内部控制整体框架的五大构成要素，为组织内部控制整体框架的搭建提供了详尽的指导。

内部控制整体框架理论有助于改变以前在内部控制研究方面杂散、机械的现象。COSO报告指出的内部控制五大要素，紧密融入到经营组织的管理过程中，并形成一个有机联系的整体，从而使得内部控制不再仅仅被看作是内部管理的一项制度或一条条机械的规定，也不再是一个孤立的过程，而是随着企业经营活动的永续性而不断发现问题、解决问题的循环往复、不断发展的动态过程。

同时，内部控制整体框架研究强调内部控制是一个组织所有人员都需要积极参与的活动，第一次明确地阐述了内部控制体系构建与实施的责任问题，指出不仅仅是董事会、管理人员和内部审计人员与内部控制有关，组织中的每一个人都在内部控制中担当一定的角色，都对内部控制负有一定的责任，从而有利于将组织的所有员工团结起来，主动参与到维护及改善企业的内部控制活动之中，而不是与管理层处于相互对立的位置，被动地执行内部控制。

5.以风险管理为导向的强制性内部控制阶段

商业银行的内部控制在很长时间都是作为银行内部自律行为出现的，其建立与发展的动力来自通过改善内部控制提高经营管理水平，吸引更多的投资者。但在内部控制整体框架理论出现后，以巴塞尔银行监管委员会为首的国际银行监管机构接受了COSO报告的主要观点，并结合商业银行的经营特点，将全面风险管理概念引入商业银行内部控制，要求商业银行在建立内部控制体系时要采取定量与定性相结合的手段及时衡量、评估和控制其所面临的信用分析、市场风险、流动性风险以及操作风险等，同时，银行监管部门还以部门规章的形式要求商业银行的内部控制必须按照一定的要求和标准建设，为了督促商业银行遵循其监管要求，还建立了商业银行内部控制体系的评估机制，监管机构的这些努力，使商业银行内部控制发展到以风险管理为导向的强制性内部控制阶段。

银行监管部门还将对银行内部控制中出现问题的监督和纠正工作也作为商业银行内部控制的重要内容，增强了商业银行内部控制的实践性和可持续性，对于商业银行防范风险、提高管理水平、实现经营目标具有很强的指导意义。以风险管理为导向的强制性内部控制，是商业银行内部控制研究和实践的新的发展阶段。

10.1.2 商业银行内部控制的主要特点与作用

商业银行内部控制的演进与发展过程不断明晰了商业银行内部控制的主要特点，也反映出其在商业银行经营管理中的重要作用。

1.现代商业银行内部控制的主要特点

（1）动态性。商业银行内部控制理论强调内部控制活动是一个“动态过程”，是对商业银行各项活动进行管理、监督与控制的过程。由于商业银行经营活动是持续进行的，内部控制过程也因此是一个在商业银行经营管理过程中不断发现问题、解决问题的动态的过程。

（2）全员参与性。商业银行内部控制的基本要求是需要“全员参与”。商业银行内部控制非常强调“人”的重要性，它的有效性要受到银行董事会、管理阶层及其他所有员工的影响，因此，“人”的因素在商业银行内部控制中至关重要，只有“人”才可能制定出商业银行经营的目标，并设置内部控制的各种机制，同时，商业银行所有人员对内部控制的认识是否到位，也直接影响到商业银行内部控制的执行效果。反过来，商业银行内部控制也影响着银行内部所有人员的行动。

（3）关注风险。商业银行内部控制非常注意风险意识。现代社会是一个充满激烈竞争的社会，每一个企业都面临着成功的挑战和失败的风险，对风险的管理是现代企业的主旋律之一。作为直接经营资金的特殊企业，其收益是与所承担的风险直接相关的，因此风险控制能力的高低已经成为决定商业银行生死存亡的关键因素。事实上，商业银行内部控制也是在研究商业银行风险的过程中提出的，风险评估与管理是商业银行内部控制所关注的核心内容。

（4）独立性。独立性是要求将商业银行内部控制看作一个独立的体系，使其运作过程中独立于所控制的各项业务操作系统和管理活动。同时，商业银行各项业务的直接操作人员和控制人员应相对独立、适当分离，而且对商业银行内部控制制度进行检查和评价的部门也必须独立于内部控制制度的制定和执行部门，同时，这些部门还要有直接向董事会、监事会和高级管理层报告的渠道。

（5）强制性。商业银行内部控制已经成为银行监管机构的强制性要求。商业银行内部控制与其他类型企业内部控制最大的不同，就是银行监管机构对商业银行内部控制提出了明确的强制性要求。在巴塞尔银行监管委员会发布《银行组织内部控制系统架构》之后，世界各国的银行监管机构都非常重视银行的内部控制问题，并结合自己的实际情况，对商业银行内部控制的实践和体系的构建加以各种方式的指导，同时，还逐步建立了商业银行内部控制评估机制，定期对商业银行内部控制体系的情况进行评估检查。这增强了商业银行对于构建内部控制体系的重视程度，加快了各商业银行在内部控制体系建设方面支持的力度。

2.商业银行内部控制的作用

（1）有利于增强对各项业务风险的整体控制。在构建商业银行内部控制体系时，可以在对传统体系进行分析的基础上，对已有的工作流程进行整合与细化，强化监督与制约机制，防止出现某些部门独立控制商业银行某项或几项业务，从而降低商业银行业务风险和操作风险。

（2）有利于提高商业银行管理运作的规范性，提高工作效率。商业银行内部控制的重要方面是构建科学合理的业务流程和工作流程，明确岗位职责，减少岗位重复设置或者是岗位设置缺失等不合理现象，实现岗位责任制，同时以岗位设置为基础对相应人员进行考核，从而提高工作人员的积极性，减少相互扯皮与推诿现象，提高工作效率。

（3）有利于商业银行信息系统的建设与完善。商业银行内部控制的基础性条件就是要建设和完善一个全面、完整、及时、便捷、有效的管理信息系统，通过该系统，商业银行管理层可以迅速了解银行内部各项业务的具体进展情况，正确评估每一项业务具体的风险情况以及未来可能面临的风险形势，从而使得商业银行管理层可以更加全面、及时地了解经营管理的具体情况，更加迅速地掌握国内外宏微观经济数据，能够根据商业银行自身的情况，及时做出相关决策。

当然，商业银行内部控制也不是万能的，它也存在固有的局限性，这主要表现在：一是它能够改善商业银行的经营状况，但不能把一个已经无可救药的商业银行拉出泥潭。二是商业银行内部控制是需要人来实施和执行的，如果商业银行管理层也参与到合谋破坏的活动之中，商业银行内部控制制度基本上就形同虚设，其能够发挥的作用也实在有限，可能还会发挥反向作用。

§10.2　商业银行内部控制的目标与构成要素

目标、要素和原则是商业银行内部控制研究和实践的重要内容，是解决商业银行内部控制前提和主要着力点的重要工作，在整个商业银行内部控制体系的构造和建设中发挥最基础的作用。

10.2.1 商业银行内部控制的目标

巴塞尔银行监管委员会在研究商业银行内部控制时，根据商业银行经营管理的特征，把商业银行内部控制的三大目标分解为操作性目标、信息性目标和合规性目标。操作性目标是指商业银行各项业务活动的效果和效率都要实现改进。信息性目标主要针对财务及管理信息，明确要求实现财务和管理信息的可靠性、完整性和及时性。合规性目标是指商业银行经营要遵循国家法律法规的限制以及业务活动都要遵守各项内部规章制度。商业银行内部控制不仅要遵循国家法律法规的限制，同时，商业银行内部开展各项业务活动时，也要制定出合理、可行的内部规章制度。

我国银行监管机构在《商业银行内部控制指引》中，根据巴塞尔银行监管委员会的要求，结合我国商业银行经营管理的实际情况，把我国商业银行内部控制的目标分为以下四个方面：确保国家法律规定和商业银行内部规章制度的贯彻执行；确保商业银行发展战略和经营目标的全面实施和充分实现；确保风险管理体系的有效性；确保业务记录、财务信息和其他管理信息的及时、真实和完整。上述“四个确保”的商业银行内部控制目标，第一个目标是合规性目标，第二个目标是操作性目标，第三个目标是风险管理目标，第四个目标是信息性目标。这些目标是在借鉴巴塞尔银行监管委员会《银行组织内部控制体系框架》的原则和此后的全面风险管理内部控制理念的基础上，结合我国商业银行经营管理的实际情况提出的，既是对巴塞尔银行监管委员会要求的具体化，又是对全面风险管理理念的贯彻，对商业银行内部控制体系的建立和完善具有重要的指导意义。

10.2.2 商业银行内部控制的构成要素

商业银行内部控制的构成要素是构建商业银行内部控制的关键内容。根据商业银行的经营特征，巴塞尔银行监管委员会将商业银行的内部控制要素概括为五个方面，即：内部控制环境；风险识别与评估；内部控制措施；信息交流与反馈；监督评价与纠正。巴塞尔银行监管委员会对商业银行内部控制五大要素的概括具有针对性和可操作性，因此被世界各国银行监管机构所采纳，我国的《商业银行内部控制指引》也是以巴塞尔银行监管委员会的报告为基础制定的。

1.内部控制环境

任何组织机构的核心是组织中的人及其活动。人的活动在环境中进行，人的品性包括操守、价值观和能力等，它们既是构成环境的重要要素之一，又与环境相互影响、相互作用。环境要素是推动商业银行发展的引擎，也是其他一切要素的核心。

商业银行在内部控制环境方面的主要工作有：一是要建立良好的公司治理以及分工合理、职责明确、相互制衡、报告关系清晰的组织结构，为内部控制的有效性提供必要的前提条件。二是要使商业银行董事会、监事会和高级管理层充分认识自身在内部控制中所承担的责任。三是要在商业银行内部建立科学、有效的激励约束机制，培育良好的组织精神和内部控制文化，从而创造全体员工均充分了解且能履行职责的环境。

2. 风险识别与评估

风险管理是商业银行经营管理的核心，商业银行内部控制必须设立可辨认、分析、评价和管理相关风险的机制，以了解自身所面临的风险及其变化情况，并加以防范和适时处理。商业银行在风险识别与评价中需要开展的工作主要包括：一是商业银行应当设立履行风险管理职能的专门部门，负责具体制定并实施识别、计量、监测和控制风险的制度、程序和方法，以确保风险管理和经营目标的实现。二是商业银行应当建立涵盖各项业务、全行范围的风险管理系统，开发和运用风险量化评估的方法和模型，对信用风险、市场风险、流动性风险、操作风险等各类风险进行持续的监控。

3. 内部控制措施

商业银行内部控制必须要事先制定内部控制的政策及程序，并予以执行。商业银行在内部控制措施方面的工作主要有：一是商业银行应当对各项业务制定全面、系统、成文的政策、制度和程序，在全行范围内保持统一的业务标准和操作要求，并保证其连续性和稳定性。二是商业银行设立新的机构或开办新的业务，应当事先制定有关的政策、制度和程序，对潜在的风险进行计量和评估，并提出风险防范措施。三是商业银行应当建立内部控制的评价制度，对内部控制的制度建设、执行情况定期进行回顾和检讨，并根据国家法律规定、银行组织结构、经营状况、市场环境的变化进行修订和完善。四是商业银行应当建立有效的应急预案，并定期进行测试。在意外事件或紧急情况发生时，应按照应急预案及时做出应急处置，以预防或减少可能造成的损失，确保业务持续开展。五是商业银行应当设立独立的法律事务部门或岗位，统一管理各类授权、授信的法律事务，制定和审查法律文本，对新业务的推出进行法律论证，确保各项业务的合法和有效。

4. 信息交流与反馈

控制活动离不开信息的交流与反馈，商业银行内部必须围绕在控制活动周围建立信息与沟通系统。商业银行信息交流与反馈方面的工作主要有：一是商业银行应当实现经营管理的信息化，建立贯穿各级机构、覆盖各个业务领域的数据库和管理信息系统，做到及时、准确提供经营管理所需要的各种数据，并及时、真实、准确地向中国银监会及其派出机构报送监管报表资料和对外披露信息。二是商业银行应当建立有效的信息交流和反馈机制，确保董事会、监事会、高级管理层及时了解本行的经营和风险状况，确保每一项信息均能够传递给相关的员工，各个部门和员工的有关信息均能够顺畅反馈。

5. 监督评价与纠正

商业银行在监督评价与纠正方面的工作主要有：一是商业银行的业务部门应当对各项业务经营状况进行经常性检查，及时发现内部控制存在的问题，并迅速予以纠正。二是商业银行应当设立内部审计部门，该部门应当具有充分的独立性，实行全行系统垂直管理，该部门应当有权获得商业银行的所有经营信息和管理信息，并对各个部门、岗位和各项业务实施全面的监督和评价。三是商业银行应当建立有效的内部控制报告和纠正机制，业务部门、内部审计部门和其他人员发现的内部控制的问题，均应当有畅通的报告渠道和有效的纠正措施。

上述五种要素虽然内容十分广泛，包括商业银行内部控制的方方面面，但是它们也是相互关联的。商业银行内部控制环境是其他内部控制要素的基础，如果商业银行内部各项制度漏洞百出，商业银行员工不认同内部控制制度，银行的内部控制就不可能有效；在规划内部控制活动过程中，必须对商业银行可能面临的风险进行细致的识别，评估风险的程度、大小，并据此事先制定预防性措施；商业银行风险识别、评估和控制活动则必须借助银行内部信息的沟通与交流情况；商业银行内部控制的设计和执行必须受到有效的监控，以保障内部控制的实施质量。内部控制可以是正式的，也可以是非正式的。正式的内部控制包括政策手册、程序、层级制度和规章。非正式的控制包括道德规范、能力、精神力量、信任、技能、领导、文化、信息、沟通、团队和程序。

§10.3　商业银行内部控制与风险管理

商业银行内部控制理论和实践对于提升商业银行经营管理水平，增强商业银行风险评估能力，降低商业银行会计、操作以及市场风险具有重要作用，因此，商业银行内部控制与风险管理的关系十分紧密，但商业银行内部控制与风险管理是一个既相互联系又相互区别的概念，因此，研究商业银行内部控制，需要同时对商业银行风险管理与内部控制的关系进行研究。

10.3.1　商业银行内部控制与风险管理的联系和区别

商业银行内部控制与风险管理之间既有联系，又有区别，共同构成商业银行经营管理的重要内容。

1.内部控制与全面风险管理的联系

商业银行内部控制的动力源于风险防范并构成风险管理的必要环节。从理论上说，商业银行的内部控制是银行管理制度的组成部分，但内部控制的要求更为基本，更容易或适合上升到立法层次。商业银行风险管理则是在新的技术与市场条件下对内部控制的自然扩展。正因为如此，商业银行内部控制与全面风险管理具有很强的联系，主要表现在：

（1）两者的主体相同。两者都是由商业银行董事会、高级管理层以及其他人员共同实施的，具有全员参与的特点，同时，商业银行内部相关各方在内部控制与风险管理中都有相应的角色与职责。

（2）两者的最终目的具有同质性，商业银行内部控制与风险管理的根本作用都是维护投资者利益、保全银行各类资产，并创造新的价值。风险控制需要考虑成本效益原则，从这方面来说，内部控制虽然和风险控制走的路径不同，但殊途同归，都是为了企业的最终收益。

（3）二者都明确表述为一个“过程”，需要作为商业银行日常管理过程的一部分，要从循环往复不断提高的过程中去看，不能当作制度文件、技术模型等某种静态的东西，也不是孤立的或者非日常性的活动，如检查评估等。

（4）两者遵循的基本原则相同。无论是商业银行风险管理，还是内部控制，都坚持全面性、审慎性、有效性、独立性原则。所谓全面性就是要渗透到商业银行的各项业务过程和各个环节，覆盖所有的部门、岗位和人员；所谓审慎性就是要以防范风险、审慎经营为出发点；所谓有效性就是要具有高度的权威性，真正落到实处，任何人不得拥有不受约束的权力；所谓独立性就是指银行风险管理部门和内部控制部门要独立于执行部门，直接操作人员和直接控制人员必须适当分开，并向不同的管理人员报告工作。

2.内部控制与全面风险管理的区别

内部控制并不等同于全面风险管理，也不应该完全被全面风险管理所涵盖，内部控制与风险管理存在的区别主要有：

（1）风险管理是以目的来命名的，而内部控制是以范围来命名的，因此，可以说商业银行内部边界范围内的所有控制都是内部控制，但该商业银行边界范围内的控制并不全是风险控制。另外，风险控制的对象范围会超出商业银行内部边界，还需要包括外部环境控制与适应等。

（2）内部控制仅是管理的一项职能，主要是通过事后和过程的控制来实现其自身的目标，并且只能防范风险，不能转嫁、承担、化解或分散风险，而全面风险管理属于风险范畴，贯穿于管理过程的各个方面，控制的手段不仅体现在事中和事后的控制，更重要的是在事前制定目标时就充分考虑了风险的存在。

（3）两者的对象不同。内部控制的对象是商业银行的一切经营活动，风险控制的对象是一切与风险有关的活动，风险管理强调各类风险的管理，区分出可承担的风险、可转移的风险，并采取不同的管理手段；内部控制强调控制机制建设，机制建设又包括建立起内部的控制政策和程序，保证政策和程序被严格遵守。

（4）两者的活动不一致。商业银行风险管理的一系列具体活动并不都是内部控制要做的。商业银行全面风险管理包含风险管理目标和战略的设定、风险评估方法的选择、管理人员的聘用、有关的预算和行政管理以及报告程序等活动。而内部控制所负责的是风险管理过程中间及其以后的重要活动，如对风险的评估和由此实施的控制活动、信息与交流活动和监督评审与缺陷的纠正等工作。

总之，商业银行内部控制与风险控制既有结合，也有交叉，正因为商业银行内部控制与风险管理存在区别，所以风险管理与内部控制是不同的，风险管理不可能取代内部控制。

10.3.2 商业银行内部控制与风险管理关系的演化

商业银行内部控制与风险管理关系如何，谁的范围更大，谁占据主导地位，都是随着对内部控制与风险管理两个概念理解的不断深入、认识的更加清晰而不断发生变化的，并且还可能随着时间、技术、市场条件、法律以及监管实践的发展而不同。商业银行内部控制与风险管理关系的演进历程如下：

1.内部控制与风险管理无关阶段

在内部控制初期，虽然内部控制产生的初衷是为了防范和降低商业银行的经营风险，但是，内部控制并不是自觉行为，内部控制的研究也不成体系，更侧重对商业银行内部具体的操作方式的研究和运用，而这一时期，商业银行的风险管理处于传统资产管理阶段，对风险的认识不足。因此，在此阶段，商业银行内部控制与风险管理只是商业银行经营管理中没有产生直接关联的两个方面。

2.内部控制包含风险管理阶段

20世纪40年代之后，随着内部控制理论研究和实际应用的逐步成熟，最终形成了内部控制整体框架，商业银行内部控制也出现了翻天覆地的变化，理论日益完善，实践日益成熟，成为商业银行必须遵照监管机构规章建立并完善的体系，与商业银行内部控制的日新月异相比，市场上风险管理的工具与技术条件都不充分（如计算机系统、统计学理论、数量模型、对冲工具与保险等），这时商业银行内部控制包含（替代）风险管理功能是很自然的。

3.风险管理包含内部控制阶段

随着风险管理理论的不断深化，风险管理技术的不断提高，风险管理工具的不断丰富，商业银行风险管理水平在不断提高，而作为从事货币资金借贷业务的商业银行，其盈利的核心是通过对风险的认识和管理，在将风险维持在可接受的水平上尽可能提高收益，因此，商业银行迫切要求提高风险管理水平，从商业银行整体角度认识和把握商业银行的风险管理，因此，全面风险管理理念在新《巴塞尔协议》之中就体现得淋漓尽致，将内部控制作为商业银行全面风险管理的一个重要环节，使得良好的商业银行内部控制成为风险管理目标实现和风险管理流程有效运行的保障。

4.内部控制与风险管理相互融合阶段

实际上，商业银行内部控制与风险管理相互融合的理念在全面风险管理中已经得到体现，巴塞尔银行监管委员会的各种文件中，几乎是同时强调商业银行内部控制与风险管理的重要性：在强调商业银行内部控制时要求提升银行风险评估水平，加强风险管理的控制；在强调商业银行风险管理时，也会要求在制度和流程控制上加强对商业银行战略风险、市场风险、流动性风险以及信用风险等的管理和内部控制。这实际已经需要内部控制与风险管理同时发挥作用，尽可能将商业银行内部控制与风险管理整合到一个管理体系之中，实现商业银行内部控制与风险管理的融合。

事实上，世界各国银行监管机构在执行巴塞尔银行监管委员会的监管要求时，也是分别以不同的方式逐步将内部控制与风险管理联系起来。我国银行监管机构就明确提出，要以全面风险管理为导向，构建和完善商业银行内部控制体系。最近几年，我国与其他国家的银行从业机构在召开有关方面会议时，在会议的冠名上也都是将商业银行风险管理与内部控制并列起来，这也表明各国银行监管机构要求商业银行内部控制与风险管理融合的心态。

10.3.3　国际金融危机与商业银行内部控制

2007年，随着美国房地产市场的大幅下跌，以美国房地产次级贷款为基础的次级抵押贷款市场出现危机，通过层层传导，引发美国房地产抵押贷款市场和信用市场的危机，并且传导到全球其他金融市场。2008年下半年，雷曼兄弟公司的破产引爆了全球流动性危机而加剧了危机的影响程度，全球宏观经济增长严重下滑，石油和大宗原材料商品市场直线下跌，各国股票市场也大幅下跌，全球大型商业银行和投资银行纷纷出现巨额亏损和破产，从而使得次贷危机转变成国际金融危机。美国政府已经拿出了7 000亿美元救助商业银行等金融机构，美联储也为银行体系提供了比7 000亿美元更多的流动性，全球各国中央银行也都提出了大规模金融机构救助计划，不仅如此，更多的国家还提出了自身的宏观经济刺激计划。但从目前看，国际金融危机仍然在持续，对世界经济和国际金融市场的影响还没有停止。

经过两三百年的风吹雨打，国际大型商业银行等金融机构已经在风险管理和内部控制上积累了无数经验，但是，从这次席卷全球的国际金融危机看，商业银行在次贷引发的风险面前毫无抵抗能力，以花旗为首的商业银行受创累累，而以华尔街五大投行为首的投资银行则是全军覆没。不仅美国如此，向来以经营稳健著称的欧洲商业银行和投资银行在此次危机中也是难以幸免，受到严重伤害，损失惨重。

从目前的情况看，国际商业银行和投资银行在此次由次贷危机引发的国际金融危机中实际是始作俑者，更是推波助澜者。次贷危机的出现就是商业银行为了实现贷款资金的流动性，不断将贷款资产拿出进行证券化产生的，而投资银行开始时是为了获得佣金而帮助商业银行证券化贷款资产。但此后，通过投资银行不断地使用衍生工具，创造出复杂的衍生产品之后，市场需求大幅增加，投资银行开始激励商业银行增加房地产抵押贷款甚至是次级抵押贷款的发放，这为商业银行的资产带来了巨大的表外风险，这是因为，虽然商业银行通过资产证券化将不良贷款转移到表外，但很多资产证券化业务隐含着商业银行在不良资产高于一定比重时要购回资产。与此同时，商业银行与投资银行为了获取更高的收益，在衍生品市场上大量投资，在2007年底，国际衍生品市场的总规模超过62万亿美元，超过全球所有国家的GDP总和，而商业银行和投资银行占到衍生品交易总规模的2/3以上。因此，从商业银行资产证券化业务和衍生品交易的业务情况看，商业银行的风险管理机制和内部控制体系在全球金融市场已经聚积了明显泡沫之后，并没有在此时起到应有的作用。实际上，破产的雷曼兄弟公司首席执行官在接受美国国会质询时揭示的情况是，这些国际知名大商业银行的首席风险管理官在危机之前都已经多次发出警告，但在“羊群效应”下，这些知名商业银行为了和其他人一样继续从这些泡沫产品中获得超额收益，都是以其他人也是这样操作为由，并没有按照其花费巨额人力、物力、财力构建的内部控制和风险管理系统所揭示的那样操作，而是选择了继续追逐泡沫的战略，从而最终在危机中受到巨大损失。实际上，盈利性目标已经成为制约商业银行内部控制体系发挥实际作用的严重障碍，一些商业银行为了激励交易员获取更高的收益，在一段时间对交易员出现的违反内部控制规定的行为视而不见，从而最终给商业银行带来了巨额亏损。

专栏10-1

法国兴业银行股指期货巨额亏损

2008年1月下旬，历史悠久的法国兴业银行被31岁的期货市场交易员杰罗姆·科维尔（Jerome Kerviel）拖入丑闻的阴影中。在长达2年多的时间内，科维尔以欺诈手段从事欧洲股票指数期货买卖，违规头寸高达500亿欧元，至2008年1月23日被平仓为止，这家法国国有金融机构损失49亿欧元（约合72亿美元）的巨款。

法国兴业银行有着200多年的悠久历史，创建于拿破仑时代，经历了两次世界大战并最终成为法国商界的支柱之一，是法国第二大银行。兴业银行长期扮演世界衍生品交易的领导者角色，是全球另类投资（包括保本基金）领域最大的提供商，被金融界公认为防范风险的典范，尤其在股权衍生品方面，该银行连续5年被《风险》杂志评为第一或第二。而全球知名的英国《银行家》杂志，更授予法国兴业银行2007年度股权衍生品最佳奖。

杰罗姆·科维尔出生于1977年11月，在法国里昂第二大学获金融市场运营管理硕士学位。2000年，科维尔进入兴业银行总部的投资及金融银行部门工作，业务包括程序化交易、ETF、掉期、指数和定量交易的风险监察和分析，这使他对兴业银行的后台风险控制流程极为熟悉。2005年，他转为负责欧洲股指期货交易，在后台的“潜心磨剑”，令他马上熟悉了交易，也正是这种熟悉，令他可以一边做假账，一边做交易。

根据2008年5月兴业银行董事会特别调查委员会出具的正式调查报告，2005年6月至2006年2月，科维尔期货交易量最高时为1.35亿欧元，头寸为1 500万欧元，而且主要是股票交易。但在2007年初，他开始采取欺诈和做假手法违规从事巨额期货交易，他串通中台（负责合约管理和相关支持）业务人员作为其幕后助理，该助理帮助他建立了7个超过交易限额的交易仓，并且以他人名义和口令进行操作。另外，他还通过建立和撤销虚拟交易仓以及采取虚拟反向操作隐藏风险和收益，使自己持仓水平不断提高。至2007年6月30日杰罗姆·科维尔持有空头头寸高达280亿欧元。从2007年7月31日开始，他的巨额期货头寸开始实现盈利，到同年11月20日他靠违规空头头寸盈利15亿欧元并成功保持长达2个月，但在2008年1月2日至18日的12个交易日里，通过大量违规建立多头仓位对冲空头仓位，迅速形成了490亿欧元的多头头寸，在兴业银行发现并紧急处置所持股指期货头寸之后，造成64亿欧元损失，减去15亿欧元空头头寸的盈利，最终形成49亿欧元净损失。

这次欺诈事件是银行史上造成损失数额最大的一次，其规模远远超过了历史上最为臭名昭著的巴林银行倒闭案。如果最后证实是杰罗姆·科维尔"单独犯案"，他很有可能创造一个新的世界纪录：给银行造成损失金额最多的一个人。

从国际金融危机之中国际大型商业银行在内部控制方面的得失情况看，虽然建立了完善的内部控制制度和体系的商业银行，在面临实际经营管理考验时也会出现控制失效的情况，但是，商业银行内部控制制度和体系的建立和完善能够真实地记录商业银行经营管理的历史过程，使人们更加清楚地认识到商业银行经营管理过程中所犯的错误，促使人们反思内部控制存在的问题，从而更加有针对性地强化以风险管理为导向的内部控制建设，提高商业银行内部控制的有效性。

10.3.4　建立以风险管理为导向的商业银行内部控制

从商业银行内部控制的发展看，商业银行最终要建立以全面风险管理为导向的强制性内部控制，这是商业银行内部控制与风险管理在内部控制层面的一种融合，也是面临以美国次贷引发的国际金融危机时，进一步加强风险管理需要、完善内部控制体系的重要内容。

1. 要从全面风险管理的角度出发，进一步增强法人治理结构的有效性，整合商业银行的内部组织架构

有效的法人治理结构和合理的组织架构是商业银行内控制度发挥效率的制度保证。首先，明确揭示商业银行董事会、监事会、高级管理层在商业银行经营管理方面的权利和责任，建立一个目标明确、权责利相对应的有效制衡的法人治理结构。其次，进一步按照全面风险管理的要求，按照决策系统、执行系统、监督反馈系统相互制衡的原则设置商业银行的组织结构，选用合理的组织管理形式。在横向上做到权利制衡，各部门之间在合理分工、职责分明的基础之上做到既相对独立又相互牵制；在纵向上做到减少管理层次，加强对下级机构的控制，建立完善的矩阵式的组织格局。最后，注意在设计内部控制组织体系时应当强化商业银行风险管理职能，设计一个包括外部咨询专家、商业银行决策者、中层管理者以及全体员工在内的综合内部风险控制系统，设立履行风险管理职能的专门部门，负责具体制定并实施识别、计量、监测和控制风险的制度、程序和方法，以确保风险管理和经营目标的实现。

2. 在对商业银行经营管理目标考核和监管目标的设置时需要增强风险性指标的考核力度

由于收益性目标和风险性目标在商业银行经营管理过程中存在一定程度的不一致，风险性目标在一定时期是制约收益性目标实现的，而短期收益性目标的实现则是对股东、高级管理层都有利的，商业银行董事会及高级管理层很可能会有意识地

追逐收益性目标而忽视风险性目标。因此，在确定商业银行经营管理目标过程中，需要增加风险性目标，并且将风险性目标的实现作为考核商业银行董事会、高级管理层绩效的重要指标。

3.紧密围绕风险防范进行商业银行内部控制活动设计

商业银行的各项内部控制活动应该按照商业银行全面风险管理的要求设计和建设，应该从商业银行的风险防范角度，建立商业银行对战略风险、国家风险、信用风险、市场风险、流动性风险、操作风险、道德风险、法律风险等8个方面风险的内部控制制度和业务流程，细化员工岗位责任制，增强商业银行对全面风险管理的内部控制能力。

4.建立权威、超脱的内部风险和内部控制审计体系

商业银行要保证内部控制体系运转有效，必须对其进行连续的监管，应该由内审部门独立行使综合性内部监督职能并对内控制度的有效性和符合性进行评价。商业银行内部审计的模式应该逐步向以治理为目标、风险为导向、控制为中心、增值为目的的现代管理审计转型，通过设立只对最高决策层（一般是指商业银行董事会）负责的地位独立、监督权威、实行垂直管理的内部审计部门，只在总部设立管理和运作机构，分行内部审计由总部根据其业务的大小分地区派出若干内部审计主管，与驻地分行没有任何经济、人事上的关系。同时，建立健全合理有序的内部审计检查制度和非现场审计制度，加大监督检查的频率和力度，对商业银行内控制度的总体有效性进行连续性监管，推进银行业内控体系的建立与完善。

5.培育诚信敬业、风险至上的商业银行内部控制文化

员工的职业道德水平、胜任能力、风险意识和诚信度是影响商业银行内部控制环境的一个非常重要的因素。良好的商业银行内部控制文化氛围，不仅有助于提高员工的综合素质，使人的自觉行为与制度对人的行为约束有机结合，有助于防范道德风险，并且能够将风险意识贯穿到员工的日常操作之中，提高商业银行风险管理的有效性。建立以提高员工素质和敬业精神为核心的人力资源管理制度，通过多层次、多渠道的培训，提高员工的政治、业务素质和职业道德素养；建立健全对员工尤其是管理人员和决策人员的考核、任用、监督管理制度，考核其工作能力和风险控制能力；创造公平、平等、择优的用人环境，建立健全有利于优秀人才脱颖而出的选任用人机制，从根本上解决商业银行内控制度建设中的“人”的问题。

★ 本章小结

1.商业银行内部控制是商业银行经营管理的重要内容，现代商业银行经营管理理论和实践表明，商业银行的一切管理工作，都是从建立和健全内部控制开始的。因此，内部控制在现代商业银行管理中居于战略地位。对于商业银行这种“高风险、高收益”的资金中介，内部控制的重要性日益增强，已经成为决定商业银行经营成败的重要因素，它的最新发展是总结国际商业银行连续经营失败的案例之后快速发展和完善起来的。

2．商业银行内部控制是一个随着理论水平的提高和实践经验的积累不断演化的过程，经过内部权力制衡、内部会计控制和管理控制、内部控制结构、内部控制整体框架以及以风险管理为导向的外部强制性内部控制等阶段，对商业银行内部控制所包含的三大目标和五大要素进行了分析，揭示了商业银行内部控制的局限性，指出商业银行内部控制只能提供合理保障。

3．商业银行内部控制与风险管理是商业银行经营管理的两个重要方面，但由于商业银行内部控制与风险管理具有明显的相似性，因此，理论研究和实际工作中对商业银行内部控制与风险管理的关系进行了大量研究，对二者既区别又联系的状况和二者关系的演化历程进行了分析，指出商业银行内部控制的最终发展趋势是实现内部控制与风险管理的融合。

4．商业银行内部控制制度和体系的建立和完善能够真实地记录商业银行经营管理的历史过程，使人们更加清楚地认识到商业银行经营管理过程中所犯的错误，促使人们反思内部控制存在的问题。从商业银行内部控制的发展看，商业银行最终要建立以全面风险管理为导向的强制性内部控制，这是商业银行内部控制与风险管理在内部控制层面的一种融合。

★ 综合训练

10.1 单项选择题

1．商业银行内部牵制时期的体制制衡是指要在工作体制上实现重要业务的（　　）。

A．备案制度　　　　B．长期保存备查制度

C．簿记制度　　　　D．双人双岗控制制度

2．商业银行制定并严格执行重要岗位的请假、轮岗制度和离岗审计制度属于（　　）内部控制措施。

A．实物控制　　B．授权控制　　C．行为控制　　D．簿记控制

3．商业银行内部控制评价包括（　　）两方面。

A．结果评价和过程评价　　　　B．审计评价和结果评价

C．业务评价和过程评价　　　　D．业务评价和审计评价

4．内部控制与全面风险管理之间的关系是（　）。

A．两者互相融合　　　　B．内部控制包含风险管理

C．两者截然对立　　　　D．风险管理包含内部控制

5．1988年5月美国注册会计师协会所属审计程序委员会（AICPA）发布的审计准则公告《财务报表审计中内部控制结构的考虑》中，以（　　）的概念取代了“内部控制制度”。

A．内部管理控制　　　　B．内部控制结构

C．全面风险管理　　　　D．内部控制整体框架

10.2 多项选择题

1. 商业银行内部控制的目标包括（ ）。

A. 信息性目标　B. 操作性目标　C. 纪律性目标

D. 合规性目标　E. 风险性目标

2. 下列属于巴塞尔银行监管委员会提出的商业银行内部控制要素的有（ ）。

A. 内部控制环境　B. 内部控制措施　C. 监控

D. 信息交流与反馈　E. 风险识别与评估

3. 在构建商业银行内部控制体系过程中要遵循的原则主要有（ ）。

A. 全面授权原则　B. 权力制衡原则　C. 重要性原则

D. 群众性原则　E. 有限授权原则

4. 商业银行内部控制的主要特点有（ ）。

A. 动态性　B. 全员参与性　C. 关注风险

D. 独立性　E. 强制性

5. 内部控制与全面风险管理之间的重合主要表现在（ ）。

A. 目标重合　B. 地位重合　C. 要素重合

D. 对象重合　E. 风险对策重合

10.3 思考题

1. 商业银行内部控制要素有哪些？它们之间的关系如何？

2. 为什么说商业银行内部控制存在局限性？

3. 为什么说商业银行内部控制与风险管理要走向融合？

4. 请结合2008年国际金融危机的情况，分析商业银行内部控制的未来发展方向。

★ 本章参考文献

[1] 谢荣，钟凌. 商业银行内部控制系统研究 [M]. 北京：经济科学出版社，2004.

[2] 汪竹松，刘鹰，等. 商业银行内部控制精析 [M]. 北京：中国金融出版社，2007.

[3] 巴塞尔银行监管委员会. 巴塞尔银行监管委员会文献汇编 [M]. 中国人民银行，译. 北京：中国金融出版社，2010.

[4] 巴塞尔银行监管委员会. 第三版巴塞尔协议 [M]. 中国银行业监督管理委员会，译. 北京：中国金融出版社，2011.

[5] 吴念鲁. 商业银行经营管理 [M]. 北京：高等教育出版社，2004.

第11章

商业银行经营管理绩效评价

★ 导读

商业银行经营管理绩效的评价不仅能够说明前期商业银行经营管理的基本状况，而且能够反映出商业银行过去工作中存在的问题与不足。这对于商业银行未来工作的改进与完善是至关重要的。同时，商业银行的绩效评价也有利于激励机制的形成和发挥作用。因此，如何建设一个具有科学性、合理性和有效性的绩效评价体系已成为各家商业银行应该而且必须解决的问题。那么，商业银行经营管理绩效评价体系由哪些内容构成？其中包括哪些评价指标？通过哪些方法加以衡量？就上述问题，本章将给出相对全面的分析与解释，试图勾勒出商业银行经营管理绩效评价的基本框架。

★ 关键概念

商业银行经营管理绩效评价　盈利性指标　流动性指标　风险性指标　安全性指标　银行清偿力　比率分析法　CAMEL评价法　杜邦分析法　经济增加值评价法　风险调整的资本收益率（RAROC）　平衡计分卡

以商业银行的财务报表为依据，运用系统性的评价指标和选择适宜的评估方法，对商业银行的经营管理目标实现的程度进行考核、评价的过程即为商业银行经营管理绩效评价。理解商业银行绩效评价的关键在于对经营管理中投入和所得进行比较，其核心是力求用最小的投入取得最大的收益。

§11.1 商业银行经营管理绩效评价概述

11.1.1 商业银行经营管理绩效评价的原则与内容

1.商业银行经营管理绩效评价的原则

商业银行经营管理绩效评价应该遵循以下原则：

（1）一致性原则。绩效评价系统与商业银行的盈利性、长期发展目标以及管理文化都应该一致。其战略目标就是通过提高员工或管理者的个人绩效来不断提高组织的整体绩效水平，从而实现商业银行的长期发展目标。但是，当商业银行的战略目标发生改变的时候，绩效评价系统也应该发生相应的改变，只有这样才能不断地适应商业银行的发展。

（2）协调性原则。商业银行的绩效评价系统应该坚持使安全性、流动性和盈利性三性原则相协调，突出以经营效益、资产质量为中心，并注意保持银行资产较高的流动性，以促进全行强化效益意识和质量观念，推动业务发展由粗放型向集约型转变。

（3）客观性原则。商业银行的绩效评价体系必须能够真实地反映商业银行经营业绩水平以及所存在的问题。要想实现这样的目标，绩效评价就必须真实地反映出银行的经营现状，只有这样商业银行绩效评价的结果才有意义。

2.商业银行经营管理绩效评价的内容

商业银行绩效评价内容要体现考评的全面性、系统性和完整性，力求涵盖商业银行业务经营和内部管理的主要方面，具体可以分为以下几方面：

（1）既要注重对商业银行经营效益、财产安全、财产流动的考评，又要注重对商业银行发展能力及内部管理水平的考评。前者体现商业银行效益性、安全性和流动性的统一，后者体现对商业银行发展能力和管理水平的考评与评价。

（2）既要侧重于对相关定量指标如资产利润率、不良贷款率、流动比率等的考评，又要对相关定性指标如领导层的决策管理能力、依法合规经营情况等进行考评。

（3）既要对各种相对性的比率指标如贷款综合收益率、人均利润率、收益成本率等进行考评，又要对主要计划性指标如存款计划、利润计划、不良资产清收计划等进行考评。其目的是在商业银行分支机构进行综合绩效考评的同时，对其主要经营计划的执行情况进行约束性考核，以保证全行经营目标的顺利实现。

11.1.2　商业银行经营管理绩效评价的程序

商业银行绩效评价的程序依次包括确立评价目标、设立评价指标、收集评价信息、选择评价标准、形成评价结论、提出改善建议六个阶段。

1.确立评价目标

评价目标是商业银行绩效评价系统运行的指南和目的。从逻辑上来看，确定评价目标是对商业银行进行绩效评价的第一步，也是很重要的一步。一般而言，宏观的经营环境决定着商业银行经营管理战略目标，不同的发展阶段决定其子目标或战术目标，为此，商业银行绩效评价目标的确立要处理好评价目标与经营管理目标以及子目标的关系。

2.设立评价指标

评价指标的设计是确定评价目标后的主要环节，指标体系设计是否科学合理直接关系到绩效评价的准确性和客观性。通常由社会公认的机构或行业部门设计共性指标，商业银行可根据需要进行选择，并补充一些个性指标。

设计和选择指标应符合以下要求：一是认同感，即评价指标应得到商业银行各相关利益方的认同，社会各界容易接受和理解；二是可比性，即所涉及和选择的指标能够在同行业中进行比较，能够在比较中判断商业银行经营管理水平；三是适应性，即能适应商业银行整体经营管理的要求，符合其长期发展战略的需要。

3.收集评价信息

商业银行的信息非常丰富，包括财务信息、非财务信息，还包括内部信息、外部信息，以及历史材料信息、近期信息和远期信息等。

4.选择评价标准

在进行评价标准的选择过程中，必须注意科学性和全面性。首先，评价标准要有先进性，通过选择此类标准进行绩效评价并指出改进方向，有利于商业银行提高经营管理水平和效率；其次，所选评价标准要有通用性，有利于不同商业银行间的同业比较；最后，评价标准要有适用性，能够体现出环境变化对商业银行经营管理提出的新要求。

5.形成评价结论

形成评价结论即对评价客体做出是否有价值、有何价值、有多大价值的判断。

6.提出改善建议

商业银行进行绩效评价的最终目的不仅仅是衡量其取得的经营业绩，更重要的是要认清在商业银行经营过程中具备哪些优势、存在哪些问题，要寻找自身差距、追寻问题根源所在，为以后的管理指明努力方向。因此，商业银行开展的绩效评价活动与其经营管理水平的提高密切相关，商业银行要以评价促发展，把评价结论转化为今后发展的动力和压力，作为改进经营管理的方向性指引，提高经营管理水平。

11.1.3 商业银行经营管理绩效评价需要关注的几个问题

1.综合进行评价

既要注重对商业银行经营效益、财产安全、财产流动的考评，又要注重对商业银行发展能力及内部管理水平的考评。前者体现商业银行效益性、安全性和流动性的统一，后者体现对商业银行发展能力和管理水平的考评与评价。这也表明绩效评价不仅要对短期效果负责，更要关注商业银行发展的持续性。

2.定性分析与定量测度相结合

既要侧重于对相关定量指标如资产利润率、不良贷款率、流动比率等的考评，又要对相关定性指标如领导层的决策管理能力、依法合规经营情况等进行考评。既要对各种相对性的比率指标如贷款综合收益率、人均利润率、收益成本率等进行考评，又要对主要计划性指标如存款计划、利润计划、不良资产清收计划等进行考评。这样做的目的是，在商业银行分支机构进行综合绩效考评的同时，对其主要经营计划的执行情况进行约束性考核，以保证全行经营目标的顺利实现。

3.尽可能兼顾商业银行各利益相关者

股东、管理层、顾客、员工、监管者乃至竞争者都是与商业银行利益的相关者。因此，企业价值的创造与分配具有多维性，基于价值的绩效评价不是简单地认为股利越多越好，而要以满足股东最低报酬率为基础，考虑资本成本和风险控制，重视企业的可持续发展能力，支持价值增长目标的实现，满足各方面利益相关者对价值信息的需要。

§11.2 商业银行经营管理绩效评价的基础：财务报表

商业银行的绩效评价是在商业银行财务报表的基础上进行的。商业银行的财务报表主要由资产负债表、利润表与现金流量表等构成，它们是综合反映商业银行经营管理活动的基本报表。商业银行财务报表是根据日常财务会计核算资料归集、加工、汇总而形成的一个完整的报告体系，是综合反映一定时期内银行的资产、负债和所有者权益的情况和经营成果的文件，是商业银行财务分析和绩效评价的基本依据。编制规范的财务报表可以为商业银行经营管理人员分析衡量经营业绩、控制经营行为与经营过程提供依据，还可以向商业银行的股东、客户和监管当局反映商业银行的经营成果。

11.2.1 商业银行的资产负债表

资产负债表综合显示了商业银行在某一时点上资产负债和其他业务的存量，是银行最主要的财务报表之一。资产负债表是一种存量报表，通过它可以了解报告期银行实际拥有的资产总量及构成情况，资金来源的渠道及具体结构，从而可以从总体上判断银行的资金实力与清偿能力等。

资产负债表作为一种主要的会计报表，有以下几方面的作用：①总括地反映银行拥有经济资源的总量，显示其分布及结构状况。②总括地说明银行资金（包括负债及所有者权益）的来源及构成。③提供分析银行实力（包括支付能力、短期债务清偿能力等）的依据。④通过对报表的分析，可以了解银行财务状况，判断银行财务状况的发展趋势，为财务分析、决策和计划提供依据。

1.资产负债表的一般格式

银行资产负债表编制的原理同一般企业资产负债表编制的原理基本相同，是根据“资产＝负债＋所有者权益”的平衡等式，按照设定的分类标准和顺序，将报告日银行的资产、负债、所有者权益等各个具体项目适当排列编制而成。与一般企业不同的是，银行总资产中各种金融债权占较大比重，而房产和设备等固定资产所占比重较小，一般不足5%。银行的资金来源主要靠负债取得，自有资金所占比重较小，一般不足10%。

此外，由于经营业务活动的不同以及所处经营环境与经济法规制约的不同，商业银行资产负债表具体科目设置及会计处理上也与一般企业不尽相同。而且，各国商业银行资产负债表的格式有所不同，我国采用账户式资产负债表。账户式资产负债表分左右两方：左方列示资产项目，一般按照资产流动性的高低顺序排列，先流动资产，后非流动资产；右方列示负债与所有者权益项目，一般按照期限长短排列，先流动负债，后长期负债与所有者权益。所有者权益按其永久性递减顺序排列，先实收资本，后资本公积、盈余公积，最后是未分配利润。左右两方的合计数保持平衡。表11-1是我国商业银行资产负债表的一般格式。

表11-1　**资产负债表**

编制单位：　　　　年　月　日　　　　单位：元

资产	行次	年初数	期末数	负债及所有者权益	行次	年初数	期末数
流动资产：				流动负债：			
现金及银行账户往来	1			短期存款	46		
存放中央银行款项	2			短期储蓄存款	47		
存放同业款项	3			财政性存款	48		
存放联行款项	4			向中央银行借款	49		
拆放金融性公司	5			同业存放款项	50		
短期贷款	6			联行存放款项	51		
进出口押汇	7			拆入资金	52		
应收账款	8			应解汇款	53		
其他应收款	9			汇出汇款	54		
减：坏账准备	10			委托资金	55		
应收账款净额	11			应付代理证券款项	56		
贴现	12			卖出回购证券款项	57		

续表

资产	行次	年初数	期末数	负债及所有者权益	行次	年初数	期末数
短期投资	13			应付账款	58		
委托贷款及委托投资	14			应付工资	59		
代理证券	15			应付福利费	60		
买入返售证券	16			应交税费	61		
待处理流动资产净损失	17			应付利润	62		
1年内到期的长期投资	18			其他应付款	63		
流动资产合计	19			预提费用	64		
长期投资:				发行短期债券	65		
中长期贷款	20			1年内到期的长期负债	66		
逾期贷款	21			其他流动负债	67		
呆滞贷款	22			流动负债合计	68		
减:贷款呆账准备	23			长期负债:			
应收租赁款	24			长期存款	69		
租赁资产	25			长期储蓄存款	70		
减:代转租赁资产	26			存入长期保证金	71		
经营租赁资产	27			发行长期债券	72		
减:经营租赁资产折旧	28			长期借款	73		
长期股权投资	29			长期应付款	74		
长期债权投资	30			其他长期负债	75		
减:投资资产减值准备	31			其中:住房周转金	76		
固定资产原值	32			长期负债合计	77		
减:累计折旧	33			所有者权益:			
固定资产净值	34			实收资本	78		
在建工程	35			资本公积	79		
减:在建工程减值准备	36			盈余公积	80		
在建工程净值	37			其中:公积金	81		
固定资产清理	38			未分配利润	82		
待处理固定资产净损失	39			所有者权益合计	83		
长期资产合计	40						
无形及其他资产:							
无形资产	41						
长期待摊费用	42						
待处理抵债资产	43						
无形及其他资产合计	44						
资产合计	45			负债及所有者权益总计	84		

会计主管:　　　　复核:　　　　制表:

2.资产负债表的基本内容

（1）资产项目

资产项目按流动性高低分为流动资产与长期资产。

①流动资产。流动资产主要由库存现金、存放中央银行款、存放同业款、短期拆放同业款、短期贷款与短期投资等项目构成，它是银行资产中流动性较高的部分。银行持有流动资产主要是为了保持银行资产的流动性。

②长期资产。长期资产主要由中长期贷款、长期投资、固定资产以及其他长期资产等项目所构成。

（2）负债项目

负债项目按期限的长短分为流动负债与长期负债。

①流动负债。流动负债主要由短期存款、短期储蓄存款、同业拆借款、向中央银行借款、短期借款、发行短期债券、其他流动负债等项目构成。短期负债各项目的共同特点是期限短，金额波动大，难以稳定运用。银行组织与吸收短期负债的最初目的主要是满足客户款项结算之需，为客户短期资金提供保值增值途径，以及满足银行自身调剂资金头寸、维持流动性的需要。随着银行业竞争的加剧、金融创新步伐的加快、银行经营管理理念的变化以及经营管理水平的提高，短期存款在银行存款中的比重上升，已成为银行重要的资金来源之一。

②长期负债。长期负债主要由长期存款、长期储蓄存款、长期借款、长期债券、其他长期负债等项目所构成。长期负债各项目区别于短期负债的共同特点是期限较长，金额稳定，可供银行长期运用。其中，长期存款原来是商业银行最主要、最稳定的资金来源。但是20世纪60年代以来，西方商业银行的存款在全部资金来源中所占比重有所下降，特别是负债管理理论流行后，一些大的商业银行日益注重利用借入资金来支持资产业务的扩展，银行以借入资金的方式筹集资金，不仅速度较快，而且无须缴纳存款准备金，因而日益受到商业银行的重视。然而，无论是定期存款还是活期存款，都永远是商业银行资金来源的基础。

（3）所有者权益（净值）

银行所有者权益或银行股东权益是银行资产负债账面价值的差额，也称为净值项目。它包括资本金（普通股、优先股）、公积金和未分配盈余。其中，普通股和优先股是股东投入股本，按面值记账，其发行溢价收入计入公积金。公积金除溢价外，还包括接受捐赠的资产以及利润分配中按规定提取的部分。期末分配盈余由历年税后利润中未分配部分积累而成，其中的一部分可以用来转增股本。有的银行为解决资本充足率的不足，发行次级债作为从属资本。

11.2.2　商业银行的利润表

商业银行的利润表反映一定时间内（如半年或一年内）银行的收入和支出。利润表与资产负债表主要项目的规模存在密切的相关关系，因为资产负债中的资产产生大部分经营收入，负债产生大部分经营支出，只是利润表反映了银行的金融流量，而资产负债表反映了银行的金融存量。通过利润表提供的收支信息，可以了解银行的经营活动及成果，考核银行的经营效益与管理水平，预测银行的经营前景、获利能力及发展趋势。

商业银行的利润表主要有以下几方面的作用：①它可以反映商业银行在会计期间里的业务盈利或亏损情况，提供银行的盈亏信息，为银行的经营管理者、债权人、股东提供进行财务决策所必需的资料和信息。②它是分析考核银行管理水平和经济效益的依据。报表使用者可以根据提供的信息，分析银行盈亏形成的原因，对银行的经营业绩做出恰当的评价。③它为银行管理人员及领导者提供财务预测资料，使之通过对利润表的研究，预测银行经营发展及变动趋势，以及银行未来的经营前景及获利能力。④它是国家税务部门及有关部门对银行依法收缴各项税款的主要依据。

通过对利润表的分析，可以了解银行的经济效益和盈亏情况，分析利润增减变化的原因，为经营决策者提供依据。

银行利润表一般包括收入、支出和利润三个部分。利润表的编制依据“收入－支出＝利润”这一平衡公式。各科目的设置与处理取决于银行面临的管理法规、所开展的业务以及所采用的会计核算方法。不同国家商业银行的利润表有一定的差别，同一国家不同银行利润表的科目也不尽相同，但其编制原理与基本结构大同小异。表11-2是我国商业银行利润表的一般格式。

1.收入

商业银行的收入主要由利息收入、手续费收入与其他营业收入构成。

（1）利息收入。虽然利息收入是商业银行最主要的收入来源，但从发展趋势看，随着银行传统中间业务与新兴表外业务的不断拓展，利息收入占总收入比例将有所下降。利息收入受放款需求、市场利率变动以及法定准备金率的影响，也受银行经营策略、管理水平以及资产质量与结构的影响。

利息收入可具体分为以下几项：一是发放贷款利息、费用收入。这是银行最大的收入来源。二是证券投资利息收入。其地位仅次于贷款收益，由于某些证券投资可获得部分免税利益，故由证券投资取得收益对银行有较重要意义。三是其他利息收入。包括存放同业所得利息、同业拆出、进行证券投资的收入，以及购买其他银行发行定期存单的所得利息。

（2）手续费收入。手续费收入包括的内容较多，主要有：银行为客户办理转账结算（如收款、汇款等收取的费用），办理对外保证业务（如开立信用证、备用信用证、履约保证书及承兑汇票等所收取的手续费），包销股票或债券收取的佣金，代客买卖证券或贵金属收取的佣金，提供咨询的收入，办理银行卡的收入，以及办理其他表外业务的收入。西方大商业银行手续费收入一般占总收入的30%以上。

（3）其他营业收入。其他营业收入包括信托业务收入、租赁业务收入、证券销售差价收入、同业往来收入及其他非利息营业收入。

表 11-2　　　　**利润表**

编制单位：　　　　年　月　日　　　　单位：元

项目	行次	本期数	本年累计数
一、营业收入	1		
利润收入	2		
金融企业往来收入	3		
手续费收入	4		
证券销售差价收入	5		
证券发行差价收入	6		
租赁收益	7		
汇兑收益	8		
其他业务收入	9		
二、营业支出	10		
利息支出	11		
金融企业往来支出	12		
手续费支出	13		
营业费用	14		
汇兑损失	15		
其他营业支出	16		
三、税金及附加	17		
四、营业利润	18		
加：投资收益	19		
营业外收入	20		
减：营业外支出	21		
加：以前年度损益调整	22		
五、利润总额	23		
减：所得税	24		
六、净利润	25		

会计主管：　　　　复核：　　　　制表：

2. 支出

商业银行的支出主要由利息支出、薪金与福利支出、资产使用费用和其他营业费用所构成。

（1）利息支出。利息支出是银行最主要的支出。利息支出反映银行开展负债业务从社会获取资金的代价。利息支出的主要部分是银行的存款利息支出。为获得稳定的资金来源，银行可能以较高利率发行定期存单，因而这类利息支出所占比重较大。利息支出的另一构成部分是借款利息支出，它是银行在吸收存款之外主动购买资金以获得资金来源所支付的利息，包括向中央银行短期借款、同业拆借、证券回购；发行短期银行票据等短期借款所支付的利息，也包括发行金融证券，特别是附属资本债券等长期借款所支付的利息。

（2）薪金与福利支出。这是银行支付给管理人员与职工的费用总额，不仅包括银行支付职员的工资、奖金、养老金与福利费用支出，还包括银行缴纳的失业保险费、社会保险费等费用支出。西方大银行此项开支比例较高，有的甚至接近或超过资产使用费及其他营业费用。

（3）资产使用费用。资产使用费用包括银行房产、设备的维修费用与折旧费用，房屋、设备的租赁费用以及相应的税款支出。

（4）其他营业费用。其他营业费用包括业务费用、广告费用以及出纳短款损失等。

3. 利润

收入扣除各项费用支出后的余额为银行利润，根据会计核算口径的不同，银行利润有税前总利润与税后净利润两个层次。

（1）税前总利润。税前总利润是银行营业收支相抵后的余款，该指标的意义在于明确应纳税收益。需要指出的是，如果某商业银行在国外有许多分支机构，由于每个国家的税率有所不同，因此进行绩效评估时，用税前总利润较为合理。

（2）税后净利润。税后净利润为税前利润扣除税后的余额，加上免税收入所构成。该指标是银行正常经营活动的最终成果，它综合反映了银行经营业绩，是银行绩效评估的基本指标。

11.2.3 商业银行的现金流量表

现金流量表也称资金来源运用表，是银行主要财务报表之一。银行资金流量表与企业现金流量表的作用类似，它能反映银行在一个经营时期内的资金流入流出情况，有助于投资者和经营者判断银行的经营状况。商业银行经过一个时期的经营活动，其资产负债与所有者权益的规模与结构都会发生变动，变动的结果可以通过银行资产负债表和利润表相关的科目得以展现。但是，资产负债表是一张存量报表，不能揭示财务状况变动的原因；利润表虽然是动态报表，但它着眼于银行的盈利状况，不能反映银行资金流动的全貌，也不能揭示银行财务变动的原因。因此，在资产负债表与利润表之外必须编制现金流量表，以弥补二者的不足，将损益同资产、负债、所有者权益的变动结合起来，以揭示银行财务状况变动的原因。

现金流量表是综合反映商业银行在一段时期内营运资金的来源、运用及增减变化的报表。现金流量表是根据商业银行的资产负债表和利润表的数据编制的，反映了以下基本关系：①一定时期内银行的资金来源等于营运资金加资产减少额加负债增加额；②一定时期内银行的资金运用等于股东红利加资产增加额加负债减少额；③一定时期内银行的资金来源等于一定时期内银行的资金运用。表11-3是我国商业银行现金流量表的一般格式，表11-4是现金流量表副表的一般格式。

表11-3　　现金流量表

报告期　　单位：元

一、经营活动产生的现金流量	本年度	上年度
销售商品、提供劳务收到的现金		
收取的租金		
收到的增值税销项税额和退回的税款		
收到的除增值税以外的其他税费返还		
收到的其他与经营活动有关的现金		
经营活动现金流入小计		
购买商品接受劳务支付的现金		
经营租赁所支付的现金		
支付给职工以及为职工支付的现金		
支付的增值税款		
支付的所得税款		
支付的除增值税所得税以外的税费		
支付的各项税费		
支付的其他与经营活动有关的现金		
经营活动现金流出小计		
经营活动产生的现金流量净额		
二、投资活动产生的现金流量		
收回投资所收到的现金		
取得投资收益所收到的现金		
分得股利或利润所收到的现金		
取得债券利息收入所收到的现金		

续表

一、经营活动产生的现金流量	本年度	上年度
处置固定无形和长期资产收回的现金		
收到的其他与投资活动有关的现金		
投资活动现金流入小计		
购建固定、无形和长期资产支付的现金		
权益性投资所支付的现金		
债权性投资所支付的现金		
投资所支付的现金		
支付的其他与投资活动有关的现金		
投资活动现金流出小计		
投资活动产生的现金流量净额		
三、筹资活动产生的现金流量		
吸收权益性投资所收到的现金		
发行债券所收到的现金		
借款所收到的现金		
收到的其他与筹资活动有关的现金		
筹资活动现金流入小计		
偿还债务所支付的现金		
发生筹资费用所支付的现金		
分配股利或利润所支付的现金		
偿付利息所支付的现金		
融资租赁所支付的现金		
减少注册资本所支付的现金		
支付的其他与筹资活动有关的现金		
筹资活动现金流出小计		
筹资活动产生的现金流量净额		
四、汇率变动对现金的影响		
五、现金及现金等价物净增加额		

表11-4　**现金流量表（副表）**

补充资料	本年数	上年数
1.不涉及现金收支的投资和筹资活动		
以固定资产偿还债务		
以固定资产进行长期投资		
以投资偿还债务		
融资租赁固定资产		
以存货偿还债务		
2.将净利润调节为经营活动的现金流量		
净利润		
少数股东损益		
计提的资产减值准备		
计提的坏账准备或转销的坏账		
固定资产折旧		
无形资产摊销		
递延资产摊销		
长期待摊费用摊销		
待摊费用的减少（减：增加）		
预提费用的增加（减：减少）		
处置固定无形和其他长期资产的损失（减：收益）		
固定资产报废损失		
财务费用		
投资损失（减：收益）		
递延税款贷项（减：借项）		
存货的减少（减：增加）		
经营性应收项目的减少（减：增加）		
经营性应付项目的增加（减：减少）		
增值税增加净额（减：减少）		
其他		

续表

补充资料	本年数	上年数
经营活动产生之现金流量净额		
3.现金及现金等价物净增加情况		
货币资金的期末余额		
货币资金的期初余额		
现金等价物的期末余额		
现金等价物的期初余额		
现金及现金等价物净增加额		
4.特殊项目		
子公司吸收少数股东权益性投资所收到的现金		
子公司支付给少数股东的利润		
未确认投资损失		
计提的存货跌价损失准备		
计提的固定资产减值准备		
计提的无形资产减值准备		
利息及投资收入		
合并借差（减：贷差）摊销		
购买日前净利润		
其他长期负债摊销		
冲转固定资产评估增值部分的折旧		
开办费摊销		

1.现金流入

（1）经营中所得的现金。这一部分由净利润扣除应计收入，加上非付现费用构成。在会计核算中设置非付现费用是为了使净利润更真实地反映银行盈亏状况，但非付现费用仅在账面上得到处理，并未导致现金流出，所以应将这一部分加回到净利润中。同理，应计收入并非真实现金流入，也应扣除。银行非付现费用一般包括预提费用、计提折旧、提取贷款损失准备、递延税款贷项发生额。

（2）资产减少所得现金。这一部分包括减少非现金增加的所得及减少的现金资产。

（3）增加负债，增发股本所得现金。这是银行从外部获得的新的现金来源。

现金流入合计为上述三项之和，在账务处理时应结合具体账目的变动情况。

2.现金流出

（1）支付现金股利。支付股利直接导致现金的流出。

（2）支付现金增加资产。这里所指的资产包括有形资产、金融债权及现金项目。

（3）债务减少。负债业务是银行获取资金的主要方式，但债务还本付息是现金资产的净流出。

现金流出合计为上述三项之和。

在编制正确的现金流量表中，现金流出必须等于现金流入。

§11.3 商业银行经营管理绩效评价的指标分析

商业银行经营管理是商业银行人力、物力和财力的融合过程，其绩效评价应该尽可能涵盖商业银行的方方面面。其中，定量指标与定性指标都不可或缺。如果遵循商业银行经营管理绩效的客观性原则，那么财务指标的判断显然是直接和可信的。但是，财务性指标的判断毕竟是依据历史数据，更多地体现为商业银行过去的经营管理基本状况，对于发展中的商业银行而言似乎不能归纳出其动态的持续过程。而非财务性指标因较多地考虑到商业银行的发展潜力，对财务指标的不足是具有补充和校正作用的。当然，单纯地依赖非财务指标就成了无源之水，缺乏充分的说服力。可见，商业银行经营管理绩效评价指标是应该两者兼具、不可偏费的。

11.3.1 商业银行经营管理绩效评价的财务指标分析

商业银行绩效评价体系的核心是财务指标分析。考查各种比率及它们之间的关系，结合银行的财务报表，采用对比的方法评估银行过去和现在的财务状况和经营成果，可以预测银行将来的前景。按实现银行经营总目标过程中所受的制约因素，各指标可分为六类，即盈利性指标、流动性指标、风险性指标、安全性指标、清偿力指标及发展潜力指标。

1.盈利性指标

盈利性主要指商业银行获取盈利收入最大化的要求，商业银行必须以利润作为其经营机制的核心，以利润作为银行经营活动最重要的效益体现和衡量标准。商业银行作为现代金融企业，与其他企业一样，须通过其经营管理活动追求和争取利润最大化。盈利性指标反映商业银行的盈利能力。

（1）资产收益率（ROA）。资产收益率是银行纯利润与全部资产净值之比，其计算公式为：

资产收益率＝净利润/资产总额×100%

资产收益率指标将资产负债表、利润表中相关信息有机结合起来，是银行运用其全部资金获取利润能力的集中体现。有两点需补充说明，计算资产收益率指标时可以选择总资产的期末余额值做分母，这一数据可以方便地在资产负债表上直接取得，但银行利润是一种流量指标，为明确反映银行在整个报表期间的经营获利能力，采用总资产的期初与期末余额的平均数作分母效果更好。另外，银行纯利润包括一些特殊的营业外项目的税后收入，因而资产收益率指标的变动有时不能简单理解为银行正常营业获利能力的改变，还应结合具体情况分析。

（2）银行利润率。其计算公式为：

银行利润率 = 净利润/总收入×100%

由计算公式可以看出，该指标反映了银行收入中有多大比例被用作各项开支，又有多大比例被作为可以发放股利或再投资的利润保留下来。该比例越高，说明银行获利能力越强。

（3）银行利差率。银行利息收入是其主要收入来源，利息支出是其主要成本支出项目，因此利差收入是影响商业银行经营业绩的关键因素。银行净利差率的计算公式为：

银行利差率 = （利息收入 − 利息支出）/盈利资产×100%

盈利资产指那些能带来利息收入的资产。银行总资产小，除去现金资产、固定资产外，均可看作盈利资产，在计算中分母也应采取平均值。一般情况下，银行经营规模的扩大、盈利资产的增多会引起相应利息收入的增加，但银行净利差率的提高表明银行利差收入的增长幅度大于盈利资产增长幅度，即银行在扩大资金运用、增加收入的同时，较好地控制了相应的融资成本（利息支出）。因而该指标能有效反映银行在筹资放款这一主要业务中的获利能力。

（4）资产使用率。它是银行总收入与资产总额之比，其计算公式为：

资产使用率=总收入/资产总额×100%

该比率反映了银行资产的利用效率，即一定数量的资产能够实现多少收入。该比率越高，说明银行利用一定数量的资产获得的收入越多，其经营效率越高。

（5）财务杠杆比率。该比率是资产总额与资本总额的比率。其计算公式为：

财务杠杆比率=资产总额/资本总额×100%

这一比率指标说明银行资本的经营效率，一定量的资本能够创造多少倍资产。比率过大，说明资本不足，银行经营风险较大；反之，比率过小又说明定量的资本创造的资产过少，资本没有得到充分利用。

（6）资本收益率（ROE）。资本收益率又称净值收益率、股东投资收益报酬率等。其计算公式为：

资本收益率 = 净利润/资本总额×100%

该指标反映了银行资本的获利程度，是银行资金运用效率和财务管理能力的综合体现，同股东财富直接相关，受到银行股东的格外重视。

2.流动性指标

银行的流动性主要是银行偿还短期债务、满足必要贷款的能力。银行的流动性分析主要是通过分析银行资金的流动性情况来推断。流动性指标反映了银行的流动性供给和各种实际的或潜在的流动性需求之间的关系。商业银行由于自身不寻常的资产负债结构，更易受到流动性危机的威胁。其主要比率指标有：

（1）现金资产比例（现金资产/资产总值）。该指标是银行所持现金资产与全部资产之比。现金资产主要包括库存现金、法定存款准备金、存放同业存款等非盈利性资产。现金资产具有完全的流动性，可随时应付各种流动性需求。该比例高，则反映出银行流动性状况较好，抗流动性风险能力较强。然而，现金资产一般是无利息收入的，如果现金资产比例太高，则银行盈利资产下降，影响收益。

（2）国库券持有比例（国库券/资产总值）。国库券是银行二级准备资产的重要组成部分，对银行流动性供给有较大作用。一方面，国库券自身有较强的变现能力，银行出售国库券可直接获得流动性供给；另一方面，国库券是一种被普遍接受的抵押品，银行可以用其进行质押贷款，即持有国库券也可产生间接的流动性供给。该比值越高，银行的流动性越好。

（3）流动比率。它既可用于衡量银行的短期偿债能力，亦可用于衡量银行营运资金的充足性。其计算公式为：

流动比率=流动性资产/流动性负债×100%

由于流动性资产是银行最可靠的流动性供给，流动性负债是银行最不稳定的流动性需求，因而，流动性资产与流动性负债比值的高低较直接地反映了银行流动性状况的好坏。这一比值越高，银行的流动性状况越好；反之亦然。

（4）存贷款比率（贷款总额/银行存款总额）。存贷比率越高，表明相对于稳定的资金来源而言，银行的贷款过多，可能无法保证客户的提存，从而预示着银行的流动性越差。中央银行为防止银行过度扩张，目前规定商业银行最高的存贷比例为75%。

（5）预期现金流量比率（银行预计现金流入与现金流出之比）。其计算公式为：

预期现金流量比率 = 预计现金流入/预计现金流出×100%

银行的现金流入主要包括贷款收回、证券到期所得或偿付、证券出售、各类存款与借款的增加等；银行的现金支出主要包括发放贷款、支付提存与证券投资等。这一比率大于1，则表明未来的流动性会有所提高。

3.风险性指标

风险是指预期收入的不确定性。银行面临复杂多变的经营环境，收益水平受多种因素的干扰，风险性指标对这些因素做了分类，并定量反映了银行面临的风险程度和抗风险能力。

（1）利率风险比率。利率风险是银行由于资产负债不匹配，在利率变化情况下所导致亏损的风险。商业银行的主要收入是各种生息资产，成本项目主要是为融资而发生的利息支出，市场利率的波动往往会引发银行利差收入乃至全部营业收入的波动。资金配置不同使银行面对相同利率波动所受的影响是不同的，利率风险暴露也不同，这种差别可以通过以下两个利率风险指标度量：

指标1：利率风险缺口=利率敏感性资产−利率敏感性负债

指标2：利率敏感比率=利率敏感性资产/利率敏感性负债

利率敏感性资产是指收益可以随市场利率变动而重新调整的资产，如浮动利率贷款。以相同的方式可以定义利率敏感性负债。指标1和2在含义上是一致的，当缺口为0或比率为1时，银行不存在利率风险。其他指标值均意味着存在利率风险。

（2）信用风险比率。银行的信用风险指银行贷款或投资的本金、利息不能按约得到偿付的风险。银行的主要资产和收入来源是各类金融债权。信用风险对其经营业绩影响很大，下述几个指标反映了银行面临多种实际和潜在的信用风险程度。

①贷款净损失/贷款余额。贷款净损失是已被银行确认并冲销的贷款损失与其后经一定的收账工作重新收回部分的差额，反映了信用风险造成的贷款资产真实损失情况。该指标衡量了银行贷款资产的质量状况，比值越大，说明银行贷款资产质量越差，信用风险越高。

②低质量贷款/贷款总额。低质量贷款由三部分组成：一是逾期贷款，指超过偿还期90天尚未收回的贷款；二是可疑贷款，其确认标志是债务人未能按约支付利息，这往往是债务人财务状况恶化、最终无力偿还本息的先兆；三是重组贷款资产，当债务人财务状况恶化，银行为避免贷款债权的最终落空，有时会以延长期限、降低利率等方式同借款人进行债务重组协商。低质量贷款的信用风险程度很高，是产生未来贷款损失的主要根源。该指标可以估计潜在的贷款损失，比值越高，银行贷款的信用风险越大，未来可能发生的贷款损失越大。

③贷款集中度指标。该指标包括最大贷款客户集中度和前十户最大贷款客户贷款集中度，其计算表达式为：

最大贷款客户集中度=余额最大的客户各项贷款余额/各项贷款余额×100%

前十户最大贷款客户贷款集中度=余额前十位的客户各项贷款余额/各项贷款余额×100%

上述两个指标越大，说明银行的贷款集中度越高，信用风险越大。

（3）资本风险比率。它是所有者权益与风险资产之比。其计算表达式为：

资本风险比率=所有者权益/风险资产×100%

风险资产是总资产对现金资产、政府债券和对其他银行债权扣除后剩余的部分。它反映一家银行在存款者和债权人的资产遭受危险之前，能够承担的资产价值损失的程度。如一家银行的资本风险比率为10%就意味着该银行能承担其风险资产总额10%的价值损失，若损失超过10%，就意味着该银行负担不起，就要危及存款者和其他债权人的利益。

（4）流动性风险比率。它是短期投资与存款总额之比。其计算表达式为：

流动性风险比率=短期投资/存款总额×100%

存款总额代表客户对银行流动性的需求，短期投资因其变现迅速代表着银行应对客户流动性需求的能力。此项指标大，说明银行资产流动性强，银行应对流动性风险的能力强。

4.安全性指标

安全性指标考量银行的资产、经营等是否安全。

（1）不良贷款比率。其计算公式为：

不良贷款比率=不良贷款/贷款总额×100%

在大多数国际清算银行的成员中，不良贷款是指已经过期或者有90天及多于90天未支付利息的贷款。不良贷款是十分常用的衡量资产质量的指标，但分析时要结合不良贷款的绝对额，因为贷款总额的增加可能稀释不良贷款，如果仅仅拘泥于不良贷款率就不能很好地分析银行真实的资产安全度。

（2）贷款损失准备金充足率。其计算公式为：

贷款损失准备金充足率=贷款损失准备金额/贷款平均余额×100%

贷款损失准备来自于银行历年税前利润，是对未来可能出现的贷款损失的估计，并可以弥补贷款资产损失。该项指标比值越大，说明银行有充分的实力应付贷款资产损失，以减少贷款损失对银行造成的不利影响，表明银行安全性越高。

（3）资本充足率。《巴塞尔协议Ⅲ》规定核心资本不得少于总资本的50%、附属资本不能超过核心资本的100%。从事国际业务的各商业银行的总风险资本比率应达到8%，不过，各银行应增设“资本防护缓冲资金”，总额不得低于银行风险资产的2.5%，因此原比例将被从8%提升至10.5%。其中核心资本比率不低于4.5%。如果银行资本不足，应增加资本，以避免可能造成的经营风险而危及银行安全。

5.清偿力指标

银行清偿力是指银行运用其全部资产偿付债务的能力，反映了银行债权人所受保障的程度，清偿力的充足与否也极大地影响银行的信誉。清偿力指标主要有：

（1）资产增长率与核心资本增长率。一般情况下，银行资产增长率低于核心资本增长率说明银行的清偿能力加强；反之，银行的清偿力减弱。这组指标也可用于银行间比较清偿力大小。

（2）备付金比率。其计算表达式为：

备付金比率=备付金/各项存款×100%

备付金包括在央行的存款和库存现金。它是银行资产中流动性最强的资产，这个比率越大，说明银行资产的流动性越强，因而在应付流动性需求方面的能力越强，清偿力越强。

（3）短期可销售证券/总资产的比率。短期可销售证券是商业银行的二级准备，此比率越高，银行的清偿力越强。

（4）现金股利/利润。银行的净值中占比最大的是利润的累积，现金股利是银行利润的净流出：这项指标越高，表示银行的利润累积能力越差，清偿力会受到一定的影响。

11.3.2　商业银行经营管理绩效评价的非财务指标分析

随着银行业务的发展和以价值为核心的绩效考核体制的确立，非财务指标将在以后的指标体系中扮演重要的角色。非财务指标一般难以量化，其优势在于面向未来，能够更好地体现银行绩效和发展潜力。它从长远发展的观点着手克服短期的、历史性财务评价体系的弊端，更好地反映银行未来创造价值的能力。财务指标与非财务指标有良好的互补性，可以用非财务指标去涵盖财务指标无法覆盖的部分，来完善绩效考核的内容。非财务指标可以从银行内部影响因素和外部影响因素两方面来分析。

1.内部影响因素

内因是起决定性作用的因素，具体包括以下各项：

（1）技术应用程度

当今，商业银行已经步入了网络化、电子化的时代。电子技术的应用程度能够反映商业银行的经营管理实力和竞争能力。电子操作系统是银行运营的支柱。它的作用主要有四方面：

①为银行专门开发的系统软件可以瞬间实现资金的汇划、转账、结算、统计，极大地提升了银行经营的效率。

②改善经营管理。网络技术的应用提高了总分行之间及各银行间的联系与沟通效率，便于总行对分行的管理、分行向总行汇总信息，以及各分支行之间的协调。网络技术使银行管理方式由垂直式向扁平式转变。改变了过去由上而下逐级命令的管理，下层可以越过中间层直接与高层沟通交流，提高了运营效率。

③为客户提供了便捷。电子技术的应用使客户不仅可以享受传统银行业务效率的提升，而且可以享受中间业务的方便快捷。到银行就可以交水电费、领取工资，还可以办保险买基金等，这都是实现网络化带来的好处。

④电子技术、网络技术的应用促生电子银行的蓬勃发展。通过网络和电子技术终端，商业银行可为客户提供自助金融服务。其具体形式有自助银行、电话银行、网上银行、手机银行等，可以为客户提供查询、转账、理财和支付结算等服务。

（2）银行运营计划

商业银行的运营计划可以反映其内部控制情况，决定着下一个时期银行的总体方向，如何吸纳和运用资金，调剂资金供给和需求，决定着银行的绩效状况。制订银行运营计划需要考虑银行自身经营能力、规模和外部经济状况等因素。运营计划可分为短期计划和长期计划。银行的运营计划包括银行的战略、银行的目标和银行的预算。

①银行的战略。银行是特殊的企业，银行的运营从开始便会制定自身的发展战略，并在发展中不断改变，对运营具有指导性作用。例如，对银行分支行、网点的布局，兼并重组，上市等重大事宜进行部署，决定银行的发展步骤。

②银行的目标。银行应用目标管理的办法进行绩效考核，在每个年度的开始，管理层设定年度经营目标，设置经营效益、资产流动、发展能力等几大类目标，然后以季度、半年度或年度为考核周期，对这几大类进行考核。银行的经营目标有些能够量化，如在一定时期吸收多少存款、发放多少贷款、投资数量等；有些则不能或很难量化，如服务质量及自身形象、品牌等。

③银行的预算。银行对可以量化的目标进行分解，对预算年度可能产生的成本和收益进行预测和规划，便于银行与实际进行比较，同时起到约束控制作用。

科学合理的运营计划是银行良好绩效的前提和先决条件，差的运营计划表明银行已经输在了起跑线上。

（3）人力资源开发

人力资源是经济社会发展的“第一资源”，是促进生产力进步的“第一推动因素”。人力资源开发对银行的绩效有非常大的影响。银行的核心竞争在于人才的竞争，吸收并培养懂管理、善经营的员工，银行将产生优良的绩效。良好的人力资源开发机制可以保证员工的诚信度、工作态度、专业技能和知识结构等符合要求。人力资源的开发包括员工招聘、员工培训和对员工进行激励与约束。

①员工招聘。银行员工的招聘是银行人力资源开发的重要组成部分。招聘的员工是分不同层次的，对于不同层次的银行员工有不同的用人标准。银行对于普通员工的要求是年轻、有责任心、有一定的专业知识。中高层管理人员的素质是商业银行成败的决定因素，对他们的选拔主要从道德品质、知识水平和个人因素方面考虑。

②员工培训。对员工进行专业知识和技能的培训，使员工掌握最新的银行经营管理知识，学会使用最新的技术，了解监管动态，并培养其实际工作能力，如营销能力和开发新产品的能力。

③激励与约束。激励与约束对员工个人绩效具有最直接的影响，从而会促进银行的整体绩效。激励机制分为物质激励和精神激励：物质激励是银行根据员工工作成绩按等级给予加薪、奖金、住房等具体物质激励；精神激励是给予有工作业绩的员工以荣誉称号等。商业银行按照事先制定的奖罚制度，对于工作中有突出成绩的员工给予公开的表彰。银行实行经营责任绩效，依据员工工作表现给予员工适当奖励，同时将责任落实到个人，出现问题时，由负有责任的个人承担。

（4）中间业务

20世纪70年代以来，西方商业银行大力发展中间业务，开辟了新的利润空间。一些发达国家银行的中间业务盈利水平目前已占其总利润的60%~70%。我国商业银行也开始重视中间业务，中间业务获得了快速发展，已由辅助性业务向主营业务转变。中间业务不运用或不直接运用银行自己的资金，以收取手续费的形式获取收入，风险低。中间业务日益成为商业银行竞争的焦点，大力拓展中间业务，将提高银行的利润和绩效。

（5）创新能力

创新能力是商业银行竞争力的体现，是银行绩效的重要标准。国内商业银行以金融创新为动力，迈出了实质性的发展步伐。银行的创新能力主要包括四个方面：

业务创新、产品创新、服务创新和技术创新。以上几个方面的创新都是银行绩效的重要反映，为银行获得较高利润和高效经营开辟了新的道路。

2.外部影响因素

商业银行经营管理的外部影响因素来自几个方面：客户、竞争对手、监管机构和公众。银行能否与他们成功合作或相处会影响银行的绩效。可以从以下几点来分析银行绩效的外部影响因素：客户满意度、监管合规性、公众信心、与其他商业银行的竞争与共赢、外部环境。

（1）客户满意度

客户满意度说明银行的竞争力和客户认可度，它决定银行的客户保留度和市场份额。商业银行需对客户需求进行分析和定位，适应客户需求的多样性、多变性，改善服务质量，提高服务水平，努力使客户满意，以保持并扩大自己的市场份额，为良好的绩效打下了坚实的基础。

（2）监管合规性

监管机构依据法律法规对银行经营是否合规进行监管，来规范银行的设立、经营和退出，以及业务的种类、规模和比例。监管机构以防范风险为目的，通过对银行经营状况是否合规进行分析，识别银行存在的风险，以实现对商业银行的持续监管和分类监管。合规性是银行得以持续经营的前提，是银行获得绩效的保证。

（3）公众信心

公众对于商业银行是否有信心将影响银行经营的安全和稳健。赢得公众信心才能确保银行稳定、持续经营，公众才可能会选择成为其客户。相反，当公众对银行失去信心时，该银行将会出现挤兑风潮甚至破产。

（4）与其他商业银行的竞争与共赢

一家商业银行的绩效也受到其他商业银行的影响，彼此之间存在着竞争与协作，会产生利益的纷争，也可能有共赢的机会。商业银行之间争夺客户、人才、资源等导致利益的分配，绩效此消彼长。而商业银行间资金的融通、共同承担项目等会产生共赢的局面，使各方的绩效都有所改善。

（5）外部环境

外部环境是十分广泛的，最主要的包括社会经济状况、法律环境、社会诚信度。

§11.4 商业银行经营管理绩效评价的方法

11.4.1 比率分析法

比率分析法是指同一会计期间财务报表的相关数据相互比较，求它们之间的比率并对比分析，从而对银行财务状况和经营成果做出概括性判断的一种方法。在对银行的盈利能力、资产流动性和风险情况进行分析时一般采用比率分析法。

比率分析法的核心是绩效评价指标，但孤立的指标数据是毫无意义的，并不能说明银行业绩的好坏，必须在比较中才能发挥作用。比较的形式主要有同业比较和趋势比较：将一家商业银行的绩效评价指标值与同业平均水平进行横向比较，可以反映出该行经营中的优势和不足；对指标值进行连续期间内的比较，可以看出该银行的经营发展趋势，并对未来情况做出预测。在实际分析中，同业比较和趋势比较应结合起来使用。在应用财务比率进行绩效评价时，也应注意到银行规模上的差异，很多情况下，绩效评价指标的差异来自于规模差异以及相应经验方法上的不同，不能等同于经营业绩之间的差距。最后，在利用财务比率分析时，还应该注意表外业务的情况、经济环境的变化、利率走势等外部因素。

11.4.2　CAMEL评价法

CAMEL评价法，即通俗所称的"骆驼"评价体系，是将资本（capital）、资产（asset）、管理（management）、盈利性（earning）、流动性（liquidity）五项作为评价商业银行经营状况的标准。目前，"骆驼"评价体系的核心内容被许多国家采纳，作为评价本国商业银行经营状况的主要指标。

1.CAMEL评价法的主要指标

（1）资本充足性

自有资本是否充足是保证银行支付能力和应付意外风险最主要的因素，也是决定银行信誉的重要标准，有了充足的资本才能更好地保护存款人的利益。"骆驼"评价制度提出了新的资本评价指标，规定了资本的组成，对银行自有资本与总资产的比值、资本与总存款比值的比例规定了最低的标准。

（2）资产质量的好坏

资产质量的好坏，直接反映银行的风险程度，它影响到银行盈利数量、需要弥补的损失数量、资产流动性和银行信誉。为此，"骆驼"评价制度主要分析逾期贷款、信用卡预付款、债券经营情况，提出不合格资产概念的计算方法，并按此对资产进行分类和考查。

（3）经营管理能力

经营管理能力是影响银行业务经营成败的内在因素，进行"骆驼"评价时主要考查商业银行董事会、经理和其他业务人员的素质、开拓进取精神、竞争意识、法制观念和银行内部管理制度。

（4）盈利水平和盈利质量

盈利状况是决定商业银行未来发展能力的重要标准，股息、红利、内部积累等均依赖于稳定可靠的利润，在"骆驼"评价时，主要检查商业银行的资产收益情况，分析利润变化和趋势，重点考查商业银行资产负债的管理能力和管理水平。

（5）资产流动性

资产流动性是反映银行满足存款人提款需要的一项重要指标。在“骆驼”评价时，主要考查银行的现金资产及易变现资产的数量、质量，以判断银行应对突发事件，满足清算、提款的能力。

2.CAMEL评级制度的实施

（1）资本充足率的检查和分析

资本分为原始资本和次级资本。前者包括普通股和永久性优先股、盈余、紧急储备和其他储备、未分配利润、可转让的有价证券；后者包括有限制优先股、次级债务等。按以上的资本划分，运用“骆驼”评价时，统计银行风险资产的数量和结构，着重考虑自有资本的数量，坏账的数量、增量、增幅，自有资本数量、资本对风险的比率，资本充足和管理水平，并将商业银行资本划分为5个等级。

（2）资产质量的检查和分析

银行资产分为：现金、贷款、投资、清算资产、自由不动产、其他资产。在弄清各类资产数量情况的基础上，要特别注意：逾期贷款、有问题贷款或投资的数量；有问题贷款是否集中在某些特殊经济单位；贷款损失准备金是否充足；表外科目的风险情况如何。

运用“骆驼”评价时，主要用总资产与主要资本的比值、不合格资产与主要资本的比值、逾期贷款与贷款总额的比值、逾期及有问题贷款与贷款总额的比值这些指标来衡量商业银行资产质量。其中：

$$不合格资产=低标准资产\times 20\%+有问题资产\times 50\%+损失资产\times 100\%$$

（3）经营管理能力的检查和分析

在运用“骆驼”评价时，主要考查董事会和银行内部管理能力这两个方面。①董事会的情况包括董事会的构成、董事会是否由股东大会选举产生、董事会成员在社会上的威望和开拓能力、董事会的决策能力、全体职员遵守董事会决议的情况。②银行内部管理能力包括银行主要领导的经营能力、弱点、与雇员之间的关系，遵守法规的情况，处理问题的能力，出席董事会的情况，管理的联系性及管理人员的构成，各种内部管理制度的制定和执行情况，内部借贷情况，管理人员和董事会的关系。据此，经营管理能力划分为5个等级。

（4）盈利能力和水平的检查与分析

银行盈利能力用平均资产收益率来衡量。

$$平均资产收益率=\frac{纯收入}{平均总资产}\times 100\%$$

据此，其盈利能力分为5个等级。

（5）资产流动性检查和分析

银行资产流动性，一是要满足偿还债务的需要，二是要满足来自社会合理的信用需要。衡量银行资产流动性的指标主要有：短期资产与一年期以上贷款和债券的比值；短期资产与易变负债的比值；贷款和投资与存款总额的比值。资产流动性也可以分为5个等级。

对商业银行评级的目的就在于对银行经营状况进行鉴别，对问题严重程度不同的银行采取不同的监管措施，以保证商业银行的健康运行。

11.4.3　杜邦分析法

商业银行财务分析的综合方法就是杜邦分析法，杜邦分析法又称为杜邦分析模型。该模型由科尔（1972）用于银行管理领域，它整合了各类指标进行综合的判断。**杜邦分析法首先将权益报酬率（ROE）和资产收益率（ROA）以及财务杠杆联系起来，**然后将资产收益率进行因素分解，如图11-1所示。杜邦分析法依其涉及的因素不同可分为两因素模型、三因素和四因素模型。

1.两因素的杜邦财务分析

两因素的杜邦财务分析是杜邦分析的基本出发点，集中体现了其分析思想，其模型为：

ROE=ROA×EM

其中：ROE为股东收益率（return on equity），ROA为资产收益率（return on assets）。

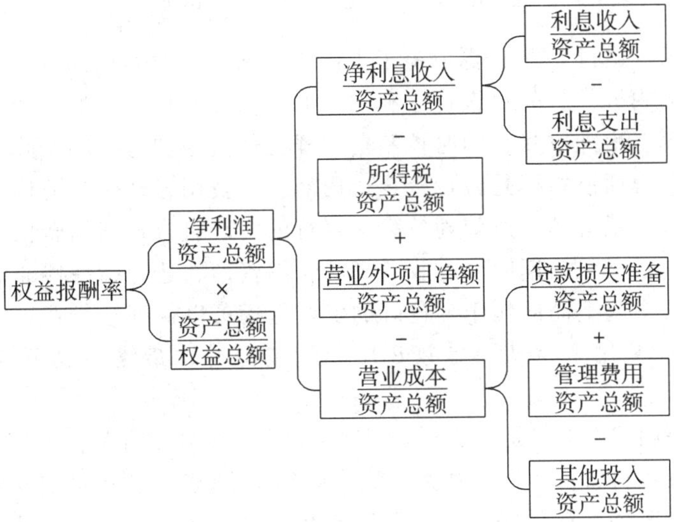

图11-1　杜邦分析模型

ROE是股东所关心的与股东财富直接相关的重要指标，上面的两因素模型显示，ROE受资产收益率和股本乘数的共同影响，资产收益率是银行能力的集中体现，它的提高会带来ROE的提高，即ROE指标间接反映了银行的盈利能力。

ROE指标也体现银行的风险状况，提高股本乘数，可以改善ROE水平，但也带来更大的风险。一方面，股本乘数加大，银行净值比重降低，清偿能力风险加大，资产损失较易导致银行的破产；另一方面，股本乘数会放大资产收益率的波动幅度，较大的股本乘数会导致ROE不稳定。

因而两因素模型以ROE为核心，揭示了银行盈利性和风险之间的制约关系，从这两个角度可以对银行绩效进行全面分析评价。

2.三因素及四因素的杜邦分析

银行资产收益率取决于多个因素，将其分解可以扩展为三个因素分析模型，该模型能更好地从ROE指标出发分析评价银行业绩。

$$
\begin{aligned}
ROE &= ROA \times EM \\
&= PM \times AU \times EM \\
&= TME \times EME \times AU \times EM
\end{aligned}
$$

其中：

PM：净利润率（Profit Margin）$=\frac{\text{税后净收入}}{\text{营业总收入}}$；

AU：资产利用率（Asset Utilization）$=\frac{\text{营业总收入}}{\text{资产总额}}$；

TME：税负管理效率（Taxation Management Efficient）$=\frac{\text{税后净收入}}{\text{税前净收入}}$；

ME: 支出管理效率（Expediter Management Efficient）$=\frac{\text{税后净收入}}{\text{营业净收入}}$。

模型显示，银行ROE指标取决于上面三因素，其中净利润率和资产利用率也包含着丰富的内容。首先，银行净利润率的提高要通过合理的资产和服务定价来扩大资产规模、增加收入，同时控制费用开支使其增加速度小于收入增加速度才能得以实现，因而该指标是银行资金运用能力和费用管理效率的体现。其次，资产利用率体现了银行的资产管理效率。银行的资产组合包括周转快、收益低的短期贷款、投资，又包括期限长、收益高的长期资产，还包括一些非盈利资产。各类资产在经营中起不同的作用，良好的资产管理可以保证银行在正常经营的情况下提高其资产利用率，从而导致ROE指标的上升，最终给股东带来更高的回报率。

银行的净利润率不只是与资金运用以及费用管理效率有关，也与银行的税负支出有关。在银行利润表部分已说明，银行税前利润是其营业中的应税所得，不包括免税收入和特殊的营业外净收入。税后净收入/税前净收入越高，反映银行的税负支出越小，税负管理比较成功，税前净收入/营业总收入也反映了银行的经营效率是银行资金运用和费用管理能力的体现。实际上，将PM分解为TME和EME后，就得到了四因素的杜邦分析模型。

从杜邦分析模型中可以看出，ROE指标涉及银行经营中的方方面面，杜邦分析法通过综合性极强的净值收益率指标，间接体现了银行经营中各方面情况及其相互之间的制约关系，可以以此对银行业绩进行全面的分析评估。

11.4.4　经济增加值模型

商业银行绩效评价另一种比较流行的评价方法就是经济增加值（economic value added，EVA）评价法。经济增加值评价法要求管理者用经济增加值来评价贷款、投资项目等，主要是从股东收益的角度来评价哪些投资是合适的，鼓励管理者寻求长期利润增长，防止管理中短视行为的发生。经济增加值可如下计算：

经济增加值=（资本收益率－资本成本率）×投入的边际资本

或者表示为：

$EVA=(r-k)\times K=r\times K-k\times K$

其中：r 为资本收益率；k 为资本成本率；K 为投入的边际资本。

EVA 的理论基础是股东必须获取一定的收益，以补偿投资风险。也就是说，权益资本获得的利润最少与其在资本市场同等风险下所获得的利润水平相当，否则从股东的角度来看即为经营亏损。*EVA* 是在剩余收益（residual income）基础上发展而来的。剩余收益是指公司的收益超过总体平均期望值的部分，常用于评价利润中心的经营业绩。*EVA* 评价法主要从两个方面发展了剩余收益评价法：一方面利用资本资产定价模型计算出具有本行业特点的资本成本，不再使用平均资本成本；另一方面在进行分析时，对会计报表提供的财务数据进行必要的调整，剔除不必要的干扰因素。

采用 *EVA* 进行业绩评价时，参见图 11-2，管理者实现了公司价值最大化目标时的边际经济增加值等于0。因为在价值最大化的理论中，经济增加值通常被理解为一个边际的概念，当经济增加值等于 0 时，就是价值最大化的点。当 *EVA* 大于0时，存在经济增加值，银行可以继续扩张创造价值；当 *EVA* 等于0时，银行的价值达到最大化；继续扩张只会破坏银行价值，使银行价值减少，这表现为 *EVA* 小于0。

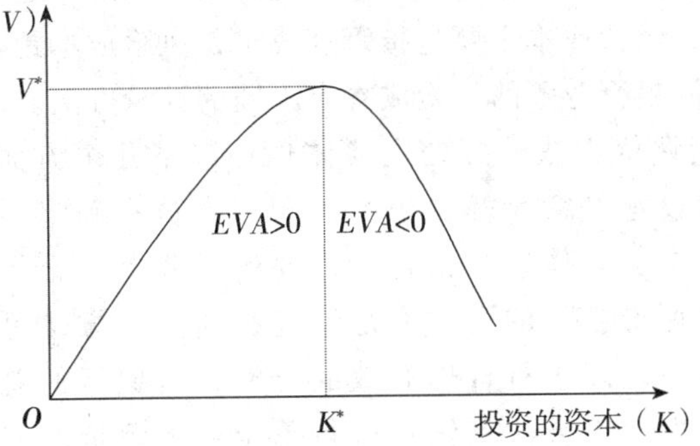

图 11-2　EVA 业绩评价的价值最大化图示

当银行将经济增加值作为衡量管理者经营业绩的尺度时，管理者会极力扩张公司的规模。但由于 r 要大于 k，因此管理者扩张不能以牺牲银行利润为代价，当收益大于成本时，扩张才会进行下去。当 *EVA* 等于 0 时，如图 11-2 中的 K^* 点时，公司价值达到最大化。

*EVA*评价法的优点主要表现在：首先，该方法从股东角度定义银行的利润，增强了银行的业绩水平与银行投资决策的相关性；其次，*EVA*评价法在进行业绩评价时，既以会计数据为评价基础，又考虑了权益资本的机会成本，该方法综合银行内部各种财务指标的优点，有利于银行内部财务管理指标的协调统一，真实反映银行的业绩水平。当然*EVA*也存在一些问题，但是该方法在业绩评价的各方法中是一种相对十分可取的方法。

11.4.5 风险调整的资本收益率

传统商业银行经营管理的方法，缺乏将风险与收益同时进行度量的技术和手段，所以在管理风险与收益的时候，总是强调收益越高越好，而实际上二者之间是很难进行综合平衡的。风险调整的资本收益率（risk adjusted return on capital, RAROC），就是综合平衡收益与风险的最好工具，在现代商业银行得到了广泛的应用。

风险调整的资本收益率的中心思想是将风险带来的未来可预计的损失量化为当期成本，直接对当期盈利进行调整，衡量经风险调整后的收益大小，并且考虑为可能的最大风险做出资本储备，进而衡量资本的使用效率，使银行的收益和所承担的风险直接挂钩，与银行最终的盈利目标相统一，为银行各部门的业务决策、发展战略、绩效考核、目标设定等经营管理工作提供依据。根据银行所承担风险所计算出的最低资本需求被称为风险资本，是银行实际承担的损失超出预计损失的差额损失部分，是保证银行安全的最后防线。RAROC的计算公式为：

$$RAROC=\frac{\text{调整后的收益}}{\text{某项经济活动未预料到的损失}}$$

$$=\frac{\text{收入}-\text{资金成本}-\text{经营成本}-\text{风险成本（预期损失）}}{\text{某项经济活动未预料到的损失}}$$

银行的收益包括利息收益和非利息收益，银行的成本通常由经营成本和风险成本两个部分构成，经营成本主要是指管理成本，风险成本是指银行业务承担风险所带来的损失。不同银行业务的风险成本有不同的计量方法。

RAROC业绩评价方法的好处主要体现在以下几个方面：首先，通过该方法进行资本分配和设定经营目标，银行的管理人员在确定了银行对风险的最大可承受能力的基础上，总体计算银行所需要的风险资本，将其与监管资本和账面资本比较，客观评价银行的资本充足情况，通过该方法可以将有限的资本在各类风险、各种业务之间进行合理有效的分配，对银行的总体风险和各类风险进行总体控制；其次，该方法是银行进行单个业务评价的主要依据，通过该方法将一笔业务的风险与收益进行衡量，看风险与收益是否匹配，决定该笔业务的可操作性；最后，该方法是银行资产组合管理的有力工具，银行在考虑单个业务和组合的效应后，主要依据对组合资产的RAROC测算、衡量各类组合的风险收益是否平衡，并对RAROC指标恶化或有明显不利趋势的组合采取积极的措施，为效益更好的业务腾出空间，力争实现银行在可接受风险的条件下收益最大化。

RAROC方法虽然存在许多优点，但在使用该方法时也应考虑银行的一些固定开支如经营场地、土地使用开支、人员成本等费用在不同产品之间的分配问题，否则计算出来的风险调整的资本收益率可能不够准确。另外，当风险调整的资本收益率超过资本成本时，可能会否决有营利性的商业机会，减少股东财富，损害股东利益。

11.4.6　平衡计分卡

罗伯特·卡普兰和大卫·诺顿的平衡计分卡较好地实现了企业对管理的系统性战略要求，自1992年提出已被许多企业采纳，并被《哈佛商业评论》评为75年来最具影响力的战略管理工具。2003年以来，中国的一些商业银行也开始关注并使用平衡计分卡，在运用的过程中将其作为绩效考核的新方法。

1.平衡计分卡的基本框架

平衡计分卡从四个方面构建企业的业绩评价，即财务方面、客户方面、内部经营过程、学习和成长。其包含财务指标用以说明已采取的行动所产生的结果，同时又包含非财务指标，用顾客满意度、内部结构、组织创新和提高活动来补充财务指标无法显示的企业未来发展的可能性。

平衡计分卡通过财务视角保持对短期业绩的关注，另一方面明确揭示了获得卓越的长期财务和竞争业绩的驱动因素，如图11-3所示。平衡计分卡平衡了关于股东和客户的外部指标和关于关键业务流程、创新、学习与成长的内部指标；平衡了反映以往工作结果的指标和驱动未来业绩的指标；平衡了对客观、容易量化的成果指标和对这些成果的主观的、带有一定判断性的业务驱动因素指标。

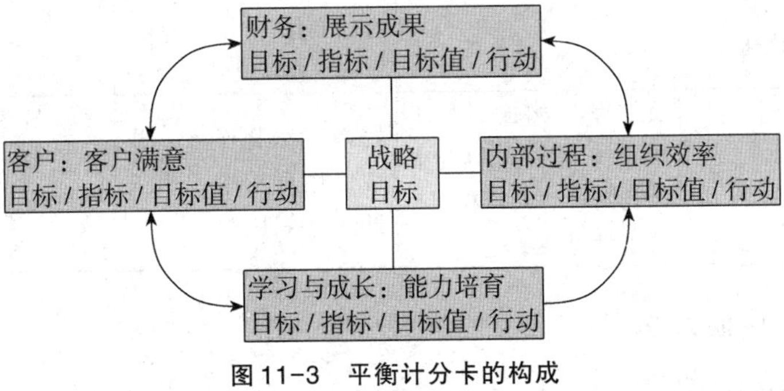

图11-3　平衡计分卡的构成

2.平衡计分卡的指标设计与管理流程

通过平衡计分卡衡量企业绩效，主要表现在设计的指标体系上，见表11-5。指标的设计应是成果指标和业绩驱动因素的混合。其中，成果指标是指概括性指标，能够反映许多战略的共同目的和行业与公司的类似结构，也称为滞后指标，如盈利率、经济增加值、市场份额、资产质量、流动比率、成本收益比、客户满意度、客户保持率等；业绩驱动因素则是领先指标，是反映业务单位战略的独特性，如盈利率的财务驱动因素、业务单位选择竞争的细分市场、特有的内部组织结构和业务流程、学习与成长的目标等。

表 11-5　运用平衡计分卡进行绩效评价的指标设计与行动重点

战略目标 提升银行绩效	战略衡量指标		战略行动重点
	成果指标	业绩驱动因素	
一、财务 提高利润 扩大营收组合 减少成本	资本回报率、资产回报率、人均利润、营收增长、业务服务成本改变	营收组合、新价值主张的认可、人才识别	扭转客户和市场对银行的看法，强化业务开发、降低业务开展成本
二、客户 提高客户对银行业务和人员的满意度 提高“售后服务”的满意度	市场份额 客户保持率	客户关系的深度 客户满意度调查	客户需求分析、客户忠诚度分析、增加客户对银行的信心
三、内部运营 ①资本： 资本来源优化 资本所有权结构优化 ②组织结构： 组织治理结构优化 组织设置结构优化 ③业务： 业务风险结构优化 业务价格结构优化 业务技术结构优化	资本充足率、资本构成、股权集中度 成本收益率、分支机构或部门的利润贡献率 不良贷款比率、流动比率、资产负债比率、非利息收入比率、	资本来源的可能性 经济资本分配的科学性 委托-代理成本收益分析、职能部门的协调与合作、服务出错率、满足客户要求的时间 新产品的开发、交叉销售的比例、渠道组合的变化 业务的电子化程度	资本约束管理、经理人的选择、产品开发周期、面对客户的时间、转移客户至成本效益较高的渠道、强化风险管理、有效利用信息技术
四、学习 培养战略技术 提供战略信息 校准个人目标	员工学历构成、员工生产率包括人均资本人均资产、人均利润 员工满意度	战略工作胜任率、战略信息可用率、个人目标一致性	改善员工效率，重视员工能力再造、给予发展机会、重新调整奖金制度

11.4.7　其他方法

1. 比较分析法

比较分析法通常有三种形式：

（1）本期与前期比较，将财务报表中的同一项目的数字在连续两期以上的不同时点上进行比较，计算出增减绝对额和百分比，据此推测其发展演变趋势的方法，这种方法又叫做趋势分析法。

（2）本期实际结果与计划目标比较，通过对二者在绝对额差异、计划完成程度等方面的分析对比，可以及时发现差距及原因，采取措施促进目标实现，改善经营。

（3）与同业对比，即以同类银行中经营较好的银行的指标为参照，在比较中找出差距，进一步认识和改善自身的经营管理。

2.因素分析法

因素分析法又叫连锁替代法，因素分析法是指把某一综合指标分解为若干个相互联系的因素，并分别计算分析各因素影响程度的方法。其特点是，在测定某一经济指标各个因素的影响程度时，必须对各有关因素按顺序进行分析，分析某一具体因素，暂时把其他因素视为不变，依次改变影响因素，以分析各个因素的影响程度。在银行财务报表的分析中，因素分析法主要用于寻找影响变化的主要方面或主要因素，即主要应用于寻找问题的成因，寻找财务管理中存在问题的根源，为有针对性地解决问题提供信息，并为银行内部考核提供依据。

3.边际分析法

边际分析法即增量分析法，它分析当一个变量发生变化时，对另一个变量的影响程度，即分析一个变量发生微小变动时，在边际上与另一个变量的变动比率。运用这种方法，可分析银行的边际成本、边际收入，从而分析银行的经济效益。

专栏11-1

A银行绩效评价案例分析

根据A银行的财务报表和背景资料：资产负债表见表11-6；利润表见表11-7；附属补充资料表见表11-8，通过这三张表，可以基本了解该银行的经营概况。

表11-6　**A银行资产负债表**　单位：万元

项　目	20×7年	20×8年
流动资产		
现金	2 000	2 200
存放中央银行	6 000	6 100
存放同业	1 000	1 300
拆放同业	2 000	1 700
短期贷款	30 000	32 000
短期投资	10 000	12 500
其他流动资产	2 350	2 250
流动资产合计	53 350	58 050
长期资产		

续表

项　目	20×7 年	20×8 年
中长期贷款	20 000	22 500
逾期贷款	4 000	3 600
长期投资	5 000	5 400
固定资产	2 000	1 800
其他长期资产	1 000	1 100
长期资产合计	32 000	34 200
无形递延及其他资产	5 000	5 300
资产合计	90 350	97 550
流动负债		
短期存款	8 000	8 150
短期储蓄存款	31 900	33 050
同业折入	500	520
向中央银行借款	500	510
短期借款	9 000	9 050
发行短期债券	1 800	1 850
其他流动负债	200	190
流动负债合计	51 900	53 320
长期负债		
长期存款	3 000	3 150
长期储蓄存款	20 000	21 050
长期借款	6 000	6 250
发行长期债券	1 000	980
其他长期债券	50	50
长期负债合计	30 050	31 480
负债合计	81 950	84 800
所有者权益		
实收资本	8 000	11 500
公积金	300	800
未分配利润	100	450
所有者权益合计	8 400	12 750

表11-7　**A银行利润表**　单位：万元

项　目	20×7年	20×8年
一、营业收入	7 700	8 200
利息收入	7 000	7 300
手续费收入	200	300
其他营业收入	500	600
二、营业支出	5 600	5 400
利息支出	5 000	4 900
手续费支出	150	100
业务及管理费	350	300
其他营业支出	100	100
三、营业利润	2 100	2 800
加：投资收益	200	340
营业外收入	400	560
减：营业外支出	500	600
四、税前总利润	2 200	2 900
减：所得税（税率15%）	660	870
五、税后净利润	1 540	2 030

表11-8　**A银行补充资料**

项目	20×7年	20×8年
盈利资产	86 350	93 550
风险资产	79 350	86 250
证券投资结构		
1年以内	3 500	4 000
1～5年	4 500	5 000
5～10年	2 500	1 600
10年以上	1 500	1 400
利率敏感性		
利率敏感性资产	40 000	41 500
利率敏感性负债	43 500	49 000
从业人员	693	784
每股平均市价	9	11
相当于应征税款的免税债券利息收入	370	705
总课税利息收入	880	1 300
总课税收入	8 100	8 500

下面根据该银行的资产负债表、利润表和补充资料，可以计算出该银行2007年和2008年的各项盈利和风险比率，见表11－9。

表11－9　**A银行财务比率指标分析表**

	项目	计算公式	20×7年	20×8年
盈利性指标	资产收益率	净利润/资产总额×100%	1.70%	2.08%
	银行利润率	营业利润/资产总额×100%	20.00%	24.76%
	银行利差率	（利息收入－利息支出）/盈利	2.52%	2.78%
	资本收益率	净利润/资本总额×100%	18.33%	15.92%
	财务杠杆比率	资产总额/所有者权益×100%	10.76%	7.65%
	资产使用率	总收入/资产总额×100%	8.52%	8.41%
风险性指标	利率风险比率	所有者权益/风险资产×100%	91.95%	84.69%
	信用风险比率	利率敏感性资产/利率敏感性负	4.43%	3.69%
	资本风险比率	低质量贷款/资本总额×100%	10.59%	14.57%
	流动性风险比率	短期投资/存款总额×100%	15.90%	19.11%

下面我们从表11－9出发对各指标的数据结果进行分析。

（1）盈利性分析。20×8年A银行的资产收益率和银行利润率有大幅度上升，银行利差率也有小幅增长。说明该银行20×8年盈利能力大大增强，其表现是营业收入和税后净利润的迅速上升。A银行一方面增加了利息收入和手续费收入；另一方面提高了经营效率，降低了经营费用和成本。

然而，不理想的情况是资本收益率和财务杠杆的大幅下降和资产收益率的轻微降低。前两者的下降源自于实收资本的增加所导致的所有者权益的上升。A银行通过扩大实收资本来支持资本的扩张，稀释了单位资本的获利能力。2008年A银行通过增加股本的形式融资，而其总负债在收缩，未能发挥财务杠杆的作用。

从几个指标的关系来看，虽然资产收益率有所下降，但银行利润率的高增长抵消了它下降的影响，使资产收益率呈上升的状态。由于财务杠杆的大幅下降，虽然资产收益率提高了，但仍未能阻止资本收益率的下降。

（2）风险性指标分析。因为A银行扩充资本，从而使资本风险也相应地较大程度地提高了。利率风险率越偏离1，说明利率风险越大。2007年该银行的利率风险较低，但2008年由于利率敏感性负债有所增加，利率风险增大。如果利率上升，该行就会由于货币成本上升超过资产收益的增加而遭受损失；如果利率下降，银行就会受益。在信用风险方面，该银行的逾期贷款额下降，改善了信用风险状况，信用风险降低。流动性风险比率增大，说明银行的流动性来源增多，流动性增强，流动性风险降低。

从上面的分析中，我们可以得出以下的认识：A银行在今后的经营过程中，一方面应当努力降低利率敏感性负债，缩小利率敏感性缺口，避免因利率上升带来的损失。另一方面，银行的经营思想比较保守，应该适当增加负债，通过负债来融资，利用财务杠杆来提高单位资本的盈利能力，降低资本风险，确保资本安全性，实现股东权益最大化的目标。

★ 本章小结

1.以商业银行的财务报表为依据，运用系统性的评价指标和选择适宜的评估方法，对商业银行的经营管理目标的实现程度进行考核、评价的过程即为商业银行的绩效评价。理解商业银行绩效评价的关键在于对投入和所得进行比较，其核心是力求用最小的投入取得最大的收益。商业银行经营管理绩效评价应该遵循一致性、协调性和客观性原则。

2.商业银行经营管理绩效评价体系包括评价主体、评价客体、评价标准、评价指标和评价方法。商业银行绩效评价的程序依次包括确立评价目标、设立评价指标、收集评价信息、选择评价标准、形成评价结论、提出改善建议六个阶段。

3.对于银行的绩效评价是要以财务报表为依据的，所以对银行的主要财务报表——资产负债表、利润表和现金流量表的分析就成为银行经营管理绩效评价体系的基础。商业银行财务报表是根据日常财务会计核算资料归集、加工、汇总而形成的一个完整的报告体系，是综合反映一定时期内银行的资产、负债和所有者权益情况和经营成果的文件，是商业银行财务分析和绩效评价的基本依据。

4.按实现银行经营总目标过程中所受的制约因素，绩效评价指标可分为六类，即盈利性指标、流动性指标、风险性指标、安全性指标、清偿力指标及发展潜力指标。非财务指标可以从银行内部影响因素和外部影响因素两方面来分析。从银行自身的角度出发，影响绩效的主要因素包括技术应用程度、运营计划、人力资源开发、中间业务、创新能力五个方面。银行绩效的外部影响因素包括客户满意度、监管合规性、公众信心、与其他商业银行的竞争与共赢、外部环境五个方面。

5.随着银行绩效评价的不断发展，评价方法也层出不穷，包括比率分析法、CAMEL评价法、杜邦分析法、经济增加值（EVA）模型、风险调整的资本收益率（RAROC）和平衡计分卡等，科学选择和综合运用这些方法才能得出有价值的评价结果。

★ 综合训练

11.1　单项选择题

1.杜邦分析中的资产利用率为（　　）。

A.税后净收入/营业总收入　　B.税后收入/税前收入

C.营业总收入/资产总额　　D.税后净收入/营业净收入

2.EVA模型中的主要评价指标——经济增加值的计算方法是（　　）。

A. 经济增加值=（资本收益－资本成本）×投入的边际资本
B. 经济增加值=（资本收益率－资本成本率）×投入的边际资本
C. 经济增加值=（资本收益率－资本成本率）×投入的资本
D. 经济增加值=（资本收益－资本成本）×投入的资本
3. 现金流量表反映的是（　　）。
A. 银行在一个经营时期内的资金流入流出情况
B. 银行在一定时间内的收入和支出
C. 银行在某一时点上资产负债和其他业务的存量
D. 银行在一个时点上资金的流入流出情况
4. 下列流动性风险比率数值中，说明该银行的流动性风险最低的是（　　）。
A. 15%　　B. 16%　　C. 17%　　D. 18%
5. 下列利率敏感比率数值中，说明该银行的利率风险最高的是（　　）。
A. 100%　　B. 95%　　C. 90%　　D. 80%

11.2 多项选择题

1. 以下属于资产负债表内容的有（　　）。
A. 流动负债　　B. 所有者权益　　C. 长期借款
D. 实收资本　　E. 应付工资
2. 以下属于骆驼评价体系标准的有（　　）。
A. 资本充足率　　B. 贷款项目　　C. 资产质量
D. 流动性　　E. 管理能力
3. 银行的盈利性指标不包括（　　）。
A. 资产收益率　　B. 现金股利/利润
C. 资本收益率　　D. 存贷款比率
4. 银行的风险性指标包括（　　）。
A. 信用风险比率　　B. 利率风险比率
C. 资本风险比率　　D. 流动性风险比率
5. 银行的清偿力指标包括（　　）。
A. 备付金比率
B. 短期可销售证券/总资产
C. 资产增长率与核心资本增长率
D. 现金股利/利润
6. 银行的流动性指标不包括（　　）。
A. 现金资产比例　　B. 预期现金流量比率
C. 贷款损失准备金充足率　　D. 财务杠杆率

11.3 思考题

1. 什么是商业银行的财务报表？主要包括哪几种报表？
2. 商业银行绩效评价体系的指标分为哪几方面？举例说明。

3.何为骆驼评价体系？由哪些内容构成？

4.简述杜邦分析法。

5.“银行仅编制资产负债表和利润表就可以满足人们对银行信息的需求。”你同意这样的说法吗?

★ 本章参考文献

[1] 高顺芝，丁宇．商业银行经营管理 [M]．大连：东北财经大学出版社，2015.

[2] 史建平．商业银行管理学 [M]．北京：中国人民大学出版社，2011.

[3] 许学军．商业银行绩效考评实务 [M]．上海：上海财经大学出版社，2006.

[4] 韩文亮．现代商业银行管理 [M]．北京：中国金融出版社，2007.

[5] 戴国强．商业银行经营学 [M]．北京：高等教育出版社，2016.

[6] 庄毓敏．商业银行业务与经营 [M]．北京：中国人民大学出版社，2014.